스페인 기사소설 연구

아마디스 데 가울라를 중심으로

스페인 기사소설 연구

아마디스 데 가울라를 중심으로

NOUVELLE VAGUE

김경범 지음

15

새물결

스페인 기사 소설 연구
Copyright 2025 새물결출판사

Copyright Saemulgyul Publishing House, 2025

저자 김경범
스페인 마드리드 꼼쁠루뗀세대학교에서 '세르반테스 이전 단편소설 장르의 형성'으로 박사 학위를 받고, 서울대학교 인문대학 서어서문학과 기금교수로 재직하고 있다.
전공 분야는 중세, 르네상스, 바로크 시대 스페인 문학이며, 『돈키호테』와 기사 문학을 연구하고 있다. 야마사레스Julio Llamazares의 『낙엽비La Lluvia Amarilla』를 번역했다.

스페인 기사 소설 연구
— 아마디스 데 가울라를 중심으로

저자 | 김경범
펴낸이 | 조형준
펴낸곳 | 새물결출판사
1판 발행 | 2025년 10월 31일
등록 | 서울 제15-52호(1989.11.9)
주소 | 서울시 은평구 연서로 37가길 6
전화 | (편집부) 02-3141-8696
이메일 | saemulgyul@gmail.com
ISBN 78-89-5559-004-3(93870)

이 책의 저작권은 새물결에 있습니다.
신저작권법에 의해 보호를 받는 저작물이므로 무단 전재와 복제를 금합니다.

일러두기

1. 원어 발음에 따라 표기했다.
2. '마드리드'처럼 표기가 고정된 단어는 원어 발음을 따르지 않았다.
3. ll 발음은 l+y로 표기하는 게 원칙이지만 이미 y 발음으로 고정된 단어(예: Castilla, 카스티야)와 지역의 발음 특성(예: Sevilla, 세비야/ Llull, 율)이 반영된 단어는 y 발음으로 표기했다.
4. c[i, e]와 z 발음은 'ㅆ'[θ]에 가깝지만 외국어 표기법에 따라 'ㅅ'으로 표기했다.

* 이 연구는 2007년 정부(교육과학기술부)의 재원으로 한국연구재단의 지원을 받아 수행되었음 (NRF-2007-361-AL0016).

차례

서문 ▶ 9
    생육과 번성의 영웅담

1장 ▶ 19
    기사와 기사문학
        1.1. 기사의 명예: 기사계급과 기사도 ▶ 22
        1.2. 기사의 사랑 ▶ 39
        1.3. 중세 기사문학 ▶ 57

2장 ▶ 75
    중세 스페인의 기사도와 기사문학
        2.1. 중세 스페인의 기사도 ▶ 77
        2.2. 중세 스페인의 기사문학 ▶ 91

3장 ▶ 111
    사라진 중세 원형原形과 1508년도 초판본
        3.1. 중세의 원형과 텍스트의 기원: 포르투갈 또는 스페인 ▶ 113
        3.2. 몬딸보와 1508년도 사라고사 초판본 ▶ 142

4장 ▶ 153
    문학시장, 아마디스 시리즈, 16세기 스페인의 기사소설
        4.1. 인쇄술의 도입과 초기 문학시장의 인쇄인들 ▶ 155
        4.2. 『아마디스 데 가울라』와 스페인의 기사소설 ▶ 194

5장 ▶ 257
    줄거리

6장 ➤ 321

허구적 역사와 서사 구조

6.1. 허구적 역사 ➤ 323
6.2. 서사 구조와 기법 ➤ 333

7장 ➤ 381

사랑, 결혼, 정치, 권력

7.1. 아마디스와 오리아나: 결혼은 정치적 질서의 상징적 재현 ➤ 383
7.2. 갈라오르와 브리올란하, 플로레스딴과 사르다미라: 정략결혼 ➤ 408
7.3. 길란과 브리스토야 공작부인: 불륜 또는 사랑 ➤ 418
7.4. 앙그리오떼와 그로베네사: 여자의 변심 ➤ 421

8장 ➤ 427

공간과 지리, 마법과 마법사

8.1. 공간과 지리: 세계관의 변화 ➤ 429
8.2. 마법과 마법사 ➤ 450

9장 ➤ 463

아마디스 시리즈 5권 『에스쁠란디안의 위업』

9.1. 아버지보다 못한 아들 ➤ 465
9.2. 작가의 의도와 독자의 기대 간의 불일치 ➤ 470

맺음말 ➤ 493

돈키호테와 새로운 독자들

1508년 초판본 표지

서문
생육과 번성의 영웅담

　천지창조 여섯째 날, 하나님이 당신 형상대로 남자와 여자를 창조했다. 그리고 그들에게 복을 주며 이르시되, 생육하고 번성해 땅을 정복하고 모든 생물을 다스리라고 했다. 창조주의 명에 따라 아담과 이브의 후손은 생육하고 번성하기 위해 사랑하고 투쟁해야 했다. 태초에 생육과 번성에 대한 욕망이 인간 본성의 밑바탕을 형성했으므로 인간의 삶은 사랑과 투쟁의 연속이고, 우리는 사랑하고 투쟁하고 정복한 사람 이야기에 매혹된다. 그리고 사랑과 투쟁과 정복 이야기는 역사와 문학의 전승 경로를 따라 '밤은 밤에게 소식을 전하고, 낮은 낮에게 소식을 전하듯' 후대로 이어진다.

　우리가 지금 읽는 문학과 역사는 시간의 시련을 겪고 살아남은 그런 특별한 사람 이야기이다. 특별한 사람 이야기가 탄생하고 텍스트로 고정되어 전파되는 과정, 그리고 다른 텍스트와 섞이는 과정은 명확하지 않아 오히려 신비롭다. 원저자가 누군지 모르기도 하고, 오랜 시간에 걸쳐 이름을 알 수 없는 많은 '작가들'이 참여해 만들어진 이야기도 있다. 그래서 우리에게 전해진 많은 이야기는 누군지 모르는 첫 작가가 쓴 그대로가 아니다. 그리스 고전이 중세로 전승되는 과정도 오랜 암흑기를 거쳐 지중해 동쪽 세계를 돌아오느라 여러 '작가와 번역자들' 손을 거쳤다. 게다가 이야기의 탄생과 전파에는 우연과 모호함이 존재한다. 특별한 사람이 사랑하고 투쟁한 고전 서사시가 중세로 이어지고, 중세에는 새로운 영웅시가^{cantar de gesta}와 새로운 사랑 이야기가 등장했다. 프로방스의 음유시인들은 서정시^{cansó}(또는 vita)를 통해 사랑을 잃는 주인공의 마음을 애절하게 묘사했고, 새로운 사랑의 상징과 은유도 만들어졌다. 음유시인의 등장과 함께 12세기 중반부터 13세기 전반에 아서 왕과 원탁의 기사, 성배^{聖杯} 이야기, 랜슬롯의 모험과 사랑, 트리스탄과 이졸데의 사랑 이야기가 탄생했다.

    출전과 기원은 서로 다르지만 인간이 생육하고 번성하기 위해 사랑하고 투쟁한 중세 영국과 프랑스의 이야기들은 곧바로 스페인과 다른 유럽 지역으로 퍼져갔다. 스페인문학의 범위를 이베리아반도에서 카스티야 지방 언어로 기록된 문학으로 한정한다면1 스페인 최초의 문학 텍스트 중 하나인 『엘시드의 노래^{Poema de Mio Cid}』도 생육하고 번성하기 위해 투쟁한 특별한 사람 이야기이다. 왕위계승을 둘러싼 권력의 소용돌이에 휘말려 고향을 떠나야 했던 엘시드(?~1099년)가 스페인문학이 처음 그려낸 특별한 사람이다. 그는 언

---

1 스페인어(카스티야어)로 기록된 최초의 문건은 "Glosas Emilianenses"와 "Glosas Silenses"이다. 전자는 중세의 나바라왕국의 라리오하La Rioja 지방의 〈산밀얀 델라 꼬골야San Millán de la Cogolla수도원〉에서 라틴어로 기록된 9~10세기의 양피지 문건으로, 1911년에 발견되었다. 이 문건의 여백에 스페인어 단어, 문구, 문장이 주석glosas처럼 부기되어 있다. 이 부기된 주석이 현존하는 가장 오래된 스페인어로, 10~11세기에 추가로 기록된 주석이 혼합되어 있다. 이 필사본에 부기된 언어에는 9~11세기 사이에 카스티야어뿐만 아니라 나바라-아라곤 지역 언어, 라리오하와 바스크 지방 언어도 포함되어 있다. 그래서 이 주석의 언어가 중세 카스티야어가 아니라 라리오하 지방에서 통용된 나바라-아라곤 지역 언어라는 주장도 있다. 후자는 부르고스Burgos의 〈산또도밍고 델로스 실로스Santo Domingo de los Silos수도원〉에서 발견된 11세기 라틴어 문건으로, 전자와 마찬가지로 여백에 카스티야어 주석이 기록되어 있다. 이 라틴어 문건은 9세기에 만들어진 필사본의 복제본이다. 〈스페인왕립아카데미〉는 9~12세기 사이에 기록된 「발뿌에스따 문건Cartularios de Valpuesta」에 들어있는 몇 개의 카스티야어 단어가 최초의 스페인어라고 2010년에 발표했다.

제나 왕에게 충성하지만 다른 신하의 모략으로 삶의 밑바닥에 떨어진다. 그리고 집을 떠나 새 땅을 정복하고 가문을 다시 세운다. 『엘시드의 노래』처럼 스페인문학의 영웅시가는 무어인의 이베리아반도 침략 이후 가톨릭왕국과 아랍왕국 간의 전쟁, 갈라진 가톨릭왕국 간의 전쟁, 왕과 왕 그리고 왕과 귀족 간의 갈등을 배경으로 한다. 페르난 곤살레스Fernán González 백작, 산초 가르시아Sancho García, 페르난도 왕rey Fernando, 산초 2세와 〈사모라공성전攻城戰, El cerco de Zamora〉 등 역사적 인물과 사건이 노래되고 이야기된다. 이 무렵에 유행한 영웅시가 중에는 지금까지 살아남은 텍스트도 있지만 사라진 텍스트가 더 많다.

12세기에는 아서왕, 랜슬롯, 트리스탄, 성배, 알렉산더, 샤를마뉴, 트로이전쟁, 테베, 십자군전쟁 이야기들이 피레네산맥 북쪽에서 유입되어 '산띠아고의 길'을 따라 이베리아반도에 퍼졌다. 이탈리아를 통해 유입된 짧은 기사 이야기도 있었다. 그처럼 특별한 사람 이야기는 이베리아반도 내에서 만들어지기도 하고, 밖에서 유입되기도 했다.

이 이야기들이 서로 얽히고 전승되는 과정은 매우 복잡하지만 단순하게 보면 이렇다. 12세기에 영웅시가가 널리 유포되고, 13세기에 아서왕 로망스가 유행했으며, 14세기 초에는 작가 미상의 『기사 시파르El caballero Zifar』처럼 스페인에서 만들어진 영웅담과 함께 피레네산맥 너머에서 유입된 짧은 기사 이야기들이 이베리아반도에 돌아다녔다. 그리고 그것을 기반으로 해 16세기 초의 르네상스 시대에는 스페인의 기사소설이 등장해 전 유럽으로 퍼졌다. 그렇게 12세기의 영웅시가에서 출발해 외부에서 유입된 중세의 기사로망스를 거쳐 르네상스 시대 기사소설에 이르는 문학 전통이 만들어졌다.

이 문학 전통에서 가장 중요한 작품이 1508년에 사라고사에서 인쇄업자 꼬시Jorge Coci가 출판한 가르시 로드리게스 데 몬딸보Garci Rodríguez de Montalvo의 『아마디스 데 가울라』이다.2 이 작품이 아마디스 시리즈 1~4권이다. 여기서 기사소설이라는 문학 장르가 만들어지고 전 유럽에 걸친 유행이 시작되었다. 카스티야왕국과 아라곤왕국의 통합, 〈그라나다전쟁〉에서의 승리와 이베리아반도 재정복, 신대륙 발견, 〈이탈리아전쟁〉으로 이어지는 격동의 시기에 잉태된 『아마디스 데 가울라』는 팽창하는 스페인제국의 동반자이자 제국을 움직이는 감성적 동력이었다. 그리하여 기사소설의 유행은 스페인제국의 표상表象으로 제국의 정치적·군사적 팽창과 밀접하게 연관되어 있었다.

스페인 국왕이자 신성로마제국 황제인 까를로스 5세부터 글 모르는 평민까지, 남자뿐만 아니라 여자도 기사소설의 열렬한 독자였다. 그들은 기사소설에 나오는 인물들의 말과 행동을 모방했다. 기사소설은 스페인 젊은이의 가슴을 뜨겁게 만들어 유럽과 지중해에서 벌어진 전쟁에 참여해 부귀영화를 쟁취하라고, 신대륙을 정복하고 엘도라도를 차지하라고 부추기고 자극했다. 젊은이들은 편력기사처럼 새로운 땅을 정복해 부자가 되겠다는 꿈을 안고 낯선 신대륙으로 떠났다. 그들은 긴 여행의 무료함을 달래고 엘도라도 같은 꿈을 끊임없이 확인하기 위해 기사소설 시리즈들을 가져가 대서양을 건너는 배 위에서 그리고 신대륙의 거친 땅에서 밤마다 읽고 듣고 꿈꾸었다. 그리고 그들이 찾은 새로운 땅에 기사소설에서 읽은 '깔리포르니아California'라는 지명을 붙였다.3

---

2 Garci Rodríguez de Montalvo, *Amadís de Gaula*, ed. Juan Manuel Cacho Blecua, Madrid: Cátedra, 1999. 이후 모든 텍스트 인용은 이 판본을 따르며, 1장부터 텍스트 제목은 『아마디스 데 가울라』로 표기한다.
3 아마디스 시리즈 5권 157장에 나오는 지상낙원 깔리포르니아(캘리포니아)는 깔라피아Calafia 여왕이 지배하는 검은 피부의 여전사 왕국으로, 황금과 보석이 넘쳐나는 인도 동쪽의 섬나라이다. 모든 무기가 황금으로 되어 있을 만큼 황금과 보석이 넘쳐나고, 사자의 몸에 독수리 머리를 가진 기괴한 동물 '그리포grifo'가 있는 곳이다. 몸집이 크고 '그녀들 나름으로는 매우 아름다운' 깔라피아 여왕은 세상에 나가 명예를 얻고자 콘스탄티노플의 명운이 걸린 기독교 진영과 이교도 진영 간의 전투에 튀르키예를 지원하려고 참전하지만 패배한 후 가톨릭으로 개종한다. 깔라피아 여왕은 한때 에스쁠란디안을 사랑했지만 에스쁠란디안의 사촌 딸란께Talanque와 결혼한다. 아

기사소설 독자였던 세르반테스Miguel de Cervantes도 기사소설에 빠져 현실과 환상을 혼동한 시골양반의 모험을 다룬 『돈키호테Don Quijote de la Mancha』(1부 1605년, 2부 1615년)를 썼다. 아마디스는 돈키호테의 영웅이었고, 돈키호테는 기사소설의 주인공처럼 되고 싶어 모험을 찾아 마을을 떠났다. 그만큼 기사소설의 생명력은 강력했다.

작가는 카스티야왕국의 도시 메디나 델 깜뽀Medina del Campo를 경영하는 7인 행정관regidor 중 한 명으로 아마디스 시리즈 1~4권 『아마디스 데 가울라』와 5권 『에스쁠란디안의 위업Sergas de Esplandián』을 썼다.4 아마디스 시리즈 1~5권이 그가 쓴 유일한 문학작품이다. 그는 1504년에 살아 있고 1505년 초에는 죽었다고 기록되어 있으므로 현재 남아 있는 아마디스 시리즈 1~4권과 5권은 모두 작가 사후에 출판되었다. 국제적 무역 시장이 열리는 상업도시의 유력한 행정가였던 작가는 왜 이런 방대한 작품을 썼을까?

문학적 열정만으로는 설명되지 않는다. 분명 다른 이유가 작용했을 것이다. 특히 시리즈 5권에서 그는 이사벨 여왕의 아름다움, 영웅의 풍모를 가진 페르난도 왕, 카스티야 중심의 새로운 사회정치 질서의 회복, 종교적 순수성 회복을 예찬한다. 그렇다면 당시 카스티야왕국의 이사벨 여왕과 아라곤왕국의 페르난도 왕의 호의를 구하려고 이 방대한 작품을 썼을까? 1479년에 있은 〈그라나다정복〉에 대한 십자군 인증, 1479년과 1482년에 있은 이노첸시오 8세의 면죄부 발급, 1492년의 〈그라나다정복〉 이후 콘스탄티노플 수복을 위한 새로운 십자군원정이라는 종교적·정치적 캠페인이 작가의 의도였을까? 무슨 연유로 작가 생전에 출판되지 못하고 사후에 출판되었을까? 작가 생전에 인쇄된 '1496년 판본'의 존재는 사실일까? 가울라는 어디일까? 이제부터

마디스를 사랑한 브리올란하Briolanja 여왕은 아마디스의 동생 갈라오르Galaor와 결혼한다.
4 Garci Rodríguez de Montalvo, *Sergas de Esplandián*, ed. Carlos Sainz de la Maza, Madrid: Castalia, 2003. 이후 모든 텍스트 인용은 이 판본을 따른다.

우리가 살펴볼 주제들이다.

『아마디스 데 가울라』는 포르투갈, 스페인, 프랑스가 소유권을 주장할 만큼 모호한 기원과 복잡한 형성 과정을 갖고 있다. 1300년 무렵에 '아마디스 중세 원형el Amadís primitivo'이 만들어진 후 약 200년의 전승 과정을 거치면서 여러 갈래에서 흘러나온 문학 전통이 모였고, 그것을 새로운 작가가 개작해 세상에 내놓은 텍스트가 1508년에 출판된 『아마디스 데 가울라』이다. 다양한 기원의 모티프 중 텍스트를 탄생시킨 영감의 샘은 아서왕, 랜슬롯, 원탁의 기사가 등장하는 중세 기사로망스와 궁정식 사랑이다. 거기에 모험, 결투, 환상, 마법 등 독자의 상상력을 자극하는 요소들이 더해졌다.

그리고 작가는 눈으로 읽는 방식이 아니라 라디오 드라마처럼 귀로 듣는 방식으로 서사를 구성해 생동감 있게 전달했다. 마치 지금의 TV 일일드라마와도 유사하다. 각 장章의 에피소드를 엮어내는 방식, 독자 또는 청자의 관심을 유지하고 기억을 되살리는 반복적 장치들, 꼬리에 꼬리를 물고 이어지는 모험의 연결, 하나의 모험을 종결하고 새로 시작하기 위해 심어놓은 고리들, 서로 다른 에피소드가 하나로 합쳐지고 다시 분리되는 이야기 전개 방식은 기사소설이 보여주는 매력적 서사 기법이다.

명예, 정치, 권력, 사랑, 결혼의 원동력은 인간의 욕망이다. 인간의 욕망을 세속적으로 구현하고 도덕적으로 포장한 텍스트가 우리가 다루게 될 기사소설이다. 까떼드라Cátedra출판사 판본으로 본문만 1,550쪽에 달하는 방대한 분량의 텍스트는 16세기 초반에 매우 비싼 상품이었다. 글을 읽을 줄 아는 사람이 대략 15% 미만으로 추정되는 사회에서 비싼 상품이 베스트셀러가 되고 거대한 유행을 만들었다는 사실은 그보다 훨씬 더 많은 대중이 이 책을 듣고 즐겼다는 뜻이다. 기사도, 사랑, 명예, 결혼, 정치, 권력, 마법, 재산, 음모, 질투, 괴물, 결투, 전쟁, 오해, 속죄, 비밀결혼, 미지의 섬, 멀고 먼 이국적인 나라들, 웃음을 통해 대중이 욕망하는 판타지를 만들었기 때문이다.

젊은 남녀의 가슴에 뜨거운 로망을 불러일으킨 16세기 기사소설은 피레네산맥과 지중해를 넘어 이탈리아, 프랑스, 독일, 네덜란드, 벨기에, 포르투갈, 튀르키예 등 유럽의 여러 나라에서 번역되고 또 새롭게 후속작이 만들어졌다. 17세기에도 계속 읽히고 또 읽혔다. 기사소설이 너무 큰 인기를 얻자 기사소설의 사회적 폐해를 지적하는 목소리도 높아졌다. 특히 〈트렌트종교회의〉 이후 16세기 중반에 반종교개혁의 물결이 밀려오면서 기사소설을 통제하자는 목소리는 더욱 커졌고, 그것은 1558년의 새로운 출판법 공표 그리고 1559년 종교재판소의 새로운 금서목록 제정으로 이어졌다. 이제 새로 만든 기사소설을 출판하려면 왕실과 교회의 사전검열을 거쳐야 했다.

하지만 문학시장의 소비자는 교회의 검열을 통과한 '십자가의 기사'보다 16세기 전반에 만들어진 기사소설에 더 큰 매력을 느꼈다. 그렇지만 결국 1623년 이후(또는 1635년 무렵)에 만들어진 『왕자와 기사의 거울*Espejo de príncipes y caballeros*』 시리즈 5부와 6부 필사본 이후 새로운 기사소설은 나타나지 않았다.5 대신 기사소설은 새로운 옷으로 갈아입고 대중 앞에 나오게 되었다.

5 Rafael Ramos Nogales, "Dos nuevas continuaciones para el *Espejo de príncipes y caballeros*", *Historias Fingidas*, 4(2016), 41-95. DOI: 10.13136/2284-2667/50. ISSN 2284-2667. 이 논문은 5부 필사본의 생성 연대를 1637~1640년으로 추정한다. 1555년에 출판된 이 기사소설 1부는 정복자 에르난 코르테스의 아들 마르띤 코르테스Martín Cortés에게 헌정되었다. 1555년 판본에 이어 1578년에 영어 번역본이 나왔는데, 번역본은 1580년과 1599년에도 출판되었다. 『왕자와 기사의 거울』 시리즈 2부는 1580년에, 3부(와 4부)는 1587년에 출판되었다. 기사소설의 마지막 텍스트는 이 시리즈의 5부 필사본으로 알려져 있었지만 라파엘 라모스의 논문은 지금까지 알려진 5부 필사본 외에 새로운 5부와 6부 필사본이 존재한다고 밝힌다. 사실상 하나의 필사본으로 묶여 있는 이 새로운 5부와 6부는 로뻬쓰Juan Cano López가 1637~1640년 사이에 만들었다. 1617년(1부와 2부)과 1623년(3부와 4부)의 사라고사 재판본의 상업적 성공이 보여주듯 이 기사소설 시리즈는 세르반테스의 『돈키호테』 이후에도 기사소설의 인기가 식지 않았음을 입증한다. 1508~1635년까지 스페인의 기사소설은 약 80권 이상의 작품이 인쇄본과 필사본 형태로 남아 있다.

16세기의 대중을 열광시킨 기사의 사랑과 투쟁 이야기는 우리 시대가 만들고 소비하는 영화 및 드라마의 사랑과 모험 이야기와 다르지 않다. 영화 〈스타워즈〉 시리즈에서 사악한 강자로부터 약자를 보호하는 제다이Jedi 기사들과 광선 검, 지식과 정신을 전달하는 스승 또는 현인賢人, 마법적이고 신비로운 힘의 존재도 기사 이야기의 변용이다. 우리 시대가 즐기는 이야기의 주인공들은 마치 기사소설의 주인공과 유사한 행동 방식을 보여준다. 서부영화의 총잡이들, 각종 액션물의 주인공, 온라인게임의 서사와 아이템도 르네상스 시대의 기사소설에서 찾을 수 있다. 기사소설이 가진 서사의 힘은 강력하고 보편적이다.

크레티앵 드 트루아Chrétien de Troyes의 『페르스발 또는 성배 이야기Perceval ou le Conte du Graal』에서 기사를 처음 본 어린 페르스발은 이렇게 말한다.

> 그들은 우리 구세주 하나님이 보낸 천사예요. 자연이 그들보다 더 아름다운 피조물을 만들 수 있을까요? 이 세상에 기사보다 더 아름다운 사람이 있을까요?[6]

마치 처음 무협지를 읽은 아이처럼 기사를 처음 본 그는 기사 모습에 매료되었고, 그의 눈에 비친 세상은 이전에 본 세상이 아니다. 이제 그는 집에 머물러 있을 수 없고, 기사가 되기 위해 떠나야 했다. 500년 전의 현실 세계 사람들도 『아마디스 데 가울라』를 읽고 듣고 상상하면서 새로운 세상을 보았고, 그들 중 누군가는 기사처럼 되겠다며 집을 떠났다. 신대륙으로 떠난 정복자도, 돈키호테도 그렇게 집을 떠났다. 중세에도, 르네상스 시대에도, 바로크 시대에도, 그리고 근대를 넘어 우리 시대에도 인간은 사랑과 모험과 권력투쟁 이야기에 매료된다. 우리가 생육과 번성을 포기하지 않는다면 앞으로도

---

6 *El Libro de Perceval*, ed. y tr. José Manuel Lucía Megías, Madrid: Gredos, 2000, 384-387.

영원히 그럴 것이다. 16세기 유럽의 베스트셀러였던 기사소설 『아마디스 데 가울라』는 우리나라에서 번역되지 않았고, 연구도 거의 이루어지지 않았다. 이 책이 국내 첫 연구서이다.7

---

7 이 책에는 필자가 발표한 다음 논문의 내용이 포함되어 있다. 「문학과 시장 I — '아마디스 데 가울라'와 문학시장」, 『스페인어문학』, 63(2012), 233~257쪽; 「문학과 시장 II: '아마디스 데 가울라'와 베스트셀러의 조건」, 『스페인어문학』, 73(2014), 121~148쪽; 「문학과 시장 III: '아마디스 데 가울라'의 서사 구조 — 영웅담의 수직적 상승 구조와 수평적 대립구조」, 『스페인어문학』, 76(2015), 123~151쪽; 「알폰소 10세와 라몬 율Ramon Llull: 중세 스페인 기사도의 사회적 의미」, 『스페인라틴아메리카연구』, 12(2019), 39~64쪽; 「작가의 의도와 독자의 기대 간의 불일치: 아마디스 5권 '에스쁠란디안의 위업'」, 『스페인어문학』, 111(20 24), 137~165쪽.

1
기사와 기사문학

젊고 멋진 남자가 빛나는 갑옷을 입고 커다란 말을 타고 있다. 자신의 표식이 그려진 방패, 신비로운 근원을 가진 칼과 창을 들고 결투와 전쟁에 나선다. 그는 기사도의 규율과 명예를 목숨처럼 숭상하고 고통받는 약자를 보호한다. 위험이 생겨도 두려워하지 않고, 안락함보다는 고난을 선택한다. 모험을 좇아 거친 숲과 낯선 땅을 돌아다니고, 사악한 괴물과 싸워 무훈과 명성을 쌓는다. 그에게는 사랑하는 공주가 있고, 모험 중에 만난 공주와 여왕이 유혹하지만 그의 사랑은 변하지 않는다. 그리고 마침내 명예와 권력을 얻고 사랑하는 공주와 결혼한다.

이처럼 스페인 르네상스 시대의 기사소설은 기사의 사랑과 모험 그리고 결혼 이야기이다. 기사는 허구의 공간에 존재하는 이상화된 인물이지만 기사 집단은 현실 세계에 등장한 새로운 사회계급이기도 했다. 현실 세계의 기사는 허구 세계의 기사처럼 기사도 규율을 스스로 강제해 이상화된 인물이 되고자 했다. 허구의 기사와 현실의 기사는 기사도를 매개로 연결된다. 그래서 기사도를 통해 현실의 기사는 허구의 기사를 모방하고, 현실의 이상이 허구의 세계로 전이되는 반복적인 순환 구조가 만들어졌다. 허구 세계에서도 현실 세계에서도 기사도의 핵심 가치는 명예이며, 기사의 명예는 기사의 고귀함을 사회적으로 인정받기 위한 필수 조건이었다. 그리고 기사의 고귀함은 기사계급의 형성으로 이어진다.

1. 1. 기사의 명예: 기사계급과 기사도

말을 탄 사람은 걸어 다니는 사람과 구별되는 특별한 존재였다. 지중해 동쪽 세계에서도, 지중해 서쪽 세계에서도 말을 타는 행위는 사회적 신분과 권력을 나타냈다. 서유럽에서 말을 타고 싸우는 사람이 '기사'라는 특별한 지위와 신분 의식을 갖게 된 계기는 샤를마뉴 시대부터 12세기 남짓까지 진행된 사회 구조의 변화와 연결된다.

서기 800년을 전후해 '싸우는 자^{bellator}'는 원래 장원에 소속된 종신從臣 출신의 직업군인 집단으로서 귀족의 가신^{comitatus}이자 피고용인이었다. 직업군인의 대부분은 자유농민보다 낮은 계층으로 자유롭지 못한 신분이었고, 그들을 고용한 귀족은 봉사와 충성에 대한 보상으로 그들에게 땅을 분배했다.[1] 땅은 대개 정복 전쟁을 통해 빼앗았고, 많이 빼앗아야 많이 돌아오는 전리품이었다. 전쟁은 일종의 프로젝트 사업이었고, 직업군인의 존재는 필연적으로 전쟁이라는 정복 사업으로 연결될 수밖에 없었다. 왕과 귀족은 그들에게 나눠줄 땅이 필요했고, 땅을 더 많이 나누어줄수록 땅을 갈구하는 직업군인이 더 많이 모여들었다. 따라서 현실 세계뿐만 아니라 허구 세계에서도 관대함은 주군 또는 주인공 기사의 필수 덕목이었다.

직업군인은 주군을 위해 목숨을 걸고 전쟁에서 공을 세워야 했다. 언제 어느 정도 규모의 땅을 영지로 받을지는 전적으로 주군에 대한 충성심 그리고 전장에서 세운 공적에 달려 있었기 때문이다. 그들에게 영지를 나눠주는 분봉 행위가 본격화되면서 과거 장원에 소속되었던 일부 직업군인은 영지를

---

[1] 732년에 보르도를 약탈한 이슬람의 오메야Omeya 칼리프 세력을 투르-푸아티에Tours-Poitiers 전투에서 격퇴한 마르텔Charles Martel은 교회로부터 거대한 땅을 수용해 군사들에게 나누어주었다. 대신 군사들은 마르텔의 요구에 따라 말, 칼, 창, 방패 등의 무기를 갖고 전투에 참여해야 했다.

가진 영주로 신분이 상승했다. 풍찬노숙하며 험난한 삶을 견디다가 땅을 소유함으로써 원하던 안식처를 얻은 것이다.2

영주의 가신이던 직업군인이 주군에게 충성을 바친 대가로 작은 영주로 변신해 사회의 핵심 계급에 합류했다. 서기 천년 이후부터 12세기까지 그와 같은 사회적 변화가 일어났고, 기사가 귀족으로 받아들여지는 새로운 현실이 만들어졌다. 아주 작은 봉토를 가진 영주도 주군처럼 명목상 기사계급에 속했다. 분봉을 받은 이후 시간이 흘러가면서 봉토는 기사의 자손에게 세습되고, 훌륭한 덕목을 갖추면 주군에 의해 기사로 인정되었다. 그리고 새로운 기사는 기사도를 통해 고귀한 자라는 신분 의식을 만들어냈다. 아버지가 자신의 두 팔로 이룩한 공적 덕분에 귀족이 되었다면 귀족 지위를 세습한 아들은 기사의 도덕적 우월성을 귀족성의 근거로 만들었다.

기사도는 스토아철학의 덕목(인내, 절제, 극기), 영웅적 덕목(위험, 고난, 죽음에 대한 경멸, 무조건적 충성, 명성과 명예의 추구), 귀족적 덕목(패자에 대한 관용, 약자 보호, 부인과 여자에 대한 존중, 훌륭한 범절)으로 규범화되었다.3 하우저가 지적하듯이, 기사의 도덕적 우월성, 낭만적 이상주의, 의식적·감상적 영웅주의는 기사도를 통해 명예의식을 형성한 신흥 귀족의 자의식에 근거한다.

신흥 귀족은 외적 형식에 집착해 생활양식과 규범을 극단화했다. 그리고

---

2 현실 속의 직업군인이 전쟁을 통해 영지를 확보하는 과정은 『아마디스 데 가울라』에 등장하는 '영지 없는 갈바네스Galvanes sin tierra'를 비롯한 여러 기사의 사례에서 생생하게 그려진다. 영지 없는 기사에게 영지 획득은 필생의 과업이다. 아마디스 진영의 많은 영지 없는 기사에게도 갈바네스가 영지를 얻을 수 있도록 도와야 자신도 영지를 얻을 수 있으므로 그들은 필사적으로 싸울 수밖에 없다. 그처럼 기사소설의 인물들은 현실 논리에 따라 움직인다.
3 아르놀트 하우저, 『문학과 예술의 사회사 1. 선사시대부터 중세까지』, 백낙청 옮김. 창작과 비평사, 1999, 273~302쪽. 하우저는 "기사의 생활 이상과 기사도의 미적 개념은 낮은 신분에서 상승한 새로운 귀족계급과 절대주의로 기울어져 가는 군주들이 그들의 이데올로기를 위장하기 위해 만들어낸 세련된 형식"(193쪽)이라고 생각한다.

정신적 고귀함을 혈통적 고귀함보다 더 높은 가치로 받아들였다. 고귀한 인격(덕에 근거한 명예)이 가문(혈통)보다 더 가치 있다는 사고방식은 기사가 교회의 가치 체계에 완전히 동화되었음을 의미했다. 고귀한 덕목을 갖춘 사람이 귀족이라는 인식은 귀족층의 확산을 가져왔다. 기사의 신분 상승과 양적 확산은 대귀족의 저항에도 불구하고 지배 체제를 갖춰가던 왕권에 의해 추동되었다. 특정인을 기사로 서임할 때 그에게 귀족적 덕목이 있음을 인정하는 주체는 왕이었기 때문이다.

기사서임권을 통해 왕은 큰 세력을 가진 귀족 세력을 견제할 수 있었다. 하지만 그것은 오랜 다툼을 일으켰다. 기사와 기사도를 다룰 때 가장 핵심적인 문제는 기사가 귀족으로 인정받는 과정의 적법성 그리고 신흥기사와 기존 귀족 간의 관계 설정이었다.

중세사회는 그와 같은 과정을 정치적으로 그리고 법리적으로 해결해야 했다. 그러나 그런 형태의 신분 상승은 한때의 국한된 상황에서만 가능했을 뿐 지속 가능한 방식은 아니었다. 기사계급은 양적으로 계속 확장될 수 없다. 특히 14세기 이후에는 분배할 수 있는 땅이 제한적이었으므로 봉토를 매개로 직업군인을 모으던 방식은 유지될 수 없었다. 땅이 아니라 다른 보상이 필요했고, 주군은 기사들에게 땅이 아니라 다른 전리품을 약속해야 했다. 적과 싸워 죽이거나 사로잡았다면 그의 말과 무기는 승리한 기사 소유가 되었고, 그를 풀어주는 대가로 몸값을 받아 경제적 이익을 취할 수도 있었다.4 높은 귀족을 사로잡았다면 더 많은 돈을 벌 수 있었고, 보상이 부족하면 약탈도 주저하지 않았다.5 하지만 과거처럼 영주가 되고 또 귀족이 되기는 어려웠다.

4 일종의 스포츠였던 중세의 마상 창 시합에서도 어떤 경우 승자는 패자의 말과 갑옷을 전리품으로 챙길 수 있었다. 팀을 이루어 시합할 때도 상대편을 포로로 잡을 수 있었고, 풀려나려면 돈을 내야 했다. 영국의 마셜은 젊은 시절에 마상 창 시합의 영웅이었고, 하급귀족에서 최상의 권력자로 신분상승을 이루어 많은 기사의 우상이 되었다.

작은 땅을 갖더라도 영주가 되어 귀족 작위와 호칭을 갖는 것은 매우 예외적으로 국왕의 특별한 은혜를 입어야 가능했다.

기사도는 문학을 통해 만들어진 허구적 이상이었지만 중세에 역사와 문학이 명확히 구분되지 않았듯이 허구적 이상은 현실 영역으로 쉽게 스며들었다. 영국의 윌리엄 마셜William Marshal(1145?~1219년), 프랑스의 베르트랑 뒤 게클랭Bertrand du Guesclin(1320?~1380년), 스페인 백작 돈 뻬로 니뇨Don Pero Niño(1378~1453년) 등 역사 속의 인물들은 현실에서 기사도와 기사로망스의 상황을 재현했다.6

문학을 현실에서 재현한 첫 번째 사례는 아마 1223년에 키프로스 왕국에서 벌어진 마상시합이었을 것이다.7 현실의 기사가 허구의 기사처럼 되기를 열망했으므로 현실은 문학을 모방했고, 기사도는 곧바로 현실 세계의 가치 규범으로 전환될 수 있었다. 현실의 기사는 선조처럼 분봉을 통해 영지를 소유한 귀족이 될 수 없었기에 오히려 문학이 보여준 기사도의 세계를 더욱 열망했는지도 모른다.

기사도를 기술한 최초의 문건 중 하나는 파리 북쪽 피카르디 지방의 한 사제가 1206~1222년 사이에 기록한 필사본 『기사도 L'Ordène de Chevalerie』이

---

5 그들이 저지른 가장 대표적인 만행이 1365년의 알렉산드리아 약탈이었다. 십자군을 모은 키프로스 왕 피터 1세가 알렉산드리아 원정을 떠나 도시를 함락시켰으나 십자군은 가톨릭교도와 아랍인을 가리지 않고 온 도시를 약탈하고 살육해 가져갈 수 있는 최대한의 전리품을 챙겨 돌아갔다. 그리고 며칠 뒤 도시는 다시 아랍인 수중에 돌아갔다.
6 조르주 뒤비, 『위대한 기사, 윌리엄 마셜』, 정숙현 역, 한길사, 2005; Andrea Hopkins, *La Edad de la caballería. Historia y leyenda*, Singapur: Celeste/Raíces, 2001: 36-37 & 160-161.
7 13세기 십자군의 예루살렘 원정 이후 베이루트의 영주이자 예루살렘과 키프로스의 군사적 통치자였던 이블린의 존John of Ibelin이 아들의 기사서임을 기념해 아서왕과 원탁의 기사를 모방한 마상 창 시합 축제를 열었다(Andrea Hopkins, *La Edad de la caballería. Historia y leyenda*, 9).

다.8 프랑스어로 쓰인 이 문건은 700행에 못 미치는 짧은 운문이며, 역사적 사실로 알려진 다음 일화를 모티브로 삼고 있다. 〈3차십자군전쟁〉(1189~1192년)이 발발하기 직전인 1179년 6월 10일에 벌어진 전초전에서 위그 드 타바리Hugues de Tabarie가 갈릴리의 티베리아 근처에서 살라딘에게 사로잡혔다.9 나중에 위그는 어머니인 트리폴리 공작부인이 55,000 시리아 데나리오denario를 보내줘 풀려났지만 잡혀 있는 동안 살라딘의 요구에 따라 기사도의 기본 원리와 기사서임의 상징적 의미를 설명해야 했다.

피카르디 지방의 사제는 이 사건을 모티브로 삼아 설교 형식으로 기사도의 의미를 기술했다. 특히 위그가 살라딘을 기사로 서임하기 직전까지의 과정 그리고 그에게 입혀준 옷의 세 가지 색깔(붉은색, 흰색, 검은색)이 지닌 상징적 의미가 주목할 부분이다. 위그는 살라딘의 몸을 흰 천으로 감쌌는데, 그것은 기사가 하나님의 나라에 이르려면 언제나 몸을 깨끗이 해야 한다는 뜻이다. 또 가늘고 하얀 띠를 매어주면서 언제나 몸을 성스럽게 보존해야 한다고

---

8 피카르디 필사본의 스페인어 번역본은 율의 책과 같이 묶여 출판되었다(Ramón Llull, *Libro de la Orden de Caballería*, ed. trad. de Javier Martín Lalanda, Madrid: Siruela, 2009). 기사도에 대한 문건이 없다고 해서 피카르디 필사본 이전에 기사도에 대한 언급이 없었다는 뜻은 아니다. 크레티앵 드 트루아의 『클리제스*Cligès*』(1176년) 도입부에는 그리스 황제의 아들인 알렉산더(클리제스의 아버지)가 기사가 되기 위해 영국의 아서왕 궁정으로 찾아가는 장면이 나온다.

9 위그 드 타바리는 티베리아스Tiberías 백작 갈릴레아의 위고Hugo de Galilea, Hugues de Tibériade, Hue de Tabarie이다. 텍스트에서 살라딘은 그의 몸값으로 십만 비잔틴 금화를 가져오라고 했다. 그리고 위그가 기사도에 대한 설명을 마치자 살라딘은 저명한 기사들에게 가서 몸값을 모아오면 함께 잡힌 부하 열 명도 풀어주겠다고 했다. 위그는 살라딘이 가장 저명한 사람이니 그에게 먼저 자기 몸값을 내달라고 부탁한다. 살라딘은 웃으면서 그에게 오만 비잔틴 금화를 주고, 휘하의 오십 명의 에미르Emir에게도 위그의 몸값을 내주라고 한다. 그렇게 모은 금화는 위그의 몸값을 치르고도 일만 비잔틴 금화가 남았다. 위그는 그것으로 다른 포로들도 구하려고 했으나 살라딘은 단호히 거절했다. 위그는 살라딘이 허락한 열 명의 부하를 데리고 돌아왔고, 남은 돈을 부하들에게 나눠주었다(*La Orden de Caballería*, 60-61).

말한다. 머리와 허리와 하복부를 가리는 흰색은 신앙과 천국을 의미하고, 몸통과 두 팔을 가리는 붉은색은 싸움 중에 흘릴 피를 의미하며, 발과 다리를 가리는 검은색은 흙에서 태어나 흙으로 돌아간다는 의미라고 설명한다. 그렇게 기사서임 절차와 의미를 말한 후 위그는 새로 임명된 기사가 반드시 지켜야 할 네 가지 규범을 제시한다.

1. 정의를 거슬러 위증하지 말고 배신이 일어나는 곳에는 머물지 말라.
2. 결혼한 여자와 결혼하지 않은 여자를 보호하라.
3. 욕망을 절제하라. 금요일에는 예수를 기념해 금식하라.
4. 매일 미사를 드리고 봉헌할 만한 게 있거든 봉헌하라.[10]

문건의 결말에서 피카르디의 사제는 사람들을 보호해주는 기사가 얼마나 고귀한지를 강조하려고 이 문서를 만들었다고 말한다. 이 문건은 프랑스와 영국을 중심으로 유포되었지만 기사도의 규범을 체계적으로 다루지는 않았다.

기사도의 규범을 체계화한 사람은 '독토르 일루미나투스Doctor Illuminatus' 이자 '예수 그리스도의 순교자'로 불리는 '성스러운 마요르까 사람' 라몬 율(1232~1316년)이었다.[11] 그는 당대의 지식인으로 신학, 논리학, 천문학, 지

---

10 *La Orden de Caballería*, 59-60쪽.
11 1229년에 아라곤왕국의 하이메 1세Jaime I(또는 Jaume I)는 아랍인 수중에 놓여 있던 마요르까 섬을 정복했고, 그때 큰 공을 세운 율의 아버지(그의 이름도 라몬 율이다)는 큰 영지를 하사받았다. 1232년(또는 1235년)에 마요르까의 빨마Palma에서 귀족이자 거대한 장원의 상속자로 태어난 율은 14세에 왕실에 들어갔고, 1276년에 나중에 아라곤의 하이메 2세가 될 어린 왕자의 개인 스승이 되었으며, 이후 그의 집사장senescal으로서 왕명을 집행했다. 젊은 시절에는 기사도와 음유시인의 사랑 시에 빠져 지냈으며, 1257년에 결혼했으나 '다른 여자들'의 아름다움에 매혹되었다. 1263년 어느 날 사랑 노래를 짓다가 십자가에 못 박힌 그리스도의 환영을 보게 되

리학, 윤리학, 정치학, 의학, 법학 분야에 걸쳐 방대한 저작을 남겼다. 1270년대에 까딸루냐 지역어로 쓰인 그의 『기사도Llibre de l'orde de Cavalleria』는 중세 유럽에서 기사도를 기술하는 표준적 모델이었고, 유럽의 여러 언어로 번역되었다. 1326년에 쓰였을 것으로 추정되는 카스티야의 돈 후안 마누엘Don Juan Manuel이 쓴 『기사와 시종Libro del caballero et del escudero』의 모델이었고12, 15세기 중반에는 발렌시아의 마르또렐Joanot Martorell의 기사로망스 『바로익의 길엠Guillem de Vàroich』에도 영향을 주었다.13

반면 율이 모방한 텍스트가 무엇인지는 확실하지 않다. 종교적 의미를

었고, 이후 다섯 차례 더 환영이 나타난 이후 하나님께 삶을 의탁해 성스러운 삶을 살았다. 그의 소명은 이베리아반도, 마요르까, 북아프리카에 거주하는 아랍인의 개종이었으며, 그들의 교화를 위한 책을 집필하고 선교사를 교육할 학교를 설립했다. 1315년 또는 1316년 초에 북아프리카 선교 여행 중 분노한 군중의 돌에 맞아 순교했다고 전해진다. 배를 타고 마요르까로 돌아오다 바다 위에서 숨졌다는 설도 있다. 1847년에 복자福者로 시복되었다.
12 「서문」과 51장으로 구성된 돈 후안 마누엘의 책은 라몬 율의 책과 알폰소 10세의 『7부 법전』 중 두 번째 법전 21장을 기초로 기사도를 설명한다. 하지만 1~2장과 4~16장은 유실되었다. 기사가 되려고 왕실로 가던 젊은이가 길에서 만난 늙은 은둔기사에게 기사도를 배운다는 도입부를 비롯해 율의 책과 유사한 내용이 많다. 하지만 율의 책이 기사도를 배운 젊은이가 왕실에 도착해 은둔기사의 가르침을 전하는 장면에서 끝나지만 돈 후안 마누엘의 책은 왕실에 간 젊은이가 기사서임을 받고 마을로 돌아갔다가 다시 은둔기사를 찾아와 종교와 철학과 과학 등 세상의 이치를 배우는 내용으로 확장된다(S. Gräfenberg, "Don Juan Manuel, El Libro del Cauallero et del Escudero", Romanische Forschungen, 7(1893), 427-550). 이 텍스트의 유실된 내용 그리고 지금은 유실된 마누엘의 『기사도Libro del orden de la caballería』가 남아 있다면 어쩌면 당대에 가장 방대한 내용의 기사도를 저술한 작가는 돈 후안 마누엘일 수도 있다.
13 이 텍스트의 원형은 13세기에 앵글로-노르망디 어로 쓰인 『워릭의 가이Guy of Warwick』이며, 나중에 프랑스에서 『기 드 워릭Roman de Guy de Warwick』으로 산문화되었다. 마르또렐의 『바로익의 길엠』은 프랑스 버전의 번역이고, 내용은 나중에 그의 기사소설 『띠랑 로 블랑Tirant lo Blanch』(발렌시아, 1490년) 1~27장으로 옮겨졌다. 바로익의 길엠(카스티아어 표기는 길엠 데 바로이께Guillén de Varoyque) 백작은 유명한 기사였다가 은퇴 후 세속을 떠나 은둔해 사는 수도자이다. 주인공 띠랑이 영국 왕에게 가 기사서임을 받으려고 하자 그에게 기사도의 원리를 전수한다.

담은 기사로망스를 썼던 그가 당시 유행하던 중세 기사로망스에서 영향을 받았다면14 『산문 랜슬롯Lanzarote en prosa』에 등장하는 '호수의 여인'과 랜슬롯의 대화가 율에게 하나의 원천이 되었을 수도 있다.15 비록 율과 직접적으로 연관되지 않지만, 『산문 랜슬롯』보다 앞선 시기에 쓰인 크레티앵 드 트루아의 『페르스발 또는 성배 이야기』에서도 기사도 관련 장면이 세 번 나온다. 첫째는 순진한 어린 페르스발이 기사가 되기 위해 집을 떠나기 전 어머니로부터 교훈을 받는 장면이다. 어머니의 훈계는 간단하다.

1. 어려움에 빠진 여자를 도와주어야 한다. 여자가 허락하면 키스는 할 수 있지만 다른 부정한 생각은 품지 말아라. 기사는 여자를 섬기고 여자를 명예롭게 해야 한다.
2. 언제 어디서나 동료가 생기면 이름을 물어보라. 고귀한 사람을 친구로 사귀어라.
3. 교회나 수도원이 보이면 들어가서 하나님께 기도하라.16

---

14 율은 종교적 의미를 담은 기사로망스 『블랑께르나Blanquerna o Libre d'Evast e d'Aloma e de Blanquerna』를 까딸루냐어로 썼다. 1270년대에 쓰기 시작해 1283년에 아라곤-마요르까왕국과 연합해 있던 몽펠리에에서 완성한 이 기사로망스는 기사의 모험보다는 주인공인 에바스트와 알로마의 아들 블랑께르나가 신을 찾아가는 종교적 여정을 다룬다. 아버지 에바스트가 사제의 삶과 상인의 삶 사이에서 속세를 선택했다면 삶을 하나님께 바치기로 한 블랑께르나는 아름다운 나따나Natana와 결혼하지 않고 사제가 된다. 그는 주교와 교황까지 거친 후 다시 은둔수도자로 돌아와 하나님과의 완전한 합일을 추구한다. 말년의 그에게 은둔수도자는 완벽한 삶의 모델이었다. 나따나도 블랑께르나의 설득으로 수녀가 되어 나중에 수녀원장이 되었다.
15 『산문 랜슬롯』은 율의 『기사도』보다 40년 정도 일찍 세상에 나왔다. '호수의 여인'(니니엔느, 비비엔)은 켈트족 신화에서 기원했으며, 랜슬롯과 그의 두 사촌 보어스Boores와 리오넬Lionel을 양육했다. 그녀는 엑스칼리버의 주인으로 아서왕에게 칼을 건네주었고, 나중에 호수에 던져진 칼을 회수한다. 판본에 따라 그녀의 정체성과 사건은 다르게 기술된다.
16 *El Libro de Perceval*, 531-572.

두 번째는 어린 페르스발이 붉은 기사Caballero Bermejo를 죽이고 말과 무기와 갑옷을 빼앗아 기사 복장을 갖춘 후 우연히 만난 늙은 기사 고르망 드 고오르Gornemant de Gohort에게 무기와 말 다루는 법 등을 배우는 장면이다. 고르망은 의지, 열망, 습관만 있으면 무엇이든 배울 수 있다면서 하루 만에 모든 기술을 가르쳐준다. 다음 날에는 귀한 옷을 꺼내주고 직접 칼을 매주며 기사서임식을 거행한다. 그리고 '하나님의 가장 고귀한 명령'인 기사도의 규율을 다음 네 가지로 정리한다.

1. 항복한 적을 죽이지 마라.
2. 말을 많이 하지 마라.
3. 도움을 청하는 여자를 도우라.
4. 수도원에 가서 창조주께 기도하라(1, 639~670행).

세 번째는 5년간 하나님을 잊고 지내던 그가 은둔수도자인 삼촌에게 깨우침을 받고 회개한 후 은둔수도자가 그에게 죄를 씻고 명예와 하나님의 나라를 얻기 위해 준수해야 할 규범을 알려주는 장면이다.

1. 하나님을 믿고, 하나님을 사랑하며, 하나님을 경배하라.
2. 고귀한 사람과 여자를 명예롭게 하고, 교회 집사들 앞에서는 자리에서 일어나 인사하라.
3. 도움을 요청하는 아가씨와 부인과 고아를 도와라(6, 459~474행).

어머니의 교훈→은퇴한 기사의 가르침→은둔수도자의 교훈으로 이어지는 일련의 과정은 기사도가 교회와 완전한 공존 관계를 이루었음을 보여준다. 이 공존 관계는 나중에 성배의 기독교화에서도 나타나 세속의 기사가 '순결한 기사' 또는 '하나님이 예비하신 기사'로 진화한다. 결투와 모험은 하나님을 섬기는 수단이지만 구원은 결투가 아니라 회개와 깨달음을 통해 주어진다. 크레티앵 드 트루아의 기사도 서술이 아직 사회적·정치적 논리 체계를 갖추지 못한 채 그저 단편적 훈계에 그치고 있다면, 율의 책은 기사도의 규율을 사회 체제와 연결한다.

율의 『기사도』는 「서문」과 본문으로 구성되어 있고, 본문은 기사도의 일곱 주제를 다룬다. 「서문」은 한때 유명한 기사였다가 은퇴한 은둔수도자가 젊은이에게 기사도를 가르쳐주는 내용이다.17

명예롭게 은퇴한 늙은 기사는 모든 재산과 명예를 물려주고 깊은 숲으로 들어가 은둔 생활을 하며 하나님의 나라를 소망하고 있었다. 봄이 한창일 무렵 왕은 신하들을 왕실로 소집했고, 그때 왕으로부터 기사서임을 받으려는 어느 젊은이가 말을 타고 왕실로 가고 있었다. 젊은이가 잠깐 잠든 사이 말이 숲으로 들어갔고, 샘가에서 책을 읽고 있던 은둔수도자와 만나게 되었다. 그가 읽고 있던 책이 기사도 교육서였다. 젊은이는 왕이 신하들을 모아놓고 먼저 스스로 자신을 기사로 임명한 후 다른 젊은이들을 기사로 임명해준다고 해서 왕실로 가던 길이라고 말했다. 그러자 늙은 기사는 아무리 왕이라도 스스로 자신을 기사로 임명할 수 없다고 확고하게 선언한다. 기사도의 율법에 어긋나기 때문이다. 기사도의 고귀함과 명예는 하나님이 허락하신 은총이고, 기사서임은 하나님의 은총을 입는 일이므로 인간은 스스로 자신에게 하나님의 은총을 줄 수 없다. 스스로 자신을 사제로 임명할 수 없는 것과 같다.

율이 표방하는 기사도 개념은 명쾌하다. 성직orator을 수행함이 하나님의 은총이듯이, 기사도 하나님의 은총을 받아 이교도와 불의로부터 사람들을 보

---

17 훌륭한 기사였다가 은퇴해 은둔수도자가 된 노인이 기사가 되려는 젊은이에게 기사도를 알려주는 서사 형식은 『워릭의 가이』에도 나온다. 은둔수도자는 주인공 기사의 스승 또는 현인으로 미래의 사건을 미리 알려주는 예언자 역할을 한다.

호한다. 그처럼 기사는 고귀한 심성을 가진 사람이므로 세상은 그를 존중해야 한다. 젊은이는 기사도를 배우고 싶다고 했고, 늙은 은둔수도자는 '하나님이 기사도를 따르는 모든 이에게 허락하신 명예와 고귀함'을 모르고 어떻게 기사가 되겠냐며 읽고 있던 책을 젊은이에게 주었다.[18] 은둔수도자는 기사도의 고귀한 계율과 명예를 많은 이가 읽고 배우도록 책을 왕실로 가져가라고 했다. 젊은이는 책을 가져가 왕에게 전했고, 왕은 기사가 되려는 사람들에게 필사해 읽고 가슴에 새기라고 명했다. 책의 본문이 다루는 일곱 주제는 다음과 같다.

1. 기사도의 근원
2. 기사가 수행할 과업과 기사도
3. 기사가 되기 위해 치러야 할 시험
4. 기사서임 절차
5. 기사의 무기
6. 기사의 행동 규범
7. 기사가 갖춰야 할 예의범절

여기서 기사도의 기원은 이렇게 설명된다. 인간애, 충절, 정의, 진실이 세상에서 사라졌다. 대신 적대감, 불충, 부정不正, 거짓이 활개치고, 하나님의 백성은 도탄에 빠졌다. 정의는 두려움을 매개로 권위를 회복하므로, 사람들이 감히 부정한 짓을 하지 못하도록 두려움을 줄 사람이 필요하다. 그래서 사람들을 천 명 단위로 묶은 후 그중 마음이 가장 자애롭고 지혜롭고 충직하며, 특히 고귀한 심성을 갖고 많은 교육과 수련을 거친 강인한 한 사람을 골라

---

18 *Libro de la Orden de Caballería*, 68.

그에게 '말을 탄 자'라는 명예를 부여했다. 말을 타는 이유는 말이 짐승 중 가장 고귀하며 아름답고 빠르며 충직하기 때문이다. '말을 탄 자'인 기사는 자애로운 마음을 품고 있더라도 사람들에게 두려운 존재여야 한다. 기사를 두려워해야 부정을 저지르지 않기 때문이다.

율은 인간 세상의 역사를 대홍수 이전과 이후로 나누고, 대홍수 이전의 '황금시대'가 대홍수 이후에 '은의 시대'와 '철의 시대'로 퇴락해갔다고 설명한다. 기사는 바로 '철의 시대'에 약자를 보호하고 정의를 세우는 사람이다. '황금시대', '은의 시대', '철의 시대'라는 구분은 전혀 새롭지 않다. 헤시오도스Hesiodos의 『노동과 세월Los Trabajos y los Días』에도 나오고, 프란시스코회 신학자이자 수도원장인 지오아끼노 다 피오레Gioacchino da Fiore(1135~1202년)의 『'구약성경'에서 비롯된 새로운 조화에 대해Liber Concordiae Novi ac Veteris Testamenti』를 비롯한 여러 문헌에도 등장한다. 15세기 중반의 부엘나 백작 돈 뻬로 니뇨Don Pero Niño의 삶을 기록한 디아스 데 가메스Gutierre Díaz de Games의 『승리자El Victorial』(1436년 또는 1453년으로 추정)에서도 반복되고, 세르반테스의 『돈키호테』 1부 11장의 '황금세기에 대한 연설'도 그것과 비슷하다.

옛날 사람들이 '황금시대'라고 부른 시절은 실로 행복한 시대이자 행복의 세기였소. 그 까닭은 우리가 사는 '철의 시대'가 고귀하게 떠받드는 황금을 그처럼 복된 시대에 누구나 손쉽게 얻을 수 있어서가 아니라 그 시절 사람들은 '네 것'과 '내 것'이라는 두 단어를 몰랐기 때문이오. 그 성스러운 시대에는 모든 게 공동 소유였소. 늠름한 떡갈나무는 잘 익고 맛있는 열매를 아낌없이 내주었고, 일상의 양식을 얻으려면 그저 그 나무를 향해 손만 위로 뻗으면 되었소. 맑은 샘과 부드럽게 흘러가는 강은 깨끗하고 시원한 물을 넘치도록 풍족하게 베풀어주었고, 바위 틈새와 나무속에 자리 잡은 착한 벌들은 아무런 대가도 요구하지 않고 부지런히 수고해 거둔 달콤한 수확을 모든 사람에게 넘치도록 내놓았소이다. 커다란 코르크나무도 아무런 사심 없이 자신의 넓고 가벼운 외피를 떨어내는 친절한 마음을 보여주었고, 덕분에 거친 말뚝 위에 세워진 집은 지붕을 덮을 수 있어 자애롭지 못한 하늘을 가릴 수 있었지요. 그때는 모두가 평화와 우정과 화합이었소. 더구나 그때 사람들은 굽은 쟁기의 묵직한 날로 감히 우리의 원초적 어머니를 갈라 자애로운 내장을 들춰내는 짓도 않았고, 어머니께서는 누가 강요하지 않아도 만방에 자신의 넓고 비옥한 가슴을 열어 그 위에 사는 자식들을 먹이고 기르고 기쁘게 하셨지요. 그때는 또 이러했소이다. 순진하고 아름다운 양치기 처녀들은 머리를 묶거나 풀어놓고 이 계곡 저 계곡, 이 언덕 저 언덕을 마음껏 돌아다녔고, 그때나 지금이나 정숙함으로 가려야 할 곳만은 옷으로 얌전히 감추었소. 그때 처녀들의 장식은 지금 쓰는 게 아니올시다. 지금은 중동의 티로 왕국에서 만든 자주색 비단이나 울긋불긋한 치장을 가미한 비단을 알아주지만 그때는 등나무 잎과 머귀나무 잎을 엮어 만들었지요. 어쩌면 오늘날 한가로운 데다가 궁금증도 많은 궁정의 여인들은 온갖 화려하고 희귀한 치장을 하지만 그때의 여인들은 잎을 엮어 만든 게 가장 호화롭고 아름다운 장식이었을 것이외다. 그때는 사랑의 감정도 영혼이 느끼는 그대로 단순하고 소박하게 읊었지요. 감정을 과장하느라 엉키고 꼬인 말을 찾는 짓은 전혀 하지 않았소이다. 사기도 속임수도 없었고, 진실과 순진함에 감춰진 사악한 의도도 없었지요. 정의는 그 자체로 굳건히 서 있었고, 개인적인 이해나 연고緣故가 감히 정의에 흠집을 내거나 상처를 주지도 못했소. 지금이야 사람들이 정의를 무시하고 훼손하며 쫓아내려고 달려들지만 판사의 재량권이란 것도 아직 판사 머리에 들어있지 않았소이다. 재판할 일도 재판받을 사람도 없었기 때문이지요. 앞서 말한 아가씨들 그리고 '정조貞操'라는 이름을 가진 여자는 원하는 곳이라면 어디든지 혼자서 마음대로 다닐 수 있었소. 타인의 음탕한 생각과 철면피 같은 행동이 상처를 줄지도 모른다는 두려움은 그 시절 여자들에게는 전혀 없었소이다. 정조를 잃어버리는 경우는 원해서 자신의 의지에 따라 그렇게 되었을 뿐이오. 그러나 혐오스러운 지금 우리 시대에는 어떤 아가씨도 안전하지 못하지요. 크레타의 미궁을 다시 만들어 그곳에 아가씨를 단단히 숨기고 감춘다 해도 달라질 게 없소이다. 공중으로 또는 미궁 틈새로 음탕한 전염병이 추악하고 끈끈한 욕망을 데리고 스며들어가 안에 고이 간직된 아가씨를 망쳐놓기 때문이외다. 시간이 흘러갈수록 그 사악한 질병이 점점 창궐하자 여인들의 안전을 위해 일어난 사람이 바로 편력기사요. 아가씨를 보호하고 과부를 지켜주며 고아와 가난한 자를 살리기 위해 편력기사가 존재하지요. 양치기 형제들이여, 기사도를 따르는 본인은 여러분이 나와 내 시종에게 보여준 환대와 대접에 감사하오이다. 비록 모든 살아 있는 사람이 편력기사에게 호의를 베풀어야 할 의무가 있고 또 그것이 마땅한 이치건만 그대들은 이런 의무를 모르고도 나를 환대해주었음을 내가 잘 알고 있소이다. 그러기에 기회가 된다면 그대들에게 마땅히 고마움을 표하고 싶소이다.[19]

'철의 시대'에 정의를 세우는 자라는 기사의 존재 이유는 중세유럽의 보편적 담론이었다.

늙은 은둔수도자가 젊은 기사 지망생에게 건네준 책의 두 번째 주제는 기사의 과업과 계율이며, 거기서 율은 기사도의 도덕적·종교적 의미를 알려준다. 이 두 번째 주제가 이 책의 핵심이다. 그는 기사도(왕실)와 신앙(교회)의 결합을 명확하게 보여주며, 기사의 본질은 정신의 고귀함에 있다는 명제를 반복한다. 그가 말하는 기사의 과업은 다음과 같다.

1. 기사는 기사도를 준수해야 한다. 기사도는 하나님이 부여한 명령이며 선택된 자에 의해 유지된다. 기사는 신앙을 가져야 하지만 신앙이 그의 본업은 아니다.

---

[19] Miguel de Cervantes, *Don Quijote de la Mancha*, ed. Real Academia Española, Barcelona: Penguin Random House Grupo Editorial, 2015, 97-99(모든 인용은 이 판본을 따르며, 필자의 번역이다).

2. 기사는 성스러운 가톨릭 신앙을 수호해야 한다. 기사는 교회를 파괴하려는 이교도들을 척결하도록 하나님에 의해 선택된 자로서 사제처럼 숭고한 사명을 하나님으로부터 부여받은 고귀한 사람이다. 하나님은 이 세상 만물의 주인이다. 황제와 왕도 하나님에 의해 선택된 기사이며, 다만 그들은 이 땅에 사는 동안에 다른 기사들의 주인 역할을 한다. 하나님은 이 땅에 사는 사람들을 위해 많은 직분을 만드셨는데, 그중 가장 고귀한 직분이 사제와 기사이다. 사제 직분과 기사 직분은 다르지 않다. 기사는 자기 땅의 주인이고, 황제는 모든 기사의 주인이다. 황제는 왕에게 자신의 땅을 다스리게 하고, 왕은 작위를 가진 기사들에게 자신의 땅을 다스리게 한다. 영지 없이 단지 방패만 가진 기사는 고위 기사에게 복종해야 한다.

3. 기사는 땅에 사는 동안 주인을 지키고 보호해야 한다. 백성이 주인의 뜻에 반하면 기사는 주인 편에 서서 그를 지켜야 한다.

4. 기사는 정의를 세우는 심판자 역할을 한다.

5. 기사는 말을 타야 한다. 결투, 창 시합, 원탁에 참여하며 무예를 시험하고 사냥에 나서야 한다.

6. 기사는 정의, 지혜, 인간애, 충직, 겸손, 견고함, 소망을 영혼에 새겨야 한다.

7. 기사는 영지를 지켜야 한다. 기사를 두려워해야 타인이 그의 땅을 파괴하지 못하고, 왕과 왕자도 서로 싸우지 못한다.

8. 죽음을 두려워해 위험에 빠진 주인을 돕지 않는 자는 기사가 아니다.

9. 기사의 힘과 명예는 고귀한 가슴에서 나온다. 기사가 정신의 힘이 아니라 육체의 힘에 의존한다면 육체가 영혼보다 더 귀중하다는 뜻이 된다. 육체는 굴복할 수 있고 사로잡힐 수도 있지만, 고귀한 정신은 세상 누구에게도 굴복하지 않는다. 사악한 자가 주인을 버리고 전쟁터를 버리고 떠나는 까닭은 고귀한 정신의 힘보다 육체의 힘을 두려워하기 때문이다. 기사도는 고귀한 가슴을 근본으로 한다. 그리고 기사도에 인간을 향한 애정과 지혜가 없다면 그것은 무지와 광기일

뿐이다. 기사는 고귀한 가슴으로 기사도를 사랑하고 준수해야 하며, 그래야 위험에 몸을 던질 수 있다.

10. 기사는 과부와 고아와 약자를 보호해야 한다. 큰 사람이 작은 사람을 지키고 보호하는 게 당연하듯, 과부를 욕보이고 고아의 유산을 빼앗고 약한 자의 재산을 도둑질하고 업신여기는 자로부터 그들을 보호해야 한다. 그러므로 약한 자를 알아볼 수 있는 눈이 없다면, 그들을 위해 눈물을 흘리지 않는다면 기사가 아니며 기사도를 행하는 자도 아니다.

11. 기사는 성과 말을 소유해야 하고 통행로를 지키며 농민을 보호한다. 기사가 사람들을 위해 정의를 집행하고 세상의 질서를 세우려면 도시와 마을을 소유하고 있어야 한다. 기사는 강도와 외적으로부터 마을과 도시와 성을 보호하고 사람들을 지켜야 한다. 기사의 존재 이유는 혼란을 타파하고 질서를 세우며 사악한 자들을 멸하는 데 있다.

12. 기사가 도둑질하고 주인을 배반한다면 다른 기사에 의해 처벌받아야 마땅하다. 기사가 도둑질한 기사를 만나면 반드시 처벌해야 한다. 도둑질은 기사도를 배신하는 큰 죄악이다.

13. 주인을 죽이고 주인의 아내와 성을 취하는 자는 기사가 아니다. 금은보화를 도둑질한 자와 마찬가지로 그런 자는 스스로 자신의 명예와 주인의 명예를 더럽혔으므로 결투로 응징해야 한다.

14. 갑옷은 빛나게 닦아야 하고, 말은 언제나 튼튼해야 한다. 갑옷과 무기를 잃어버리면 기사라고 칭할 수 없다.

15. 언제나 진실만 증언해야 한다.

16. 정의와 음탕함은 어울리지 않는다. 기사는 음탕의 죄에 빠지지 않아야 한다. 음탕하면 처벌받고 기사직을 박탈해야 한다.

17. 정의는 겸양과 어울린다.

18. 정의는 평화를 구현한다. 정의롭지 못한 평화는 평화가 아니고 정의도 아니

다. 그런 상황에서 기사는 평화를 버리고 정의를 추구한다. 기사는 사람들에게 평화를 가져다준다. 평화를 위해 정의를 버리는 자는 기사가 아니다.[20]

율이 1274~1276년 사이에 이 책을 썼을 것으로 추정되므로 13세기 후반부터 기사와 기사도는 교회와 결합해 사회적 제도로 뿌리내리고 있었다고 볼 수 있다. 그가 기록하고 있듯이, 기사는 정신적 고귀함을 가진 귀족이고 기사도는 교회와 왕실이 인정한 명예였다. 기사도가 확립되기 전에는 기사가 영주를 위해 싸웠지만 기사도가 제도화되면서 기사는 영주뿐만 아니라 중세 사회 전체를 보호하는 임무를 갖게 되었다. 하지만 기사도의 이상은 현실과 충돌했다. 스페인에서 기사계급을 둘러싼 논쟁은 14세기에 사회적 담론으로 정립되었다.

논쟁의 핵심은 단순했다. 기사는 귀족인가? 여기서 파생되는 여러 문제를 해결하기는 쉽지 않았다. 15세기에 왕실, 귀족, 시민 사이에서 일어난 내전은 극심한 사회 변동으로 이어졌고, 기사의 귀족성과 역할을 두고 논란이 재연되어 15세기 말까지 이어졌다.[21] 기사의 지위와 명예를 사회적으로 어떻게 인정할 것인가? 이 문제는 왕권을 둘러싼 왕자들의 투쟁, 구귀족과 신흥귀족 간의 투쟁, 귀족과 시민계급 간의 투쟁으로 확대되었다. 하지만 16세기 르네상스 시대로 넘어가면서 기사가 귀족계급으로 편입되는 문제는 사실상 사라졌다. 기사단 가입은 영주가 되었다는 뜻이 아니라 왕의 은혜를 입어 사회적 명예를 얻었다는 표식일 뿐이었기 때문이다. 중세의 전투에서는 말을 타

---

20 *Libro de la Orden de Caballería*, 72-82. 18개 항목은 필자가 정리한 것으로, 원문에는 번호가 없다.
21 Jesús D. Rodríguez Velasco, *El debate sobre la caballería en el siglo XV: la tratadística caballeresca castellana en su marco europeo*, Salamanca: Junta de Castilla y León Consejería de Educación y Cultura, 1996.

고 싸우는 사람이 중요했지만 총과 대포로 싸우는 시대에 말을 탄 기사는 전사로서의 효용이 떨어졌기 때문에 군사적 의미보다는 정신적 의미가 더 강조될 수밖에 없었다. 기사와 기사단의 탈군사화desmilitarización는 피할 수 없는 현실이었다.

1. 2. 기사의 사랑

12세기 후반에 현실 세계에서 기사가 신분 상승을 이루고 있을 때 허구 세계에서는 '사랑에 빠진 기사'라는 새로운 주인공이 등장했다. 그는 '호수의 기사 랜슬롯'이었다. '사랑에 빠진 기사'는 용맹한 전사인 동시에 세련된 사랑의 감정과 의식儀式화된 예의범절을 갖춘 남자였다. 그에게 사랑이란 정신적 고귀함의 표상이자 위험한 모험을 감행하는 동력이었고, 사랑하는 연인의 존재는 주인공 기사의 멋짐을 보여주기 위해 필수적이었다.

그래서 출정을 준비하는 돈키호테는 "사랑하는 여인이 없는 편력기사란 이파리와 열매 없는 나무이자 영혼 없는 육체"(1부 1장)라고 말한다. 현실의 기사가 기사도를 통해 정신적 고귀함을 얻고 그것을 매개로 귀족으로 신분이 상승했다면, 이미 기사도의 명예를 갖춘 허구의 기사는 사랑을 통해 정신의 고귀함을 얻었다. 남자의 사랑은 육체적 욕망을 초월하는 더 높은 차원의 윤리적·사회적 가치로 진화했다. 그런 의미에서 중세 기사의 사랑은 새롭다. 하우저는 중세 기사의 사랑이 이전과 어떻게 차별화되는지 아래와 같이 설명한다.

연애가 뚜렷한 목적의식 아래 찬미 대상이 되고, 사랑은 아끼고 가꾸어야 하는 것이라는 감정을 낳은 점에서 기사문학은 새로운 것이었다. 그것은 또 연애가 모든 선과 미의 원천이요, 더러운 행위와 비열한 감정은 사랑하는 부인에 대한 배신이라는 신념도 새로운 것이었다. 감정의 섬세성과 내면성, 사랑하는 사나이가 사랑의 대상인 여성을 생각할 때마다 갖는 경건한 마음, 끝나는 바가 없고 채워지지도 않으며 또 한계를 지을 수 없어 채워질 수도 없는 사모의 정도 새로운 것이었으며, 사모의 정이 채워지고 안 채워지는 것과 관계없이 아무리 참담한 실패를 겪더라도 최고의 기쁨으로 남아 있는 사랑의 행복도 새로운 것이었다. 그리고 끝으로, 연애에 의한 남성의 유약화와 여성화도 새로운 현상이었다. 사랑을 구하는 편이 남성이라는 사실 자체가 이미 본래 남녀 관계의 역전을 의미했다. 노예 약탈이나 부녀 납치가 다반사였던 고대나 영웅시대에는 남자 쪽에서 구애한다는 것은 생각할 수도 없는 일이었다. 그리고 실은 남자가 여자의 사랑을 구하는 일은 민중의 풍속에도 어긋나는 일이었다. 민중 생활에서 사랑의 노래를 부르는 것은 여자이지 남자가 아니다. 샹송 드 제스트[영웅시가—필자 주]에서도 여자가 남자에게 접근하고 있다. 기사 시대에 와서야 비로소 그러한 태도가 궁정 예절에 어긋나고 부적당하다고 생각되게 된 것이다.[22]

허구 세계에서 만들어진 새로운 사랑 개념을 두고 여러 주장이 서로 엇갈린다. 이 사랑은 봉건적 주종관계의 반영일 수도 있다. 기사는 기사도의 규율에 따라 주군에게 충성할 뿐 아니라 주군의 부인에게도 헌신적 사랑을 바친다. 또한 영주 부인이 혈기 왕성한 젊은 기사들을 위해 제공하는 사랑놀이일 수도 있다. 그래서 위장된 욕망과 불륜으로 보이기도 한다.

사랑의 개념이 숭고한 정신적 사랑과 육체적 욕망 사이에서 형성된다면 기사의 사랑은 육체적 욕망을 정신적으로 고결하게 포장하려는 모순적 시도라고 할 수 있다. 그래서 파커는 그와 같은 모순적 시도를 '사랑'이 아니라 "성애性愛의 숭고화sublimación de la sexualidad"[23]라는 용어로 표현한다. 그에 따

---

22 아르놀트 하우저, 『문학과 예술의 사회사 1. 선사시대부터 중세까지』, 285쪽.
23 Alexander A. Parker, *La filosofía del amor en la literatura española 1480-1680*,

르면, 중세가 만든 기사와 귀부인의 이상화된 사랑은 '성애의 숭고화' 과정을 거쳐 르네상스 시대의 신플라톤주의적 사랑으로 진화한다.

중세의 사랑은 육체적 사랑이었을까 아니면 정신적 사랑이었을까? 대개 이분법적 선택은 반쪽의 답이다. 육체적 사랑과 정신적 사랑은 작용과 반작용처럼 시대에 따라 계속 반복되고 교체된다. 세속 문학에서 어느 한쪽이 완전히 지배하거나 사라지는 일은 일어나지 않는다. 언제 어디서나 육체와 정신은 공존하며, 다만 육체와 정신 중 무엇을 앞세울지가 관건이다. 시대의 취향과 유행에 따라 단지 겉모양이 달라질 뿐이다.

고전문학에서는 여성이 대개 소유물이고 연애도 육체적이라고 알려져 있다. 서기 400년 무렵에 성 아우구스티누스는 『고백록』 3권에서 "사랑하고 사랑받는 것은 즐거운 일이었으며, 연인의 육체를 즐기는 것은 더욱 즐거운 일"[24]이라고 고백한다. 하지만 정신과 육체는 같이 움직인다. 오비디우스에게 사랑이란 사람의 이성을 빼앗고 의지력을 마비시켜 결국 죽음에 이르게 만드는 병病이었다. 그의 『사랑의 기술Ars Amatoria』은 욕망을 이루기 위한 유혹의 기술을 젊은이에게 알려주고, 『사랑의 치유Remedia Amoris』는 사랑의 병리적 징후를 젊은이에게 가르치며 치유 방법도 알려준다. 여기서 그는 남자가 사랑을 얻는 법, 얻은 사랑을 유지하는 법, 여자가 남자의 사랑을 얻는 법, 사랑을 얻지 못하거나 잃어버린 후 상처를 치유하는 법을 구체적으로 설명한다. 연인에 대한 과도한 생각과 욕망이 육체의 병증病症으로 나타난다는 의미에서 사랑은 육체적이고 정신적이다. 가령 에코Umberto Eco의 『장미의 이름』에 등장하는 멜크의 아드소Adso of Melk는 여인과 육체적 결합 후에 찾아온 이상한 징후를 치유하고자 철학자들의 책을 뒤적이다가 사랑이라는 병의 증상

Madrid: Cátedra, 1986, 29. 이 책은 육체적 욕망이 배제된 이상화된 사랑만 다루고 있다. 파커의 관점에서 욕망은 사랑이 아니다.
24 성 아우구스티누스, 『고백록』, 김평옥 역, 범우사, 1998, 50쪽.

과 처방을 발견한다.

특히, 사랑이란 그 자체가 곧 치료 수단인 고약한 병이라는 이븐 하즘의 정의가 감동적이었다. 이븐 하즘은, 사랑에 걸린 사람은 치료받기를 원하지 않고 완쾌를 꺼린다는 이유에서 고약한 병이라고 했다. …… 안키라의 바실은, 사랑이란 눈을 통해 들어가는 병이라고 했다. …… 상대를 진정으로 사랑하는 사람은 대상을 보지 못하면 심한 자기학대 증세를 보이며 하루 종일 침대를 떠나지 않고, 상사병이 지나쳐 뇌를 건드리면 정신을 잃고 헛소리를 한다는 대목을 읽고 나니 겁이 더럭 났다. …… 나는 성 힐데가르트의 글도 읽었다. 그는 그날 내가 여자에 대한 그리움 때문에 느꼈던 우울증은, 인간이 천국에서 경험하는 완벽한 평화의 상태와는 정반대에 가까운 것으로서, 그러한 우울증은 …… 악마의 틈입으로 인한 것이라고 주장했다. …… 아비체나의 저서를 읽었을 때 나는 자신이 까발려진 느낌을 맛보아야 했다. 그는 사랑을, 이성인 상대의 얼굴, 태도, 행동에 대한 연속적인 상상에서 비롯된 우울증적인 생각이라고 정의했다(아비체나야말로 나를 두고 상사병을 정의한 것이 아니고 무엇인가!) 그는, 상사병이 처음부터 병은 아니나, 사랑의 갈증이 해소되지 못하면 강박적인 병으로 이행해 …… 눈꺼풀이 떨리고 호흡이 불규칙해지다가 까닭도 없이 울고 웃고 심장의 박동이 빨라진다고 주장했다.[25]

사랑이 열에 의해 야기된 육체적 병이라면 치유 방법은 무엇일까? 에코는 사랑 병의 치유 방법으로 남녀의 결합, 뜨거운 물에 목욕하기, 늙은 여자의 도움, 계집종 여럿과 짝짓기, 세베리누스의 약초를 언급하다가 아라곤왕국의 빌라노바Arnaldus de Villa Nova(1240~1311년)의 글을 인용한다.

25 이윤기 역, 열린책들, 1986, 364~365쪽.

결국 나는 빌라노바 사람 아르놀트의 글에서 한 가지 길을 발견했다. …… 그는 상사병이란 원래 체액의 분비와 정신의 고양이 지나쳐 생긴다고 했다. 그로 인해 생식의 종자를 만들어내는 혈액은 필요 이상의 종자 즉 콤플렉시오 베레네아(성욕의 기질)를 생산하고 남녀 결합의 욕망을 강화함으로써 몸의 각 기관의 습도와 온도를 높이기 때문이라고 했다. 아르놀트의 설명은 계속된다. 엔케팔루스(뇌)의 중앙 공동空洞 뒷부분은 …… 오감이 받아들인 무감각한 자극을 수용하고 자극을 평가하는 기능을 수행한다. 오감이 감지한 대상에 대한 욕망이 지나치게 강한 경우 …… 육체와 정신이 한꺼번에 불붙게 되는데 그것은 기쁨을 느끼는 순간 열기가 표면으로 치솟기 때문이다. …… 그러니까 아르놀트가 말하는 치료법은 사랑하는 대상에게 접근할 수 있다는 확신과 희망을 잃게 함으로써 생각 자체가 사라져 버리게 하는 것이다.[26]

허구 세계에서 사랑이 육체적 병증으로 나타나는 까닭은 인간의 의지로는 사랑의 욕망과 감정을 통제할 수 없기 때문이다. 인간의 의지로 통제되는 감정은 진정한 사랑이 아니므로 진정으로 사랑한다면 사랑한다는 생각 자체를 사라지게 만드는 방법은 없다. 그래서 여자의 사랑을 얻을 희망이 완전히 사라지더라도 상사병은 사라지지 않는다. 상사병은 남자가 진정으로 사랑한다는 증표이므로 사랑에 빠졌다면 상사병을 앓아야 하고, 상사병을 앓고 있는 모습을 연인과 주변 사람에게 알려서 연인으로부터 치유를 구해야 한다.

트리스탄의 사랑은 더 극단적이다. 사랑은 열정과 갈등을 넘어 일종의 중독 상태이다. 사랑은 피할 수 없으며, 욕망이 충족되지 않는다면 사랑은 치유되지 않고 고통은 멈추지 않는다. 그래서 사랑이라는 비이성적인 열정과

---

26 앞의 책, 366쪽.

집착은 죽음을 동경하게 된다. 오비디우스에서 유래되었으나 중세에 와서 변형된 사랑의 한 모습이다.

중세의 새로운 사랑 개념을 처음 제시한 사람은 카펠라누스Andreas Capellanus이다. 그는 『사랑론De Amore』「서문」에서 사랑이란 이성의 아름다움을 보고 과도하게 생각하는 데서 유래하는 '고질적 고통inborn suffering'이라고 정의한다.

사랑이란 이성의 아름다움을 보고, 무엇보다도 서로 상대편의 포옹을 갈구하는 것이다. 또한 천박한 욕망이기는 하나 상대편의 포옹과 더불어, 사랑이란 이름으로 행할 수 있는 모든 걸 다 해보고 싶다는 생각을 지나칠 정도로 심하게 하는 데서 유래하는 어쩔 수 없는 고질적 고통이 바로 사랑이다. …… 그러한 고통이 고질적이라는 사실을 명확히 밝혀야겠다. …… 그러한 고통이란 단순히 본 것을 마음에서 반추해 생겨난 것이다. 한 남자가 사랑하기에 적합한 몸매를 지닌 여인을 보았을 때 그는 곧 마음속에서 그녀를 탐하고 싶어진다. 그런 다음 그녀를 생각하면 할수록 그의 사고가 만개할 때까지 사랑으로 불타게 된다. 곧 그는 그녀의 몸매를 생각하고, 그녀의 팔다리를 세세히 나누어 그녀가 지금 무엇을 할까 생각하는 중에 그녀 신체의 비밀스런 곳들도 훔쳐보고는 그녀의 모든 부분을 세세히 탐하고 싶어 한다. 그가 그런 극단적인 생각에까지 이른 후에 사랑의 고삐는 풀어지고, 그는 곧 사랑을 행동으로 옮긴다. 그는 도와줄 사람을 찾아 매개인으로 삼으려고 한다. 그는 어떻게 그녀로부터 호의를 얻을까 계획하기 시작하고, 말을 건네 볼 시간과 장소를 물색한다. 그는 찾아 나선 마음에 걸맞을 만큼 빠르게 일 처리를 할 수 없는 까닭에 짧은 시간을 매우 긴 일 년쯤으로 생각한다. 그런 식으로 그에게 많은 일이 일어나리라는 것은 주지의 사실이다. 그러므로 그런 고질적 고통이란 보고 난 후 생각하는 데서 생겨난다. 모든 종류의 사고가 사랑의 원인일 수는 없으나 문제는 지나치게 생각한다는 것이다.[27]

이처럼 『사랑론』에는 오비디우스의 흔적이 보인다. 사랑이란 마음에 드는 여자를 보고 그녀와의 육체적 결합을 갈망하는 것인데, 그것을 이룰 수 없고 그것에서 벗어날 수도 없으므로 사랑은 죽음에 이르는 병이 된다. 여기까지 카펠라누스는 오비디우스 전통을 따라간다.

그러나 육체적 갈망은 곧 새로운 사랑 개념으로 진화하며, 이제 사랑은 단순히 병으로만 치부되지 않는다. 중세의 새로운 사랑은 연인을 고귀하게 만드는 사랑이다. 기사도를 통해 고귀한 사람이 되듯, 고결한 사랑fin'amors을 통해 사랑하는 연인과 사랑받는 연인 모두 고귀함을 얻는다.

사랑에 빠진 진정한 연인이라면 탐욕으로 인해 품위를 잃는 일이 없어야 한다. 사랑이란 거칠고 무뚝뚝한 남자를 멋진 남자로 만든다. 사랑은 가장 비천한 태생의 남자일지라도 고상한 품성으로 만들고, 오만한 사람을 겸손하게 하며, 사랑에 빠진 사람은 다른 많은 사람을 위해 많은 봉사를 우아하게 하는 데 익숙하게 된다. 사랑이란 얼마나 멋진 일인가. 한 사람을 많은 덕성으로 빛나게 하며, 그가 누구이든 모든 사람에게 좋은 성품들을 가르친다. 말로는 이루 칭송하지 못할 사랑에 관한 또 다른 덕이 있다. 사랑은 순결의 덕성으로 인간을 장식하는데, 사랑의 빛으로 찬란히 빛을 발하는 남자는, 비록 아름다운 여인이 있을지라도 여인을 가슴에 품을 생각을 거의 하지 않는다. 그가 깊이 애인을 생각한다면 다른 여인의 모습은 그의 마음에 조잡하고 못나 보일 것이다.[28]

---

27 앙드레 카펠라누스, 『궁정식 사랑 기법』, 김명복 역, 현음사, 1992, 16~17쪽. 이 책의 라틴어 제목은 『순정한 사랑의 기술에 대해 De arte honeste amandi』로 표기되기도 한다. 이 책은 로리스Guillaume de Lorris와 묑Jean de Meung의 『장미 이야기 Roman de la Rose』와 함께 중세의 궁정식 사랑의 이론서로 꼽힌다.
28 앞의 책, 21쪽.

오비디우스로부터 물려받은 사랑은 육체적 결합을 갈망하는 마음이지만 이제 카펠라누스가 알려주는 사랑을 배우고 실행하면 남자는 고귀한 품성을 갖춘 연인으로 변모한다. 『사랑론』의 주제는 하나님의 선한 사랑도 아니고 결혼도 아니다. 사랑의 고통도, 여자 또는 남자를 유혹하는 방법도 아니다. 연인을 고귀하게 만드는 사랑이다. 비록 결말에서는 사랑을 거부해야 할 여러 가지 이유를 나열하며 차라리 사랑하지 않는 편이 더 낫다고 말하지만, 카펠라누스는 아직 결혼하지 않은 젊은 월터에게 어떻게 하면 고귀한 사랑을 할 수 있는지 가르친다.

푸아티에 있는 아키텐의 알리에노르Aliénor d'Aquitaine29의 궁정문화가 『사랑론』의 공간 배경이고, 알리에노르의 장녀 샹파뉴Marie de Champagne 백작부인의 요청에 따라 1184~1186년에 트루아Troyes에서 쓰였으리라고 추정된다. 이 궁정에는 샹파뉴 백작부인 외에 나르본느 자작부인 에르망가르드Ermengarde, 플랑드르 백작부인 이사벨Isabelle of Flanders이 있었고, 샹파뉴 백작부인은 사랑의 여러 사례를 두고 제기된 질문에 답하는 역할을 한다. 가장 중요한 질문은 '결혼한 부부 사이에 진정한 사랑이 있을 수 있는가?'였다. 샹

---

29 아키텐의 알리에노르(1122~1204년)는 최초의 음유시인 기욤 9세Guillaume IX 공작의 손녀이자 프랑스 남서부 아키텐의 상속자로 당대에 가장 넓은 영지를 소유하고 있었다. 프랑스 왕 루이 7세와 결혼했다가 1152년에 결혼 무효marriage null and void 처분을 당했다. 결혼 무효의 명분은 근친이었다. 15년의 결혼 생활에서 두 딸을 두었다. 결혼 무효 이후 8주 뒤 영국의 헨리 2세Henry Plantagenet가 될 노르망디 공작과 결혼했다. 그리고 1154년에 왕위에 오른 헨리 2세와 13년 동안 8명의 아이를 낳았다. 1167년에 헨리 2세와 별거해 아키텐의 푸아티에 궁정으로 돌아왔고, 그곳에서 첫 결혼에서 태어난 장녀 샹파뉴 백작부인과 함께 1168~1173년 사이에 기사로망스와 궁정식 사랑의 모태가 되는 문학 궁정을 열었다. 아버지와 아들들 간의 상속 및 영토 분쟁에서 아들 편에 섰다가 1173년부터 유폐되어 1189년에 헨리 2세가 죽은 뒤 풀려났다. 그녀의 아들이 리처드 1세Richard the Lionheart이고, 마셜도 그녀가 몸값을 내어준 덕분에 포로에서 풀려난 적이 있다.

파뉴는 부부 사이에 사랑이 있을 수 없다고 단언한다. 부부 사이에는 질투가 있을 수 없으며, 질투가 없다면 거기에는 진정한 사랑이 존재하지 않기 때문이다.

『사랑론』은 3권으로 구성되어 있다. 1권은 사랑의 개념과 여러 유형의 사랑을 다루고 있다. 여러 유형의 사랑이란 신분이 높은 귀족, 귀족, 평민 남녀가 서로 같은 신분의 연인과 사랑하거나 서로 다른 신분의 사람과 하는 사랑, 사제의 사랑, 수녀의 사랑, 돈으로 얻은 사랑, 욕망이라는 사랑, 농부의 사랑, 창녀의 사랑이다. 평민 남자가 평민 여자, 낮은 귀족 여자, 높은 귀족 여자를 사랑한다면 각각 어떤 방식으로 사랑이 진행되고 어떻게 이루어지는지를 서술한다. 그렇게 작가는 각각의 사랑의 유형과 규칙을 다룬다.

2권은 사랑의 단계와 규칙을 통해 어떻게 사랑을 유지하는지를 기술한다. 특히 여기에는 사랑의 규칙이 포함되어 있다. 어느 브리튼 기사가 연인의 사랑을 얻으려면 아서왕 궁정에 가서 황금 횃대에 있는 매를 가져와야 했다. 매를 가져오려면 아서왕 궁정에 가서 자신의 연인이 가장 아름다운 여인임을 입증해야 했고, 아서왕 궁정에 들어가려면 매를 길들일 때 쓰는 장갑을 문지기에게 보여주어야 했는데, 장갑을 얻으려면 두 명의 기사와 싸워 이겨야 했다. 기사는 위험을 무릅쓰고 그와 같은 과정을 모두 이행한 후 아서왕의 매를 얻게 되었다. 그런데 횃대에 묶여 있던 양피지에는 '사랑의 왕'이 세상의 연인들에게 공표한 사랑의 규칙이 기록되어 있었다. '사랑의 왕'이 공표한 31가지 사랑의 규칙은 다음과 같다.[30]

1) 결혼은 (누군가를) 사랑하지 않겠다는 진정한 변명이 되지 않는다.

---

[30] Andreas Capellanus, *The art of courtly love*, tr. John Jay Parry, New York: Columbia Univ. Press, 1960, 184-186(필자 역). 영어권에서 'Courtly Love'라는 용어는 이 책의 첫 번역본이 출간된 1941년 이후 널리 사용되었다.

2) 질투가 없으면 사랑이 아니다.

3) 누구도 두 연인을 동시에 사랑할 수 없다.

4) 사랑은 커지기도 하고 줄어들기도 한다.

5) 연인의 뜻과 어긋나는 사랑에는 기쁨이 없다.

6) 소년은 성숙한 때에 이르기 전까지 사랑하지 못한다.

7) 연인이 죽으면 살아남은 남자는 2년 동안 새로운 사랑을 할 수 없다.

8) 매우 타당한 이유 없이 타인의 사랑을 빼앗지 않는다.

9) 사랑스러운 마음이 생기지 않으면 그것은 사랑이 아니다.

10) 사랑은 탐욕을 품지 않는다.

11) 결혼하려는 마음을 수치스럽게 여기는 여자라면 사랑하지 않는 게 좋다.

12) 진정한 연인은 애인이 아닌 다른 사람을 안으려 하지 않는다.

13) 사랑이 알려지면 지속하기 어렵다.

14) 쉽게 얻은 사랑은 가치가 없고, 어렵게 얻은 사랑이 가치가 높다.

15) 대체로 모든 사람은 연인 앞에서 (얼굴빛이) 창백하게 변한다.

16) 갑자기 연인을 보게 되면 가슴이 뛴다.

17) 새로운 사랑은 옛사랑을 떠나게 한다.

18) 훌륭한 성품이야말로 남자를 사랑할 만한 가치가 있게 한다.

19) 사랑이 한번 시들해지면 너무나 빨리 쇠락하고 다시 생겨나기 어렵다.

20) 사랑하는 사람은 언제나 (연인에 대해) 뭔가 궁금하다.

21) 진정한 질투심은 사랑의 감정을 끓어오르게 한다.

22) 연인을 의심하면 질투와 사랑도 커진다.

23) 사랑을 생각하면 음식을 먹지도 잠을 자지도 못한다.

24) 사랑하는 사람의 모든 행동은 연인의 생각에 따라 정해진다.

25) 진정한 연인은 연인이 즐거워하는 것만 하려고 한다.

26) 연인은 사랑을 위해 무엇이라도 거절하지 않는다.

27) 연인은 애인으로부터 충분한 만족을 누리지 못한다고 생각한다.
28) 아주 조그만 의혹만으로도 연인을 의심한다.
29) 몸이 지나친 열정을 감당하지 못하는 사람은 사랑하지 못한다.
30) 진정한 연인은 항상 애인 생각으로 가득하다.
31) 한 여자가 두 남자에게, 한 남자가 두 여자에게 사랑받는 것은 어쩔 수 없다.

브리튼의 기사는 이 사랑의 규칙을 필사해 널리 알린다. 여자를 이상화하고 사랑함으로써 남자가 고귀해진다는 주제는 여성 위주의 궁정문화에서 역설적으로 남자가 사랑의 게임의 주인공이라는 사실을 감추고 있다. 사랑의 규칙은 남자를 위한 놀이에 가깝다.

3권은 사랑을 거부해야 하는 이유 그리고 여자의 사악함을 기술한다. 1권과 2권은 사랑이 선함과 아름다움의 원천이라고 가르치지만 3권은 끝없는 고통과 사악함의 원천이라고 말한다. 앞부분과 완연히 다른 3권은 당대의 다른 많은 텍스트처럼 반여성주의적 입장을 견지한다.

그렇다면 작가의 의도는 무엇일까? 도덕적 또는 교육적 목적에 있을까 아니면 궁정식 사랑을 소개하고 예찬하는 데 있을까? 다수의 견해는 후자지만 로버트슨은 3권에 작가의 진정한 의도가 담겼다고 주장하며 전자의 입장을 지지한다.31 그에 따르면 카펠라누스는 엄격한 도덕주의자로 불륜과 신성모독에 빠진 궁정에 윤리를 확립하고자 이 책을 썼으며, 1~2권은 타락한 궁정에 대한 풍자이다.

그의 책이 새로운 사랑 개념을 가르치는 진지한 교재인지 아니면 유머와

---

31 D. W. Robertson Jr., "The subject of the *De Amore* of Andreas Capellanus", *Modern Philology*, 50(1952-1953), 145-161. 여기서 더 나아가 벤튼은 알리에노르와 상파뉴 백작부인의 문학 궁정이 실재했는지도 의심한다. John F. Benton, "The Court of Champagne as a Literary Center", *Speculum*, 36(1961), 551-591.

풍자인지는 논쟁적이다. 어쩌면 새로운 사랑 개념이 교회와 충돌하는 상황에서 3권은 교회를 위해 끼워 넣은 일종의 '도덕적 가면'일 수도 있다. 한편 뒤비Georges Duby는 카펠라누스가 기술한 사랑에는 상류사회로 진입하고 싶은 젊은 남자의 로망이 반영되어 있다고 생각한다.

실상 앙드레는 군주 — 존엄왕 필립 — 를 위해 글을 썼다. 그는 자신의 지식과 글 쓰는 재주로 입신했으니, 궁정의 교육과 오락을 위해 글재주를 발휘함으로써 군주를 섬겼다. 12세기 말의 군주는 기사계급을 가신으로 만들려고 한다. 그는 기사계급의 환심을 사서 자기 곁에 붙들어 두어야 하며, 그러자면 그의 궁정은 즐거워야 하고, 전처럼 육신의 즐거움뿐 아니라 정신의 즐거움도 제공해야 한다. 주군의 관후함이라는 필수적인 미덕은 그러한 즐거움들을 통해서도 드러난다. 그러나 궁정은 또한 교육적이어야 한다. 궁정은 주군의 감독 하에 공공질서 유지에 기여한다는 정치적 기능을 행사하는바, 그의 집에 기거하는 젊은이들을 예모 있게 키워내고, 그들로 하여금 명예honestas에 따라 살도록 가르치며, 그리하여 가치 체계의 기초를 강화하는 것이었다. 이 작은 폐쇄적인 사회는 기사가 되고자 하는 소년들로 가득 차 있다. 교육의 우선적 대상은 궁정이라는 공동체의 소란스러운 부분인 '젊은이들'이다. 이 젊은이들, 즉 '기사 후보생bachelier'들은 연장자들을 본받아 사냥감을 뒤쫓고 전투하는 법을 배운다. 그러나 그러한 육체적 연습의 사이사이에, 그들은 이야기들과 본받을 만한 일화들에 귀 기울임으로써 제대로 처신하는 법을 배우는바, 그러한 이야기들은 상류사회가 추구하는 꿈을 보여준다. 이 꿈은 두 가지 차원에서 반영될 수 있으니, 하나는 현실을 완전히 떠난 허구와 상상의 차원이고, 다른 하나는 체험과 기억, 역사의 차원이다.[32]

---

32 조르주 뒤비, 『중세의 결혼. 기사, 여성, 성직자』, 최애리 역, 새물결, 1999, 269~270쪽.

그렇다면 궁정식 사랑은 궁정사회에서 벌어지는 일종의 암묵적 놀이로 볼 수 있으며, 젊은 기사들이 이 놀이를 특권의 표식으로 여겼다는 뜻이 된다.

오비디우스에서 카펠라누스로 이어지면서 궁정식 사랑이라는 새로운 사랑 개념이 중세에 탄생했다. 그리고 12세기 후반에 크레티앵 드 트루아는 그것을 문학 텍스트로 구현했다. 다만 그의 모든 작품이 궁정식 사랑을 보여주는 것은 아니다. 궁정식 사랑amour courtois이라는 용어는 1883년에 가스통 파리가 『수레를 탄 기사Chevalier de la charrette』에 나타난 랜슬롯과 기네비어의 사랑을 두고 그렇게 명명하면서 사용되기 시작했다. 그는 『수레를 탄 기사』에 나타난 궁정식 사랑의 주요 특징을 다음 네 가지로 정리했다.33

1) 몰래 하는 불륜illégitime, furtif이다.
2) 남자는 낮고 불안정한 위치에 있고, 높이 받들어진 여자는 우월적 지위에서 거만하게 남자를 무시한다.
3) 남자는 연인의 사랑을 얻기 위해 위험한 모험을 수행하면서 용기와 무훈과 헌신을 보여주어야 한다.
4) 사랑이란 기술art이자 지식science이고 미덕vertu이므로 연인은 사랑의 규칙과 예절에 따라야 한다.

남자는 사랑하는 여자를 위해 맹목적으로 봉사하며, 여자로 인해 괴로워하고 즐거워한다. 끝없이 참고 인내하며 고귀한 여성 앞에서 자신의 의지와 존재를 스스로 무시하는 것이야말로 이상적 연인의 모습이다. 하우저 표현대로, 일종의 감정적 노출증과 자학 증상이며 의식적인 자기기만이라고 할 수 있다.34

---

33 Gaston Paris, "Études sur les romans de la table ronde. Lancelot du lac", *Romania*, 12(1883), 459-534. 인용된 네 가지 특징은 518~519쪽에 있다.

젊은 남자는 자신의 사랑이 불륜이기 때문에 연인을 잃을까 늘 두려워하고, 연인의 남편이 자신의 주군이기 때문에 자신은 아직 연인의 사랑을 받을 만한 사회적 지위를 갖추지 못했다고 생각한다. 남자는 변덕이 심한 여자의 거만하며 가학적인 요구에 복종함으로써 자신의 사랑을 입증한다. 그것을 연인의 의무로 받아들인다. 그리고 사랑하는 여자의 연인이 될 수 있는 자격을 갖추기 위해 위험한 모험에 나선다. 기사는 모험을 통해 자신의 가치를 입증해야 하기 때문이다.

랜슬롯은 크레티앵 드 트루아가 창조한 전형적인 중세 기사의 이상이며, 사랑은 랜슬롯의 존재 이유이자 모험의 원동력이다. 남자는 연인에게 조건 없이 복종하고 언제나 충직하게 정절을 유지한다. 사랑이 극단에 이르면 여자는 신의 위치로 격상되며, 아래 필사본 삽화에서 볼 수 있듯이, 남자는 사랑이라는 종교Religión de Amor의 충직한 신도가 된다.35

『수레를 탄 기사』로 궁정식 사랑을 설명한 가스통 파리의 논문은 여러 갈래의 논쟁을 일으켰고, 이후 중세의 사랑을 다루는 많은 연구가 쏟아지면서 그의 정의는 중세의 궁정식 사랑을 포괄하기 어렵게 되었고, 크레티앵의 다른 작품에도 적용될 수 없었다. 궁정식 사랑, 기사의 사랑, 중세의 사랑을 다룬 초기의 대표적 연구로 파리의 1883년도 논문 외에도 장루아Alfred Jeanroy의 『음유시인의 서정시La poésie lyrique des troubadours』(2권 중 특히 1권), 루이스C. S. Lewis의 『사랑의 알레고리The Allegory of Love: A Study in Medieval Tradition』가 있다. 이 세 연구서에서 다양한 논쟁 주제가 파생되었는데, 대표적 논쟁이 궁정식 사랑의 불륜 여부였다. 카펠라누스의 『사랑론』처럼 파리와 루이스는 이

---

34 아르놀트 하우저, 『문학과 예술의 사회사 1. 선사시대부터 중세까지』, 293쪽.
35 하이델베르크대학교 도서관(http://digi.ub.uni-heidelberg.de/diglit/cpg848): Cod. Pal. germ.848. 82v. Groβe Heidelberger Liederhandschrift(Codex Manesse), Meister Johannes Hadlaub(Zürich, 1300-1340년).

사랑을 혼외 관계에서만 존재하는 불륜으로 이해했다.

하지만 장루아는 그렇지 않다. 그는 마치 성모 마리아를 숭배하듯 이상화된 여자를 향한 남자의 숭배와 헌신이 궁정식 사랑의 본질이고, 불륜은 중요한 요소가 아니라고 보았다. 파리는 랜슬롯과 기네비어의 사랑이 궁정식 사랑의 사례라며 카펠라누스가 궁정식 사랑의 이론을 만들었다고 했지만 장루아는 받아들이지 않았다. 장루아는 남프랑스의 '고전시대' 음유시인에게는 파리의 정의가 적용될 수 있지만 여자에게 키스와 육체적 결합을 요구하는 12세기의 음유시인의 사랑은 궁정식 사랑이 아니며, 궁정식 사랑은 서기 천년을 전후로 프로방스의 음유시인들이 노래한 '고결한 사랑'에서 배아가 잉태되어 12세기 후반에서 13세기 전반에 모습을 드러낸 새로운 유행으로 보

있다.36

한편 루이스는 궁정식 사랑이 11세기 말에 랑그독 지방에서 갑자기 시작되었으며, 음유시인들이 노래한 사랑의 감정은 겸손, 예절, 불륜, 종교화된 사랑을 특징으로 한다고 했다. 그리고 이 네 가지 특징을 갖는 궁정식 사랑은 당대의 궁정인이 갖고 있던 사랑 개념과 다른 예외적 사례라고 했다. 이처럼 초기 연구자들은 하나의 용어를 서로 엇갈리게 정의하고 있다.

그래서 용어와 의미를 둘러싼 혼선은 피할 수 없었다. 궁정식 사랑은 순수한 정신적 사랑일까 아니면 관능적인 육체적 사랑을 감춘 포장일까? 불륜일까? 궁정식 사랑이 불륜이라면 불륜은 어떻게 허용될 수 있을까? 사랑은 이성적 선택일까 아니면 통제할 수 없는 열정일까? 단정적으로 답하기 어려운 문제이다.

궁정식 사랑의 기원도 모호하다. 그것의 기원은 오비디우스만이 아니다. 사랑하는 연인을 신의 반열에 올릴 만큼 이상화하고 연인의 사랑을 구하려는 중세 기사의 세련된 감정과 섬세한 의식은 어디서 유래되었을까? 보어스는 일곱 가지 가능성을 제시한다.37

---

36 Alfred Jeanroy, *La poésie lyrique des troubadour*, Paris: Henry Didier, 1934; C. S. Lewis, *The Allegory of Love: a Study of Medieval Tradition*, Oxford: Clarendon Press, 1936. 장루아의 생각과 달리 로메로Martín Romero는 여기서 언급된 12세기의 음유시인들의 노래에서 찾을 수 있는 사랑의 규칙과 궁정식 사랑은 다음과 같은 점에서 일치한다고 주장한다. 1. 사랑하는 남자는 연인에게 복종해야 한다. 2. 사랑하는 남자는 연인에게 충직해야 한다. 3. 사랑은 비밀이 지켜져야 험담을 피할 수 있다. 4. 사랑은 결혼 밖에서 이루어지는 불륜이다. 5. 남자는 사랑하는 여인을 자신보다 우월한 존재로 여긴다. 6. 사랑의 표현은 봉건적 주종관계에 의한다. 즉 남자는 주군을 모시는 가신으로서 사랑의 봉사는 주군에 대한 봉사를 모방한다. 7. 종종 여자의 지위가 극단적으로 고양되면서 여자가 신의 지위에 오른다. José Julio Martín Romero, "Del *fin'amors* al neoplatonismo: Amor y caballería en la narrativa caballeresca hispánica", *Tirant*, 11(2008), 119-142. 122쪽 인용.

37 Roger Boase, *The Origin and Meaning of Courtly love. A Critical Study of Europe-*

1. 중세 스페인 무슬림의 수피즘 Hispano-Arabic sufism
2. 기사도와 모계 전통 Chivalric-Matriarchal
3. 밀교주의와 카타리 Cripto-Cathar
4. 신플라톤주의 Neoplatonic
5. 〈시토수도회〉와 알비파 Albi 교리에 기초한 순결한 합일 Bernardine-Marianist
6. 민중의 봄 축제 의식 Spring Folk Ritual
7. 봉건적 사회 구조 Feudal-Sociological

하지만 그가 제시한 이 일곱 가지 기원도 많은 반박을 받았다. 사랑 개념이 혼합적이라서 기원 역시 하나로 정립되기 어려웠다. 그렇지만 궁정식 사랑이 11세기에 시작되어 12세기 전후부터 유행한 프로방스의 음유시인들의 서정시와 밀접하게 연관되어 있던 것은 분명해 보인다.

『수레를 탄 기사』에 나오는 랜슬롯과 기네비어의 사랑이 궁정식 사랑의 원형이지만 사랑의 결말이 애매하게 열려 있어 후대에 가서 두 사람의 관계가 불륜으로 그려질 여지를 제공했다. 따라서 주군의 부인에 대한 사랑을 봉건적 주종관계의 연장으로 파악해 이상적 사랑으로 미화할지 아니면 육체적 관계로 이어지는 불륜으로 볼 것인지는 크레티앵 드 트루아 이후 문학이 사랑을 다루는 방식에 달려 있었다. 그가 그려낸 사랑은 본격적 불륜으로 넘어가기 직전에 멈춰 있었으나 이후 문학은 불륜을 소재로 받아들였고, 기사의 불륜은 1215~1230년 사이에 완성된 '라 불가타 La Vulgata' 시리즈에서 본격적으로 드러나기 시작했다.

궁정식 사랑이 고귀한 정신적 사랑이라면 정신적 사랑은 이탈리아의 단

an Scholarship, Manchester: Manchester Univ. Press, 1977, 특히 2장.

테, 페트라르카, 보카치오로 이어지면서 숭고한 감정이자 가치가 되었고, 16세기 스페인의 기사소설에서도 주인공의 사랑은 숭고하다. 하지만 궁정식 사랑이 고귀한 정신적 사랑만이 아니듯 숭고한 사랑도 스페인의 기사소설에 나오는 사랑의 일부 모습일 뿐이다.

스페인의 기사소설의 사랑에는 숭고한 사랑도 있고, 현실적인 세속의 사랑도 있다. 『아마디스 데 가울라』의 주인공은 정신적이고 순결한 사랑을 하지만 다른 기사들에게 눈을 돌리면 육체적 정념, 불륜, 사랑 없는 야합, 겁탈, 거래와 계약 등 남녀 관계의 만물상이 펼쳐지며 현실에서 찾을 수 있는 다양한 양태의 욕망이 노골적으로 드러난다. 중세 기사 랜슬롯의 사랑은 결혼으로 이어질 수 없지만 르네상스 시대의 기사 아마디스의 사랑은 필연적으로 결혼에 이른다. 그래서 중세 기사의 사랑이 "불가능한 사랑"[38]이라면 르네상스 기사의 사랑은 '불가능이 없는 사랑'이다. 전자에서 정신적 유희를 넘어선 불륜은 사회 질서가 붕괴하는 징후가 되어 육체적 결합은 곧 왕국의 파멸로 이어진다. 하지만 '불가능이 없는 사랑'은 혼전의 육체적 결합으로 이어지고 결혼으로 마무리된다.

기사소설에서 사랑은 숭고한 감정이자 육체적 욕망이다. 그리고 권력과 부를 향한 가난한 남자의 욕망을 아름답게 포장해 놓은 가면이다. 우리가 사랑의 기원과 개념에 초점을 맞추지 않는다면 어쩌면 단순한 문장으로 충분할지도 모른다. 중세문학이 새롭게 찾아낸 감정이 기사의 사랑에서 만들어졌다. 그것은 즐겁고 동시에 고통스러우며 정신적이면서 육체적이다.

---

38 Alexander A. Parker, *La filosofía del amor* ……, 30.

1. 3. 중세 기사문학

카펠라누스의 『사랑론』이 만들어진 12세기 후반에 알리에노르의 궁정은 궁정식 사랑의 모태인 동시에 중세 기사로망스의 산실産室이었다. 정서적으로 기사계급에 동화된 음유시인들은 켈트족 신화와 전설, 가공의 영국 왕들에 대한 기록, 원탁의 기사, 트로이전쟁, 마법사 메를린, 성배 이야기에 기사의 사랑을 녹여 아서왕 로망스를 창조했다.39

그렇게 아서왕 로망스는 다양한 기원과 전승 경로를 가진 신화와 전설 그리고 유사-역사pseudo-historia라는 긴 형성 과정을 거쳐 탄생한 문학이었다. 캠벨은 아서왕 이야기의 형성 과정을 네 단계로 구분한다.40 1~3단계까지는 신화, 민담, 전설, 역사가 버무려진 시대이고, 4단계에 와서야 우리가 읽는 아서왕 로망스가 만들어졌다.

1단계: 신화의 탄생기(450~950년)
2단계: 전설이 만들어지는 첫 번째 구비전승 시기(950~1066년)
3단계: 두 번째 구비전승 시기(1066~1140년)

---

39 1200년경에 보뗄Jean Bodel은 『색슨족의 노래La chanson de saxons』에서 당대에 유행하던 이야기들을 소재matière에 따라 세 가지로 분류했다.
  1. 로마 이야기matière de Rome: 그리스와 로마의 전설과 신화, 트로이전쟁, 알렉산더 이야기
  2. 프랑스 이야기matière de France: 샤를마뉴와 열두 기사, 롤랑의 노래 등
  3 브리튼 이야기matière de Bretagne: 아서왕과 원탁의 기사, 성배, 메를린, 랜슬롯 등
40 Joseph Campbell, *The Masks of God. vol 4. Creative Mythology*, New York: Viking Penguin Inc., 1968, 516쪽 이하(Carlos García Gual, *Historia del rey Arturo*, Madrid: Alianza, 1983, 19쪽 이하에서 재인용). 역사에 등장하는 아서를 다룬 연구는 이미 여러 연구서에 정리되어 있으며, 여기서는 루미스Roger Sherman Loomis가 편집한 *Arthurian Literature in the Middle Ages*, London: Oxford Univ. Press, 1959에 수록된 Kenneth Hurlstone Jackson의 논문 "The Arthur of History"을 참고했다.

4단계: 문학으로의 이행기(1136~1230년)

1단계는 410년 전후로 로마인이 브리튼에서 물러간 이후 앵글족, 색슨족, 유트족Jutes이 브리튼으로 진출하던 시기부터 웨일스 연대기에 해당하는 『캄브리아 연대기Anales Cambriae』가 편찬된 10세기 중반까지이다.41 '아서'는 라틴어 '아르토리우스Artorius'에서 유래된 이름으로 알려졌고, 로마가 브리튼을 통치했다가 물러난 직후인 5세기에 브리튼과 앵글로색슨의 전쟁을 배경으로 역사에 흔적을 남겼다.

하지만 5세기 무렵에 아서라는 인물이 실제로 존재했는지는 확신하기 어렵다. 실존했더라도 그는 당연히 중세 로망스가 그려낸 아서왕이 아니다. 아서왕 로망스의 원천이 되는 웨일스와 브리튼의 기록은 구전된 전설이거나 역사와 허구의 경계에 있는 유사 역사라고 할 수 있다. 540년경에 길다스Gildas가 기록한 역사서 『브리튼의 파괴와 정복De excidio et conquest Britanniae』은 516년 무렵에 브리튼이 색슨족과 싸운 〈바돈Mons Badonis전투〉의 영웅으로 암브로시우스 아우렐리아누스Ambrosius Aurelianus를 언급하지만 이 책에 아서라는 인물은 등장하지 않는다.

7세기 무렵에 만들어진 비드Bede(또는 Beda)의 역사서 『브리튼 교회사Historia Ecclesiastica Gentis Anglorum』에서도 아서는 보이지 않는다. 아서는 9세기 초에 웨일스의 사제 넨니우스Nennius가 기록한 『브리튼의 역사Historia Brittonum』 56장에 처음 등장한다. 여기서 아서는 색슨족과 싸운 열두 전투에서 모두 승리한 전사로, 특히 마지막 전투인 〈바돈전투〉에서 성모 마리아 상像을 들고 싸운 브리튼의 용맹한 전사dux bellorum로 기록되어 있다.42 그런데 『캄브리아

---

41 『캄브리아 연대기』는 9세기 초에 처음 편찬되었을 수도 있으며, 이 연대기의 라틴어 버전은 카멜롯 프로젝트Camelot Project 웹사이트(www.lib.rochester.edu/camelot/cambrian.htm.)에서 볼 수 있다.

연대기』에서 그는 브리튼 중남부 지역 전사들의 수장으로 나온다. 이 책은 아서가 〈바돈전투〉에서 성모 마리아가 아니라 예수의 십자가를 삼일 밤낮 동안 어깨에 메고 있었으며, 537년의 〈캄란Camlann전투〉에서 메드로Medraut와 함께 죽었다고 두 차례 아서를 언급한다. [43] 그러니까 1단계에서 아서라는 전사는 〈바돈전투〉의 영웅으로 처음 넨니우스의 유사 역사서에 등장하지만 아직 왕이 아니었다. 실존했다면 그는 아마 465년쯤에 태어났을 것이다.

캠벨의 구분에서 2단계와 3단계에는 그에 대한 기억이 역사와 민담과 전설로 구비전승되다가 여러 문건에 흔적을 남긴다. 이 시기 기록에서는 문학, 역사, 신화, 전설이 혼재되어 있다.

6세기 말경의 웨일스의 *Gododdin, Black Book of Carmarthen, Book of Taliesin, Mabinogion*, 12세기 초에 성인 길다스의 삶을 기록한 *Vita Gildae, Vita Sancti Cadoci, V. S. Carantoci, V. S. Paterni* 등 많은 문건이 아서의 산발적 에피소드를 담고 있거나 그의 이름을 언급하고 있다. 특히 『마비노전Mabinogion』에 삽입된 「클르흐와 올웬Culhwch and Olwen」은 주목할 만하다.

초기 웨일스 필사본처럼 12세기 초의 이 산문에 등장하는 아서 이야기는 역사보다 민담에 가깝다. 여기서 성인 길다스와 동시대인인 아서는 브리튼 전체의 왕으로 등장한다. 아서는 클르흐의 사촌이며, 클르흐가 거인의 딸인 아름다운 올웬과 결혼하려면 먼저 콘월에 있는 아서를 찾아가 도움을 얻어야 했다. 그를 돕기 위해 아서가 여섯 전사를 내주고, 클르흐가 결혼할 여자를 찾아가는 모험이 펼쳐진다. 구비전승은 산발적 기록을 연결해주는 신경망으

---

42 넨니우스의 『브리튼의 역사』 이전 기록에 등장한 '아르토리우스'는 2세기 중반에 아르모니카 원정을 이끈 카스투스Lucius Artorius Castus이다.
43 메드로가 모르드렛Mordred으로 변한다. 하지만 『캄브리아 연대기』에서 아서와 모르드렛의 관계는 아직 분명하지 않다. 몬머스의 제프리 이후 아서왕과 모르드렛은 부자父子인 동시에 적대적인 숙질叔姪 관계로 설정되었다.

로 작용하지만 이 산문이 기사로망스의 형성이나 몬머스의 조프리Geoffrey of Monmouth에게 영향을 주었다는 직접적 증거는 없다.

또한 맘스베리의 윌리엄William of Malmesbury이 1125년에 지은 『영국 왕들의 위업Gesta Regum Anglorum』에서 윌리엄은 길다스, 성 비드, 넨니우스의 기록을 결합해 아서를 아우렐리우스를 돕는 전사로 묘사한다. 그는 넨니우스가 기록한 아서를 사실적으로 그리려고 했다. 그래서 아서가 〈바돈전투〉에서 십자가를 어깨에 메고 있던 것이 아니라 십자가가 새겨진 갑옷을 입거나 방패를 들고 있었다고 기록한다.

4단계는 유사 역사에서 문학으로 전환되는 시기로 그 시작이 바로 몬머스의 조프리(?~1155년)가 쓴 『브리튼 왕들의 역사Historia regum Britanniae』(1135~1138년)이다. 라틴어로 기록된 이 책은 산발적으로 전승된 역사와 전설과 민담을 갈무리하고 저자의 지식과 상상력을 더해 허구적 서사를 만들었다. 그래서 이 책은 역사서를 표방하면서도 가발을 만들려고 왕의 수염을 모으는 괴물 등 비사실적 요소를 포함하고 있다.

『브리튼 왕들의 역사』는 트로이 사람 아이네이스Aeneas의 증손자이자 실비우스Silvius 왕의 아들인 트로이의 브루투스Brutus에서 시작해 아서왕 이후 약 689년경의 카드발라드로Cadvaladro에 이르는 영국 왕들의 역사를 기술한다. 그렇게 이 책은 영국 왕실의 시조始祖를 트로이의 브루투스로 설정하고 있다. 브루투스는 태어날 때 어머니가 죽었고, 사냥에서 우연히 아버지를 죽게 해 추방당한다. 그리스로 넘어간 그는 트로이 유민의 수장이 되어 그리스에 복수한다. 그리고 꿈에 나타난 여신 디아나의 신탁에 따라 트로이 유민들을 이끌고 '갈리아 서쪽 큰 바다에 있는 섬'으로 가 거인족을 정복하고 왕위에 오른다. 브리튼은 브루투스에서 유래되었고, 브루투스는 함께 이주한 트로이 사람들을 브리튼 사람breton으로 부른다. 그리고 나중에 런던이 될 '새로운 트로이Troya la Nueva, Trinovantum'를 세우고 정착했다.

몬머스의 조프리는 브리튼 왕들의 선조를 트로이 후손과 접맥시켜 신비로운 정통성을 확보한다. 여기서 아서왕은 침략자로부터 브리튼을 지켜내고 갈리아를 정복한 위대한 왕이자 황제로 묘사된다. 아서왕의 삶은 모르드렛의 반란과 〈캄란전투〉로 마감되었고, '한때 왕이었고 미래에 다시 돌아올 왕Rex quondam Rexque futurus'으로 신화화되었다.

『브리튼 왕들의 역사』에서 시작된 중세 아서왕 로망스는 곧바로 허구화 과정에 들어간다. 곧바로 유럽에 널리 유포된 이 책은 아서왕, 카멜롯 궁정, 마법사 메를린을 중세 궁정문화의 상징으로 만들었다. 특히 이 책 7장에는 아서왕의 경이로운 탄생과 함께 마법사 메를린이 등장하고, 8~10장에서는 역사와 상상이 섞인 아서왕 서사가 만들어졌다.

몬머스의 조프리는 『메를린의 예언Prophetiae Merlini』과 『메를린의 삶Vita Merlini』의 저자이기도 하다. 전자는 『브리튼 왕들의 역사』 이전에, 후자는 이후에 쓰였을 것으로 추정된다. 『브리튼 왕들의 역사』에 나오는 아서왕 이야기는 그의 아버지 우터 펜드라곤Uther Pendragon부터 시작한다. 주인공의 탄생 서사는 영웅 이야기의 시작이다. 펜드라곤은 콘월 공작의 아내 이그레인Igraine을 사랑해 유혹했으나 실패한다. 그는 전쟁을 일으켜 콘월 공작을 죽이고, 마법사 메를린의 도움을 받아 공작으로 변신해 틴타젤 성에서 이그레인과 동침한다. 그리고 거기서 아서가 태어난다. 아서는 아버지가 독살당한 후 메를린의 도움으로 왕위에 오른다. 그리고 아발론Avalon 섬에서 만들어진 마법의 칼 칼리버누스Caliburnus(후일의 엑스칼리버), 신비로운 창 론Ron, 성모 마리아가 그려진 방패 프리드웬Pridwen, 용으로 장식된 황금투구로 무장하고 전쟁에 나가 승리를 거둔다. 왕국의 지배자가 된 그는 왕국에서 가장 아름다운 기네비어와 결혼하고 조카들 ― 거웨인, 케이, 모르드렛 ― 과 주변 왕들을 모아 위대한 기사들의 카멜롯 궁정을 건설한다. 이후 아일랜드를 정복하고 아르모리카Armorica44의 왕 호엘Hoel의 도움을 받아 대륙 정복에 나선다. 아서

왕은 매우 관대한 영주로 그려지며, 그의 정복 사업은 기사들에게 나눠줄 땅을 얻기 위함이다. 그는 파리 성문 앞에서 로마의 호민관 프롤로^{Frollo}를 굴복시키고 황제로 등극한다. 이후 다시 로마와 전쟁이 벌어지고, 그는 로마와 싸워 승리한다. 그런데 그가 로마 입성을 앞두고 있을 때 모르드렛이 반란을 일으켰다는 소식이 전해지고, 아서는 브리튼으로 돌아와야 했다. 그리고 〈캄란전투〉에서 모르드렛을 죽이지만 자신도 치명적 상처를 입는다. 그는 아발론 섬으로 옮겨지고, 브리튼 왕국은 사촌 콘스탄틴에게 넘어간다. 몬머스의 조프리는 그때가 542년이라고 명시한다.

『브리튼 왕들의 역사』의 프랑스어 번역본이 『브뤼트 이야기$^{Roman\ de\ Brut}$』이다. 1155년경에 노르망디의 시인이자 사제인 웨이스$^{R.\ Wace}$에 의해 번역되었다. 영국의 플랜태저넷 왕가의 헨리 2세의 궁정에서 알리에노르 왕비에게 바쳐진 14,866행의 8음절 프랑스어 번역본은 메를린이 칩거하는 브로셀리안드^{Broceliande} 숲과 원탁의 기사 등 원본에 없던 요소들을 새롭게 각색해 큰 인기를 누렸다. 웨이스는 이야기의 중심을 아서왕에서 원탁의 기사들로 옮겼다. 원탁은 기사 간 서열 다툼을 없애고 기사는 모두가 평등한 신분임을 나타낸다.[45] 이 번역본은 『브리튼 왕들의 역사』와 크레티앵 드 트루아의 기사로망스 사이에 위치하는데, 여기서 6세기 영국 유사 역사 속의 아서는

---

44 아르모리카는 지금의 프랑스의 브르타뉴 지방으로 영국의 영향권에 있다가 16세기에 완전히 프랑스로 귀속되었다. 기원전부터 아르모리카는 브리튼과 이베리아반도 사이의 이동 경로에 있는 기착지였고, 6세기에도 브리튼 사람은 아르모리카를 거쳐 이베리아반도의 갈리시아에 도착하는 경로를 따라 이동했다.

45 김정희, 『아더왕 신화의 형성과 해체 (I): '브르타뉴 왕실사'에서 크레티엥 드 트로와에 이르기까지』, 51쪽. "서로 자신이 최고라고 여기고 아무도 가장 못났다고 생각하지 않는 그의 기사들을 위해 아서왕은 원탁을 만들었습니다. 브르타뉴 사람들은 그 탁자에 얽힌 많은 이야기를 하고 있지요. 원탁에서 가신들은 모두 평등하게 음식 시중을 받았습니다. 그중 아무도 자신이 동료보다 더 좋은 자리에 앉았다고 자랑할 수 없었습니다. 모두가 중앙에 있었고, 아무도 구석진 자리에 있지 않았습니다"(1,019~1032행).

12세기의 기사이자 왕으로 변한다.46

유사 역사에서 문학으로 이행하는 네 번째 단계에 본격적으로 기사로망스가 등장한다. 캠벨에 따르면, 『브리튼 왕들의 역사』에서 시작되는 이 네 번째 단계는 시기적으로 서로 중첩되는 네 줄기로 이루어져 있다.47

 A. 앵글로-노르만 전통의 역사와 영웅시가(1137~1205년)
 B. 프랑스의 궁정 로망스(1160~1230년)
 C. 성배의 전설(1180~1230년)
 D. 독일의 영웅시가(1200~1215년)

『브리튼 왕들의 역사』와 웨이스의 번역본이 줄기 A에 해당한다. 크레티앵 드 트루아의 작품들은 줄기 B에 속한다. 『브리튼 왕들의 역사』에서 출발한 중세 아서왕 로망스가 크레티앵의 작품에 와서 역사의 가면을 벗고 문학의 영역으로 넘어왔다. 몬머스의 제프리와 웨이스의 책이 '브리튼 이야기'를 서유럽에 알렸다면 크레티앵은 여기에 켈트 신화나 민담 등에 나타난 모티프들 — 어부 왕Fisher King, 성배 등 — 을 새롭게 결합해 기사로망스로 만들었다. 따라서 기사로망스는 크레티앵 드 트루아가 시작한 문학 장르이다. 그가 1160~1190년 사이에 알리에노르와 샹파뉴의 궁정에서 만든 기사로망스는 다음과 같다.48

---

46 '트란스라티오Translatio'는 과거의 특정 시대나 지역의 문명을 현재로 탈바꿈시키는 작업으로 과거의 지식과 문화에 새로운 현대적 의미를 부여하는 일이다. 그래서 고전시대의 영웅들이 중세 방식으로 사랑하고 결투한다.
47 캠벨, 523쪽(Carlos García Gual, 20쪽에서 재인용).
48 크레티앵은 오비디우스의 『사랑의 기술』과 『변신Metamorfosis』을 번역했고 트리스탄과 이졸데 이야기도 썼으나 지금은 남아 있지 않다. 그는 『클리제스』 도입부에서 자신이 쓴 작품을 직접 언급한다. "『에릭과 에니드』의 지은이는 오비디우스의 가르침과 『사랑의 기술』을 로망스

『에렉과 에니드Erec et Enide』(1165~1170년)

『클리제스Cligès ou la Fauss morte』(1170~1176년)

『사자의 기사 이뱅Yvain ou le Chevalier au lion』(1175~1181년)

『수레의 기사 랜슬롯Lancelot ou le Chevalier de la charrette』(1175~1181년)

『페르스발 또는 성배 이야기Perceval ou le Conte du Graal』(1182~1190년)

첫 세 작품이 주인공 기사의 모험을 다루고 있다면 나머지 두 작품은 탐색Quest을 주제로 한다. 랜슬롯 이야기는 납치당한 연인 기네비어를 구하는 여정을 다루고, 성배 이야기는 페르스발과 고뱅Gauvain의 모험을 다룬다. 이 기사로망스의 핵심 소재는 사랑, 모험, 마법이다. 부활절, 오순절, 봄의 축제 같은 특정 시기에 아서왕의 왕궁으로 기사들이 모였을 때 누군가 찾아오거나 위험한 사건이 일어난다. 그의 궁정은 모험이라는 '또 다른 세계'로부터 초대가 이루어지는 공간이자 모험이 시작되거나 모험을 기다리는 공간이다. 다만 아서왕이 모험의 주인공은 아니다. 누군가의 방문이나 기이한 사건으로 모험에의 초대가 이루어지면 선택된 기사는 궁정을 떠나 숲으로 들어간다.

모험의 목적은 두 가지이다. 하나는 기사의 명예 회복이다. 이더Ider에게

어로 번역했고, 『어깨의 물린 상처el Mordisco del hombro』, 『마크왕과 금발의 이저El Rey Marco e Iseo la rubia』 그리고 『꾀꼴새, 제비, 종달새의 변신 이야기Las Metamorfosis de la abubilla, de la golondrina y del ruiseñor』를 썼는데, 이제 아서왕의 혈통을 이어받은 어느 그리스 젊은이 이야기를 새롭게 시작해 보겠습니다"(Joaquín Rubio Tovar 번역, Madrid: Alianza, 1993, 55-56.) 12세기 후반에 토마스Thomas와 베룰Béroul의 운문 필사본 조각으로 남아 있는 트리스탄 이야기는 원래 독립적인 이야기였으나 1230년 이후 아서왕 로망스에 접목되어 프랑스어 산문으로 유포되었다. 거기서 트리스탄은 원탁의 기사로, 랜슬롯과 함께 세상에서 가장 뛰어난 기사로 나온다. 스페인에 유포된 트리스탄 이야기는 14세기 이후 번역 개작된 『레오니스의 트리스탄Tristán de Leonís』이다.

모욕당한 브리튼 왕의 아들 에렉은 자신의 명예를 회복하려고 모험을 떠나고[49], 이뱅은 모욕당한 사촌의 명예를 회복하려고 한다. 모험의 또 다른 목적은 탐색이다. 클리제스와 랜슬롯은 사랑을 찾고, 페르스발은 성배를 찾는다. 명예, 사랑, 탐색을 위한 모험은 결투와 시험으로 채워진다. 기사와 기사의 결투, 기사와 사악한 무리의 싸움이 일반적이며, 사자의 기사 이뱅은 커다란 용과 싸우기도 하고, 에렉은 거인과 싸운다. 궁정의 무술 시합, 자신이나 연인에게 모욕을 가한 사람과의 결투, 신비한 권능을 지닌 물건의 수호자와 벌이는 결투, 아버지와 아들의 결투 등 크레티앵은 다양한 양태의 결투를 만들었다. 그리고 각 기사에게 고유한 정체성을 부여한다. 가령 랜슬롯은 가장 강한 기사지만 사랑이라는 치명적 약점이 있고, 페르스발은 어리숙하지만 순결한 마음이라는 장점이 있다.

크레티앵은 탐색을 주제로 하는 『수레의 기사 랜슬롯』과 『페르스발 또는 성배 이야기』의 결말을 열어두었고, 그래서 여러 개작과 속편이 나올 수 있었다. 『수레를 탄 기사』는 말레아간테Maleagante에게 납치당한 기네비어 왕비를 랜슬롯이 구해 오는 이야기이다. 여기서 아서왕의 역할은 사실상 없다. 랜슬롯은 난쟁이의 안내로 천신만고 끝에 왕비가 갇혀 있는 성탑에 도착하지만 성탑은 깊은 절벽 너머에 있고, 절벽에는 '불타는 칼'의 다리가 놓여 있다. 그는 맨몸으로 다리를 건너가 왕비를 구출하지만 그에게는 연인의 쌀쌀한 응

---

[49] 『에릭과 에니드』는 사랑과 결혼, 결혼과 기사도의 공존 가능성을 다룬다. 왕의 아들 에렉은 가난한 가신의 딸 에니드와 결혼한 뒤 기사도의 세계와 멀어진다. 그러자 비난이 쏟아지고 에니드까지 한탄하자 에렉은 명예를 회복하기 위해 에니드를 대동하고 다시 모험을 떠난다. 에렉의 모험은 아버지가 죽은 후 낭트에서 왕위를 계승하면서 종료된다. 결투의 목적은 기사에 따라 달라진다. '궁정의 기쁨La Joie de la Cour'이라는 모험에서 에렉은 기사의 명예를 위해, 상대편 기사 마보나그레인Mabonagrain은 사랑의 약속을 지키기 위해 결투한다. 『아마디스 데 가울라』에 나오는 비슷한 사례는 아마디스와 앙그리오떼 데에스뜨라바우스Angriote d'Estraváus의 결투이다. 아마디스는 기사의 명예를 위해, 앙그리오떼는 연인과 결혼하기 위해 서로 싸운다.

대만 돌아온다. 그가 그녀에게 인도해줄 난쟁이의 수레를 탈 때 주저했기 때문이다. 기사가 수레를 탄다는 행위는 커다란 불명예인데, 기사의 불명예와 사랑 사이에서 주저하는 모습은 사랑의 진실성 부족으로 연인에게 보였다. 궁정 사람들이 그들의 불륜 관계를 알고 있어 긴장감을 고조시키지만 그들의 사랑은 운명적으로 이루어질 수 없으며 사회적으로도 허용되지 않는다. 불륜은 어떤 결말을 맞게 되었을까? 당대 사람들은 궁금하지 않았을까? 하지만 『수레의 기사 랜슬롯』은 왕비의 귀환 이후 랜슬롯과 기네비어의 관계가 어떤 결말로 이어졌는지를 말하지 않는다.

『페르스발 또는 성배 이야기』에는 치유의 권능을 가진 성배가 등장한다. 창에 맞아 불구가 된 채 침상에 누워있는 어부 왕50의 성에서 하루를 묵게 된 페르스발은 어부 왕과 식사하는 중 피가 흐르는 창, 황금촛대, 은쟁반에 성배를 받쳐 들고 오는 시종과 아가씨의 행렬을 보게 된다. 성배는 음식이 나올 때마다 여러 차례 페르스발 앞에 나타났다가 사라졌다. 하지만 그는 적당한 때가 아니면 입을 열지 말라는 스승 고르느망의 충고를 떠올리며 이 행렬의 의미가 무엇인지, 아가씨가 들고 있는 잔이 무엇이고 어디로 가져가는지 묻지 않는다. 다음 날 그가 묵었던 성은 폐허로 변했다. 어부 왕의 성을 나온 그는 숲속에서 여자 사촌을 만났고, 그녀는 그것이 무엇인지, 어디로 가져가는지 물어보기만 했어도 어부 왕은 생명력을 되찾고 황폐한 대지도 다시 비옥해질 수 있었다며 그를 비난한다. 그리고 그가 성배를 찾아가는 이야기는 더 이어지지 않는다. 그는 성배를 찾고, 어부 왕은 치유될 수 있었을까? 고뱅

---

50 페르스발은 나중에 만나게 될 은둔수도자에 의해 어부 왕이 외삼촌이라는 사실을 알게 된다. 이 은둔수도자도 페르스발의 외삼촌이므로, 그와 어부 왕은 형제이다. 은둔수도자는 페르스발이 어머니께 저지른 죄 때문에 어부 왕의 궁전에서 붉은 피를 흘리는 흰 창과 성배를 보고도 아무 질문도 하지 못했다고 말한다. 보롱Robert de Boron의 삼부작에서는 페르스발과 어부 왕의 관계는 달라진다. 페르스발의 선조는 아리마대 요셉Josep Abaramatia이고, 요셉의 매제가 어부 왕 브롱이다.

은 피 흘리는 창을 찾을 수 있을까? 페르스발은 블랑까플로르와 결혼할까? 페르스발이 성배의 성에서 얻은 칼은 나중에 어떻게 될까? 그렇게 호기심만 부풀려 놓은 채 끝나버렸기 때문에 후속편은 필연적이었다.

크레티앵 드 트루아의 『페르스발 또는 성배 이야기』가 앞에서 언급한 줄기 C의 시작이다. 그것의 후속편으로 1200~1210년 무렵에 만들어진 『페레두르Peredur』와 『페를르보 또는 숭고한 성배 이야기Perlesvaus ou Li Hauz Livres du Graal』가 있고51, 줄기 D에는 에셴바흐Wolfram von Eschenbach의 『파르지팔Parzival』이 있다. 『파르지팔』은 페르스발의 모험을 다루지만 여기서 성배는 '현자의 돌'처럼 단순히 마법적 권능을 가진 돌에 그친다.

성배 탐색을 소재로 하는 기사로망스는 크게 두 종류로 구분된다. 하나는 성배가 어떻게 브리튼으로 오게 되었는지를 다루는 아리마대 요셉 이야기이고, 다른 하나는 페르스발과 갈라드처럼 아서왕 시대에 원탁의 기사들이 성배를 찾는 이야기이다. 특히 성배와 창은 후대에 새로운 개작이 이어지게 만드는 촉매가 되었다. 크레티앵 드 트루아 작품에서 성배가 처음 기사로망스에 등장했다면 보롱의 『성배 이야기 또는 아리마대 요셉Roman de l'Estoire dou Graal o Joseph d'Arimathie』에서 성배는 최후의 만찬에 사용된 예수의 잔이자 아리마대 요셉이 십자가에서 죽임을 당한 예수의 피를 담은 잔으로 진화한다. 성배 모양도 신비로운 권능을 가진 얕은 그릇vessel에서 잔으로 바뀐다.

이 8음절 운문 로망스에서 아리마대 요셉의 자손은 예수의 성배를 브리튼으로 가져와 아바론Avaron(나중에 아발론으로 변한다) 계곡에 안치시켰다. 그러니까 성배와 브리튼을 처음으로 연결한 작가가 로베르 드 보롱Robert de Boron이다.52 크레티앵 드 트루아가 성배의 '신비로움'을 만들었다면 이 '신

---

51 시기적으로 『페레두르』가 더 일찍 나왔기 때문에 크레티앵의 후속편이 아니라는 주장도 있지만 일반적으로는 후속작으로 분류된다. 『페를르보』는 고뱅, 랜슬롯, 페르스발이 성배를 찾아가는 모험에 대한 정신적 해석을 담고 있다.

비로움'은 그에게 와서 '유사 역사'가 되었다. 그리고 이 '유사 역사'는 곧바로 이어질 산문화 과정을 거쳐 기독교의 '상징'으로 변한다.

보롱의 기사로망스 삼부작은 1191~1202년 사이에 지어진 『성배 이야기 또는 아리마대 요셉』, 『메를린Merlin』, 『페르스발Perceval』이다. 이 삼부작에서 메를린은 성배의 도래를 알려주는 예언자 역할을 하며, 그를 중심으로 사건이 전개된다. 메를린은 인큐버스Incubus와 여인 사이에서 꿈으로 잉태되어 태어났다. 그래서 선과 악, 악마와 하나님의 유산을 모두 물려받았다. 악마로부터는 과거를, 하나님으로부터는 미래를 알 수 있는 지식을 부여받았다. 그의 어머니가 회개하고 세례를 받음으로써 그는 마법사 메를린으로 변모했고, 보롱은 메를린을 성배의 예언자로 다시 탈바꿈시켰다. 그렇게 『브리튼 왕들의 역사』에서 출발한 기사로망스는 웨이스의 프랑스어 번역을 거쳐 크레티앵 드 트루아의 작품과 보롱의 삼부작으로 이어졌다.

아서왕 이야기는 『브리튼 왕들의 역사』에서 시작된 라틴어 줄기가 있고, 웨이스의 번역본에서 시작된 프랑스어 줄기가 있다. 프랑스어 줄기에 12세기 후반에 크레티앵 드 트루아가 접목했고, 12세기 말에 보롱이 산발적인 여러 작품을 서로 연결해 아리마대 요셉, 메를린, 페르스발로 구성된 삼부작을 구성했다. 여기서 다시 1215~1230년 사이에 '랜슬롯-성배 연작Lancelot-Grail Cycle' 또는 '라 불가타'라는 산문 시리즈가 만들어졌다. 중세 기사로망스의 결정판이라고 할 수 있는 이 산문 시리즈는 다섯 작품으로 구성되어 있다.

『성배 이야기Estoire du Graal』: 아리마대 요셉과 그의 아들 요세푸스가 성배를 브리튼으로 가져오는 이야기

---

52 보롱은 성배를 보호할 사명이 아리마대 요셉에게 있다고 처음 언급했고, 그 사명은 어부왕과 페르스발로 이어진다. 그런데 『페를르보 또는 숭고한 성배 이야기』에서 성배를 브리튼으로 가져온 사람은 아리마대 요셉이다.

『메를린』 또는 『산문 메를린』

『호수의 랜슬롯Lancelot du Lac』: 랜슬롯의 사랑과 모험

『성배 탐색Queste du Saint Graal』: 페르스발에서 시작해 갈라드가 완성하는 탐색 여정

『아서왕의 죽음Mort Artu』: 아서왕의 죽음과 왕국의 붕괴

    이 산문 시리즈는 기존에 존재한 여러 주제가 '랜슬롯', '성배 탐색', '아서왕의 죽음'이라는 세 줄기로 재구성되어 있다. 개별 로망스 또는 시리즈 전체의 저자가 누구인지는 모른다. 한 사람인지 아니면 시인과 가객들의 집단 창작인지도 불분명하다. 다만 당대의 관행으로 본다면 후자일 가능성이 크다. 고티에 맵Gauthier Map이 연작의 저자라는 기록도 있으나 그가 살았던 시대 이후에 연작이 만들어졌기 때문에 그 기록의 신빙성은 의심받고 있다. 크레티앵의 작품이 운문이었고, 보통은 부분적으로 산문화를 시도했다면, '랜슬롯-성배 연작'은 완전히 산문화되었다.

    운문의 산문화는 기사로망스 장르에 중요한 변화가 있었음을 보여준다. 먼저 산문화란 허구적 서사에 역사성을 입히는 일이었다. 작가가 기사 서사를 역사적 사실인 것처럼 보이게 만들고 싶었다는 뜻이다. 허구와 역사의 혼합이 독자를 끌어당기는 매력이 있었기 때문이다. 게다가 '랜슬롯-성배 연작'은 산문을 통해 정신적·도덕적 가치를 추가했다. 그래서 역사의 외피를 쓴 허구가 독자들에게 매력적으로 보일 수 있도록 상상의 세계를 펼치면서 동시에 도덕적·정신적 의미를 부여해 균형을 잡았다. 특히 성배를 찾는 이야기에서 모험과 결투는 단순한 시험 또는 명예를 얻는 기회를 넘어 이 세상을 살아가는 인간의 영혼이 정화되는 과정으로 그려졌다. 그래서 죄악에서 벗어나기 위한 자기 자신과의 결투가 더 중요한 가치를 갖게 되었다. 산문은 기사로망스에 역사성과 도덕성을 담고자 선택한 도구였다.

그런 다음 시인들은 독자의 호기심을 자극하는 환상적인 요소를 버무려 넣었다. 은둔수도자, 수도원, 피가 흐르는 창, 성배 등이 기독교적 환상이라면 메를린의 변신과 예언, 여자의 배신, 불타는 칼, 엑스칼리버, 마법의 샘, 반지, 미약媚藥, 아발론 섬, 위험한 장소(성, 갈림길, 샘터, 계곡, 다리, 강, 숲) 등은 비기독교적 환상이었다.

성배의 유래, 아서왕의 탄생, 메를린, 원탁의 기사, 기네비어와 랜슬롯의 사랑, 페르스발과 갈라드의 성배 탐색, 아서왕의 죽음은 서로 인과 관계로 연결된 모티브들이다. 성배의 유래를 알려주는『성배 이야기』는 사라진 성배를 찾는『성배 탐색』으로 연결되고,『성배 탐색』에 등장하는 기사들 이야기는『아서왕의 죽음』으로 이어진다. 방대한 내용의『랜슬롯』은 주인공 기사의 탄생, 성장 과정, 사랑을 이야기한다. 그리고 랜슬롯이 성배를 찾는 이야기는『성배 탐색』에 나오고, 사랑의 종말과 죽음은『아서왕의 죽음』에 포함되어 있다.

그처럼 랜슬롯의 삶 전체를 포괄하는『랜슬롯』,『성배 탐색』,『아서왕의 죽음』을 묶어 '산문 랜슬롯'이라고 부른다. '산문 랜슬롯'은 '랜슬롯-성배 연작'과 동의어이며, 텍스트의 분량 면에서도 성배 탐색이나 아서왕의 죽음을 압도한다. 중세 사람들은 랜슬롯을 '라 불가타'의 가장 매력적인 인물로 여겼다. 탄생에서 죽음에 이르는 전 과정이 서술된 인물은 아서왕과 랜슬롯이지만 가장 강한 기사는 젊고 아름다운 랜슬롯이고 여자들의 유혹을 받는 기사도 그이다. 대개 아서왕은 나이 든 왕 모습이다.

랜슬롯은『에렉과 에니드』와『클리제스』에서도 언급되지만『수레의 기사 랜슬롯』에서는 주인공으로 등장한다.53『수레의 기사 랜슬롯』에서 그의

---

53 하지만 랜슬롯이라는 인물이 전적으로 크레티앵의 창조물이라는 뜻은 아니다. 기사로망스의 캐릭터들은 전설과 신화 속 인물들을 차용하고 있으며, 랜슬롯은 아일랜드 신화의 루그Lug에서 유래된 인물이다(Jean Markale, *Lanzarote y la caballería artúrica*, Barcelona: Medievalia,

사랑은 모험의 동기이자 숭고한 가치지만 '라 불가타'에 와서 그의 사랑은 죄악이자 흠결이 된다. 특히 성배를 찾는 모험에서 그러하다.54 랜슬롯과 기네비어의 사랑은 간통이며 왕국을 분열시키는 불화의 씨앗이다. 비극적 결말은 피할 수 없다. 기네비어는 자기 죄를 뉘우치고 수도원에 들어가고 랜슬롯이 찾아왔을 때 냉정하게 대한다. 랜슬롯은 어부 왕 펠레스의 딸 일레인Elaine of Corbenic과 동침해 갈라드를 낳는다. 일레인은 랜슬롯과 잠자리를 같이하면 성배를 찾게 될 위대한 기사를 낳는다는 것을 알고 랜슬롯이 자신을 기네비어로 착각하도록 기네비어의 반지를 끼고 유혹했다. 갈라드를 낳은 일레인은 이후로도 랜슬롯을 향한 연정을 버리지 못했다. 나중에 아서왕의 연회에 참석한 일레인은 자신의 방이 기네비어의 방인 것처럼 오인하게 만들어 다시 잠자리를 갖는다. 그로 인해 기네비어는 랜슬롯을 버렸고, 랜슬롯은 미친 사람이 되어 은자로 살다가 고통 속에서 죽는다.

연인에게 버림받고 미친 기사라는 모티프는 이후 아마디스 데 가울라, 오를란도, 돈키호테로 이어진다. 랜슬롯은 아마디스 데 가울라의 모델이다. 두 사람은 왕의 혈통을 타고 태어났지만 태어나자마자 바로 집을 떠나야만 했다. 랜슬롯은 브리튼Gran Bretaña이 아니라 '작은 브리튼Pequeña Bretaña' 출신으로 추정되며, 그곳은 아마디스가 태어난 곳이기도 하다. 랜슬롯의 성Joyeuse Gard과 아마디스의 영지 "인솔라 피르메Insola Firme"55는 원래 마법에 걸려 있었으나 랜슬롯과 아마디스가 마법을 풀고 주인이 된다. 랜슬롯이 죽은 뒤 육체가 그의 성으로 옮겨졌듯이, 아마디스가 영원히 땅속에 가라앉은 곳도 '인솔라 피르메'이다. '인솔라 피르메'의 원형이 콘월Cornwall의 틴타젤Tintagel 성

2001, 10).
54 랜슬롯은 『페를르보』에서 처음으로 성배를 찾는 기사가 되었다.
55 텍스트의 표기는 '인솔라 피르메Insula Firme'가 아니라 '인솔라 피르메'이다. 직역하면 '대지처럼 견고한 섬'으로, 대지에 속해 있으나 바다를 향해 삐쭉 튀어나온 섬처럼 생긴 땅이다.

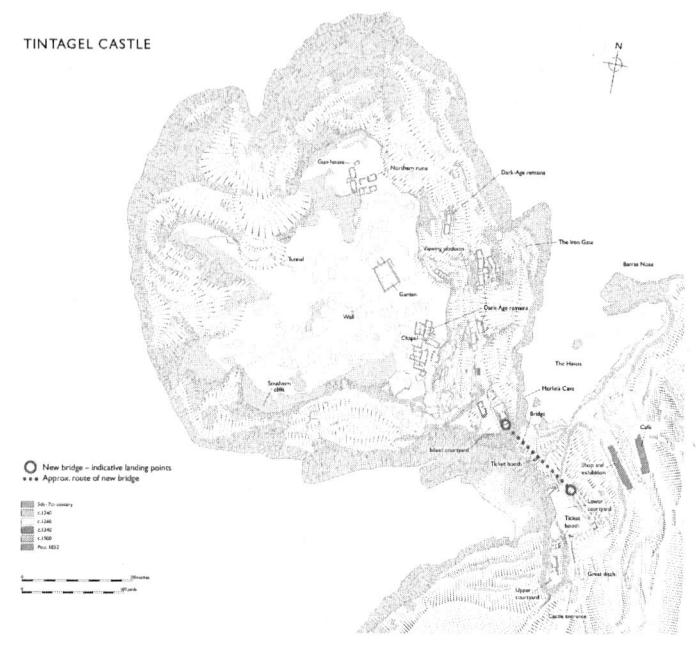

일 개연성도 있다.56

　육지에서 바다로 길게 빠져나온 틴타젤과 '인솔라 피르메'의 직접적 연관성을 입증하기는 어렵지만 아마디스 중세 원형의 작가가 틴타젤을 상상하면서 '인솔라 피르메'의 지형을 그려냈을 수도 있다. 랜슬롯은 영지가 없는 가난한 기사지만 영지를 갈망하지 않는다. 다른 기사들이 봉토를 매개로 주종관계를 맺는다면, 엄밀히 말해 그는 아서왕의 기사가 아니다. 마찬가지로

---

56 틴타젤 성 모형(https://competitions.malcolmreading.co.uk/tintagel). 콘월의 틴타젤은 여러 문헌에서 언급된다. 조프리의 『브리튼 왕들의 역사』에서는 아서왕이 태어난(또는 잉태된) 곳으로 나오고, 크레티앵 드 트루아의 『페르스발 또는 성배 이야기』에서는 틴타젤의 티보 Tiebaud와 멜리앙Melián de Lis 진영 간에 무술 시합이 이루어지는 공간으로 나온다. 트리스탄 이야기에서 콘월은 마르크Marc 왕의 영지이다.

아마디스도 리수아르떼 왕의 기사가 아니다. 왕비를 비롯한 궁정 여자들의 기사이다. 영웅은 연인이 아닌 다른 누군가에게 종속되거나 섬기지 않는다.

1230년경에 완성된 '랜슬롯-성배 연작'은 곧 유럽의 여러 나라에 전파되면서 번역과 개작이 이루어졌다. 1230~1240년대에 '라 불가타'의 후속편인 '포스트 불가타'$^{Post\text{-}Vulgata}$' 시리즈가 만들어졌다. '포스트 불가타' 시리즈는 성배에 초점이 맞추어져 있어 '성배 이야기'$^{Roman\ du\ Graal}$'로 불리기도 한다. '포스트 불가타'는 작가 미상인 네 작품, 즉 아리마대의 요셉과 그의 아들이 브리튼으로 성배를 가져오는 『성배 이야기$^{Estoire\ del\ Saint\ Graal}$』, 아서의 유년기와 원탁의 기사들을 주로 다루는 『메를린 선집$^{Suite\ du\ Merlin}$』, 갈라드와 페르스발 등이 성배를 찾아다니는 『성배 탐색$^{Queste\ del\ Saint\ Graal}$』 그리고 아서왕과 왕국의 종말을 다루는 『아서왕의 죽음$^{Mort\ Artu}$』으로 구성되어 있다.

'포스트 불가타' 시리즈도 성배, 메를린, 『성배 탐색』과 『아서왕의 죽음』을 합친 탐색과 죽음$^{Queste\text{-}Mortu}$이라는 삼부작으로 구성되어 있다. 내용 구성에서 '포스트 불가타'는 '불가타와 비슷한데, 다만 『메를린 선집』은 주로 메를린과 모르간 르 페이$^{Morgan\ le\ Fay}$의 사랑 그리고 고뱅, 이뱅, 모홀트$^{Le\ Morholt}$의 모험에 초점을 맞춘다. '포스트 불가타'에서는 '라 불가타'의 특징이던 『성경』에 기초한 해석과 알레고리가 거의 사라지고 세속화되었다. 아서왕 로망스는 '포스트 불가타' 이후에도 계속 이어져 15세기 중엽에 말로리$^{Thomas\ Malory}$의 『아서왕의 죽음$^{Morte\ D'Arthur}$』에 이른다.

13세기 이후 기사로망스는 전 유럽으로 퍼져갔다. 이야기의 배경은 영국이고 주로 영어와 프랑스어로 쓰였지만 한 작품은 다른 작가에 의해 번역되고 개작되는 과정을 거쳐 재창조되었다. 하나의 모델은 재생산과 동시에 변형되기 마련이고, 그 과정에서 새로운 시대의 가치가 투영되었다. 14세기 이후 아서왕 시리즈에 속하지 않는 짧은 기사 이야기도 산발적으로 만들어졌다. 그 과정에서 서로 다른 가지에 속한 이야기가 르네상스 시대의 스페인 기사소설의 번영을 만들어낸 밑바탕을 만들었다. 점점 대중화되던 기사로망스가 15세기 말에 인쇄술의 등장과 함께 스페인을 비롯한 유럽의 문학시장의 주인공으로 등장하게 되었다.

2

중세 스페인의 기사도와 기사문학

2. 1. 중세 스페인의 기사도

기사도와 아서왕 이야기가 언제, 어떻게 스페인에 유입되었는지를 명시적으로 알려주는 문헌은 없다. 다만 역사적 사건과 간접적 문헌을 통해 정황을 추정할 수 있을 뿐이다.

기사도의 유입과 관련된 역사적 사건은 1188년에 카스티야왕국의 알폰소 8세, 레온León왕국의 알폰소 9세, 신성로마제국 황제 프리드리히 1세의 아들 호헨쉬타우펜의 콘라트Conrad von Hohenstaufen가 알폰소 8세의 딸 베렝겔라 Berenguela 공주와 콘라트의 결혼을 추진하기 위해 까리온 데 로스꼰데스Carrión de los Condes에서 열린 공회公會에서 만난 일이다.1 이 결혼은 나중에 무산되었

---

1 Jesús D. Rodríguez-Velasco, "Invención y consecuencias de la caballería", en *Josef Fleckenstein, La caballería y el mundo caballeresco*, trad. José Luis Gil Aristu, Madrid: Siglo XXI de España, 2006, 11-64(14-16쪽에서 인용). 이 논문은 카스티야의 알폰소 8세(1158~1214년 재위)부터 레온왕국의 알폰소 9세(1188~1230년 재위), 카스티야와 레온왕국의 알폰소 10세(1252~1284년 재위), 알폰소 11세(1312~1350년 재위)까지 이어지는 네 명의 알폰소 왕을 중심으로 기사도가 발현된 역사적 정황을 다룬다. 알폰소 7세의 딸 꼰스딴사Constanza는 알리에노르의 첫 번째 남편인 프랑스 루이 7세의 두 번째 부인이 되었고(1154년), 루이 7세와 꼰스딴사의 딸 마르가리따Margarita는 갓난아기였던 1158년에 영국 왕 헨리 2세와 알리에노르 사이에서 태어난 '젊은' 헨리(1155년 출생)와 약혼하고 1160년에 결혼한다. 그리고 알폰소 7세의 손자 알폰소 8세는 영국의 헨리 2세와 아키텐의 알리에노르의 딸 레오노르 플랜타제넷Leonor Plantagenet과 결혼한다. 이 논문은 여기서부터 기사도를 중심으로 영국과 스페인의 관계를 다룬다.

지만 그때 알폰소 8세는 콘라트와 알폰소 9세에게 기장旗章을 매어주는 의식을 행한다. 의식을 치른 후 알폰소 9세는 사촌인 알폰소 8세의 손에 입을 맞춘다. 이 의식은 기사서임식이 아니었다. 거기에는 미래에 황제가 될 수 있는 프리드리히 1세의 아들 앞에서 레온왕국에 대한 카스티야 왕의 지배력을 강조하려는 의도가 있었을 것이다. 그런데 이 장면은 그로부터 거의 100년이 흐른 뒤 알폰소 10세가 편찬한 『스페인 역사의 첫 번째 연대기』Primera Crónica General. Estoria de Espanna』에 기사서임식으로 기록된다.

> 그곳에서 카스티야 왕 알폰소는 사촌인 레온 왕 알폰소에게 기사의 띠를 매주고 무기를 갖추어 주며 그를 기사로 임명했다. 그러자 레온 왕은 공회에 가득 모인 모든 사람 앞에서 카스티야 왕 손에 입을 맞추었다. 또 그 자리에서 위대한 왕 카스티야의 알폰소는 로마황제 프라드릭[프리드리히]의 아들 꼬라도[콘라트]에게도 기사의 띠를 매주고 자신의 칼을 건네주며 그를 기사로 임명했다.[2]

카스티야 왕이 레온 왕과 신성로마제국 황제의 아들을 기사로 임명했고, 특히 레온 왕은 카스티야 왕의 손에 입을 맞추었다. 단지 '그를 기사로 임명했다fizol cauallero'라는 문구만 추가되었지만 새롭게 두 가지 의미가 생겼다. 1) 이제 기사서임은 왕과 황제의 아들도 명예롭게 여길 만큼 고귀한 사람으로 인정받는 의식이 되었다. 2) 손에 입을 맞추는 행위를 통해 기사서임권을 가진 자 그리고 그에 의해 기사로 임명받은 자 사이에 정신적 위계가 생겼고, 이 위계는 충성 의무로 진화했다.

현재까지 알려진 스페인 기사도의 근원은 앞에서 언급한 율의 『기사도』

---

[2] Alfonso X, Primera Crónica General, *Estoria de Espanna, ed. Manéndez Pidal*, Madrid: Bailly-Bailliere e Hijos, 1906, 997장 677(https://bibliotecadigital.jcyl.es/es/consulta/registro.cmd?id=16550).

와 알폰소 10세의 『7부 법전』이다. 지중해의 작은 왕국 마요르까 출신의 율과 카스티야와 레온왕국의 현왕賢王 알폰소 10세(1221~1284년)는 같은 시대를 살았다. 율과 알폰소 10세의 텍스트는 13세기 후반에 이베리아반도가 처한 정치적·문화적 기반 위에서 만들어졌지만 두 문헌 간의 직접적 영향 관계를 입증하는 자료는 없다. 율이 유럽의 보편적 담론에 가깝다면 알폰소 10세의 영향력은 스페인에 국한되었다. 알폰소 10세는 1252년에 즉위한 후 1256~1265년 사이에 복잡한 편찬과 수정 과정을 거쳐 근대 이전 스페인 법체계의 근간이 되는 『7부 법전』을 만들었다.

이 『7부 법전』의 두 번째 법전Segunda Partida은 황제, 왕, 대지주가 세속의 '정의'와 하나님의 '진리'를 어떻게 지켜야 하는지를 다루며, 세부적으로는 왕, 황제, 대지주의 의무와 권리, 왕위 계승, 왕실과 성聖의 관계, 대학교, 전쟁 관련 사항을 규정하고 있다. 기사도에 대해서는 이 두 번째 법전의 21장título에서 기술된다. 이 장의 표제 '기사와 그들이 지켜야 할 도리에 대해De los caualleros, e de las cosas que les conuiene fazer'에서 알 수 있듯이, 21장은 기사와 기사도가 스페인의 공식 법체계에 편입되었음을 분명하게 보여준다.

이 때문에 벨라스꼬는 알폰소 10세가 스페인의 기사도를 창조했다는 논쟁적 표현을 쓰고 있다.3 알폰소 10세 이전에 기사도를 정의하거나 기사도 규범을 다루는 스페인어 문건은 아직 발견되지 않았다. 『7부 법전』 이전에

---

3 Jesús D. Rodríguez-Velasco, *Invención y consecuencias de la caballería*, XI쪽. "La caballería castellana es un invento de Alfonso X el Sabio." 하지만 기사도가 '알폰소 10세의 창조물'이라는 논쟁적 표현은 알폰소 10세 이전에 기사가 존재하지 않았다는 의미가 아니다. 유럽의 다른 나라들처럼 스페인에서도 말을 탄 직업군인이 기사 집단을 이루어 사회적으로나 정치적으로 중요한 역할을 했다. 12세기 초의 서사시 『엘시드의 노래』, 알렉산더가 기사서임을 받는 13세기 초의 『알렉산더 이야기Libro de Alexandre』, 1250~1260년경에 쓰인 『아뽈로니오 이야기Libro de Apolonio』와 『페르난 곤살레스의 노래Poema de Fernán González』에는 기사 역할이 그려져 있다.

알폰소 10세가 공표한 『왕령*Fuero Real*』(1255년)이나 『법령집*Espéculo*』(1255~1260년)도 기사가 전쟁에서 전사로 수행해야 할 역할을 언급할 뿐이며, 기사도의 정신적 고귀함이나 종교적 기원은 기술되지 않는다.

두 번째 법전 21장의 전문前文은 먼저 기사의 기원을 이렇게 설명한다.

> 수호자는 하나님이 이 세상을 유지하기 위해 만드신 세 가지 직업의 하나이다. 백성들을 위해 하나님께 기도하는 사제^{oradores}, 백성들이 먹고 생존하도록 땅을 가는 농부^{labradores}, 그리고 다른 사람들을 지키고 보호하는 수호자가 있다. 고대 사람들은 용기, 명예, 힘을 갖춘 사람 중에서 수호자를 아주 잘 골라야 한다고 여겼다.[4]

기사는 원래 '수호자^{defensores}'였으며, '수호자'는 하나님의 뜻에서 비롯되었다. 그로써 사제와 농부처럼 오래전부터 존재한 직업을 하나의 사회계급으로 법전에 포함하는 행위가 왕의 자의적 결정이 아님을 보여주려고 한다. 전문의 나머지 부분은 과거의 수호자가 지금은 기사이며, 기사는 땅을 수호할 뿐만 아니라 땅을 늘리는 역할을 한다고 의미를 확장한다. 그러므로 기사는 왕실과 교회의 '수호자'인 동시에 왕실과 교회의 명예와 재산을 늘리는 정복자이기도 했다. 그것이 기사에게 부여된 책임이다. 그리고 용기, 명예, 힘을 기준으로 특별히 선별된 자로 기사의 자질을 규정했고, 특히 지적인 사고력과 분별력을 기사의 덕목으로 강조한다. 전문 다음에 이어지는 21장의 법조항^{ley}은 25개로 구성되어 있다.

---

4 Alfonso X, *Las Siete Partidas del muy noble rey Don Alfonso el Sabio, glosadas por Gregorio López*, Madrid: Compañía General de Impresores y Libreros, 1843-1844, tomo I, 538. 1555년에 살라만까에서 출판된 판본의 재판본이다.

1조. 기사도와 기사라는 이름의 유래

2조. 기사로 선별될 수 있는 조건

3조. 귀족의 고귀함이 유지되는 방식

4조. 기사가 갖춰야 할 네 가지 기본 자질

5조. 영리한 기사가 알고 있어야 할 세상의 지식에 대해

6조. 기사의 앎과 행함에 대해

7조. 기사가 갖추어야 할 좋은 습관들

8조. 꾀가 많고 기지 넘치는 기사의 조건

9조. 기사의 충성에 대해

10조. 기사가 갖추어야 할 말과 무기에 대한 지식

11조. 기사서임권을 갖기 위한 조건

12조. 기사가 될 수 없는 자의 조건

13조. 기사의 시종이 해야 할 일

14조. 기사서임식 절차

15조. 기사서임 후 신임기사에게 칼을 매주는 방법과 절차

16조. 신임기사가 임명자와 칼을 매어준 자에게 갖는 의무

17조. 기사가 말을 타고 있을 때 준수해야 할 사항

18조. 기사의 복식服飾에 대해

19조. 기사의 절제에 대해

20조. 기사가 식사 전에 위대한 기사의 이야기를 읽는 이유

21조. 기사가 하지 말아야 할 일에 대해

22조. 말과 행동으로 해야 할 일과 하지 말아야 할 일

23조. 사람들이 기사를 예우하는 방법

24조. 기사가 타인과 같이 다니기보다 혼자 다녀야 하는 이유

25조. 기사가 기사도의 명예를 잃어버렸다고 판단할 조건들5

25개 법 조항은 기사도를 규정한 율의 책과 구성이 비슷하다. 다만 법전이기 때문에 그의 책처럼 은퇴한 기사가 젊은이를 가르친다는 서사 프레임은 없다. 두 번째 법전 21장은 기사의 과거 유래에 대해 말하면서 기사는 '수호자' 중에서 선별된 고귀한 사람 즉 귀족이라고 선언한다.

1조. 기사란 오래전부터 고귀한 사람의 집단으로 칭송되었으며, 땅을 지키는 일을 부여받았다. 라틴어로는 '전사'라는 이름으로 불렸는데, 강인하고 건장한 남자로서 사람들의 공통된 안녕을 위해 고통을 감수하고 몸을 바치도록 선택된 사람이다. 그래서 이 이름에는 천千이라는 의미도 있는데, 과거에는 천 명 중 한 명을 골라 기사로 임명했기 때문이다. 스페인에서 기사는 단지 말을 타고 다녀서 붙여진 이름이 아니라 …… 다른 모든 수호자보다 더 명예로운 사람이므로 기사로 선택되었다.6

---

5 538~554쪽. 빨렌시아Alfonso de Palencia(1423~1492년)는 『완전한 승리를 위한 논고 Tratado de la perfección del triunfo militar』(1459년)에서 이 25개 법 조항을 다시 10개의 주제로 구분한다. 1. 기사도의 근원(1조), 2. 기사로 임명될 사람의 육체적·정신적 조건(2~10조), 3. 기사 임명권자와 기사로 임명받을 자의 법률적 조건(11~12조), 4. 기사서임 절차(13~14조), 5. 기사의 대부代父가 될 자의 조건(15조), 6. 신임기사가 임명자인 대부에게 가져야 할 의무(16조), 7. 기사가 지켜야 할 삶의 양식(17~20조), 8. 기사의 의무(21~22조), 9. 기사가 누리는 명예(23~24조), 10. 기사의 명예를 박탈당하는 조건(25조). Gladiz I. Lizabe de Savastano, "El título XXI de la Segunda partida de Alfonso X, patrón medieval del tratado de la caballería hispánico", en Evolución narrativa e ideológica de la literatura caballeresca, ed. María Eugenia Lacarra, Bilbao: Univ. del País Vasco, 1991, 81-102. 90쪽에서 재인용.
6 538~539쪽. 인용문에서 '전사'로 번역한 '밀리티아militia'는 원래 '섬기다'라는 뜻의 '밀리타레militare'에서 유래되었는데, 율의 책도 알폰소 10세의 법률처럼 '밀리티아'를 천 명 중에서 선택된 전사라는 뜻으로 쓰고 있다.

두 번째 법전 21장 1조가 기사는 고귀한 자라는 선언으로 시작하는 까닭은 이전에 이미 두 번째 법전에서 왕과 귀족과 대지주의 고귀함, 의무, 권리를 기술했는데, 그들처럼 기사도 고귀한 귀족이므로 고귀한 자의 명예와 의무를 법률로 규정한다는 함의가 있다. 2조는 천 명 중 한 명을 기사로 선별하기 위한 세 가지 조건을 제시한다. 그것은 엄청난 시련과 배고픔을 견딜 수 있는 인내, 적을 죽이고도 지치지 않는 힘, 무자비하게 적을 죽이고 죽인 적의 물건을 빼앗으며 상처를 입어도 쓰러지지 않는 강인한 마음이다. 거칠고 강인한 무사의 정신을 강조하고 있다. 귀족은 물려받은 재산을 지키고 평민과 결혼하지 않음으로써 귀족성을 유지하고(3조), 귀족으로서 기사가 갖춰야 할 기본 덕목은 온화함, 강인함, 절제, 정의(4조)이다. 법전은 5~10조까지 기사의 자질을 계속 번호를 붙여가며 나열해 나간다. 11조는 누가 기사를 임명할 수 있고, 누구는 기사를 임명할 수 없는지를 기술하고 있다.

11조. 기사가 아닌 자는 기사를 서임할 수 없다. …… 왕 또는 그의 상속자는 기사가 아니라도 기사들의 수장이고 왕국을 지배하고 있으므로 기사로 서임할 수 있다는 사람도 있고 그렇게 한다는 왕국도 있지만 결단코 누구도 기사가 아닌 자는 기사를 임명할 수 없다. 또 고대로부터 강조하기를, 어떤 황제도, 어떤 왕도 기사도를 받아들여 기사로 임명되지 않으면 즉위할 수 없다. 또 고대 이래로 지위가 어떠하든 스스로 자신을 기사로 임명할 수도 없다. 14세 이하라서 기억하지도 못하는 자는 기사를 임명할 수도, 기사로 임명받을 수도 없다. …… 사제와 수도자는 기사를 임명할 수 없다.[7]

[7] "Ley 11. Fechos non pueden ser los Caualleros por manos de ome que Cauallero non sea. …… Pero algunos y ovo, que touieron que el Rey, o su fijo el heredero, maguer Caualleros non fuessen, que bien lo pueden fazer por razon del Reyno; porque ellos son cabezas de la Caualleria ……. Mas segund razon verdadera, e derecha, nonguno non

11조는 기사만 기사를 임명할 수 있다고 반복적으로 강조한다. 왕일지라도 기사가 아니라면 기사 임명권이 없다. 하지만 왕이 되려면 먼저 기사가 되어야 하므로 사실상 모든 왕은 기사라고 할 수 있다. 기사가 아닌 젊은이가 무명의 기사로부터 기사 임명을 받고 그에게 충성할 것인가 아니면 왕에게 기사 임명을 받고 왕에게 충성할 것인가? 당연히 왕이 임명한 기사가 더 명예롭고 더 많은 보상을 얻을 수 있으므로 기사 후보자는 왕에게 모일 수밖에 없다. 사실상 왕이 기사 임명권의 정점에 있다.

따라서 11조에서 기사, 고귀한 자, 귀족, 혈통이 동일시된다는 것은 기사뿐만 아니라 귀족도 왕의 통제 아래 놓이게 되는 새로운 사회 질서를 선포한 것과 같다. 기사를 귀족으로 편입시키는 일은 기존의 귀족에 대한 왕의 통제권 문제이기도 했다. 기사만 기사를 임명할 수 있고 왕이 가장 명예로운 기사라면 왕의 기사 임명권은 결국 귀족에 대한 왕의 통제권 강화를 의미했다. 새로운 귀족을 만들 수 있는 권한도 왕에게 부여되어 있었으므로 기사 임명권은 매우 중요한 사회적, 정치적, 경제적 문제였다.

매우 중요한 이슈였기 때문에 21장 14조, 15조, 16조는 기사서임식의 의미와 절차를 세세히 반복하면서 기사의 명예, 충성 의무, 기사 임면任免 요건을 엄중하게 규정하고 있다.8 기사는 고귀한 자이고, 고귀한 자는 자신을 기사로

---

pueden ser Cauallero de mano del que lo non fuere. E tanto encarescieron los Antiguos la orden de Caualleria, que touieron que los Emperadores, ni los Reyes, non deuen ser consagrados, ni coronados, fasta que Caualleros fuessen. E aun dixeron mas, que ninguno non puede fazer Cauallero a *si* mismo, por honrra que ouiesse. …… E aun dixeron, que ome desmemoriado, ni el que fuesse de menor edad de catorze años, que non deuia ninguno dellos esto fazer. …… Otrosi el Clerigo, nin ome de Religion, non touieron, que podrian fazer Caualleros"(544).

8 12조에서는 기사가 될 수 없는 조건으로 여자, 사제, 어린 나이, 지나치게 가난한 자, 범죄자,

임명한 왕에게 충성을 바쳐야 한다. 왕에게 충성하지 않으면 명예를 잃어버린 자가 되며, 명예를 잃어버린 자는 기사도 귀족도 아니다. 따라서 왕은 기사계급의 수장이 된다.

기사 임명권은 왕권뿐만 아니라 교회와도 밀접하게 연결된 사안이었으므로 교회와 왕실은 기사와 기사도를 보편 제도로 만들 필요가 있었다. 알폰소 10세가 기사와 기사도를 법전에 명시적으로 규정한 까닭도 여기 있었을 것이다. 그래서 16조는 신임기사가 자신을 기사로 임명해준 기사와 대부에게 갖는 복종과 존중의 의무를 명시하고 있다.

16조. 신임기사는 자신을 기사로 임명해준 기사 그리고 신임기사에게 자신의 칼을 풀어준 대부에게 의무를 가진다. 신임기사는 그들을 존중하고 복종해야 한다. …… 그들과 대적하지 않으며 마치 아버지처럼 모셔야 한다. 만약 대적할 경우가 생기게 된다면 자기 손으로 직접 상처를 입히거나 죽이지 말아야 한다. …… 그들에게 해가 되는 일을 하거나 그런 조언을 하지 않으며, 오히려 해를 끼치려는 자를 처벌해야 한다(547~548쪽).

16조는 기사로 임명해준 기사와 대부뿐만 아니라 그들의 부모, 자녀, 형제, 친척에게까지도 의무 조항이 적용된다고 규정하며, 그들이 어려움을 겪을 때 도와야 한다고 명시한다. 이 의무 조항은 3년간 신임기사에게 강제적으로 부과되었다. 『7부 법전』에서는 기사도의 정치적 의미를 윤리와 문화 영역으로 확산하려는 의도도 엿보인다. 20조는 기사가 해야 할 의무의 하나로 식사할 때 위대한 기사들의 위업을 기록한 역사 이야기 Estoria를 들어야 한다

사지가 온전하지 않은 자, 상인, 반역자, 경박한 자, 사형선고를 받았던 자, 과거에 장난으로 기사 임명을 받았던 자, 기사도를 돈으로 사고판 자를 열거한다. 그리고 마지막으로 혈통과 기사도의 덕목이 없는 자도 기사가 될 수 없다고 강조한다.

고 규정했다.

20조. 과거 사람들은 본 조항 이전에 앞서 규정한 기사의 의무를 정당한 의무라고 명시적으로 밝혔다. 그래서 그들은 또한 이렇게 명령했다. 기사들은 전쟁을 치르면서는 눈으로 보거나 직접 싸우면서 무예를 익히고, 전쟁이 없는 동안에는 누군가에게 전쟁에 대해 듣거나 읽으면서 무예를 수련해야 한다. 그것을 위해 기사들은 관례에 따라 식사할 때 뛰어난 무훈을 이룩해 기록에 남겨진 다른 기사들 이야기를 읽어주도록 해야 하고, 적들을 물리치고 원하는 바를 실현한 그들의 용기와 지략을 듣고 배워야 한다. 기사가 있는 곳에 그러한 문건이 없다면 나이든 훌륭한 기사들 이야기라도 들어야 한다. 그런 것조차 할 수 없다면 어쩔 수 없이 길거리 이야기꾼이라도 불러 다른 노래 말고 전쟁 이야기나 무훈을 다루는 노래를 들어야 한다. 기사란 무릇 그렇게 해야 하는 법이니, 잠들기 전 각자의 숙소에서 무훈을 쌓는 이야기를 읽거나 생각해야 한다. 그렇게 하는 까닭은 이야기를 들으면서 가슴에 전의를 불태우고 스스로 용기를 북돋우기 위함이다(550쪽).

현실의 기사들은 허구화된 과거의 기사 이야기를 듣거나 읽으면서 허구의 기사가 겪는 어려움과 자신의 어려움을 동일시하고 그를 모방한다. 그리고 그들처럼 부와 명예를 갖게 될 미래를 꿈꾸었다. 아마 과거의 기사 이야기는 스페인 영웅시가에 등장하는 기사 이야기 그리고 프랑스와 영국에서 유입된 기사로망스였을 것이다.

알폰소 10세가 기사와 기사도를 법체계에 편입시켰다. 그것은 기사 집단이 사회의 중심축으로서 제도화되었음을 공식적으로 확인하는 의미가 있었다. 누군가를 기사로 임명할 수 있는 권리는 고귀한 자질 즉 귀족성을 사회적으로 인정하는 권한이다. 왕이 그와 같은 권한을 갖게 되면 모든 기사 집단은 오로지 왕에게만 충성해야 한다. 알폰소 10세의 법 제정은 당연히 왕의 필요에 따라 이루어졌다. 기사에게 고귀함의 특권을 허락함으로써 왕권이 강화되는 결과를 가져오게 되었다. 그처럼 새로운 귀족으로 인정된 기사계급과 왕권의 결합이 스페인 기사도의 시작이자 존재 이유였다.

하지만 그에 대한 기존의 대귀족의 반발은 매우 강력했다. 그래서 알폰소 10세가 만든 법률은 곧바로 공표될 수 없었다. 기존의 대귀족 그리고 새로 귀족이 된 기사 간에 그리고 정치인과 지식인 그룹 간에 기사의 귀족성과 권한을 둘러싼 논쟁이 15세기 말까지 이어졌다. 알폰소 10세의 궁정에서 야기된 새로운 정치 체제의 긴장감은 몰리나$^{María\ de\ Molina}$(1264~1321년) 왕비가 영향력을 갖고 있던 시기에 더욱 첨예해졌다.

그녀는 알폰소 10세의 둘째아들 산초 4세의 부인이었고, 페르난도 4세(1285~1312년)의 어머니였으며, 1311년에 태어난 알폰소 11세의 할머니였다. 몰리나 왕비의 궁정은 스페인 기사로망스 그리고 성인의 전기가 만들어진 산실이기도 했다.

산초 4세는 1275년에 형 페르난도$^{Fernando\ de\ la\ Cerda}$가 죽은 후 왕위 계승을 두고 아버지 알폰소 10세와 내전을 치렀고, 귀족 집단은 아버지 알폰소 10세를 지지했으나 알폰소 10세가 죽는 바람에 둘째아들 산초 4세가 왕위를 계승했다. 산초 4세가 1295년에 죽은 뒤 왕위는 어린 아들 페르난도 4세에게 돌아갔고, 몰리나 왕비는 아들의 왕권을 지키기 위해 그때부터 섭정이 되어 정사에 개입했다. 기사계급의 세력화에 따른 군사적·경제적 소유권이 권력 다툼의 핵심이었고, 고위 귀족에 맞서 왕비는 아들과 손자를 위해 왕권을 지키고 강화하기 위해 기사 세력과 연대해야 했다. 아래 그림은 당시 왕비의 역할을 보여준다.[9]

[9] 〈1295년에 발야돌리드 의회에 페르난도 4세를 소개하는 몰리나 왕비〉, 기스베르$^{Antonio\ Gisbert}$, 1863년.

중세의 기사도 논쟁을 다룬 로드리게스-벨라스꼬의 연구는 스페인에서 기사도가 논의되는 과정을 크게 세 시기로 구분한다.10

1) 성립기^{Definición}(1250~1350년)
2) 억제기^{Restricción}(1330~1407년)
3) 팽창기^{Expansión}(1390~1492년)

'성립기'는 알폰소 10세의 『7부 법전』부터 돈 후안 마누엘$^{Don\ Juan\ Manuel}$의 『사회계층론$^{Libro\ de\ los\ estados}$』까지의 기간이다. 마누엘은 알폰소 10세가 법적으로 정의한 세속적 의미의 기사도를 종교적 의미의 기사도로 수정했고, 기사 서임식을 사제 서임식처럼 성스러운 의식으로 만들었다. 이제 기사의

---

10 Jesús D. Rodríguez-Velascos, *El debate sobre la caballería en el siglo XV: La tratadística caballeresca castellana en su marco europeo*, 17-32. 이 연구는 스페인 기사도의 '팽창기'를 주로 다루고 있다.

명예는 하나님의 은혜로 부여된다. 귀족의 명예도 하나님의 은혜이다. 알폰소 10세는 모든 기사가 고귀함을 갖는다고 했지만 마누엘은 현실 세계의 고귀한 기사와 그렇지 않은 기사를 구분했다. 기사 집단이 명목상 동등한 지위를 갖는 체제를 수정해 두 부류로 구분하면서 현실화했다. 그렇게 되면 기존 귀족도 기사서임을 받을 수 있는 명분이 생기게 된다. 알폰소 10세가 규정한 이상적 기사 모습은 현실화 과정을 거치면서 그대로 유지될 수 없었다.

'억제기'는 긴 섭정을 끝내고 1325년에 본격적으로 통치하기 시작한 '정의의 집행자el Justiciero' 알폰소 11세가 주도했고, 이후 네 명의 카스티야 왕(페드로 1세Pedro I, 엔리께 2세Enrique II, 후안 1세Juan I, 엔리께 3세Enrique III)을 섬긴 로뻬스 데 아얄라Pero López de Ayala(1332~1407년)가 정교하게 다듬었다. 귀족 세력을 통제하고 왕권을 강화하려는 알폰소 11세는 1332년에 왕립〈라반다기사단la Orden real de la Banda〉을 설립하고11, 증조할아버지인 알폰소 10세의 『7부 법전』을 이어받아 1348년에 「알깔라 법령Ordenamiento de Alcalá」을 공표했다.

왕을 수장으로 하는〈라반다기사단〉의 설립은 실질적으로 왕을 지지하는 그룹과 잠재적 반란 그룹을 구분하는 결과를 가져왔다. 이 기사단은 궁정에 소속된 기사로, 새로운 법령에 근거해 국가 행정 전반을 관장했다. 그 결과 왕의 지배력이 전보다 강화되었다. 알폰소 10세는 모든 기사가 고귀하다고 규정했다. 그런데 알폰소 11세는 모든 기사가 고귀하지만 왕과 함께하는 기사는 더 고귀하다고 했다. 두 알폰소 왕(10세와 11세)은 모두 새로운 법령을 제정하고 기사계급을 통해 왕권을 강화하고자 했다. 알폰소 10세가 그것

---

11 〈라반다기사단〉은 붉은 바탕에 대각선으로 그어진 황금색 띠(라반다)가 표식이다. 알폰소 11세 이후 카스티야의 후안 1세(1379~1390년 재위)도 장미를 표식으로 하는〈성령기사단 Orden del Espíritu Santo〉을 창설했다. 이 시기에 기사단은 왕이나 왕자의 친위대였으므로 왕권이 교체되면 새로운 기사단으로 권력이 이동했다.

을 통해 유럽에서 스페인의 영향력을 확대하려고 했다면 알폰소 11세는 내부 통치력을 강화하기 위해 궁정기사를 활용하면서 알폰소 10세가 규정한 기사의 역할과 기사도의 의미는 오히려 축소되었다. 기사의 존재 이유가 군사적 역할에서 정치, 행정, 사법, 문화 영역으로 옮겨간 것이다.

알폰소 11세 사후에 〈라반다기사단〉은 점점 쇠퇴해 1474년에 폐지되었다. '억제기'에서 '팽창기'로 넘어가는 연결고리는 이 기사단의 두 번째 세대에 해당하는 아얄라였다. 그는 알폰소 11세의 「알깔라 법령」의 기사도 개념을 이어받고, 거기에 콜론나$^{Egidio\ Colonna}$(1242~1316년)의 이론을 접목해 '인문주의 기사$^{humanismo\ caballeresco}$'라는 새로운 개념을 만들었다.[12] '인문주의 기사'는 고대와 현대의 학문과 정치에 숙달된 기사이자 귀족을 의미했다. 전투에서 싸우는 기사이자 왕에게 조언하는 신하이며, 동시에 고전에 능통한 지식인이었다.

이제 기사는 중세에서 르네상스 시대로 넘어가는 이행기에 이상적 인간형이 되었다. 알폰소 10세가 규정한 전사로서의 기사 개념이 알폰소 11세의 궁정기사를 거쳐 아얄라 시대에 와서 '인문주의 기사'로 진화했다. 전투를 수행하는 기사의 존재는 최고위 귀족과의 권력 다툼에서 왕권을 강화하기 위한 필수적 도구였지만 15세기로 넘어가면서 기사는 궁정과 사회를 지탱하는 식자층이자 전문가로 변신했다. 통치 체제의 일부로 행정 관료 역할을 맡은 새로운 기사에게 과거의 기사도는 허구 세계의 이상일 뿐이었다.

'팽창기'는 '인문주의 기사'라는 새로운 개념이 15세기의 스페인 사회에 적용되는 과정이었다. 특히 화포를 중심으로 하는 새로운 전쟁 방식이 등장함에 따라 일대일 결투에 최적화된 중세 기사는 사실상 현실에서 종말을 고

---

12 '인문주의 기사'라는 용어는 루지에리가 14세기 이후에 이탈리아에 등장한 기사 그룹을 지칭할 때 사용한 용어를 로드리게스-벨라스꼬가 차용한 것이다(Jole Scudieri Ruggieri, *L'umanesimo cavalleresco italiano. Da Dante all'Aristo*, Napoli: Fratelli Conte, 1977).

하게 되었다. '팽창기'는 중세 기사의 팽창기가 아니라 '인문주의 기사'의 팽창기를 의미했다.

스페인 기사도의 역사는 다음과 같이 요약된다. 스페인에서 기사도는 1250년대에 알폰소 10세에 의해 시작되고, 1330~1340년대를 전후해 마누엘과 알폰소 11세가 수정했으며, 1350년에 알폰소 11세가 죽은 후 카스티야의 재상 아얄라가 논쟁의 일단락을 맺었다. 1390년은 엔리께 3세가 즉위한 해이면서 〈라반다기사단〉이 쇠퇴기로 접어드는 시작점이었다. 15세기에 디에고 데 발레라Diego de Valera(1412~1488년)는 기사의 귀족성 논쟁을 이어가며 변화된 사회 환경에 맞춰 기사의 역할을 실질적으로 탈군사화시켰다. 그리고 1491년의 알폰소 10세의 『7부 법전』 출판, 1492년의 메히아Ferrán Mexía의 『진정한 귀족Nobiliario vero』의 출판 이후 기사도 논쟁은 사실상 종료되었다.

기사를 귀족으로 인정할지 여부 그리고 인정한다면 어떻게 임명하고 구분하며 어떤 권한을 부여할지를 두고 벌어진 왕과 기존의 대귀족 간의 다툼이 기사도 도입의 시작이었다고 할 수 있다. 그리고 전사와 지식인의 결합은 기사 개념의 근본적 변화였다. 군사적·정치적 의미의 기사도는 현실에서 문학으로 옮겨갔고, 기사도를 숭배하는 중세의 기사는 15세기 말에 문학 텍스트의 주인공으로 재탄생했다.

2. 2. 중세 스페인의 기사문학

기사를 주인공으로 하는 스페인문학은 『엘시드의 노래』, 『알렉산더 이야기』, 『아뽈로니오 이야기』, 『페르난 곤살레스의 노래』 등 역사와 허구의 경계에 있는 영웅시가에서 시작되었다. 12세기 말 이후 영국과 프랑스에서 기사로망스가 들어왔고, 14세기 이후 『기사 시파르』처럼 스페인 작가가 쓴 기사 이야기가 나타났다. 14세기 이후 스페인의 기사문학은 단지 즐기기 위한 이야기도 있고, 『기사 시파르』처럼 현실 정치의 필요에 따라 귀족 자제와 기사 교육용으로 만들어진 이야기도 있다.

스페인의 기사문학은 여러 기원을 갖는다. 하지만 우리 관심은 중세 기사로망스에서 르네상스 시대의 『아마디스 데 가울라』로 이어지는 연결고리를 찾는 데 있으므로 그것에 초점을 두고 12세기 말 이후 1508년에 『아마디스 데 가울라』가 출판되기까지 스페인에서 만들어지고 유포된 기사 이야기의 유형을 구분하면 이렇게 된다.

A. 외국 텍스트의 번역
B. 번역된 텍스트의 개작
C. 스페인 사람이 쓴 새로운 텍스트

먼저 'A. 번역'과 'B. 개작'부터 살펴보자. 아서왕 로망스 즉 '브리튼 이야기'matière de Bretagne'가 언제, 어떤 경로를 거쳐 이베리아반도의 여러 왕국에 전파되었는지 분명하지 않지만 13세기에 카스티야왕국에서 널리 읽히고 있었음은 분명하다. 루지에리는 1170~1284년 사이에 아서왕 로망스가 카스티야왕국에 유입되었다고 한다.13 그것은 당연한 추정이다. 1170년은 알폰소 8세가 결혼한 해이자 크레티앵 드 트루아가 프랑스에서 기사로망스를 쓰기 시작하던 무렵이고, 1284년은 알폰소 10세가 사망한 해이다.

기사로망스와 기사도를 하나의 문화적 세트로 이해한다면 기사도의 스페인 유입은 1170년 이후가 되어야 한다. 1170년에 있은 알폰소 8세의 결혼이 중요한 이유는 상대가 바로 영국의 엘레아노르였기 때문이다. 엘레아노르는 영국의 헨리 2세와 아키텐의 알리에노르의 여섯째딸이다. 엔트위슬W. J.

---

13 Jole Scudieri Ruggieri, "Per un studio della tradizione cavalleresca nella vita e nella cultura spagnola medioevale", *Studi di Letteratura Spagnola*, 1(1964), 11-60. 18 참조.

Entwistle은 어머니가 만든 궁정문화에 익숙해 있던 엘레아노르가 알폰소 8세의 왕비가 됨으로써 알리에노르의 궁정문화와 브리튼 이야기가 스페인에 알려지는 결정적 계기가 되었다고 한다.14

왕가의 결혼으로 인한 유행과 취향의 전파는 자연스러운 일이었다. 알폰소 8세의 결혼은 중세 스페인을 유럽 외교가의 내부로 들어가게 만든 출발점이기도 하다. 알폰소 10세의 배다른 누이 레오노르Leonor가 영국의 에드워드 1세의 첫 번째 왕비가 되며, 레오노르의 아들이 에드워드 2세이다. 아키텐의 알리에노르가 카스티야에 있는 스페인 사위의 궁정을 방문한 적도 있었다. 1199년에 알리에노르의 막내 존John 왕과 프랑스의 필립 2세의 휴전을 위한 조건으로 필립 2세의 상속자 루이 왕자와 존 왕의 조카를 결혼시키기로 했는데, 존 왕의 누나인 엘레아노르 왕비와 알폰소 8세의 두 딸인 우라까Urraca와 블랑까Blanca가 마침 그때 정혼자가 없는 상태였다. 그래서 77세의 알리에노르는 푸아티에를 떠나 사위의 궁정으로 가서 블랑까를 선택했고, 두 달을 머물다가 프랑스로 돌아갔다. 블랑까는 나중에 프랑스 루이 8세의 왕비가 되었다.15 그러므로 12세기 말에 브리튼 이야기는 이미 스페인에 유입되어 있었

---

14 William J. Entwistle(1925), 33.
15 William J. Entwistle, "Geoffrey of Monmouth and Spanish Literature", *Modern language review*, 17(1922), 381-391. 381; José Manuel Cerda, "The marriage of Alfonso VIII of Castile and Leonor Plantagenet: the first bond between Spain and England in the Middle Ages", en Martin Aurell(ed.), *Les stratégies matrimoniales dans l'aristocratie(xe-xiiie siècles)*, Brepols(e-book: 10.1484/M.HIFA-EB.5. 101 233), 143-153; María Bullón-Fernández(ed.), *England and Iberia in the Middle Ages, 12th-15th Century: Cultural, Literary, and Political Exchanges. The New Middle Ages*. New York: Palgrave Macmillan, 2007. 페르난데스가 편집한 책에 수록된 월록Jennifer Goodman Wollock의 논문 "Medieval England and Iberia: a chivalric relationship"(11-28)과 워커Rose Walker의 논문 "Leonor of England and Eneanor of Castile: Anglo-Iberian Marriage and Cultural Exchange in the Twelfth and Thirteenth Centuries"(67-87)도 스페인과 영국의 관계를 12세기부터 설명한다. 왕실, 기사, 기사 이야기가 양국 관계의 소재였다. 12세기 이전에 두 지역은

다고 추정할 수 있다.

내부 문제(노르만과 앵글로색슨 왕국들의 권력투쟁, 이베리아반도 내 이슬람과 기독교 세력 간의 투쟁) 때문에 서로에게 관심을 가질 여력이 없었다. 변방의 두 지역이 서로에게 관심을 보인 배경에서는 두 지역이 중세유럽의 중심이던 프랑스, 로마와 맺은 관계가 중요하게 작용했다. 앵글로-노르만 왕조 입장에서는 카스티야와 전략적 우호 관계를 맺을 필요가 있었다. 앙주 가문 Angevin의 영국 왕이 아키텐을 지배하면서 이 지역이 영국과 프랑스 사이에 이슈로 대두되자 영국은 세력 균형을 위해 프랑스 배후의 아키텐과 인접한 나바라왕국과 아라곤왕국 그리고 이 두 왕국과 인접한 카스티야와 동맹을 구축해야 했다. 영국의 헨리 2세의 딸 엘레아노르와 카스티야의 알폰소 8세의 결혼 그리고 1254년에 있은 헨리 3세의 아들(나중에 에드워드 1세)과 알폰소 10세의 배다른 여동생 엘레아노르Eleanor의 결혼은 영국, 이베리아반도, 프랑스라는 중세 정치 구도의 산물이었다. 에드워드 1세와 엘레아노르가 결혼한 1254년에 헨리 3세와 알폰소 10세는 〈똘레도조약Treaty of Toledo〉에 서명했고, 이 조약으로 알폰소 10세는 아키텐(가스코뉴 공작령)에 대한 소유권 주장을 철회했다. 에드워드 1세에 이어 그의 아들 에드워드 3세(1327~1377년 재위)와 에드워드 3세의 손자 리처드 2세(1377~1399년 재위)는 이베리아반도와의 왕실 간 교류를 더욱 확대하며 이베리아반도의 정치 상황에 개입했다. 그것은 프랑스의 왕위계승권을 둘러싼 백년전쟁을 위한 정치적 포석의 일환이었다(Peter. E. Russell, *The English intervention in Spain and Portugal in the time of Edward III and Richard II*[New York: Oxford Univ. Press, 1955] 참고). 특히 에드워드 3세의 둘째 딸이 카스티야의 뻬드로 1세와 정혼했으나 흑사병으로 사망해 성혼에 이르지 못하자 나중에 뻬드로 1세의 두 딸 콘스탄사Constanza와 이사벨Isabel이 에드워드 3세의 두 아들과 결혼해 랭카스터 공작부인과 요크 공작부인이 되었다. 이 결혼은 추후 카스티야의 왕위 계승권을 주장하기 위함이었다. 에드워드 3세의 후계자 에드워드(왕위에 오르지 못한 '검은 왕자Edward the Black Prince', 리처드 2세의 아버지)는 스페인의 배다른 형제간 왕위계승전쟁(1366~1369년)에 개입해 뻬드로 1세를 잠깐 지지하기도 했다. 뻬드로 1세와 트라스타마라의 엔리께Enrique de Trastámara의 왕위계승전쟁은 엔리께의 승리로 끝났고, 여기서 카스티야의 트라스타마라 왕가가 시작되어 이사벨 여왕까지 이어졌다. 뻬드로 1세의 딸 콘스탄사와 결혼한 랭카스터 공작 존은 딸 필리파Philippa를 포르투갈의 주앙 João(1385~1433년) 1세와 결혼시켜 공고한 동맹을 구축했고, 1387년에는 포르투갈의 도움으로 카스티야 왕이 되기 위해 전쟁을 일으켰지만 실패했다. 이후 랭카스터 공작은 카스티야 왕이 되려는 생각을 접고 딸 캐서린Catherine을 카스티야 왕 후안 1세의 상속자 엔리께(나중에 엔리께 3세)와 결혼시킨다. 에드워드 3세라는 같은 뿌리에서 시작된 랭카스터와 요크 가문은 영국 왕권을 두고 〈장미전쟁〉(1455~1485년)을 벌여 요크 가문이 승리하지만 왕위는 튜더 가문이 계승했다. 12세기 이후 스페인은 영국과 프랑스 사이에서 복잡한 유럽 정치의 한 축을 형성했다.

알폰소 10세 시기에 브리튼 이야기를 언급한 문헌이 존재한다. 브리튼 이야기가 스페인으로 전파된 사실을 보여주는 가장 확실한 증거는 알폰소 10세의 학자들이 1270년대에 편찬하기 시작한 『세계사*Grande e General Estoria*』이다.16 천지창조에서 시작해 알폰소 10세에 이르기까지 '온 세상의 역사'를 기록한 이 책은 기존의 여러 문헌을 바탕으로 편찬되었는데, 그와 같은 문헌 중 하나가 몬머스의 조프리가 쓴 『브리튼 왕들의 역사』였다. 이 책은 알폰소 10세의 『세계사』 이전부터 몬머스의 다른 책 『메를린의 예언』과 함께 이미 스페인에 전파되어 있었다. 여기서 유추해보면, 브리튼 이야기는 궁정 사람들이 즐기는 문학이라기보다는 역사로 처음 스페인에 유입되었다고 볼 수 있다. 몬머스의 책과 웨이스의 번역본은 『나바라 법령*Fuero General de Navarra*』(1196년), 『초기 똘레도 연대기*Anales Toledanos Primeros*』(1217년), 알폰소 10세의 증손자인 바르셀로스 백작 뻬드로*Pedro, conde de Barcelos*가 쓴 『고귀한 자*el Nobiliario*』(14세기 초), 『1404년 편찬 연대기*Crónica de 1404*』, 15세기 중엽에 살라사르*Lope García de Salazar*가 쓴 『번영과 행운의 역사*Istoria de las bienandanzas e fortunas*』에 부분적으로 포함되어 있다.

몬머스의 책이 13세기 스페인에 알려져 있었듯이, 아서왕 로망스도 처음에는 일종의 유사 역사로 유입되었을 듯하다. 13세기 이후 '라 불가타'와 '포스트 불가타'가 전파되고, 알폰소 10세의 재위 기간에 프랑스의 8음절 운문 기사로망스가 산문으로 번역되었다.17 왕가의 결혼, 몬머스의 책과 함께 중세 기사로망스의 유입을 보여주는 또 다른 증거는 그것을 노래한 음유시인의 존재이다.

---

16 Fernando Gómez Redondo, "La materia de Bretaña y los modelos historiográficos: el caso de la General estoria", *e-Spania*, 16(10/01/2013).
17 알폰소 10세가 편찬한 『성모 마리아 찬가*Cántigas de Santa María*』의 92번째 찬가에도 도버 항을 아서왕이 건설했다는 언급이 나온다.

밀라 이 폰따날스, 메넨데스 삐달, 리께르의 연구를 통해 알려져 있듯이[18] 아서왕 로망스를 새로운 유행으로 언급한 최초의 이베리아반도 사람은 까딸루냐의 까브레라 자작이자 음유시인이던 게라우Guerau de Cabrera였다. 특히 폰따날스의 연구에 수록된 원문과 주석에 따르면, 그가 활동하던 1165~1170년에 까딸루냐에는 프로방스 시만이 아니라 다양한 노래가 유행하고 있었는데, 까브레라 자작은 현재 남아 있는 유일한 시에서 자신이 데리고 있던 노래꾼 까브라joglar Cabra가 새로 유행하는 노래들을 알지 못하거나 끝까지 익히지 못했다고 책망한다. 그러면서 당시 까딸루냐에 어떤 노래들이 유행하고 있었는지 열거한다. 그가 언급한 노래들은 구비전승되어 출처를 알 수 없는 노래도 있고, 성인聖人의 일대기도 한 편이 있으며, 고전 신화와 역사의 인물을 다루는 몇 개의 노래도 있다. 하지만 대부분은 프랑스의 샤를마뉴 시대의 〈론세스발예스Roncesvalles전투〉의 영웅들, 오랑주의 윌리엄과 주변 인물들, 기사로망스의 주인공들 — 에렉, 랜슬롯(원문 표기는 Arselot), 아서왕과 원탁의 기사들(트리스탄, 고뱅, 케이), 메를린, 이저, 조프레Jaufré의 아버지 도봉Dovon(1521년에 출판된 스페인어 개작본에서는 Donason), 비비안Vivian — 을 주인공으로 하는 노래였다.[19]

크레티앵이 『에릭과 에니드』를 쓴 때가 1165~1170년이므로 까브레라 자작은 이 노래들을 매우 빨리 접했다고 볼 수 있다. 또한 까딸루냐의 음유시

---

18 M. Milà y Fontanals, *De los trovadores en España*, Barcelona: Joaquín Verdaguer, 1861, 268-277; R. Menéndez Pidal, *Poesía juglaresca y juglares*, Madrid: Espasa-Calpe, 1924, 159; Martín de Riquer, *Los cantares de Gesta Franceses*, Madrid: Gredos, 1952, 358-406. *Arthurian Literature in the Middle Ages*의 29장에 수록된 르쥔느Rita Lejeune의 논문 "The Troubadours", 394쪽에서도 인용되고 있다.
19 원탁의 기사 도봉 이야기는 아서왕 로망스에 속하지만 별도의 독립된 이야기 줄기를 형성한다. 아라곤의 젊은 왕 알폰소 2세에게 헌정된 『조프레Jaufré』가 1170년 무렵에 만들어진 사실도 당시 프랑스 노래들이 스페인에 전파되고 있었음을 보여준다.

인 베렝게단Guilhem de Berenguedan(또는 Guillem de Berguedà)은 1190년경에 지은 시를 트리스탄에게 헌사하고, 세르베라Guilhem de Cervera는 1259~1282년 사이에 지은 시에서 트리스탄, 랜슬롯, 페르스발, 이벵 등을 언급하고 있다. 12세기 말에 브리튼 이야기는 까딸루냐의 일부 음유시인에게 알려졌지만 13세기에 브리튼 이야기는 프랑스 국경에서 갈리시아의 산띠아고 데 꼼뽀스뗄라Santiago de Compostela에 이르는 '산티아고의 길'을 거쳐 카스티야와 포르투갈로 전파되었다. 이 길이 스페인에 브리튼 이야기를 확산시킨 하나의 진원지라고 할 수 있다.

12세기 말부터 14세기 초까지 브리튼 이야기는 중세 스페인의 여러 궁정과 귀족 사회에 알려졌지만 일반 대중은 아직 이 장르를 모르거나 호의적이지 않았기 때문에 스페인어 번역본은 까딸루냐어와 포르투갈어 필사본보다 시기적으로 더 늦고 분량도 미미하다. 현재 남아 있는 가장 오래된 필사본은 1313년에 포르투갈어로 번역된 『아리마대 요셉』이다. 그때부터 스페인어로 번역되거나 개작된 기사로망스는 크게 세 그룹인데, 어떤 것은 16세기 르네상스 시대에 출판되기도 했다.[20]

I. '포스트 불가타' 계열의 『성배 이야기』, 『메를린 선집』, 『성배탐색』, 『아서왕의 죽음』

'라 불가타'보다는 '포스트 불가타' 시리즈가 주로 번역된 이유는 알 수

---

[20] 이베리아반도에 유입된 기사로망스를 다룬 선구적 연구는 1925년에 출판된 엔트위슬의 *Arthurian Legend in the Literatures of the Spanish Peninsula*와 루미스Roger Sherman Loomis가 편집한 *Arthurian Literature in the Middle Ages* (Oxford, 1959)이다. 루미스의 책 31장에 실린 리다 데 말키엘María Rosa Lida de Malkiel의 논문 "Arthurian Literature in Spain and Portugal"은 엔트위슬 이후 연구 성과를 정리해 보여준다. 이하 내용은 위 두 연구서에 기초한다.

없다. 종교적 의미가 강조되었기 때문이라고 추정할 수는 있다. 성배 이야기, 메를린 이야기, 성배 탐색, 아서왕의 죽음은 서로 분리된 문건이며 부분적으로 번역되었다.

I-1. 『성배 이야기』

『아리마대 요셉*Libro de Josep Abarimatía*』이라는 제목으로 1469년에 『성배 이야기』의 일부가 번역된 필사본이 있다. 같은 제목의 포르투갈어 필사본은 1313년의 번역본 외에도 두 개가 더 있다. 하나는 불완전한 필사본이라서 연대를 알 수 없고, 다른 하나는 14세기의 필사본을 16세기에 다시 필사한 문건이다.

I-2. 『메를린 선집』

이 텍스트의 일부는 『아리마대 요셉』과 『현인 메를린의 예언*Baladro del sabio Merlín con sus profecías*』에 수록되어 있다. 『현인 메를린의 예언』은 두 개의 인쇄본이 있는데, 하나는 1498년에 부르고스에서 인쇄되었고, 다른 하나는 1535년 세비아에서 인쇄된 『성배 탐색*Demanda del Santo Grial en los maravillosos fechos de Lançarote y de Galaz su hijo*』에 포함되었다. 두 인쇄본이 지금은 사라진 프랑스어 필사본을 개작, 번역했다고 알려져 있으나 프랑스어 필사본을 개작, 번역한 포르투갈어 필사본을 스페인어로 번역했다는 설도 있다.

I-3. 『성배 탐색』과 『아서왕의 죽음』

성배 탐색과 아서왕의 죽음을 다룬 세 단락이 『아리마대 요셉』에 수록되어 있다. 16세기에 인쇄된 『성배 탐색』은 1515년의 똘레도 판본 그리고 위에서 언급된 1535년의 세비야 판본이 있다. 한편 포르투갈어로 번역된 필사본 *Demanda do Santo Graal*은 1400~1438년 사이에 제작되었다. 특이하게도

'라 불가타' 시리즈에서 까딸루냐어로 번역된 두 개의 필사본*Storia del Sant Grasal, Questa del Sant Grasal*이 있다. 하나는 1380년에 '어느 마요르까 사람'에 의해 번역되었고, 다른 하나는 1414년에 필사되었다고 기록되었지만 실은 16세기에 필사되었다. 『아서왕의 죽음』은 까딸루냐어로 쓴 초기 인쇄본*incunabla* 몇 장이 남아 있다.

II. 『랜슬롯 이야기』

스페인어로 기록된 몇 개의 필사본 조각이 있다. 〈마드리드국립도서관〉에 보관된 필사본 『호수의 기사 랜슬롯*Lançarote del lago*』은 1414년에 만들어진 필사본을 16세기에 다시 필사한 문건이다. 1414년도 필사본도 14세기 이전에 존재한 스페인어 필사본을 다시 필사한 것으로 추정된다. '라 불가타' 시리즈의 프랑스어 『랜슬롯』 II~III장에 해당한다. 1350년 무렵에 포르투갈어로 번역된 필사본은 짧막한 13개 장으로 구성되어 있고, '라 불가타' 시리즈 『랜슬롯』 II장에 해당한다. 까딸루냐어로 번역된 『랜슬롯』은 14세기 말에 만들어졌고, '라 불가타' 시리즈 『랜슬롯』 I~II장에 해당한다. 아마 이 필사본을 다시 필사한 번역본이 '까딸루냐어로 번역된 『랜슬롯』'일 듯하다. 까딸루냐어로 쓰인 필사본들은 원 텍스트의 일부만 수록하고 있지만 스페인어로 쓰인 『랜슬롯』과 함께 '포스트 불가타'만이 아니라 '라 불가타' 시리즈도 스페인에 전승되었음을 보여주는 의미 있는 증거이다.

III. 『트리스탄 이야기』

14세기 말에 만들어진 갈리시아-포르투갈어 필사본 한 장(folio, 2쪽), 까딸루냐어로 쓰인 두 개의 필사본 ― 1400년경의 세르베라의 『트리스타니*Tristany*』와 15세기 안도라의 『트리스타니*Tristany*』 ― 이 각각 네 장 남아 있다. 카스티아어로 쓰인 필사본은 두 개다. 하나는 1400년경에 프랑스의 산문 트리스탄을 아라곤어와 카스티아어를 섞어 번역한 『트리스탄 이야기Cuento de Tristán』이며, 한 장이 남아 있다. 다른 하나는 15세기 초에 만든 『레오니스의 트리스탄Libro de Tristán de Leonís』이다. 두 필사본 모두 완결된 형태가 아니다. 프랑스의 산문 트리스탄을 번역한 인쇄본 『레오니스의 트리스탄Libro del esforçado cavallero Tristán de Leonís y de sus grandes fechos en armas』은 1501년, 1520년, 1525년, 1528년, 1538년에 인쇄되었다. 『트리스탄 이야기Cuento de Tristán』과 세르베라의 『트리스타니』는 하나의 원형을 번역한 필사본인데, 원형은 프랑스어 '라 불가타' 시리즈 아니면 이탈리아어로 쓰인 『트리스따노 리까르디아노Tristano Riccardiano』이다.

엔트위슬은 스페인어 텍스트와 이탈리아 텍스트가 공통의 프랑스 텍스트를 원형으로 갖는다고 주장하고, 노섭은 프랑스 텍스트→이탈리아 텍스트→스페인 텍스트 순으로 번역되었다고 했다.21 트리스탄 이야기는 프랑스어 초기 필사본에서 사랑이 핵심 주제였으나 아서왕 로망스에 편입되면서 원탁의 기사가 서사의 중심이 되었고, 이후 스페인의 『레오니스의 트리스탄』으로 오면 불가능한 사랑에 따른 비극적 감정보다는 기사의 모험이 더 강조되었고 분량도 늘어났다.

그처럼 스페인에 전파된 기사로망스 중 브리튼 이야기는 크게 '라 불가타', '포스트 불가타' 그리고 '트리스탄 이야기'이다. '라 불가타'와 '포스트 불가타'의 유입 상황은 아래와 같다.

〈라 불가타〉

1. 『성배 이야기』: 일부가 번역되었지만 카스티아어로 남겨진 텍스트가 없다.

---

21 El Cuento de Tristán de Leonís, ed. George Tyler Northup, Chicago: University of Chicago Press, 1928, 13쪽. 이 판본은 〈바티칸도서관〉에 소장된 유일한 필사본을 바탕으로 만들어졌다.

2. 『메를린』: 카스티아어로 남겨진 텍스트가 없다.

3. 『랜슬롯』: 두 개의 까딸루냐어 필사본(1380년/14세기 말), 포르투갈어 필사본(14세기 말), 카스티아어 필사본 『호수의 랜슬롯*Lanzarote del Lago*』(1414년)

4. 『성배 탐색』: 까딸루냐어 필사본(1380년), 카스티아어 인쇄본 『성배탐색 *Demanda del Santo Grial*』(똘레도, 1515년; 세비야, 1535년)

5. 『아서왕의 죽음』: 까딸루냐어 인쇄본 『랜슬롯의 비극*Tragèdia de Lançelot*』(1496년)

〈포스트 불가타〉

1. 『성배 이야기』: 포르투갈어 필사본 *Libro de Josep de Abarimatia*(1313~1314년); 카스티아어 필사본 *Libro de Josep Abarimatía*(1470년)

2. 『메를린』과 『메를린 선집』: 포르투갈어 필사본 *Merlin*; 카스티아어 필사본 *Estoria de Merlín*(1470년); 카스티아어 인쇄본 *Baladro del sabio Merlín*(세비야, 1498년; 세비야, 1535년)

3. 『성배 탐색』과 『아서왕의 죽음』: 포르투갈어 필사본 *Demanda do Santo Grial*(1400~1438년); 카스티아어 필사본 *Lançarote*(1470년)

중세의 기사 이야기 중에서는 브리튼 이야기 외에 트로이전쟁을 배경으로 하는 '로마 이야기*matière de Rome*'의 대표작 『트로이 이야기*Roman de Troie*』도 스페인에 전파되어 『아마디스 데 가울라』에 흔적을 남겼다.22 스페인에 유포된 『트로이 이야기』는 산문도 있고 운문도 있다. 1270년경에 만들어졌을 것으로 추정되는 『다성 운율 트로이 이야기*La Troyana Polimétrica*』는 『트로이 이야기』의 산문 번역이지만 여기저기에 운문이 섞여 있다. 이후 14세기에 알

---

22 이 주제를 다룬 상세한 연구는 Grace S. Williams, 『The Amadís Question』, *Revue Hispanique*, XXI(1909), 1-167쪽(특히 58쪽 이하)이다.

폰소 11세의 명으로 완역된 『트로이 이야기』가 나왔고, 여기서 카스티아어와 갈리시아어로 쓰인 『트로이의 역사Historia Troyana』와 갈리시아어로 쓰인 『트로이 연대기Crónica Troiana』가 유래되었다. 14세기에는 콜론네Guido delle Colonne의 『트로이 멸망사Historia Destructionis Troiae』(1287년)가 까딸루냐어, 아라곤어, 카스티아어로 번역되었다. 그리고 『트로이의 역사Sumas de Historia Troyana』가 1490년에 처음 인쇄된 이후 1502년까지 4번, 16세기에는 15번 인쇄되었다.

'프랑스 이야기matière de France' 중에서는 샤를마뉴의 출생부터 왕이 되기까지 젊은 시절을 노래한 『마이네떼Mainete』가 스페인에 널리 알려졌다. 샤를마뉴 이야기는 매우 다양한 변이형이 있다. 『마이네떼』에서 샤를마뉴는 배다른 두 형제가 아버지 피핀과 어머니 '큰 발의 베르타'를 독살하자 똘레도의 왕 갈라프레Galafre에게 몸을 의탁했고, 그의 딸 갈리아나Galiana를 아내로 받아들였다.23 『마이네떼』의 산문 요약본이 알폰소 10세가 편찬한 『스페인 역사』 597~599장에 수록되어 있고, 13세기 초에 쓰였을 것으로 추정되는 작가 미상의 『론세스바예스 전투의 노래Cantar de Roncesvalles』에도 언급되었다. 또

---

23 『론세스발예스 전투의 노래』 54~58행과 64~66행은 다음과 같다.

내가 성년이 되기 전 어린 나이에,
내 고향 프랑스를 떠나야 했으니 그것은 살기 위함이라.
똘레도로 가 갈라프레 왕께 몸을 의탁했다.
왕은 오래전부터 두란다르떼Durandarte를 취하길 바라시어,
그에 내가 브라이만떼Braymante를 죽이고 무어인에게서 빼앗아 왔노라(54~58행).

내가 프랑스를 떠나 낯선 땅에 살려는 뜻은
무훈을 세우고 집안을 일으키기 위함이라.
그리하여 나는 정숙한 여인 갈리아나Galiana를 얻었노라(64~66행).
(http://revistaliterariakatharsis.org/poesia_Roncesvalles.pdf)

한 빰쁠로나Pamplona에서 발견된 필사본『나바라의 론세스발예스El Roncesvalles navarro』가 13세기 초에 만들어졌으므로 13세기 후반인 알폰소 10세 시절에 샤를마뉴 이야기는 번역본이나 개작본으로 이미 널리 알려져 있었다고 볼 수 있다.

『마이네떼』 요약본을 기초로 '큰 발의 베르타' 이야기와 '백조의 기사El caballero del Cisne' 이야기를 합쳐 13세기 말(1291~1295년)에 만든『바다 너머 위대한 십자군 정복기Gran Conquista de Ultramar』에도 원탁의 기사에 대한 언급이 나온다.24 그리고『마이네떼』와 '큰 발의 베르타'라는 두 줄기에『플로레스와 블랑까플로르Flores y Blancaflor』25를 합친 이야기는 14세기의『간략한 연대기Crónica fragmentaria』에 수록되어 있다. 그렇듯 다른 줄기의 이야기들이 서로 합쳐지면서 새로운 이야기가 만들어졌다. '라 불가타'와 '포스트 불가타'도 여러 지역에서 번역과 개작이 이루어졌고, 텍스트가 합쳐지고 변형되면서 후대로 전해졌다.

그렇다면 'C. 스페인 사람이 쓴 새로운 텍스트'에는 무엇이 있을까? 기사 이야기는 특정 국가뿐만 아니라 중세에 서유럽이 공유한 문학이었다. 중세 스페인에서도 알폰소 10세에서 알폰소 11세로 이어지는 13~14세기의 전환

24『바다 너머 위대한 십자군 정복기』는 4권으로 구성되어 있다. 1권은 1차 십자군의 기원, 백조의 기사 이야기, 고드프루아 드 부용Godofredo de Bouillón, 2권은 안티오크 정복, 3권은 예루살렘 정복과 고드프루아의 죽음, 4권은 고드프루아의 동생 보두앵 1세의 죽음과 예루살렘 왕들의 최후를 다룬다.
25 나중에 헝가리 왕이 되는 플로레스와 블랑까플로르의 딸이 '큰 발의 베르타'이고, '큰 발의 베르타'의 아들이 샤를마뉴이다. 이 이야기의 출전은『천일야화』로 추정되며, 프랑스에서 처음 만들어졌다고 알려져 있다. 하지만 이 텍스트는 버전이 너무 많아 원작과 필사본들의 관계를 규명하기가 매우 어렵다. 12세기 말에 쓰인 트리에Trier 필사본 조각이 현존하는 가장 오래된 문건이지만 이전에 스페인(갈리시아어 또는 까딸루냐어) 필사본이나 프로방스 음유시인들을 통해 북쪽으로 전파되었을 수도 있다. 스페인어 첫 인쇄본은 1512년에 알깔라 데 에나레스에서 출판되었으나 현재 남아 있지 않고, 이 책은 16세기에만 5번 더 인쇄되었다.

기에 번역과 개작을 넘어 스페인 고유의 기사문학이 태동했다. 아마 여성 성인의 전기(『성녀 황제비 이야기』*Cuento de una Santa Enperatrís*』, 『마리아 막달레나의 기적 *Milagros de Santa María Magdalena*』, 『이집트의 성녀 마리아』*Vida de Santa María Egipcíaca*』)를 만들고 배포한 몰리나 왕비의 궁정이 샤를마뉴 이야기의 기원이 되는『플로레스와 블랑까플로르』, 1차 십자군원정과 예루살렘 정복을 다룬『바다 너머 위대한 십자군 정복기』, '포스트 불가타' 계열의 아서왕 이야기의 번역을 지원했을 개연성이 크다. 그것을 토양으로 스페인의 독자적인 기사 이야기가 싹트기 시작했다.

이름이 알려지지 않은 스페인 작가가 쓴 첫 번째 기사 이야기『기사 시파르』의「서문」에도 똘레도 출신의 로마 추기경 곤살로 Gonzalo García Gudiel의 유해를 로마에서 똘레도로 이장하는 과업에 왕비가 도움을 주었다는 언급이 나온다.『기사 시파르』는 몰리나 왕비와 그녀의 자손이 왕국을 통치하기 위해 겪은 고난과 역경을 알레고리 방식으로 묘사하고 있다고 해석된다. 세 개(또는 네 개)의 서로 다른 이야기로 구성되어 있고, 세 이야기는 몰리나 왕비의 아들 페르난도 4세와 손자 알폰소 11세 재위기의 역사와 연결되어 있다고 볼 수도 있다.

> 첫 번째 이야기(성년 이전의 페르난도 4세, 1295~1301년): 기사 시파르와 그의 부인 이야기
> 두 번째 이야기(페르난도 4세, 1301~1312년): 시파르의 두 아들이 반란을 진압하는 이야기
> 세 번째 이야기(성년 이전의 알폰소 11세, 1312~1321년): 로보안이 황제가 되는 이야기[26]

[26]『기사 시파르』를 네 개의 이야기로 구분한다면 두 번째와 세 번째 사이에 '왕이 된 시파르가 두 아들에게 주는 교훈castigos'이 추가된다. 이 부분은 왕자를 위한 전형적 교육서speculum

첫 번째 이야기는 시파르가 잃어버린 왕의 혈통을 회복하는 내용이고, 두 번째는 시파르의 두 아들 가르핀^{Garfín}과 로보안^{Roboán}이 반란을 일으킨 백작과 싸워 혈통을 지키는 이야기이며, 세 번째는 로보안이 환상적인 모험을 수행하고 황제가 되는 이야기이다.

14세기 초에 궁정의 어느 사제 — 아마 페란 마르띠네스$^{Ferrán\ Martínez}$ — 가 지은 이 텍스트는 왕자를 위한 세속적·종교적 교훈서에 가깝다. 역사, 성자 이야기, 영웅시가, 왕자의 교육, 환상적 공간에서 이루어지는 모험이 포함되어 있지만 영웅의 출생부터 죽음까지를 기록한 영웅담이 아니며 또 사랑과 모험을 다루는 전형적 기사 이야기도 아니다. '하나님의 기사' 기사 시파르는 처음부터 두 아들을 둔 완성된 기사로 등장하며, 기사와 가족의 만남과 헤어짐이라는 서사 구조에 기사의 무훈, 도덕적·종교적 교훈, 왕과 왕자의 처세술을 넣었다. 기사 시파르는 왕이 되어 기사도의 덕목과 종교적 덕목을 실현하고, 두 아들에게 가르친다. 그리고 두 아들은 왕과 황제가 된다.

『기사 시파르』 외에도 14~15세기의 스페인 기사문학으로는 부엘나 백작 뻬로 니뇨의 삶을 기록한 디아스 데 가메스의 『승리자』 그리고 뻬드로 데 꼬랄의 『로드리고 왕 연대기 또는 사라센 연대기』$^{Crónica\ del\ rey\ Don\ Rodrigo:\ Crónica\ Sarracina}$(1443년경)27, 그리고 4장에서 언급하게 될 많은 기사 이야기가 있다. 방대한 분량의 『승리자』는 작가가 주군^{主君}인 부엘나 백작의 삶을 연대기 방식으로 기록했는데, 작가는 트라스타마라의 엔리께 2세와 '잔인한'

principis이다.

27 Gutierre Díaz de Games, *El Victorial*, ed. de Rafael Beltrán, Madrid: Real Acadea Española, 2014; Pedro de Corral, *Crónica del Rey Don Rodrigo postrimero rey de los Godos(Crónica Sarracina)*, ed. James Donald Foguelquist, Madrid: Castalia, 2001. 『로드리고 왕 연대기 또는 사라센 연대기』는 세비야에서 1499년에 처음 출판되고, 1587년의 에나레스 Alcalá de Henares 판본을 통해 널리 유포되었다.

뻬드로 1세의 왕위계승전쟁, 프랑스 연합군이 되어 영국과 싸운 대서양 해전, 1407년의 그라나다 원정 등 스페인 내외에서 벌어진 많은 전투에 참여한 주인공의 행적을 통해 기사도의 이상과 도덕적 교훈을 강조한다. 이 텍스트 역시 궁정식 사랑과 환상적 모험을 축으로 하는 프랑스의 기사로망스와 다르다. 그래서 스페인문학의 체계를 세운 메넨데스 뻴라요(1856~1912년)는 『승리자』를 역사소설의 원형la primitiva novela histórica에 가깝다고 규정한다.

역사소설의 원형이란 "스페인의 국가적 연대기에서 잘라낸 가지를 기사문학에 접목한 것una rama desgajada de las crónicas nacionales, e injerta en el tronco de la literatura caballeresca"28이다. 그에게는 『로드리고 왕 연대기 또는 사라센 연대기』도 '역사적 배경을 가진 기사 이야기Libro de caballería con fondo histórico'이다. 그에 따르면, 스페인의 기사 이야기는 프랑스에서 유입되어 번역되거나 개작된 기사 이야기와 다르다. 다름의 근거는 사실성(역사성)과 도덕성이었다. 그에게 사실성과 도덕성은 스페인문학의 정체성이었고, 외국(프랑스와 이탈리아)문학과 스페인문학을 구별 짓는 요소였다. 따라서 아서왕과 원탁의 기사, 궁정식 사랑을 다루는 프랑스 기사로망스의 번역과 개작은 스페인문학의 일부로 고려할 만한 대상이 아니었다.

스페인 기사 이야기의 원형은 음유시인과 길거리 노래꾼이 부른 서사시와 무훈시가로, 알폰소 10세가 편찬한 『스페인 역사의 첫 번째 연대기』부터 산문화 과정이 시작되었다.29 베르나르도, 페르난 곤살레스와 그의 자손들인 카스티야 백작들, 라라 가*의 일곱 형제los siete Infantes de Lara, 엘시드 이야기

---

28 Marcelino Menéndez Pelayo, *Orígenes de la novela*, Edición Nacional de las Obras Completas preparada por Enrique Sánchez Reyes, Santander: Aldus, 1943, II권 7장, 89쪽.
29 『스페인 역사의 첫 번째 연대기』의 다른 이름은 메넨데스 삐달Ramón Menéndez Pidal이 편집한 『첫 번째 연대기*Primera Crónica General*』이다. 『두 번째 연대기*Segunda Crónica General*』는 『1344년 편찬 연대기*Crónica de 1344*』이다.

가 스페인 기사 이야기에 포함되며, 『마이네떼』 같은 프랑스 이야기는 배제되었다.

그리고 『로드리고 왕 연대기 또는 사라센 연대기』가 15세기에 등장한 '새로운 유형의 기사 이야기Libro de caballería, de especie nueva'로 규정된다. 새로운 유형이란 뻬레스 데 구스만Fermán Pérez de Guzmán(1377~1460년)의 표현처럼 '경박한 거짓말rufa o mentira'을 의미한다.30 뻴라요의 시각은 이렇게 정리된다. 즉 그는 먼저 프랑스에서 번역된 기사 이야기 그리고 스페인에서 만들어진 기사 이야기를 구분하고 후자에 초점을 맞추었다. 스페인에서 만들어진 기사 이야기는 '진실한 역사historia verídica'에서 시작되어 무훈시가로 유포되다가 국가 차원의 연대기에 기록되면서 산문화되었다. 그리고 중세에서 르네상스로 흘러가면서 탈역사화, 탈사실주의, 탈도덕화 경향을 보였다.

그처럼 그는 프랑스의 영향을 고려하지 않고 스페인문학 내에서만 기사 이야기 장르를 설명했다. 하지만 그렇게 되면 중세 스페인의 기사 이야기는 양적으로 몇 개밖에 되지 않는 장르로 축소되고 질적으로도 별 파급력을 갖지 못한 문학이 된다. 그 결과 중세 스페인 기사 이야기의 연장선에 있게 되는 『아마디스 데 가울라』의 등장과 상업적 성공은 단지 우연한 사건에 그치고 만다. 우리는 그의 시각을 수용하지 않는다. 중세 기사로망스와 르네상스 기사소설을 향한 대중의 취향은 국경과 언어의 제한을 초월하며, 텍스트는 상호 영향을 주고받으며 재생되고 재창작되었다. 역사에서 환상으로, 도덕적 교훈에서 즐거움과 쾌락으로 움직이는 경향은 자연스럽고 분명하다. 즐거움과 욕망이 기사소설이라는 장르의 본질이며, 대중의 취향도 그것을 지향한다.

그런데 그런 시각을 입증할 텍스트가 부재했다. 적어도 20세기 중반까지

---

30 『세대와 인물들Generaciones y Semblanzas』의 「서문」에서 저자인 구스만은 『로드리고 왕 연대기 또는 사라센 연대기』의 저자 이름을 밝히면서 이 텍스트를 이렇게 평가했다(Orígenes de la novela, II권 7장, 90쪽).

는 아서왕 로망스가 유입된 13세기 그리고 『아마디스 데 가울라』가 출판된 16세기를 연결할 14~15세기 텍스트가 거의 없다고 알려져 있었다. 하지만 20세기 중반에 로드리게스 모니노$^{Antonio\ Rodríguez-Moñino}$를 비롯한 서지학자들이 새로운 필사본 및 인쇄본 텍스트를 발굴하면서 까딸루냐어와 포르투갈어로 쓰인 텍스트 말고도 중세 카스티아어로 쓰인 기사 이야기가 약 50개 남짓 존재한다는 사실이 밝혀졌다.

게다가 14~15세기에 더 많은 작품이 존재했다는 주장이 데이어몬드에 의해 제기되었다.[31] 그는 중세에 존재했으나 지금은 사라진 텍스트를 '사라진 장르$^{lost\ genre}$'라고 불렀다. 중세 스페인의 기사 이야기는 '사라진 장르'로서 문학사에서 사라졌고, 연구자들의 관심도 받지 못했다. 『아마디스 데 가울라』는 20세기 초반부터 연구가 시작되었지만, 중세 스페인의 다른 기사 이야기들은 1990년대 이후에야 본격적으로 연구되기 시작했다. 13세기 프랑스 기사로망스의 유입 그리고 16세기에 있은 스페인의 기사소설의 상업적 성공 간의 공백은 새롭게 찾아낸 짧은 기사 이야기로 메워졌다. 그 결과 13세기 이후 스페인에서 향유된 중세 기사문학은 이후로도 계속 이어지며 16세기 기사소설의 상업적 성공을 이룬 토대가 되었다.

당대 독자들 시선으로 보면, 16세기의 기사소설은 현대화된 중세의 기사로망스였다. 서사와 인물의 행동 양식뿐만 아니라 지명, 전투 장면, 무기, 의상 등 세부 묘사에서도 중세 기사로망스와 『아마디스 데 가울라』 간에는 유사한 점이 많다. 그래서 사랑의 결말을 제외한다면 아마디스는 랜슬롯을 모

---

31 Alan D. Deyermond, "The lost genre of Medieval Spanish Literature", *Hispanic Review*, 43(1975), 231~259. 그가 규정한 기사로망스는 결투, 사랑, 탐색, 헤어짐과 재결합, 또 다른 세계로 여행 및 이들의 결합으로 구성된 이야기이다("The romance is a story of adventure, dealing with combat, love, the quest, seperation and reunion, other-world journey, or any combination of these." 233쪽).

방했다고 해도 과언이 아니다. 발라게르는 아서왕 로망스의 랜슬롯이 아마디스에 남긴 흔적을 이렇게 요약한다.

랜슬롯과 아마디스는 강력한 권력을 가진 왕의 궁정에서 기사로 서임받고, 이어지는 모험을 통해 기사의 용맹함과 왕에 대한 충성심을 발휘한다. 그리고 왕의 궁정에서 평생 사랑하게 될 연인과 맺어지며, 다만 랜슬롯의 기네비어가 아서왕의 부인이었다면 리수아르테 왕의 딸 오리아나는 미혼이었다는 점이 다르다. 기네비어는 트리스탄과 이졸데 이야기처럼 '불륜의 사랑'을 다루는 프로방스의 음유시 전통을 따라간다. 아마디스의 연애 방식도 성적 쾌락보다는 널리 통용되던 정통적 비밀결혼 방식을 따른다. 랜슬롯이 포함된 원탁의 기사 집단처럼 아마디스의 기사 집단은 두 명의 형제와 한 명의 사촌으로 구성되어 있다. 두 텍스트에서 랜슬롯과 아마디스는 모험을 찾아 궁정을 떠나고, 그들이 돌아오지 않으면 다른 기사들이 그들을 찾아 떠난다. 그런 방식으로 일련의 사건을 통해 인물과 인물이 서로 연결된다. 두 주인공에게는 모르가나Morgana와 아르깔라우스처럼 마법을 구사하는 반영웅이 있고, 동시에 메를린과 '미지의 우르간다'처럼 미래를 내다볼 수 있는 우호적 마법사도 있다. 마법사들은 꿈에 나타난 징조나 예언을 해석하면서 앞으로 펼쳐질 이야기를 보여준다. 두 주인공에게는 그들의 사랑을 구하는 여인들이 존재한다. 비록 다른 여인들의 구애에 유혹당하지 않지만 그로 인해 주인공들은 연인에게서 멀리 떨어져 고통의 시간을 보낸다. 또한 두 기사는 신비로운 공간을 정복하고, 왕의 궁정을 떠나야 할 때나 여자들과 연인을 보호할 때 그곳을 은신처로 삼는다. 로마인은 두 주인공의 적으로 등장한다.[32]

『아마디스 데 가울라』에 영향을 준 작품과 장르는 아서왕 로망스의 랜슬

---

[32] Bohigas Balaguer, "Los libros de caballerías en el siglo XVI", en *Historia General de las Literaturas Hispánicas* II, Barcelona: Vergara, 1968, 222쪽 이하.

롯과 트리스탄 이야기, 샤를마뉴 이야기, 트로이 이야기, 『왕자의 훈육*Regimientos de Príncipes*』등 다양하게 열거할 수 있다. 그래서 르네상스 시대의 독자들은 아마디스 이야기를 중세 기사로망스의 연장선으로 생각했다. 문학에 등장하는 기사들은 왕가 혈통이거나 귀족이며, 열악한 상황을 극복하고 명예와 권력을 얻는다. 하지만 르네상스 시대에 현실의 기사는 하급귀족hidalgo이거나 귀족에게 딸린 가신이었다. 혈통은 신분 상승의 결정적 장애물이었다. 현실의 기사는 허구화된 과거의 기사 이야기를 듣거나 읽으면서 허구의 기사가 겪는 어려움과 자신의 어려움을 동일시하고, 그들을 모방하면서 그들처럼 부와 명예를 갖게 될 미래를 꿈꾸었다. 사람들은 '또 다른 세계'를 꿈꾸고, 기사 이야기는 사람들의 '꿈과 욕망'을 대신 실현했다. 그처럼 허구에 투영된 현실 세계의 욕망이 중세에서 르네상스로 이어지면서 16세기 기사 소설의 유행을 일구어냈다.

3

사라진 중세 원형原形과 1508년 초판본

3. 1. 중세 원형과 텍스트의 기원: 포르투갈 또는 스페인

 1508년 초판본의 작가 몬딸보는 『아마디스 데 가울라』의 원작자가 아니다. 원작은 1300년경 몰리나 왕비 체제에서 누군가 처음 만들었을 것이다. 왕궁에서 낭송되고, 젊은 귀족과 기사들 그리고 궁정의 여인들은 귀로 들었다. 그것을 누군가 필사하면서 텍스트 전승이 시작되었고, 필사와 동시에 원작은 변형 과정에 접어들었다. 시대적 환경에 맞추어 어떤 부분은 분량이 늘어나고 어떤 부분은 줄어들었다. 에피소드 구성이나 결말이 달라지고, 인물도 새로 등장하고 또 사라졌다. 그러다가 1508년에 『아마디스 데 가울라』 초판본이 나오면서 텍스트가 고정되었다.
 원작에서 초판본이 만들어지는 과정에는 오랜 세월에 걸쳐 여러 작가가 개입했다. 『아마디스』의 중세 원형이란 14세기 초의 원작부터 1508년 초판본 이전까지 전승된 필사본들을 가리킨다. 초판본 작가는 3권으로 이루어진 '오래된 원본들los antiguos originales'을 읽었고 그것을 수정하고 개작해 아마디스 시리즈 1~4권을 만들었다. 그리고 5권 『에스쁠란디안의 위업』을 새로 썼다. 초판본 「서문」은 텍스트의 기원과 창작 과정을 이렇게 설명한다. 중세 원형을 둘러싼 논의는 여기서 출발한다.

 가울라왕국의 뻬리온 왕과 엘리세나 왕비의 아들이자 명예롭고 용맹한 기사 아마디스 데 가울라 이야기 1권을 이제 시작하려고 합니다. 이 이야기는 유서 깊은 도시 메디나 델 깜뽀의 행정관이자 명망 높은 기사 가르시 로드리게스 데 몬딸보가 고치고 다듬었습니다. 오래된 원본은 케케묵고 이치에도 맞지 않은 까닭에 고칠 수밖에 없었습니다. 괜히 잰 체하는 불필요한 말이 많아 삭제했고, 대신 기사도와 기사의 무훈에 적합하도록 우아하고 세련되게 추가했습니다(I권 「서문」, 225쪽).

그리고 4권과 5권이 본인 창작임을 강조하면서 이 두 권이 가상의 그리스어 필사본에서 번역되었다고 꾸민다.

내가 그것을 고려해 아마디스 이야기 세 권을 수정했다. 재주 없는 작가 혹은 필경사가 이 세 권을 만든 까닭에 읽기에 심히 불편하고, 글이 조악했기 때문이다. 그리고 이제 지금까지 어느 누구도 본 적이 없던 4권과 아마디스의 아들 『에스쁠란디안의 위업』을 내가 옮기고 고쳐 내놓는다. 이 4권과 『에스쁠란디안의 위업』은 다행히 콘스탄티노플 근처 어느 은둔수도자의 돌무덤에서 발견되었고, 헝가리 상인이 스페인 땅으로 가져왔는데, 원본은 낡은 양피지에 옛글자로 적혀 있어 그 나라 말[그리스어 ― 역주]을 아는 사람도 읽기가 쉽지 않았다.

E yo esto considerando, ······ corrigiendo estos tres libros de Amadís, por falta de los malos escriptores o componedores, muy corruptos y visiosos se leýan, y trasladando y enmendando el libro quarto con las Sergas de Esplandián su hijo, que hasta aquí no es en memoria de ninguno ser visto, que por gran dicha paresció en una tumba de piedra, que debaxo de la tierra en una hermita, cerca de Constantinopla fue hallada, y traído por un úngaro mercadero a esta partes de España, en letra y pergamino tan antiguo, que con mucho trabajo se pudo leer por aquellos que la lengua sabían(I권, 「서문」, 223~225쪽).

콘스탄티노플 근처의 어느 은둔수도자 돌무덤에서 발견되어 헝가리 상인이 스페인으로 가져왔다는 설명은 필사본에 이국적 신비로움과 역사성을 덧입히기 위한 기사소설 특유의 문학적 장치이다. 초판본 작가가 읽었다는 필사본 세 권이 '오래된 원본들'이고, 그것들이 14~15세기에 존재한 사실은 여러 연구자의 노력으로 밝혀졌다.

아발예-아르세는 『아마디스 데 가울라』를 처음 언급한 텍스트가 뻬레스 Martín Pérez의 『고백록 Libro de confesiones』(1318년)이라면서 "1318년에 아마디스 이야기는 이미 널리 유행하고 있었고, 16세기처럼 그때도 도덕주의자들의 비판을 받았다"[1]고 밝힌다. 이 『고백록』에서 아마디스가 언급된 문단은 고해 신부와 라틴어 문법선생이 속죄의식을 두고 대화하는 부분이다. 그들은 '성인들의 말씀과 법률에 따라 독서가 금지된 사악하고 더러운 사랑의 책들, 거짓과 방종의 책들libros de amores malos et susios, et libros de mentiras et de caçorrías'이 '학생들os escolares'의 가슴에 육체적 욕망을 심어놓는다고 비판한다. 그리고 그런 책의 사례로 '오비디우스'와 'De Arte, et Amadin, Panfilio'를 지목한다. '오비디우스'는 『변신 이야기』이고, 'Panfilio'는 『팜필루스 Pamphilus』이다. 그런데 'De Arte, et Amadin'을 두고 그는 'De Arte'가 오비디우스의 Ars Amandi이고, 'Amadin'은 『아마디스 데 가울라』라고 해석했다. 하지만 바르셀로나 대학교의 리께르는 'De Arte, et Amadin'이 'De Arte et Amandi'의

---

[1] Juan Bautista Avalle-Arce, "El Amadís primitivo", en *Actas del Sexto Congreso Internacional de Hispanistas*, coord. por Evelyn Rugg, Alan M. Gordon, Toronto: University of Toronto, 1980, 79-82; "El nacimiento de Amadís", en *Essays on narrative fiction in the Iberian Peninsula in honour of Frank Pierce*, Oxford, 1982, 17-18. 아발예-아르세는 이 텍스트를 로맥스 D. W. Lomax의 논문 "Algunos autores religiosos, 1295-1350", *Journal of Hispanic Philology*, 2(1978), 89쪽에서 찾아냈다.

3장 사라진 중세 원형과 1508년도 초판본 **115**

오타라고 주장한다.2 이 문구가 라틴어 텍스트를 언급하는 문단에 있으므로 'Amadin'을 『아마디스 데 가울라』로 보기 어렵기 때문이다. 후대 연구자들도 그의 의견을 따라갔다.

또 그는 여러 연구자가 찾아낸 중세 원형의 흔적을 이렇게 정리했다.3

1. 1350년 또는 그 이전: 사제 가르시아 데 까스뜨로헤리스Juan García de Castrojeriz가 쓴 『에지디오 로마노의 왕자의 훈육에 대한 스페인어 주석Glosa castellana al Regimiento de Príncipes de Egidio Romano』 3권 13장.4 1494년에 세비야에서 인쇄된 판본은 알폰소 11세에게 헌정되었다. 따라서 그것의 원본은 알폰소 11세가 죽은 1350년 3월 26일 이전에 완성되어야 한다. 그런데 현존하는 이 텍스트의 필사본 8개 중 아마디스를 언급한 필사본은 하나뿐이어서 과연 이 텍스트가 아마디스의 존재를 확인해주는 첫 번째 텍스트인지는 확신하기 어렵다. 여러 필사본 중 『아마디스 데 가울라』를 언급한 필사본은 14세기 말에 만들어졌고, 거기에는 트리스탄과 기사 시파르도 언급되어 있다.

기사들의 무용담은 여자들 사이에서 널리 유포되었다. 에니꼬의 시인이 말하기를5 그 기사 중에서도 아마디스, 트리스탄, 기사 시파르의 놀라운 무훈이 더 많이 입에 올랐다.

---

2 Martín de Riquer, *Estudios sobre el Amadís de Gaula*, Barcelona: Sirmio, 1987, 10-11. 그에 따르면 중세 원형은 이미 14세기에 완결된 형태로 읽히고 있었고, 원작은 14세기 초에 만들어졌다(9쪽).
3 리께르, 앞의 책, 11~25쪽.
4 R. Foulché-Delbosc, "La plus ancienne mention d'Amadis", *Revue Hispanique*, 15 (1906), 815쪽.
5 '에니꼬의 시인el poeta enico'이 누구인지 모른다. 에니꼬가 시인 이름인지도 불확실하다. 원작 작가가 알폰소 10세의 동생 엔리께 왕자라는 주장이 있는데, 이 주장이 맞는다면 Enico는 Enrique가 된다.

ca sus cavallerías cuentan entre las mugeres, de los quales dize el poeta enico que éstos cuentan maravillas de Amadís e de Tristán e del cavallero Çifar.

2. 1372년: 아라곤왕국의 후안 1세는 왕자 시절 소유한 사냥개에게 트리스타니, 파리스, 오지에르, 메를린 등 문학 텍스트의 주인공 이름을 붙였는데, 그중 하나가 아마디스였다. 이 기록은 1372년 3월 1일자 편지에 있다.

3. 1378년 직후: 아얄라가 1378년 직후에 쓴 교훈시집 『궁중 시가 *Libro del rimado del Palacio*』의 163번 연॥. 귀로 듣는 죄악을 다루는 연에서 일인칭 화자는 아마디스와 랜슬롯 이야기를 '듣느라' 젊은 시절을 낭비했다고 고백한다. 랜슬롯과 아마디스의 모험 이야기는 공적 공간에서 낭송되었다. 사적 공간에서 혼자 읽는 독서가 아니었다.

나는 이야기 듣는 걸 무척이나 좋아했는데,
거짓으로 채워진 황당한 이야기들이었다.
아마디스와 랜슬롯 그리고 허망한 속임수들,
거기에 빠져 나는 젊은 시절을 망치고 말았다.

Plógome otrosí oír muchas vegadas
libros de devaneos, de mentiras provadas,
Amadís e Lançarote e burlas estancadas
en que perdí mi tienpo a muy malas jornadas.

4-5. 14세기 말: 카스티야의 엔리께 2세 재위기(1379~1389년)에 활동

한 시인 뻬로 페루스Pero Ferrús(?~1405년)가 1379년경이나 그 이후에 쓴 두 편의 시로, 바에나Juan Alfonso de Baena가 1426년 이후에 편찬한 『바에나 시가집Cancionero de Baena』에 수록되어 있다. 두 편의 시 중 하나는 『바에나 시가집』의 301번째 시로, 시인 자신이 느끼는 사랑의 기쁨을 오리아나의 아버지 리수아르떼 왕의 재산과 비교한다. 다른 하나는 로뻬스 데 아얄라에게 헌정된 『바에나 시가집』의 305번째 시이다. 이 시가 중요한 이유는 아마디스가 죽은 인물로 등장하며, 아마디스 이야기가 3권으로 구성되어 있다고 처음으로 밝히기 때문이다.

아름다운 기사 아마디스,
결코 거친 비바람에
굴복하지 않고,
충직한 사랑으로 명성을 떨쳤으니,
그의 위업은 세 권의 책에 적혀 있다.
하나님께 기원하노니,
그에게 주님의 안식을 주소서.

Amadýs el muy fermoso
las lluvias e las ventyscas
nunca las falló aryscas
por leal ser e famoso:
sus proesas fallaredes
en tres lybros e dyredes
que le Dyos dé santo poso.

1508년도 초판본 작가가 「서문」에서 말한 대로, 14세기 말에 아마디스의 중세 원형이 3권으로 구성되어 있고, 주인공의 죽음으로 끝난다는 것을 여기서 알 수 있다. 페루스는 두 번째 시 바로 앞 연에서 아서왕, 갈라드, 랜슬롯, 트리스탄, 샤를마뉴, 롤랑을 언급한다.

6. 1405년: 임뻬리알Francisco Imperial이 나중에 카스티야의 후안 2세가 될 왕자의 탄생(1405년 3월 6일)을 기념해 쓴 시dezir로, 『일곱 덕목 시가 및 다른 시들El dezir de las syete virtudes y otros poemas』에 수록되어 있다. 여기서 아마디스와 오리아나는 널리 알려진 문학 속의 연인으로 등장한다.

아킬레우스, 파리스, 트로일루스가
사랑한 여인들,
트리스탄과 랜슬롯이 사랑에 빠진
고귀하고 멋진 여인들,
우리 왕자님과 연인의 사랑은 이 모든 사랑보다 더 위대하길.
파리스와 비아나보다, 아마디스와 오리아나보다,
블랑까플로르와 플로레스보다 더 위대하길.

Todos los amores que ovieron Archiles,
Paris e Tróyolos de las sus señores,
Tristán, Lançarote, de las muy gentiles
sus enamoradas e muy de valores,
él e su muger ayan mayores
que los de Paris e los de Vyana,
e de Amadís e los de Oryana,

e que los de Blancaflor e Flores.

7. 1405년: 6번에서 언급한 임뻬리알의 시가 발표된 직후 안떼께라 Fernando de Antequera도 왕자 탄생 기념시를 발표했다. 6번과 같은 시가집에 수록되어 있다. 랜슬롯의 아버지 반Ban 왕, 트리스탄, 플로레스의 연인 블랑까플로르, 프리아모스와 헤카베의 아들 트로이의 폴리도루스와 함께 아마디스가 등장한다.

반 왕의 혈통 이야기와
다른 많은 영웅의 이야기에서 읽었고,
사랑 때문에 죽어간 트리스탄 이야기에서도,
아마디스 이야기와 블랑까플로르 이야기에서도,
헤카베가 아름다운 폴리도루스의 죽음에 애통해 울던
이야기에서도 읽었노라.

Del linage del rey Ban
Leý e de muchos señores,
e otrosý de Tristán,
que fenesçió por amores,
de Amadís e Blancaflores,
e del lindo Apidaloro
que fue de Écuba lloro
en sus últimos dolores.

8. 1407년: 〈헤로니모수도회〉의 사제 미히르Migir가 1406년 12월 25일에

엔리께 3세의 죽음에 부쳐 '그들은 어디 있나$^{ubi\ sunt}$'를 주제로 쓴 시로 『바에나 시가집』에 수록되어 있다(38번째 시).

저 유명한 기사 위대한 헤라클레스,
율리시스, 아킬레스, 디오메데스
멋진 기사 헥토르와 파리스,
오레스테스, 다르다노스, 팔로마데스6,
아이네아스와 아폴로, 그 뒤로 아마디스
트리스탄, 갈라드, 호수의 랜슬롯,
그리고 다른 기사들. 말해보라.
그들 모두는 다 어느 괴물이 삼켜버렸는가?
그들 중 지금 남아 있는 자 누구인가?

Aquel grande Ércoles, famado guerrero,
Uriges e Archiles e Diomedés,
don Étor e Parys, el buen cavallero,
Orestes, Dardam e Palomadés,
Eneas e Apolo, Amadýs aprés,
Tristán e Galás, Lançarote del Lago
e otros aquestos, deçitme, ¿quál drago
tragó todos estos e d'ellos qué es?

9. 1409년: 세비야의 판테온$^{Panteón\ de\ Sevillanos\ Ilustres}$에 있는 〈산티아고기

---

6 『성배 탐색』에 등장하는 원탁의 기사.

사단〉 단장 수아레스 데 피게로아Lorenzo Suárez de Figueroa(† 1409년)의 무덤 발치에 조각된 개의 목줄에 걸린 메달에 '아마디스, 아마디스'라고 쓰여 있다.

10. 1424년 이전: 알바레스 데 빌야산디노Alfonso Álvarez de Villasandino († 1424년)가 카스티야군 총사령관 로뻬스 다발로스Ruy López Dávalos에게 바친 시로, 『바에나 시가집』에 수록되어 있다(72번째 시). 여기서 시인은 자신을 『아마디스 데 가울라』 2권 56장과 57장에 잠깐 등장하는 인물인 마깐돈Macandón에 비유한다. 마깐돈은 60세가 넘도록 세상을 돌아다니며 진실한 사랑의 시험을 하다가 노년이 되어서야 기사서임을 받는다.

11. 1424년 이전: 바에나가 쓴 시로『바에나 시가집』에 수록되어 있다(395번째 시). 여기에 오리아나의 아버지 리수아르떼 왕이 등장한다.

12. 1424년: 빌야산디노가 1423년 12월에 카스티야군 총사령관에 오른 〈산티아고기사단〉 단장 알바로 데 루나Álvaro de Luna에게 바친 시로『바에나 시가집』에 수록되어 있다(188번째 시). 리수아르떼 왕이 다시 언급된다.

13. 1434년: 1434년 7월 23일에 기사 갈라오르 모스께라Galaor Mosquera가 레온 지방의 오르비고 다리puente Órbigo 위에서 벌어진 무술 시합 '영광의 걸음Paso Honroso'에 참가해 7월 28일에 리오스Pedro de los Ríos와 결투한 기록. '갈라오르'는 그의 대부가 세례식에서 붙여준 이름으로서 아마디스의 동생 이름이다.

14. 1443년경: 바에나가 후안 2세에게 바친 시「1443년 즈음por los años de 1443」. 『바에나 시가집』에는「위대한 왕을 위해Para rey tan excelente」라는 제

목으로 수록되었으며, 여기서 시인은 자신이 읽은 책들을 나열한다.

저는 위대한 십자군의 수장

고드프루아 드 부용 공작 이야기도 읽었고,

나르시스와 이아손, 헤라클레스와 롤랑,

샤를마뉴와 플로레스딴, 아마디스와 랜슬롯,

발도비노스와 카멜롯,

갈라드와 트리스탄 이야기도 읽었습니다.

Yo leý del capitán

y grant duque de Bullón,

de Narçiso y de Jasón,

d'Ércoles e de Roldán,

Carlo Manos e Florestán,

de Amydís e Lançarote,

Valdovin e Camelot,

de Galás e de Tristán.

15. 1445년 이전: 구스만의 시로 『바에나 시가집』에 수록되어 있다(572번째 시). 작가가 책에서 읽은 인물로 기네비어, 이졸데, 미네르바, 아드리아나와 함께 오리아나를 열거한다.

16. 1460년 이전: 시인 두에냐스Juan de Dueñas(✝ 1460년)가 쓴 사랑 시 「내 사랑이여, 편지를 보았습니다Vi, senyora, una carta」에 아마디스와 오리아나가 등장한다. 시에는 '꽃으로 만든 작은 망토la capilla de las flores'가 등장한다. 머리

3장 사라진 중세 원형과 1508년도 초판본 **123**

를 덮는 장식 후드로 10번에 나오는 마깐돈 이야기와 연관되어 있다. 초판본 작가는 작은 망토를 '머리띠tocado'로 바꾼다.

17. 1435~1462년 사이: 이탈리아의 영향을 받은 작가 미상의 까딸루냐 기사 이야기 『꾸리알과 구엘파Curial e Güelfa』 3권에서 구엘파가 큐피드의 화살에 맞아 상처를 입는 몽환적 장면을 보고 축제를 열며 기뻐하는 '신실한 연인들bons amadors'이 나오는 장면. 여기에 티스베아와 피라무스, 플로르와 블랑까플로르, 트리스탄과 이졸데, 랜슬롯과 기네비어, 프론디노와 브리소나Frondino e Brisona, 페드라와 이뽈리또, 트로일루스와 브리세이다, 파리스와 비아나 그리고 아마디스와 오리아나가 등장한다.

18. 1463년: 포르투갈의 연대기작가 에아네스 데 수라라Gomes Eanes de Zurara의 『뻬드로 데 메네세스 백작 연대기Crónica de conde don Pedro de Meneses』(1463년) 63장. 이 연대기가 중요한 이유는 아마디스의 중세 원형의 작가를 페르난도 1세(1367~1383년 재위) 시대에 산 바스꼬 로베이라Vasco Lobeira라고 명확하게 밝히고 있기 때문이다. 그래서 이 연대기는 아마디스 이야기가 포르투갈문학이라는 포르투갈 기원설의 근거가 되고 있다.

아마디스 이야기는 국왕 페르난도 시절 로베이라가 오로지 사람들을 즐겁게 하려고 만든 책으로, 책의 모든 내용은 작가가 지어냈다.

assý o Livro d'Amadís como quer que soomenye este fosse feito a prazer de hum homem, que se chamava Vasco Lobeira, em tempo d'El Rey Dom Fernando, sendo todas-las cousas do dito livro fingidas do autor.[7]

또한 귀족 자제들은 연회와 축제에서 기사 이야기를 낭송하곤 했는데, 그때 낭송되는 이야기로 '브리튼으로 불리는 영국의 옛 이야기들primeiros feitos de Ingraterra, que se chamava Gram Bretanha과 아마디스 이야기를 언급한다.

19. 1474년경: 기엔 데 세고비아Pero Guillén de Segovia(1474년 직후 사망)가 쓴 운율 사전diccionario de rima 『즐거운 학문La Gaya Ciencia』에 아마디스 이야기에 등장하는 아홉 인물이 알파벳순으로 나열된다.

20. 1483년과 1484년: 열 명의 시인이 논쟁을 벌인 시집 『고통과 한숨O Cuydare e Sospirar』에 수록된 뻬레이라Nuno Pereira와 실베이라Jorge da Silveira의 시. 두 편의 시 모두 오리아나를 언급하고 있다.

리께르는 수라라가 언급한 필사본(18번)이 1번에 언급된 필사본이고, 여기서 2번→3번→5번으로 이어졌다고 생각한다.[8] 15세기에 이미 아마디스와 오리아나의 사랑, 리수아르떼 왕, 아마디스의 동생 갈라오르, 아마디스의 배다른 형 플로레스딴Florestán은 널리 알려져 있었다. 따라서 이 인물들은 1508년도 초판본 작가가 새로 만든 인물이 아니다.

이 흔적들로 보면 아마디스 원본은 14세기 중반 이전에 존재했지만 원본을 언제 누가(한 명인지, 여러 명인지) 몇 권으로 썼고, 어떤 서사였는지는 알 수 없다. 15세기 후반에 초판본 작가가 읽었다는 '오래된 필사본들'도 언제,

---

7 José Correia da Serra, *Collecção de livros ineditos de historia portugueza II*, Lisboa: Academia Real das Sciencias, 1792, 422쪽.
8 리께르, 같은 책, 31쪽.

어디서, 누구에 의해 만들어졌는지 모른다. 그래서 중세 원본과 원형의 저자를 두고 프랑스, 갈리시아, 카스티야, 포르투갈 사람 그리고 스페인에 살았던 무어인까지 거론되었다.[9]

아마디스 원본이 프랑스의 아서왕 로망스의 개작본이라는 프랑스 기원설도 있다. 이 주장은 14세기의 '프랑스 모델'의 존재에 근거하지만 14세기 중반 이전에 아마디스 이야기가 읽히고 있던 사실이 입증되면서 사라졌다. 그래서 현재 문헌적 증거가 있는 주장은 포르투갈 기원설과 스페인 기원설이다.[10]

포르투갈 기원설의 근거는 세 가지이다. 첫 번째 근거는 위 목록의 18번으로, 그에 따르면 아마디스 원본의 작가는 로베이라이다.[11] 두 번째 근거는 『아마디스 데 가울라』 2권 54장에서 아마디스가 부르는 노래 「아름다운 장미, 레오노레따Leonoreta, fin roseta」이다. 이 노래는 포르투갈의 주앙 데 로베이라João de Lobeira(✝ 1285년?)가 쓴 시의 번역본이다. 그렇다면 원작자는 주앙이고, 14세기 후반의 바스꼬 로베이라는 필경사이거나 개작자가 될 수도 있다. 세 번째 근거는 『아마디스 데 가울라』 1권 40장(612~614쪽)에 나오는

---

[9] Grace S. Williams, "The Amadis question", *Revue Hispanique*, 21(1909), 1-167. 이 논문은 아마디스가 언급된 많은 중세 문헌을 보여준다. 아서왕 시리즈와 샤를마뉴 이야기를 아마디스 중세 원형의 출전으로 제시하고, 특히 아마디스와 랜슬롯의 유사성을 자세하게 기술한다.
[10] 포르투갈 기원설과 스페인 기원설은 까초 블레꾸아의 『아마디스 데 가울라』 연구판 57~72쪽에 요약되어 있다.
[11] 1549년에 출판된 바로스João Barros의 『두에로 강과 미뉴 강 사이 스페인과 포르투갈에 반씩 속한 지역에서 일어난 놀라운 일들Antiguidades e cousas notaveis de Entre Douro e Mino e de outras mitas de España e Portugal』에서는 아마디스 1~4권 모두 로베이라가 썼는데, 스페인 사람들이 그의 작품을 번역해 놓고 마치 자기들이 만든 것처럼 출판했다고 주장한다. 페레이라Antonio Ferreira는 1598년에 출판된 『포르투갈 시선집Poemas Lusitanos』에서 아마디스를 사랑한 브리올란하를 언급하며, 아마디스 이야기는 로베이라가 만들었고 원본은 아베이루Aveiro 공작의 문서고에 있다고 밝혔다.

포르투갈의 알폰소 왕자의 개입이다. 그는 아마디스와 브리올란하의 사랑이 이루어지도록 결말을 바꿔달라고 작가에게 요청한다. 그것은 사실일 수도 있고 문학적 장치일 수도 있다. 어쩌면 왕자가 깊은 관심을 보였다는 사실을 홍보 수단으로 활용하고 있는지도 모른다. 하지만 만약 그것이 사실이라면 그는 포르투갈의 디니스(Dinis, Deniz, Dionís) 왕의 아들 알폰소(1290 ~1357년)이거나 디니스 왕의 동생 알폰소이다.

포르투갈 기원설의 약점은 다음과 같다. 『뻬드로 데 메네세스 백작의 연대기』 63장에서 작가가 드러나는 문장은 '바스꼬 로베이라가 더불어 즐기기 위해 이것을 만들었다este fosse feito a prazer de hum homem, que se chamava Vasco Lobeira'이다. 그런데 'a prazer'를 두고 해석상의 이견이 제기된다. 'a prazer'는 '더불어 즐기기 위해'라는 뜻 외에도 '마음 내키는 대로' 또는 '자신만의 방식에 따라'라는 해석도 가능하다. 후자로 해석하면 로베이라는 원작자가 아니라 필경사가 되고, 필경사인 그가 원작과 다르게 마음대로 꾸며내feito para o própio prazer de hum homen 텍스트를 개작했다고 해석할 수 있다. 그것은 로베이라 이전에 원형이 존재했다는 의미가 된다. 원작자가 로베이라라는 주장에 대해 16세기의 스페인 사람들의 의견은 유보적이다.

따라고나의 대주교 아구스띤Antonio Agustín은 『메달의 의미에 관한 대화 Diálogos de Medallas』(1586년)에서 기사소설의 폐해를 언급하면서 경멸적 어조로 아마디스 이야기의 원작자로 여러 사람이 거론되지만 포르투갈 사람들은 바스꼬 로베이라라고 생각한다고 적고 있다. 그러니까 지금처럼 16세기의 스페인 사람들도 아마디스 원형의 작가가 누군지 정확히 모르고 있었다고 할 수 있다. 바스꼬 로베이라는 페르난도 1세의 연대기 177장에서 〈알후바로따Aljubarrota전투〉(1385년)에서 기사로 임명되었다고 기록되어 있다. 이 기록도 로베이라가 원작자라는 주장의 약점이 된다. 1385년 이전에 아마디스를 언급한 스페인어 문건이 존재하기 때문이다. 시기적으로 본다면 그는 원작자보다 개작자에 더 가까워 보인다. 중세에 하나의 텍스트가 만들어지는 과정에는 여러 '작가들'이 개입하기도 했다. 그래서 필경사가 개작자 역할을 하면서 필사본 전통을 이어갔다. 바스꼬 로베이라도 아마디스 이야기의 여러 '작가들' 중 한 명일 듯하다.

주앙 데 로베이라가 원작자라는 주장은 포르투갈의 중세 시가집 『꼴로치 브란꾸띠 시가집Cancionero Colocci-Brancuti』이 1880년에 출판되었을 때 그곳에 수록된 그의 시가 『아마디스 데 가울라』 2권 54장에 번역되어 있는 사실이 알려지면서 시작되었다. 포르투갈 비평가들은 주앙 데 로베이라와 바스꼬 데 로베이라가 같은 집안이므로 바스꼬가 선조인 주앙의 작품을 이어받아 아마디스 이야기를 3권으로 완성했다고 주장했다.

주앙은 문헌상 1285년 이전에 생존했고, 1305년에는 이미 죽었다고 기록되어 있다. 그러나 어느 작가의 시가 수록되었다고 텍스트 전체를 그의 작품으로 간주할 수는 없다. 후대 '작가들' 중 한 사람이 넣었을 수도 있기 때문이다. 더구나 『꼴로치 브란꾸띠 시가집』에 수록된 주앙의 텍스트가 인위적으로 조작되었거나 어떤 목적을 갖고 수록되었다고 의심되기도 하고, 「아름다운 장미, 레오노레따」가 15세기 스페인 시인의 작품이라는 주장도 있다.

포르투갈의 알폰소 왕자가 아마디스의 원형에 개입했다는 주장은 앞서 인용한 페레이라의 1598년도 책에서도 확인된다. 이 책에는 아마디스와 브리올란하의 연정을 노래하는 두 편의 소네트가 수록되어 있고, 그 주석에 알폰소 왕자가 디니스 왕 재위 시절에 지은 시라고 기록되어 있다. 이 알폰소 왕자는 디니스 왕의 아들이 아니라 동생이라는 주장이 더 설득력 있다.[12] 알

---

12 미카엘리스Carolina Michäelis de Vasconcelos의 주장이며, 말키엘도 같은 의견이다. María Rosa Lida de Malkiel, "El desenlace del *Amadís* Primitivo", en *Estudios de Literatura Española y Comparada*, Buenos Aires: EUDEBA, 1966, 149-156. 포르투갈 기원설은 F. Paxeco, "O poema do Amadís de Gaula", en *Biblos*, 9(1933), 168-179, 397-417쪽,

폰소 왕자와 아마디스 이야기는 뭔가 연관이 있어 보인다.

　디니스 왕의 동생 알폰소 왕자는 1263년에 태어났고, 1304년부터 스페인의 카스티야 왕실에 있다가 1312년에 죽었다. 알폰소 왕자가 디니스 왕의 동생이라면 아마디스 원작은 1287~1312년 사이에 존재해야 한다. 알폰소 왕자가 1325년에 포르투갈의 아폰수 4세가 되는 디니스 왕의 아들이라면 그의 개입은 아무리 늦어도 1325년 이전에 이루어져야 한다. 그렇다면 아마디스 원작은 1287~1325년 사이에 만들어졌다고 할 수 있다.

　이 알폰소 왕자가 1490년에 이사벨과 페르난도의 장녀 이사벨과 결혼한 포르투갈 왕자라는 주장도 있다. 그는 1491년에 따호Tajo 강 근처에서 낙마해 죽었는데, 왕위계승 문제를 둘러싼 스페인과 포르투갈 간의 갈등 때문에 살해당한 것으로 알려져 있다. 초판본 작가가 동시대에 산 비운의 포르투갈 왕자를 떠올려 그를 브리올란하의 사랑을 이루어주려는 인물로 그렸다는 해석이지만 받아들이기 어렵다. 초판본 작가가 굳이 이사벨 여왕과 페르난도 왕의 심기를 거슬리며 비운의 포르투갈 왕자를 거론할 이유가 없기 때문이다. 바스꼬 로베이라가 원저자인지, 번역가인지, 필경사인지, 현재로서는 알 수 없다. 주앙 데 로베이라가 작가라는 주장도, 알폰소 왕자의 개입설도 원작자가 포르투갈 사람임을 입증하는 근거로 보기는 어렵다. 게다가 포르투갈어로 쓰인 아마디스 필사본은 존재하지 않는다.

　스페인 기원설은 카스티야 기원설과 동의어이다. 포르투갈 기원설에는 포르투갈어로 쓰인 필사본이 존재하지 않는 단점이 있다면, 스페인 기원설은 아마디스를 언급한 여러 문건 그리고 스페인어로 쓰인 필사본 조각이 존재한다는 사실에 근거한다. 14세기 중엽부터 아마디스 원본은 스페인에 널리 유포되어 있었다. 특히 1956년에 로드리게스 모니노가 발견해 공개한 네 쪽짜

570-590 참조

리 필사본에는 『아마디스 데 가울라』 초판본의 3권 68장, 72장 일부, 그리고 일부 손상되었지만 65장과 70장에 해당하는 몇 줄이 기록되어 있다.13 1420년경에 만들어진 이 필사본은 아마디스의 아들 에스쁠란디안을 언급하고 있어 에스쁠란디안도 초판본 작가가 새로 창작한 인물이 아니라는 사실도 확인되었다. 그리고 초판본 작가가 보았다는 15세기 필사본이 아마디스와 오리아나의 죽음으로 끝난다는 리다 데 말키엘의 1953년 논문이 사실임을 확인해 주었다.14 이 필사본은 카스티야 또는 레온 지방에서 만들어졌지만 원문이 어디서 처음 만들어졌는지는 모른다. 이 문제에 관해 이미 오래전에 뻴라요는 이렇게 정리했다.

> 『아마디스 데 가울라』의 기원 문제는 이대로 남겨두자. 이미 볼프Ferdinand Wolf가 정확하게 지적했듯이, 『아마디스 데 가울라』의 서사 밑바탕에는 국가적 정체성이나 국가적 전설 또는 국가 차원의 역사적 맥락을 전혀 찾아볼 수 없다. 그런 면에서 『아마디스 데 가울라』는 카스티야에서 태어나지 않았고, 포르투갈에서도 태어나지 않았다. 스페인의 다른 어떤 지역도 아니다. 어느 땅에서나 만들어질 수 있는 완벽한 허구이고, 완전히 상상의 세계에서 전개된 이야기이다. 한 국가에 속한 텍스트obra nacional가 아니라 사람 사이에서 일어나는 이야기obra humana이다. 전대미문의 상업적 성공을 거둔 핵심 비밀이 여기 있다.15

---

13 Antonio Rodríguez-Moñino, "El primer manuscrito del *Amadís de Gaula*", *Boletín de la Real Academia Española*, 36(1956), 199-225. 초판본 「서문」은 초판본 작가가 중세 원형 3권을 수정하고 늘렸다고 했지만 모니노는 15세기의 필사본 3권을 초판본 작가가 삼분의 일 정도 줄였다고 주장한다. 초판본 작가는 자신이 중세 원형 3권을 아마디스 시리즈 5권으로 늘렸다는 의미로 그렇게 말했을 수도 있다.
14 María Rosa Lida de Malkiel, "El desenlace del *Amadís* primitivo", *Romance Philology*, 4(1953), 283-289. 이 논문은 앞서 언급한 리다의 연구서에도 수록되어 있다.
15 *Orígenes de la Novela*, 1권 5장 336~337쪽.

하지만 대개 스페인 연구자들은 카스티야 기원설에 근거해『아마디스 데 가울라』의 기원과 형성 과정을 기술한다. 까초 블레꾸아는 1979년에 출판된 연구서에서 텍스트의 전승 과정을 다음과 같이 추정한다.16

(a) 14세기 초에 아마디스의 첫 번째 중세 원형 즉 원작이 만들어졌다. 알폰소 왕자의 개입설에서 유추해보면, 아마 1304~1312년 사이에 스페인에서 만들어 졌을 것이다.17 좀 더 넓게 보면 1287~1325년 사이이다. 1350년에는 이미 카

---

16 Juan Manuel Cacho Blecua, *Amadís: Heroísmo mítico cortesano*, Madrid: CUPSA, 1979, 407-408.
17 비록 진위를 확인할 수 없지만 재미있는 주장도 있다. 산티아고 세비야Santiago Sevilla는 카스티야의 엔리께 왕자Enrique de Castilla el Senador(1230~1303년)가 아마디스 원작의 작가라고 주장한다. 엔리께 왕자는 페르난도 3세의 아들이자 알폰소 10세의 동생이며 돈 후안 마누엘의 삼촌이다. 특히 몰리나 왕비와 함께 어린 페르난도 4세의 공동 섭정이었고, 명예 로마원로원의원이었다. 젊은 시절에는 영국의 에드워드 1세의 왕비로 가는 고모 레오노르doña Leonor de Castilla를 따라 영국 왕실로 넘어가 1256년부터 약 4년간 머물렀다. 그는 에드워드 왕과 레오노르 왕비의 궁정에 살면서 궁정의 여러 사건을 허구의 기사 이야기에 담았다. 그는 창과 칼을 쓰는 법뿐만 아니라 결투 상황과 전략을 소상하게 알고, 세부적 전투 묘사가 가능할 만큼 큰 전쟁 경험 ― 잉글랜드와 웨일스의 〈카드판전투Cadfan〉(1257년), 잉글랜드 내의 〈루이스전투Lewes〉(1264년)와 〈이브섐전투Evesham〉(1265년), 이탈리아의 〈베네벤토전투Benevento〉(1266년)와 〈탈리아코조전투Tagliacozzo〉(1268년) ― 이 풍부했다. 또한 편력기사이자 시인이고 외교관이었다. 그는『아마디스 데 가울라』2권 63장부터 등장하는 런던 궁정의 스페인 기사 브리안Don Brian de Monjaste일 수도 있다. 브리안은 스페인 왕 라다산Ladasán과 뻬리온 왕의 누이 사이에서 태어난 스페인 왕자이자 아마디스의 사촌이다. 만약 엔리께 왕자가 브리안의 모델이라면 아마디스의 모델은 레스터Leicester 백작 시몬 드 몽포르Simon de Montfort가 된다. 허구의 인물들도 에드워드 왕궁의 인물들과 대칭을 이룬다. 엔리께 왕자는 모로코와도 전쟁을 치렀고, 〈카노사전투〉에서는 샤를 드 앙주의 포로가 되기도 했다. 그는 카스티야의 섭정 자격으로 스페인으로 돌아오기 전인 1268~1291년 사이에 아마디스 원작을 썼고, 조카인 포르투갈의 디니스 왕을 방문한 1295년에 원작 필사본을 전달했다. 한편 엔리께 왕자가 로마에 체류한 1267년에 콜론나도 로마에 같이 있었다. 콜론나의『국가 통치의 원리』(1350년에 스페인

스티야왕국에서 널리 알려져 있었다.18 원작 이후 많은 에피소드가 축약되고 수정되고 추가되었다. 원작이 몇 권으로 구성되었는지, 세부적 내용은 무엇인지 알 수 없다. 아마 주인공의 탄생과 기사서임, 정체성 회복, '인솔라 피르메' 획득, 벨떼네브로스Beltenebros의 고난, 오리아나와 화해가 주요 줄거리를 이루고, 오리아나가 '인솔라 피르메'에서 세상에서 가장 아름답고 진실한 연인이 되는 장면(초판본 4권 84장 또는 125장)으로 종결되지 않았을까.

(b) 뻬로 페루스의 언급처럼, 14세기 후반에 3권으로 구성된 두 번째 중세 원형이 있었다. 2권에 나오는 런던 왕실과 기사계급의 불화는 당시 카스티야왕국에서 트라스타마라 왕가의 성립 이후 벌어진 왕과 귀족 간의 전쟁에서 영감을 얻었다. 두 번째 원형의 줄거리는 인쇄본 4권과 5권의 일부를 포괄할 만큼 방대했다. 여기서 아마디스는 아들 손에 죽고 오리아나는 창문으로 떨어져 자살한다. 이 무렵 포르투갈의 바스꼬 로베이라가 스페인어 필사본을 번역 개작했다.

(c) 몬딸보의 개작은 1492~1506년 사이에 이루어졌다. 메디나 델 깜뽀의 이 행정관은 기존의 에피소드를 4권으로 나누어 섬세하게 분류했다. 아마 최소한 두 개의 필사본을 동시에 사용했을 것이다. 하나는 b) 이고, 다른 하나는 b) 이후 15세기 전반에 개작된 필사본이었다. 어쩌면 세 개 이상의 필

어로 번역)에는 '카스티야 시인 엔리꼬Enrico de Castiglia'와 함께 '아마디스'가 언급되어 있다. 아마디스를 언급한 최초의 문헌 중 하나로, 엔리께 왕자와 아마디스 간의 특별한 관계를 말해준다(Santiago Sevilla, "El verdadero autor del *Amadís de Gaula*", en *Diario de León*, 10 de marzo de 2008). 한편 레오노르 왕비가 1290년에 세상을 떠난 후 스페인으로 돌아온 사람 중 누군가 레오노르 왕비의 궁정에 있던 아마디스 원작을 갖고 왔을 가능성도 있다. 이 원작은 한 작가가 먼저 쓴 후 다른 여러 작가가 덧붙였기 때문에 작가 이름을 표기하지 않았을 것이다.
18 같은 책, 360쪽.

사본을 사용했을 수도 있다.19 그는 주로 기존의 에피소드를 줄이거나 제거하고 재배열했다. 특히 4권에서 사랑의 장면은 제거하고 도덕적 훈계를 추가했다.

하나의 원본에서 서로 다른 에피소드를 담은 많은 필사본이 만들어졌다. 그중 하나가 1420년도 필사본이다. 1420년 이후로도 서로 다른 내용의 필사본이 유포되고, 초판본 작가는 그것들을 읽었다. 초판본 개작 작업이 1506년까지 이어졌다는 까초 블레꾸아의 주장은 1991년에 『아마디스 데 가울라』를 출판할 때 폐기되었다. 「서문」과 일부 에피소드를 제외하면 대부분의 텍스트는 1482~1492년에 개작되었고, 1~3권 「서문」은 1492~1504년 사이에, 4권 「서문」은 1권 「서문」 이후에 쓰였다고 수정했다.

하지만 아마디스 시리즈 5권을 만든 사인스 델라 마사(Carlos Sainz de la Maza)의 의견은 다르다. 그는 초판본 작가가 1479~1480년에 집필을 구상하고, 1494년 말에 1~4권을 완성했으며, 바로 이어서 1495~1497년 사이에 5권을 끝냈다고 생각한다.20 초판본 1권 40장에는 아마디스와 브리올란하의 사랑을 두고 여러 필사본이 서로 다른 결말을 내고 있다고 기술하는데, 필사본의 서로 다른 결말은 텍스트의 3단계 전승 과정을 반영하고 있다. 브리올란하는 위험에 빠진 아마디스를 도와주고, 아마디스는 그녀가 삼촌에게 빼앗긴 소브라디사 왕국을 되찾아주었다. 브리올란하는 첫 만남부터 아마디스를 사랑했고, 왕국을 되찾은 후에는 사랑이 더 커졌다. 하지만 아마디스는 그녀의 사랑을 받아들이지 않았다. 그때 아름다운 브리올란하를 동정한 포르투갈의 알폰소 왕자가 그녀의 사랑을 이루어주도록 결론을 고치라고 했다는 언급이

---

19 초판본 작가는 4권 123장에서 세 명 이상의 작가가 아마디스와 브리올란하의 사랑을 서로 다르게 기술하고 있다고 말한다.
20 『에스쁠란디안의 위업』, 23~25쪽.

나온다. 그러면서 초판본 작가는 아마디스와 브리올란하의 사랑을 두고 서로 다른 두 결말을 언급한다.

한 가지 결말은 이렇다. 왕국을 되찾은 후 아마디스의 사랑을 얻을 방법이 없자 브리올란하는 아마디스 일행을 데려온 시녀를 불러서 부탁한다. 시녀는 갈라오르를 숲속의 기사에게 안내해주는 대신 아마디스 일행은 그녀에게 뭔가를 해주기로 '약속했다.' 시녀는 갈라오르를 안내해주고 소브라디사 왕국으로 돌아와 있었는데, 브리올란하는 시녀에게 눈물을 흘리며 사랑을 이룰 방법을 찾아달라고 부탁했다. 시녀는 아마디스에게 탑에 들어가 브리올란하와 동침하라고 요구하며 아들이나 딸을 얻기 전까지는 나오지 말라고 명령한다. 아마디스는 기사로서의 약속을 지키기 위해 탑에 들어갔지만 브리올란하와 동침하지는 않았다. 그리고 음식을 먹지도 잠을 자지도 않아 목숨이 위태해졌다. 아마디스가 처한 상황을 전해들은 오리아나는 브리올란하의 소원을 들어주라고 허락했다. 연인의 허락을 받은 후 아마디스와 동침한 브리올란하는 아들과 딸 쌍둥이를 낳았다.

하지만 다른 결말은 이렇다. 아마디스가 탑에서 죽어가자 그를 동정한 브리올란하는 시녀를 불러 약속을 해제하라고 명령한다. 다만 갈라오르가 돌아오기 전까지는 탑에서 나오지 않는다는 조건을 붙였다. 브리올란하는 갈라오르의 아름다움에 대한 명성을 듣고 있어 그를 만나보고 싶었다. 다시 정리하자면, 초판본 작가가 읽은 필사본들은 아마디스와 브리올란하의 사랑을 두고 다음과 같이 다른 결말을 내었다.

결말 1. 아마디스가 브리올란하의 사랑을 거절한다. 아마디스가 자기 의지로 브리올란하의 사랑에 응답하기를 원한 알폰소 왕자의 요구는 반영되지 않았다.
결말 2. 아마디스가 브리올란하의 사랑을 거부하며 탑에 갇혀 죽어가자 소식을 들은 오리아나는 동침을 허락했고, 아마디스와 브리올란하 사이에서 아들과 딸 쌍둥이가 태어났다.

결말 3. 브리올란하가 죽어가는 아마디스를 동정해 동침 요구를 거두어들이고, 대신 갈라오르에게 관심을 보였다.

앞에 나온 까초 블레꾸아의 구분에 따르면, 결말 1은 원작 아마디스(a)에 해당하고, 결말 2과 결말 3는 두 번째 아마디스의 중세 원형(b)의 후속 필사본에 해당한다. 하지만 초판본 작가는 결말 3이 더 자연스럽다고 말하면서도 새로운 결말을 내놓았다. 초판본의 결말은 두 사람 사이에 아무 일도 일어나지 않았다는 것이다. 아마디스를 사랑하는 브리올란하는 왕국을 되찾은 후 아무 요구도 하지 않았고, 4권 121장에서 브리올란하는 아마디스의 주선으로 갈라오르와 결혼한다. 초판본 작가는 42장에서 아마디스와 브리올란하의 사랑은 사실이 아니라고 다시 강조한다.

한편 고메스 레돈도는 아마디스의 중세 원형의 전승을 다음과 같이 구분한다.21 시대 구분은 까초 블레꾸아의 구분과 거의 같지만 세부 내용이 조금 다르다.

a) 원작 아마디스el Primer Amadís는 2권으로 구성되었다.

프랑스의 아서왕 로망스와 트리스탄과 이졸데 이야기가 원작에 영향을 주었다. 14세기 초에 알폰소 11세(1311~1350년) 시대에 만들어졌고, 넓게 보면 알폰소 11세가 태어난 1311년부터 그의 손자 후안 1세(1379~1390년 재위)가 〈알후바로따전투〉에서 포르투갈에게 패배한 1385년까지 읽혔다. 이

---

21 Fernando Gómez Redondo, "La literatura caballeresca castellana medieval: el *Amadís de Gaula* primitivo", en *Amadís de Gaula 1508. Quinientos años de libros de caballerías*, Madrid: Biblioteca Nacional de Madrid & SECC, 2008, 53-79. 레돈도는 알폰소 왕자가 디니스 왕의 동생이라고 생각한다(61쪽).

패배는 통치 체제의 변화로 이어졌기 때문에 원본이 개작되는 하나의 기준점이 되었다.

아마디스와 브리올란하의 사랑이 이루어지도록 결말을 수정하라고 요구한 알폰소 왕자는 이 원작 아마디스를 읽었고, 카스티야왕국의 재상 아얄라가 젊은 시절 시간을 낭비해가며 읽었다는 필사본(중세 원형의 흔적 3번)도 이것이다. 재상은 1332년에 태어나 알폰소 11세 재위기에 젊은 시절을 보냈고, 〈라반다기사단〉과 함께 왕권 중심의 국가 통치 체제를 확립했다. 이 체제는 왕과 귀족 간에 새로운 관계를 설정한 트라스타마라 왕가의 등장 그리고 〈알후바로따전투〉의 패배로 막을 내린다. 이 시기에 아마디스, 랜슬롯, 트리스탄, 시파르가 널리 알려졌다. 그리고 새로운 도덕 질서를 표방하는 콜론나의 『국가 통치의 원리』가 귀족 자제 교육서가 되면서 기사도의 덕목을 찬양하는 분위기가 조성되었다.

2권으로 구성된 원작 아마디스는 영웅의 탄생, 정체성 회복, 위험과 시험, 결투, 전쟁, 사랑으로 구성된 서사로, 초판본을 기준으로 하면 2권 61장까지의 서사를 담고 있었을 것으로 추정된다. 그래서 이 두 권의 결말은 오리아나에게 버림받고 '비련의 바위섬$^{Peña\ Pobre}$'에서 벨떼네브로스라는 이름으로 고통을 겪던 아마디스가 죽기 직전에 오리아나의 편지를 받고 돌아와 오리아나를 다시 만나는 장면이었을 것이다.

b) '트라스타마라 아마디스$^{el\ Amadís\ Trastámara}$'는 3권으로 구성되었다.

엔리께 3세(1390~1406년 재위) 초기에 만들어진 개작이다. 이 개작 필사본이 뻬로 페루스가 읽은 필사본이고(중세 원형의 흔적 5번), 일부가 남아 있는 1420년도 필사본도 그때 개작된 필사본 전통에 속한다.

텍스트의 개작은 시대의 변화를 반영했다. 알폰소 11세의 아들 엔리께 2세가 대귀족들의 도움으로 1369년에 배다른 형 뻬드로 1세를 죽인 후 트라스타마라 왕가가 시작되었다. 알폰소 10세에서 알폰소 11세에 이르는 왕권 강화 시대와 달리 트라스타마라 왕가에서는 귀족의 권리를 일부 회복해 왕과 귀족 관계가 새롭게 정립되었다. 왕실에서 읽히는 아마디스 이야기도 새로운 시대의 가치에 맞춰 개작되었고, 개작 과정에서 분량이 늘어났다. 브리튼 내에서 리수아르떼 왕과 기사 집단의 대립은 더 길게 묘사되었고, 모험의 지리적 배경도 유럽 대륙과 콘스탄티노플로 확장되었다.

모험의 지리적 확장에는 두 가지 요소가 영향을 주었다. 하나는 그리스 그리고 지중해 동쪽의 트로이 세계를 배경으로 하는 고전문학의 인물들(아킬레우스, 파리스, 트로일루스 등) 이야기가 당시에 유행했고, 다른 하나는 왕실이 외교사절을 콘스탄티노플로 보내며 지중해 동쪽 세계에 관심을 보이기 시작한 것이다. 그래서 아마디스도 새로운 모험을 찾아 유럽 대륙 동쪽으로 떠나는 내용이 추가되었다.

개인과 개인의 결투보다는 국가 대 국가의 전쟁이 중요한 위치를 차지하고 해전도 등장했다. '트라스타마라 아마디스'에는 이탈리아에서 영향을 받은 사랑의 감정도 포함되었다. 브리올란하의 사랑이 추가된 이유도 아마디스와 오리아나의 섬세한 사랑의 감정도 이탈리아의 영향으로 보인다. 그래서 원작 아마디스에서 '트라스타마라 아마디스'로 확장된 개작은 왕과 귀족(기사)의 관계, 기사도와 사랑을 중심으로 이루어졌고, 이 두 가지가 아마디스 서사의 핵심축이 되었다.

'트라스타마라 아마디스'에는 아마디스의 배다른 형제 플로레스딴처럼 새로운 인물도 추가되었다. 창의 달인 플로레스딴은 새로운 시각의 사랑과 기사도 서사를 적나라하게 보여준다. 작은 영지를 가진 여자 영주 꼬리산다Corisanda가 그를 사랑했으나 그는 그녀를 버리고 모험을 찾아 떠난다. 그리고 4권에서 세르데냐의 사르다미라Sardamira 여왕과 결혼하고 깔라브리아를 영지로 받는다. 꼬리산다는 2권에서 리수아르떼 왕의 궁정에 벨떼네브로스의 소

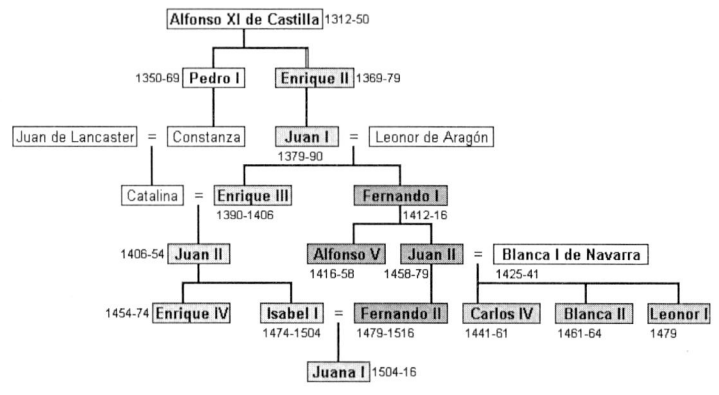

트라스타마라 왕가
(https://es.wikipedia.org/wii/Casa_de_Trast%C3%A1mara).

식을 갖고 온 후에는 다시 언급되지 않는다.22 진실한 사랑을 보여주는 아마디스와 자유분방한 연애를 보여주는 갈라오르의 구도가 아마디스 원작의 서사 축이었다면 현실적 이해관계에 따라 모험을 선택한 플로리스딴은 기사의 새로운 선택지를 보여준다. 그렇게 새로운 개작은 14세기 초부터 15세기 말까지 왕실과 대중 독자의 현실적 기대 지평이 어떠했는지를 보여준다.

c) 1508년도 초판본은 4권으로 구성되었다.

이사벨 여왕 시대의 새로운 정치적 이상을 반영해 메디나 델 깜뽀의 행정관이 세 권을 네 권으로 늘렸고, 시리즈 5권을 새롭게 추가했다.

초판본 작가가 읽었다는 필사본 3권은 '트라스타마라 아마디스'이고, 내

---

22 아마디스 시리즈 6권『플로리산도 Florisando』의 주인공 플로리산도는 아마디스의 이복형제 플로레스딴과 꼬리산다 사이에서 태어났다. 5권까지 플로리산도의 탄생 이야기는 나오지 않는다.

용은 아마디스가 나중에 아들로 밝혀지는 미지의 기사에 의해 죽고 오리아나는 자살한다는 결말만이 알려져 있다. 새로운 필사본이 발견되지 않는다면 이 필사본의 내용을 추정할 수 있는 근거는 초판본인데, 초판본 작가는 무엇을 바꾸었는지 말하지 않았으므로 우리는 '트라스타마라 아마디스'의 구체적 내용을 알 수 없다.

아들에 의해 죽은 아버지라는 모티프는 영웅담에서 종종 발견되지만 아마디스와 오리아나의 사랑을 왜 비극적 결말로 끝냈는지 이해하기 어렵다. 아발예-아르세는 앞서 언급한 논문에서 '트라스타마라 아마디스'는 아마디스와 오리아나의 사랑으로 야기된 전쟁과 결투, 왕국의 멸망, 형제살해, 부모살해, 살해된 왕, 자살로 얼룩지는 이야기였다고 추정한다. 이 추정은 랑크 Otto Rank가 기술하고 있는 영웅담의 속성에 근거한다.

전형적 모험담은 다음 순서로 구성된다. 영웅의 부모는 가장 탁월한 혈통을 갖고 있다. 즉 영웅은 주로 왕의 아들이다. 그가 출생하기까지는 난관이 있는데, 이를테면 금욕이나 불임 또는 외부의 통제나 방해를 무릅쓴 부모의 비밀스러운 동침 같은 것이다. 임신 중에 또는 그 전에 꿈이나 신탁을 통한 예언이 나타난다. 주로 아버지나 군주 자리를 위협한다며 아이의 탄생을 경고한다. 태어난 아이는 대부분 상자에 담긴 채 물에 흘려보낸다. …… 아이는 성장해 우월한 혈통의 친부모를 만나게 된다. 그리고 한편으로는 아버지에게 복수하고, 다른 한편으로는 이 사실이 알려져 마침내 명예와 신분을 회복한다는 매우 다채로운 이야기 형태를 보여준다.[23]

이 추론에 따른다면 결말 직전의 서사는 이렇게 된다. 즉 아마디스는 죽

---

23 오토 랑크, 『영웅의 탄생』, 이유진 역, 루비박스, 2016, 152~153쪽.

기 전에 이미 오리아나와 결혼해 브리튼의 왕위에 오른다. 그전에 오리아나의 아버지 리수아르떼 왕이 죽는다. 중세 영웅담에서 양위란 있을 수 없으므로 필사본 3권에서도 아마디스와 리수아르떼 왕의 전쟁은 필연적이다.

초판본에서 리수아르떼 왕은 신하의 잘못된 조언을 듣고 오리아나를 로마황제와 결혼시키겠다고 결정한다. 이 결정은 영지 분배 문제와 더불어 아마디스가 리수아르떼 왕과 대적할 수밖에 없는 계기를 만들었다. 아마디스가 브리튼왕과 싸우면 형제간 전쟁도 불가피하다. 동생 갈라오르가 왕의 기사였기 때문이다. 전쟁에서 아마디스는 동생을 죽이고, 아그라헤스는 리수아르떼 왕을 죽였다. 리수아르떼 왕의 죽음으로 오리아나가 왕국의 상속녀가 되면서 아마디스가 왕으로 등극한다. 하지만 나중에 아들로 밝혀지는 미지의 기사가 등장해 결투가 벌어지고, 아마디스와 오리아나는 죽는다.

다른 추론도 가능하다. 리수아르떼 왕이 오리아나를 로마황제와 결혼시키려고 하자 아마디스는 공주를 구출해 '인솔라 피르메'로 피신시킨다.[24] 리수아르떼 왕은 전쟁을 선포하고, 아마디스를 질투하던 갈라오르가 에스쁠란디안을 데리고 싸우러 나간다. 전투에서 아마디스는 갈라오르와 리수아르떼 왕을 죽인다. 그러나 에스쁠란디안과의 결투에서 아마디스가 죽고, 그것을 창가에서 지켜보던 오리아나는 창밖으로 몸을 던져 따라 죽는다. 그때 우르간다가 나타나 에스쁠란디안에게 아마디스와 오리아나가 부모라는 사실을 알려주면서 끝난다.

초판본 작가는 이 결말을 바꾸었다. 아마디스는 아들에게 죽지 않는다. 아마디스와 리수아르떼 왕의 전쟁은 파국까지 가지 않고 비교적 평화롭게 끝

---

[24] 1492년에 출판되어 전 유럽에 걸쳐 큰 인기를 끈 디에고 데 산뻬드로Diego de San Pedro의 센티멘탈 소설 『사랑의 감옥Cárcel de amor』에도 비슷한 장면이 나온다. 거기서 주인공 레리아노Leriano는 사랑하는 라우레올라Laureola 공주가 나쁜 신하의 모함으로 죽게 될 상황이 되자 그녀를 구출해 삼촌의 성에 피신시킨다. 그러자 왕은 전쟁을 선포한다.

난다. 초판본 작가는 아마디스 4권에서 모두가 결혼으로 마무리되는 행복한 결말을 만들었고, 5권의 결말에서는 아마디스를 비롯한 주요 인물이 '인솔라 피르메'의 궁전에 모여 있을 때 우르간다가 마법을 걸어 궁전과 모든 인물을 땅 밑으로 가라앉게 만드는 신화적 장면을 만들었다. 아마디스는 다시 돌아온다는 약속을 남기고 지하에 묻힌다. 아버지와 아들 간의 결투의 흔적은 아마디스 4권과 5권에 있다. 4권 마지막 장에서 우르간다는 아마디스에게 편지를 남긴다. 편지에서 우르간다는 하나님이 허락하신 영광은 아들에게 예정되어 있으며, "아들이 아버지를 죽였다고 말하는 사람들이 아무리 많더라도 그들은 [이런 하나님의 뜻을] 모르고 그런 말을 할 뿐"(1,763쪽)이라고 말한다. 그리고 아버지와 아들의 결투는 5권 『에스쁠란디안의 위업』 28장에 나온다. 거기서 아마디스는 죽음 직전에 항복하며 아들에게 죽임을 당하지 않는다.[25] 그런 다음 29장 도입부에서 작가는 이렇게 기술한다.

> 아마디스와 아들의 처절하고 잔혹한 결투는 여러분이 들은 바와 같이 그렇게 마무리되었습니다. 그런데 이 결투를 두고 어떤 이는 아마디스가 거기서 입은 상처 때문에 죽었다고 합니다. 또 다른 이는 첫 번째 창 결투에서 창이 등을 관통해 죽였고, 그것을 알게 된 오리아나가 창문으로 뛰어내렸다고 합니다. 하지만 그렇지 않습니다. 위대한 의사 엘리사밧이 아마디스의 상처를 치료했고, 그는 회복되었습니다(253쪽).

그처럼 중세의 필사본과 르네상스 시대 초판본은 완전히 다른 사회적 분위기의 산물이다.

---

25 248~255쪽.

3. 2. 몬딸보와 1508년 사라고사 초판본

초판본 작가가 개작하고 새롭게 창작한 1~4권은 작가 사후 1508년에 사라고사에서 출판되었다. 이 인쇄본은 지금 스페인의 〈마드리드국립도서관〉과 〈대영도서관〉에 소장되어 있다. 5권인 『에스쁠란디안의 위업』은 1510년에 세비아에서 출판되었다는 기록이 남아 있지만 해당 판본은 지금 전해지지 않는다.26 인쇄본 이전에 존재한 완결된 중세의 필사본 3권도 사라졌다. 초판본 1~4권과 5권이 1496년에 세비아에서 인쇄업자 운굿과 뽈로노 Meinardo Ungut y Stanislao Polono에 의해 출판되었다는 설도 있다. 서지학자 에베르트 Friedrich Ebert가 남긴 메모에 "1496년에 세비아에서 출판된 위대한 아마디스 데 가울라 4권"27이라는 문구가 있기 때문이다. 정황상 작가 생전에 출판되지 않다가 갑자기 사후에 처음 출판되었다는 사실이 자연스럽지 않아 1496년도 판본이 존재했을 개연성도 있다. 하지만 에베르트의 메모 외 다른 증거는 없다.

---

26 세비아의 인쇄업자 하코보 크롬베르거Jacobo Cromberger가 1510년 7월 31일에 『에스쁠란디안의 위업』을 출판한 사실은 크리스토퍼 콜럼버스의 혼외 아들 꼴론Fernando Colón(1488 1539년)이 소유한 책 등록부Registrum 3,331번에 기록되어 있다. 거기에는 1530년까지 구매한 책의 가격, 출판연도와 장소가 명확하게 기재되어 있고, 그것을 통해 스페인에서 중남미로 어떤 책이 넘어갔는지를 알 수 있다. 5권의 후속작인 아마디스 시리즈 6권 『플로리산도』가 1510년 4월 15일에 출판되었으므로 5권은 당연히 1510년도 세비야 판본 이전에 출판되었어야 한다. 지금 남아 있는 가장 오래된 『에스쁠란디안의 위업』의 인쇄본은 빌야끼란Juan de Villaquirán이 똘레도에서 출판한 1521년도 판본이다. 사인스 델라 마사의 연구판 93~95쪽에 16세기 인쇄본 목록이 정리되어 있다. 1549년까지 최소 8번 인쇄되었고, 무적함대 원정이라는 국가적 이슈에 따라 기사소설이 잠깐 유행한 1586~1588년 동안에 3번 더 인쇄되었다.
27 "Los quatro libros del muy esforzado y muy virtuoso caballero Amadís de Gaula" (Sevilla: 1496).

라모스는 텍스트에 대한 면밀한 분석을 통해 1508년 이전에 최소한 2개의 인쇄본이 존재했으며, 1494~1495년부터 1497년 사이에 텍스트가 완성되었다고 주장한다.28 2008년 10월에 〈마드리드국립도서관〉이 주관한 '1508년, 아마디스 데 가울라: 기사소설 500년Amadís de Gaula, 1508: quinientos años de libros de caballerías' 특별전에서도 최초 인쇄본의 연도를 1496년경으로 추정하고 있다.29 몬딸보는 1504년 11월에 살아 있었고, 1505년에는 죽은 사람이었다. 게다가 초판본 작가가 살았던 메디나 델 깜뽀는 카스티야왕국의 도시이고, 1508년도 판본이 출판된 사라고사는 아라곤왕국 도시였다. 카스티야왕국과 아라곤왕국은 행정이 분리된 왕국이었다. 따라서 작가와 초판본 사이에는 연결고리를 찾기 어렵다. 그래서 작가가 살아 있을 때 카스티야왕국의 영향권 내에서 출판되었을 개연성을 무시할 수 없다. 방대한 분량을 인쇄하려면 큰 자본력이 필요하므로 1490년대에 출판되었다면 인쇄업이 번성한 세비야에서 만들어졌을 듯하다. 그래서 비록 증거는 없지만 1496년도 판본의 존재가 개연성 있게 들린다.

초판본 작가는 왜 필사본을 개작하고 많은 분량의 원고를 새로 썼을까.30

---

28 Rafael Ramos, "Para la fecha del *Amadís de Gaula*("Esta sancta guerra que contra los infieles comenzada tienen")", *Boletín de la Real Academia Española*, 74(1994), 503~521. 라모스는 〈또르데실야협정Tratado de Tordesilla〉과 알렉산더 6세의 면죄부 이후(1494~1495), 1497년에 있은 〈멜릴야Melilla정복〉 이전에 아미디스 시리즈 5권이 모두 완성되었다고 추정한다. 아마디스 시리즈 첫 4권이 1496년에 출판되었다는 설도 신빙성이 있다고 판단한다. 만약 1496년도 판본이 존재했다면, 그것은 당시 세비야에 있던 페르난도 왕에게 경의를 표하기 위해 소량 인쇄되었을 것이다.
29ttp://www.bne.es/es/Actividades/Exposiciones/Exposiciones2008/docs/visitaAmadis
30 이 질문을 다룬 연구는 다음 논문에 집약되어 있다. Emilio J. Sales Dasí, "Garci-Rodríguez de Montalvo, regidor de la noble villa de Medina del Campo", *Revista de Filología Española*, 79(1999), núm. 1/2, 123-158. 작가의 삶을 다루는 여러 연구가 서로 충돌하는 이유는 이름이 같거나 유사한 조카들이 존재하며, 특히 시리즈 5권 인쇄본 중에는 작가 이름을 Garci(또는 García) Gutiérrez de Montalvo로 표기해 혼란이 생겼기 때문이다.

이렇게 추정할 수 있다. 그는 1440년 무렵에 태어났다. 그의 집안은 카스티야의 부유한 상업 도시 메디나 델 깜뽀의 오랜 하급귀족이자 세금을 면제받는 일곱 개의 유력한 특권 가문 중 하나였다. 이 일곱 가문이 대대로 도시 행정을 맡고 있었으므로 이미 1476년에 초판본 작가는 도시의 일곱 행정관의 한 명이 되었다.

15세기 말, 가톨릭 군주 체제에서 도시 행정관은 왕에 의해 임명되고 자손에게 물려줄 수 있었으므로 가문의 흥망은 전적으로 이사벨 여왕에게 달려 있었다. 더구나 그는 도시의 행정관들과 여왕 사이에서 메신저 역할을 하는 특별한 직위를 맡고 있었다. 이 도시는 1467년 당시 이사벨 공주의 동생 알폰소 왕자(† 1468년)의 증여에 따라 공주 소유가 되었다. 공주가 여왕이 된 후 여왕의 보호 아래 대규모 시장이 형성될 수 있었고, 특히 1490년대가 되면 프랑크푸르트와 리옹처럼 큰 규모는 아닐지라도 국제적인 서적 거래와 서적박람회가 열리는 상업과 금융의 중심지였다. 따라서 도시의 생존과 이해관계로 인한 갈등도 여왕이 직접 결정했다. 여왕이 메디나 델 깜뽀에 부과한 세금 문제를 두고 유력 가문의 행정관들과 부를 키워가고 있던 평민 납세자가 대립한 사건도 결국 여왕에게 결정권이 있었다. 행정관들은 가문의 특권을 지키기 위해 여왕의 호의를 구해야 했다.

역사가들은 이사벨 여왕과 페르난도 왕의 정치 체제가 고위 귀족들과 대립한 시민 의회las Cortes에 우호적이었다고 평가한다. 하지만 페르난도 왕과 달리 이사벨 여왕은 카스티야왕국의 재정을 부담하는 의회를 강력하게 통제했고, 이사벨 여왕에게 메디나 델 깜뽀는 개인 영지 개념이 강한 도시였다. 여왕이 이 도시에 오래 머무르며 종교재판소 설립(1480년)을 비롯한 주요 국가 정책을 결정하고, 1504년 11월 26일에 세상을 떠난 곳도 그곳이었다.

이사벨 여왕은 이복오빠 엔리께 4세가 죽은 후 〈왕위계승전쟁〉(1475~1479년)과 〈그라나다전쟁〉(1482~1492년)을 치러야 했다. 당연히 메디나 델 깜뽀의 행정관 가문들도 전쟁을 수행해야 했다. 초판본 작가도 1482년의 그라나다 인근인 알아마Alhama에서 전투에 참전했다. 그는 새로 정복한 도시가 이슬람 세력 속에 고립되었을 때 도시를 사수할 병사 100명에 자원해 도시를 지켰고, 같은 해에 여왕은 그를 기사caballero로 임명했다. 이사벨 여왕을 잘 알던 그는 여왕 옆에서 궁정사회의 수많은 정치적 알력과 전쟁 등 격변하는 스페인 사회의 변화를 직접 보고 체험했으며, 여왕의 성공과 이루지 못한 꿈도 목격했다. 또한 가문의 면세 특권을 두고 제기된 시민들의 소송을 해결하려면 여왕의 특별한 호의가 필요했다. 그래서 메디나 델 깜뽀의 행정관은 아마디스 이야기를 개작하고 출판해 여왕에게 바치지 않았을까?

여왕의 호의를 얻기 위해 쓴 책이므로 작가는 책을 여왕이 죽은 1504년 이전에 출판했어야 한다. 그와 같은 배경에서는 왕을 아들 손에 죽게 만들고 왕비가 자살하도록 만드는 '오래된 필사본들'의 비극적 결말을 유지하기란 불가능했다.

여왕의 호의를 구하기 위해 작가는 1권 「서문」에서 이사벨 여왕과 페르난도 왕을 찬양했고, 5권 99장에서도 맥락에 어울리지 않게 '여왕 찬가'를 썼다. 아발예-아르세는 초판본 작가가 이사벨 여왕이 반대하는 비밀결혼에 증인으로 섰다가 후환이 두려워 이 부분을 나중에 추가했다고 해석한다.31 그 외에도 작가는 102장에 갑자기 '작가의 외침Exclamación del auctor'을 끼워 넣었는데, 거기에도 특별한 정치적 배경이 있다.

'작가의 외침'은 5권 「서문」의 연장이다. 가톨릭 군대와 이교도 군대의 거대한 전쟁을 다루는 5권의 「서문」은 '가톨릭세계의 위대한 왕들과 높으신 영주들'에게 하나님의 섭리를 강조하며 이교도에 맞서 성전聖戰에 참여할 것을 촉구한다. 102장에 나오는 '작가의 외침'도 동일한 주장을 길게 풀어낸다.

---

31 J. B. Avalle-Arce, *Amadís de Gaula: El primitivo y el de Montalvo*, México: FCE, 1990.
32. 1502년 6월 30일에 멘도사Rodrigo de Mendoza는 폰세까María de Fonseca와 비밀결혼을 감행했다. 이사벨 여왕은 그것에 반대했다. 여왕은 신부를 신부의 사촌과 결혼시키려 했고, 결국 그렇게 했다. 세네떼 후작은 감옥에 감금되었고, 작가는 여왕의 호의를 잃어버렸다. 그는 여왕을 위해 5권에 뭔가를 더 추가해야 했고, 그것이 99장의 '여왕 찬가'이다.

거기서 작가는 먼저 이사벨 여왕의 고통과 수고를 거론하면서 〈그라나다전쟁〉과 그 이후 이교도 세력을 물리치려는 여왕의 업적과 헌신을 열정적으로 찬양한다. 그리고 바다 건너 북아프리카와 지중해 동쪽의 이교도 세력이 성스러운 가톨릭 신앙에 얼마나 위협이 되는지도 강조한다. 하지만 위기를 인식하지 못하는 가톨릭세계의 영주들은 하나님의 정의를 세우는 과업에 나서지 않고 있다.

'작가의 외침'은 그들에게 가톨릭교도 간 내전을 멈추고 여왕이 주도하는 이교도와의 전쟁에 동참하라는 이사벨 여왕과 페르난도 왕의 주장을 그대로 따라간다. 작가는 이미 4권 111장에 나오는 브리튼-로마 연합군과 아마디스 가문의 대규모 전쟁을 두고 기독교세계의 내전을 한탄한다.

> 그 전쟁에 모든 기독교세계의 영웅들이 참전했고, 그날 심각한 타격을 입고 말았으니, 아무리 긴 시간이 흐른다 해도 상처는 쉽게 치유되기 어려웠다. 그런즉 그 전쟁은 왕들과 고위 귀족들에게 좋은 본보기가 되리니, …… 그들의 실수와 욕심으로 인해 무고한 사람이 수없이 죽고 말았다(1,477쪽).

〈그라나다전쟁〉 비용을 마련하기 위해 1479년에 교황 식스투스 4세가 발행을 허가한 면죄부의 표제가 〈십자군 면죄부〉였듯이 〈그라나다전쟁〉 이후 이사벨 여왕의 십자군 열망은 더욱 뜨거워져 북아프리카 정복과 예루살렘 정복으로 확장되었다. 여왕은 그라나다 정복, 북아프리카 원정을 거쳐 포르투갈 및 영국과 연합해 예루살렘 탈환을 위한 대규모 십자군원정을 꿈꾸었다. 그라나다 원정 이후 스페인 연합군과 프랑스가 나폴리왕국을 놓고 싸운 〈1차 이탈리아전쟁〉(1494~1498년)의 발발, 프랑스에 맞선 〈교황청연합군Santa Liga〉(1495년)의 결성, 알깔라 데 에나레스에서 이루어진 프랑스와의 휴전 협정(1497년)이 있었다. 가톨릭세계의 영주들이 서로 싸운 〈이탈리아전쟁〉은 현실이었고, 모두 힘을 모아 이교도와 싸워야 할 십자군원정은 이상이었다.

스페인은 국가적 에너지를 이탈리아에 쏟을 수밖에 없었고, 십자군이 아니라 이탈리아 원정은 초판본 작가의 희망과 부합하지 않았다.32 다만 1500년 12월에 있은 '위대한 사령관' 곤잘로 페르난데스 데 꼬르도바(Gran Capitán Gonzalo Fernández de Córdoba)가 그리스 서쪽 해안의 케팔로니아 섬에서 벌인 전투(베네치아와 튀르키예의 3차 전투)의 승리가 왕비에게 그나마 위안이 되었을 것이다.

그처럼 튀르키예의 위협과 십자군전쟁의 분위기가 시리즈 5권의 배경을 이룬다.33 자신과 가문의 특권을 보호하려는 메디나 델 깜뽀의 행정관은 여왕의 호의를 얻어야 했지만 여왕의 호의를 얻기 위해 왜 군이 문학을 선택했는지는 여전히 베일에 가려져 있다. 그렇지만 행정관은 기사 이야기에 심취했다. 살루스티우스(Sallustius)와 리비우스(Titus Livius) 같은 고전 역사가의 책도, 트로이전쟁과 십자군전쟁 이야기도, 보카치오의 저작도 읽었을 만큼 역사와 문학에 친숙했다. 〈그라나다전쟁〉에 참여해 기사 작위도 얻었다. 더구나 십자군을 신의 섭리로 생각한 이사벨 여왕의 국가적 열망을 공유했다면 그가 펜을 들 이유는 충분하다.

십자군의 열망을 담은 문학 텍스트 집필은 단순히 여왕의 호의를 구하는

---

32 십자군 추진은 이사벨 여왕의 유언장에도 명시되어 있다(*Testamento y codicilo de la reina Isabel la Católica: 12 de octubre y 23 de noviembre de 1504*, Madrid: Ministerio de Educación y Ciencia, 2013). "아프리카 정복과 이교도에 맞서 신앙을 수호하는 과업을 멈추지 말라(no çesen en la conquista de Africa e de pugnar por la fe contra los ynfieles)" 여왕의 유언은 페르난도 왕과 카를로스 1세의 북아프리카 원정으로 구현되었다.

33 Emilio José Sales Dasí, "Visión literaria y sueño nacional en Las *Sergas de Esplandián*", en Juan Paredes Núñez(ed.), *Medioevo y Liyeratura, Actas del V Congreso de la Asociación Hispánica de Literatura Medieval*, 4 vols.,Granada: Univ. de Granada, 1995, IV, 273-288.

차원을 넘어 작가 자신의 종교적 열정을 동시대 스페인 사람들에게 고취하기 위한 수단이었을 수도 있다. 5권에서 십자군전쟁의 승리를 실현하는 인물은 에스쁠란디안이다. 가톨릭세계를 규합해 이교도와 전쟁을 치를 새로운 십자군을 문학으로 실현한 5권은 그라나다 정복 이전부터 추진된 "새로운 이사벨 시대의 프로파간다obra propagandística de la nueva era isabelina"34였다. 이사벨 여왕 사후 페르난도 왕은 북아프리카 원정에 나섰다. 그의 원정은 1505년의 〈마살끼비르Mazalquivir정복〉, 1508년의 고메라Peñón de Vélez de la Gomera정복, 시스네로스추기경Francisco Jiménez de Cisneros(14 36~1517년)이 주도한 1509년의 〈오란Orán정복〉으로 이어졌다.

그렇다면 개작과 창작은 언제 이루어졌을까? 5권 102장에 있는 '작가의 외침'은 〈그라나다정복〉 이후 상황을 배경으로 하므로 5권은 당연히 1492년 이후에 완성되었다. 1권 「서문」도 〈그라나다정복〉을 언급하며 살아 있는 이사벨 여왕과 페르난도 왕을 찬양하고 있으므로 넓게 보면 1492~1504년 사이에 쓰였다. 앞서 언급된 살레스 다시Sales Dasí의 논문은 스페인 사회의 십자군 분위기를 언급하며 초판본 작가가 1495~1497년 사이, 특히 1495년 말에 개작과 창작을 사실상 완료했으리라고 추정한다.

라모스도 같은 의견이다.35 5권의 연구판을 만든 사인스 델라 마사도 『에스쁠란디안의 위업』이 1495~1497년 사이에 마무리되었다고 말한다. 1~4권 연구판을 만든 까초 블레꾸아와 미세한 차이가 있지만 사실상 같은 의견이다. 그때는 스페인에서 십자군의 열망이 고양된 시점으로 프랑스와 휴전협정을 맺기 이전이고, 북아프리카의 〈멜리야정복〉 이전이다.36

---

34 Anthony van Beysterveldt, "La transformación de la misión del caballero andante", *Zeitschrift für Romanische Philologie*, 98(1981), 352-369. 스페인 십자군의 무어인 정복은 하나님의 계시라는 프로파간다를 말한다.
35 Rafael Ramos, "Para la fecha del Amadís de Gaula ……"

하지만 과거에는 개작 및 창작 시기에 이견이 존재했다. 플레이스를 비롯한 일부 연구자는 4권 133장(1,749쪽)에서 왕과 귀족들의 불화로 야기된 전쟁이 엔리께 4세 재위 동안 벌어진 왕과 귀족들 간의 갈등 양상을 기술하고 있다고 생각해 아마디스 개작이 엔리께 4세가 죽은 1474년 이전에 시작되었다고 추정한다.37 그런 갈등 상황은 엔리께 4세의 마지막 십 년 동안 일어났기 때문이다. 그래서 개작은 1470~145년에 처음 시작되었고, 〈그라나다 정복〉 전에 『아마디스 데 가울라』의 일부와 『에스쁠란디안의 위업』 1~97장이 완성되었다.

그리고 1492년의 〈그라나다정복〉 이후 다시 개작이 이어졌다. 두 번의 개작이 이루어졌다는 뜻이다. 그러나 지금 그와 같은 주장은 받아들여지지 않는다. 관용적 표현을 역사적 상황과 연결해 잘못된 결론을 도출했기 때문이다. 4권의 「서문」은 이교도와의 전쟁을, 5권 102장은 유대인 추방을 언급하고 있으므로 개작은 1492년 이후에 끝나야 한다. 한편 초판본 작가가 1502년에 세네떼 후작의 비밀결혼에 증인으로 섰기 때문에 5권 99장에 '여왕 찬가'가 삽입되었다면 이 작업은 1502년 이후에 이루어졌어야 한다. 그런데 같은 99장에 '이교도와 싸우는 성스러운 전쟁이 이미 시작되었다sancta guerra que contra los infieles començada tienen'는 문구가 등장한다. 이 '성스러운 전쟁'이 〈그라나다정복〉을 의미한다면 이 부분은 1482~1492년 사이에 쓰였어야 한다. 하지만 시기적으로 서로 맞지 않는다. 5권 99장이 1502년 이후에 쓰였으면 이 '성스러운 전쟁'은 북아프리카 원정이 되어야 한다. 개작이 〈그라나다정복〉 직후에 마무리되었다면 '여왕 찬가'는 1502년 이후 추가되어야 하고, 그

---

36 『에스쁠란디안의 위업』, 「서문」, 23쪽.
37 E. B. Place, "Montalvo's Outrageous Recantation", *Hispanic Review*, 37(1969), 192-194; Anthony van Bersterveldt, "La transformación de la misión del caballero andante ……".

렇지 않다면 1502년의 비밀결혼과 무관하다.

    1508년도 사라고사 초판본이 만들어진 과정은 다음과 같이 정리된다. 초판본 작가는 텍스트를 세 부분으로 나누었다. 첫 부분은 아마디스 시리즈 1~3권, 두 번째는 4권, 그리고 세 번째는 5권이다. 「서문」도 1권, 4권, 5권 앞에만 붙였다. 「서문」은 텍스트를 완성한 후에 썼다. 1~3권의 「서문」은 4권의 「서문」보다 먼저 쓰였다.

    텍스트가 세 부분으로 나뉘므로 문체도 완연히 다르다. 1~3권과 달리 4권의 문체는 고풍스럽지만 지루하다. 사랑 장면은 사라졌고, 도덕적 훈계는 빠지지 않는다. 5권은 1~4권보다 더 종교적이고 국가적 담론에 충실하지만 다양한 사랑과 모험 장면이 사라지면서 세속적 재미는 줄어들었다. 첫 세 권의 문체가 중세 편력기사의 모험을 세속적으로 다루었다면 4권의 문체는 개작 과정에서 서로 다른 여러 작가의 스타일을 완전히 정돈하지 못한 듯하고, 5권은 16세기에 만들어진 연대기처럼 읽힌다.

    1~3권과 4권은 단기간에 만들어지지 않았고, 여기에 5권까지 고려하면 완결까지는 많은 시간이 소요되었다. 초판본 작가는 〈그라나다정복〉 전쟁 초기에 참전했다가 메디나 델 깜뽀로 돌아온 1482년 직후 개작을 시작했고, 〈그라나다정복〉 전후로 거의 마무리했다. 1482~1492년 직후까지 거의 완성된 텍스트에 작가는 1492년 이후 1권, 4권, 5권의 「서문」을 붙였다. 그리고 1496년 이후 시리즈 1~5권이 완성되어 유포되기 시작했고, 어쩌면 이후 추가 작업이 더 있었을 수도 있다.

    텍스트가 만들어진 긴 과정에는 두 개의 정치적 현실이 작용했다. 하나는 이사벨 여왕의 왕위계승을 둘러싼 전쟁이고, 다른 하나는 〈그라나다정복〉 이후 불거진 십자군원정과 팽창하는 스페인 제국주의이다. 전자는 4권에서 아마디스와 기사들이 오리아나의 상속권을 빼앗는 부당한 결정을 한 리수아르떼 왕에 맞서 싸운 전쟁에 반영되어 있다. 이 전쟁 상황은 1474년의 엔리께 4세의 죽음 이후 이사벨 공주가 왕위에 등극하는 과정과 직접적으로 연결되어 있다. 두 차례에 걸쳐 이사벨에게 원치 않는 결혼을 추진한 역사도 허구에 그대로 반영되었다. 오리아나의 강압적인 정략결혼, 상속권 박탈, 그리고 왕위계승권을 둘러싼 전쟁은 현실 정치에서 가져왔다.

현실과 허구의 중첩은 당대 독자들도 인지하고 있던 사실로 대중적 관심을 촉발하는 하나의 계기였다. 후자는 모든 가톨릭 세력이 이교도와 싸우는 〈콘스탄티노플전쟁〉으로 5권에서 구현되었다. 실제 배경은 1479년의 십자군원정으로 선포된 〈그라나다정복〉, 1480년에 있은 오스만제국의 이탈리아 〈오트란토Otranto정복〉과 수복, 1493년 3월에 있은 콜럼버스의 귀환, 1493~1495년의 북아프리카 원정, 1495년부터 가시화된 오스만제국의 팽창, 1495~1497년의 〈1차 이탈리아전쟁〉, 1497년에 메디나 델 깜뽀에서 체결된 휴전으로 이어졌다.

메디나 델 깜뽀의 행정관이 오랜 시간 동안 개작하고 새로 쓴 원고가 1496년에 세비아에서 출판되었다면 1496년도 판본은 1508년도 판본처럼 완결된 형태가 아니라 축약본이거나 일부분만 출판되었을 것이다. 당시 출판된 기사 이야기들은 50~60쪽 이내의 짧은 기사 이야기가 주류였기 때문이다. 그런데 왜 세비아일까?

4

문학시장, 아마디스 시리즈,
16세기 스페인의 기사소설

4. 1. 인쇄술의 도입과 초기 문학시장의 인쇄인들

중세의 필사본은 주로 교회와 수도원의 필사실scriptorium에서 만들어지거나 왕과 귀족의 지원으로 만들어졌고, 대학교나 도시의 작은 필사 공방工房에서도 주문에 따라 소규모로 제작되었다. 다수의 생산자와 소비자가 책을 거래하는 시장은 존재하지 않았다. 책은 매우 비싸고 희귀한 귀중품이었다.

그런데 인쇄술이 도입되면서 필사에서 인쇄로 전환되었다. 그러한 기술적 변화는 1490년대부터 본격적으로 책의 생산과 소비 구조를 바꾸었다. 대중을 위한 문학시장이 형성된 것이다. 문학 텍스트를 하나의 상품으로 만들어 문학시장에 내놓은 사람은 작가가 아니라 자본을 투자한 인쇄인이나 서적상이었다. 가령 페르난도 데 로하스Fernando de Rojas의 『셀레스티나*La Celestina*』를 문학시장의 베스트셀러로 만들어낸 사람은 부르고스 판본(1499년)을 인쇄한 파드리께 데 바실레아Fadrique de Basilea, 똘레도 판본(1500년)을 인쇄한 뻬드로 아헨바흐Pedro Hagenbach, 16세기 전반에 세비아에서 인쇄소를 운영한 하꼬보 크롬베르거와 그의 아들 후안Juan Cromberger이었다. 『셀레스티나』가 베스트셀러가 되면서 그와 유사한 텍스트를 제작하는 문학 공방이 생겼고, 이 공방은 인쇄인들과 매우 밀접하게 연계해 세 편의 후속작과 유사한 줄거리를 가진 다른 작품들을 생산했다.[1] 그렇게 하나의 작품이 시리즈물을 형성

---

[1] 『셀레스티나』의 후속작은 펠리시아노 데 실바Feliciano de Silva(1468~1554년)의 『두 번째 셀레스티나*Segunda comedia de Celestina*』(메디나 델 깜뽀, 1534년), 고메스 데 똘레도 Gaspar Gómez de Toledo의 『세 번째 셀레스티나*Tercera parte de la Tragicomedia de*

하면서 하나의 장르가 되고 대중적 취향과 유행을 만들었다. 이 시대의 베스트셀러였던 『아마디스 데 가울라』도 마찬가지였다.2 초판본의 상업적 성공은 아마디스 시리즈로 이어졌고, 동시에 기사소설이라는 장르가 만들어졌다. 아마디스 시리즈와 새로운 기사소설을 생산한 주체도 문학 공방과 인쇄인들이었다.

그래서 『셀레스티나』 후속편을 비롯해 그와 유사한 텍스트들로 구성된

Celestina』(메디나 델 깜뽀, 1536년), 그리고 네 번째 셀레스티나 시리즈인 무뇬Sancho de Muñón의 『리산드로와 로셀리아의 희비극Tragicomedia de Lisandro y Roselia』(살라만까, 1542년)이다. 이 세 작품은 『셀레스티나』에 등장한 인물과 직간접적으로 연결된 인물이 등장하는 텍스트이다. 그 외에도 『셀레스티나』와 유사한 텍스트로는 페르난데스Sebastián Fernández 의 『뽈리시아나 희비극Tragicomedia Policiana』(똘레도, 1547년), 플로리안Juan Rodríguez Florián의 『플로리네아 희극Comedia Florinea』(메디나 델 깜뽀, 1554년), 셀바고(Alonso Villegas Selvago)의 『셀바히아 희극Comedia Selvagia』(똘레도, 1554년) 등이 있다. 『셀레스티나』와 후속작들은 발데스Fernando de Valdés 대주교가 만든 종교재판소의 1559년 금서목록에 올랐고, 이후에는 새로운 작품이 나오지 않았다. 『두 번째 셀레스티나』의 저자 데 실바가 가장 대표적인 문학 공방의 작가이자 베스트셀러 후속작 전문작가였다. 그는 아마디스 시리즈에도 개입해 시리즈 7권, 9권, 10권, 11권, 13권을 썼다. 문학 공방 또는 더 구체적으로 소설 공방 Taller de novelas이라는 용어는 뻴라요가 『소설의 기원』, I, 407쪽에서 처음 사용했다. "그 무렵 위대한 문학 사업가가 등장해 스페인에서, 어쩌면 전 유럽에서 처음으로 소설 공방을 열었고, 거기서 대충 만든 아마디스 시리즈 세 권을 생산했다."
2 휜놈Keith Whinnom의 논문에 따르면, 16~17세기에 인쇄된 『셀레스티나』 판본을 비어즐리 Theodore Beardsley는 39개 찾았고, 빨라우Antonio Palau는 48개, 시몬 디아스José Simón Díaz는 84개 찾았다. 헤리엇J. Homer Herriott은 1600년 이전에만 187개의 판본이 있었다고 했다. 스페인어 판본 외에도 프랑스어 판본 12개, 이탈리아어 판본 11개 , 독일어 판본 3개, 네덜란드어 판본 3개, 라틴어 판본 2개, 영어 판본 2개, 카탈루냐어 판본 1개가 출판되었다. 단일 작품으로는 『셀레스티나』가 가장 많은 판본이 인쇄되었지만 『아마디스 데 가울라』는 시리즈 각 권을 모두 합치면 『셀레스티나』보다 더 많이 인쇄되었다. 단일 작품의 인쇄 횟수는 『셀레스티나』에 이어 『구스만 데 알파라체Guzmán de Alfarache』, 『디아나 Los siete libros de la Diana』, 『아마디스 데 가울라』, 『사랑의 감옥』, 『돈키호테』 순이다 (191~193쪽). 그러나 인쇄 횟수가 인쇄된 책의 부수와 같은 의미는 아니고, '잃어버린 판본'과 '해적판'을 고려하면 서지학자들이 모은 판본 수에는 의심의 여지가 있다. "The problem of the 'best-seller' in Spanish Golden Age literature", Bulletin of Hispanic Studies, 57(1980), 189-198.

'셀레스티나 장르'와 『아마디스 데 가울라』에서 시작된 기사소설은 인쇄인들이 만든 "출판사 기획 장르género editorial"3라고 할 수 있다. 이 '출판사 기획 장르'에는 15세기 말부터 16세기 전반에 인쇄된 〈짧은 기사 이야기〉와 아서 왕 시리즈도 포함된다. 따라서 『아마디스 데 가울라』의 상업적 성공을 이해하려면 이 시기의 문학시장을 살펴보아야 한다.

1455년 무렵에 독일의 마인츠에서 구텐베르크가 활판을 사용해 『42행 성경』을 인쇄했다. 인쇄술은 독일의 도시들에서 시작되었지만 이탈리아에서 성업했다. 1465년에 이탈리아에서 인쇄소가 처음 만들어졌고, 1480년에는 이미 이탈리아의 50여 도시에 인쇄소가 세워졌다. 특히 베네치아는 지리적 요건, 풍부한 자본, 활발한 지식 활동, 세속적 특성 등을 바탕으로 명실상부한 '인쇄업의 수도'로 떠올랐다. 1480~1482년 사이에 베네치아는 156권의 책을 출판했고, 밀라노(82권), 아우크스부르크(67권), 뉘른베르크(53권), 피렌체(48권), 쾰른(44권), 파리(35권), 로마(34권) 순으로 인쇄업이 성장하고 있었다.4 국가의 중앙통제적 힘이 상대적으로 약하고 상업이 크게 발달한 이탈리아 북부와 독일 남부 도시들이 인쇄업을 먼저 수용한 사실에서 알 수 있듯이 초기의 출판업은 자유로운 도시의 산업이자 르네상스의 산물이었다.

금속 인쇄술은 기술적 진보를 뛰어넘어 사회의 모든 영역에서 현대의 정보화시대와 비견될만한 획기적 변화를 초래했다. 스타인버그 말처럼 "인쇄술이 가져온 영향을 고려하지 않는다면 어떤 정치적, 제도적, 종교적, 경제적 사건도 이해될 수 없으며, 사회적 움직임이나 철학적, 문학적 흐름도 설명되지 못한다."5 인쇄술은 지식과 정보를 대량 생산해 더 빨리 전파했고,

---

3 Victor Infantes, "La Prosa de ficción renacentista: los géneros literarios y el género editorial", *Journal of Hispanic Philology*, 13(1989), 115-124.
4 뤼시앵 페브르, 장 앙리 마르탱, 『책의 탄생』, 강주헌 & 배영란 역, 돌베개, 2014, 318~319쪽.
5 Sigfrid Henry Steinberg, *Five Hundred Years of Printing*, London: British Library, 1996, 11.

그 결과 대중에게 지식과 정보가 개방되는 새로운 시대를 만들어냈다. 그래서 인쇄술을 '세상을 정복할 수 있는 납으로 만든 병사들의 군대Ejército de los soldados de plomo con que se puede conquistar el mundo'라고 했다.

필사본에서 활판 활자 인쇄술로 전환되는 시기는 스페인문학사에서 중세에서 르네상스로 이행하는 전환기와 정확하게 일치한다. 넓게 보면 1470년대에서 1510년대까지, 좁게 보면 1490년대이다. 인과 관계는 분명하다. 스페인문학에서 르네상스로의 전환기는 1490년대이며, 이 무렵을 기준으로 활판을 부식시키는 인쇄 방식이 활판에 '활자'를 꽂아 인쇄하는 활자 인쇄로 전환되었다. 1500년 이전의 인쇄물이 '인쿠나불라'이다. 양피지에서 종이 필사로, 필사에서 활판인쇄로, 활판인쇄에서 '움직이는 활자letras móviles' 인쇄로 진화하는 기술적 진보로 인해 문학의 생산(창작), 유통, 소비(독서와 낭송) 과정도 완전히 달라졌다. 인쇄인도 단순한 기술자가 아니라 인쇄할 책을 선정하고 판형을 만드는 편집인이자 사업가로 변신했다.

기술이 진보했어도 초기 문학시장에서 책은 여전히 고가품이었다. 책을 만드는 재료와 도구 역시 대부분 프랑스와 이탈리아에서 수입한 고가품이었다. 특히 값비싼 양질의 종이는 이탈리아에서 수입했다. 스페인에서 만든 종이와 활자는 17세기까지도 질이 낮았고, 당연히 스페인산 재료는 수입품보다 가격이 낮았다. 인쇄술을 가진 사람도 처음에는 독일 출신 외국인이었다. 인쇄술을 가진 외국인이 낯선 땅에서 사업을 시작하려면 초기 자본과 함께 확실한 이윤을 보장해 줄 권력의 후원이 필요했다. 종이, 잉크, 인쇄 도구의 수입 및 국내외 서적의 유통망과 지역 내 서점도 있어야 했다. 구텐베르크, 푸스트Johann Fust, 플랑탱Christophe Plantin 사례에서 볼 수 있듯이, 인쇄술은 자본과 결합해야만 산업이 된다.6

6 Henri-Jean Martin, *History and Power of Writing*, trans. Lydia G. Cochrane, Chicago: Univ. of Chicago Press, 1994, Ⅵ장과 Ⅶ장.

자본은 먼저 교회에서 나왔고, 그래서 아직 문학시장이 만들어지기 전에 외국에서 들어온 초기 인쇄인들은 교회를 주요 고객으로 삼지 못하면 사업을 유지할 수 없었다. 인쇄인들은 교회라는 고객을 유치하기 위해 경쟁해야 했고, 시장이 만들어진 이후에도 마찬가지였다. 그래서 도시 내 조합의 형성은 필수적이었고, 도시 간에도 협력과 연대를 이루었다. 인쇄인은 기본적으로 서적상과 공생 관계지만 성공한 인쇄인은 서점업으로 진출하고 반대로 서적상이 인쇄독점권과 자본을 바탕으로 인쇄인을 단순 하청업자로 활용하기도 했다. 서적상은 단순히 지역 내에서 책을 파는 서점 주인이지만 지역 간 또는 국제적 유통망을 갖춘 서적과 인쇄 용품 도매상이자 중개인mercator이기도 했고, 단지 수익이 확실한 책의 독점 출판권privilegio을 가진 사람이기도 했다.

16세기 중반 이후에는 자본을 서적상이 투자하고 인쇄인은 단순히 인쇄만 하는 경향이 두드러졌지만 이 경우에도 인쇄할 책을 선별하고 책을 상품으로 만들기 위한 작업은 인쇄인 몫이었다. 스페인의 초기 문학시장에서 인쇄인, 서점주, 서적상 그리고 재료상의 관계는 도시와 시기에 따라 다양했다. 특히 16세기 중반까지는 외국인 도매상이 지역의 서적상과 계약을 맺고 스페인의 한 지역에서 인쇄한 책을 다른 지역으로 공급하기도 했다.

1470년 이후 외국 출신 인쇄업자가 스페인의 각 도시에 정착하기 시작할 무렵 인쇄인의 주 고객은 교회였고, 생산된 품목은 왕실과 교회가 필요로 하는 공적 인쇄물과 교육용 도서였다. 종교적 가르침과 교회의 전례 안내서, 기도서, 행사 기록물, 사제 교육을 위한 라틴어 텍스트, 법령 인쇄, 그리고 면죄부가 그것이었다. 교회 발주 물량의 가장 큰 장점은 판매 성과에 대한 위험 부담 없이 인쇄권 확보와 인쇄물 납품만으로 수익이 보장되는 데 있었다.7

---

7 1506년에 바르셀로나의 인쇄업자 루쉬너Luschner는 〈메르셋Merced수도회〉와 6개월 이내에 미사 전례집 160권을 납품하기로 계약하면서 금화 160두까도ducado를 받기로 했다. 루쉬너의 정산서에는 종이 60두까도, 인쇄비 40두까도가 들었고, 수익은 60두까도였다고 기록되어 있

특히 자본이 영세한 초기 인쇄인들에게 면죄부는 단면이면서 많은 양을 인쇄했기 때문에 경제적으로 매우 큰 이권이 걸려 있었다. 그만큼 면죄부 인쇄를 수주하기 위한 인쇄업자들의 경쟁은 치열했다.

기존 인쇄인과 새롭게 인쇄업에 뛰어든 서적상 간의 경쟁은 〈시망까스문서보관소Archivo General de Simancas〉에 소장된 편지에서 사례를 찾을 수 있다. 1517년에 발야돌리드의 왕실 인쇄인impresor real 길엔 데 브로까르Arnao Guillén de Brocar는 같은 도시의 독일인 서적상 가스빠르Gaspar Alemán librero vezino de Valladolid가 십자군원정 비용을 조달하기 위해 새로 판매할 면죄부 인쇄권을 확보하려고 그때 플랑드르에 있던 카스티야의 왕 카를로스 1세를 만나러 갔음을 알게 되었다. 브로까르는 면죄부 인쇄권을 유지하기 위해 후원자인 시스네로스 추기경에게 편지를 보냈다. 거기서 그는 가스빠르를 '인쇄술은 모르고 책만 파는 서적상Gaspar Aleman no sabe que cosa es ynpresion syno vender libros' 이라고 폄하하고, 자신은 국가와 교회에 필요한 인쇄물을 바치느라 많은 재산을 잃었다고 강변한다.8

면죄부는 교구에서 마음대로 찍어낼 수 없었다. 왕실과 교회와 〈로마교황청〉 간의 미묘한 역학 관계가 작용하고 있어 면죄부 발행 결정과 인쇄업자 선정은 실질적 권력자에게 달려 있었다.

인쇄업자가 늘어나면서 1470~1480년대의 초기 인쇄업자들은 기존의 교회와 왕실의 발주 물량에 한계가 왔음을 알게 되었다. 그들은 새로운 상품을 발굴해야 했다. 인쇄인은 팔릴 만한 책 즉 대중이 사고 싶은 책을 선별해야 했고, 그것을 위해 국내외에서 이미 상품성이 입증된 텍스트가 무엇인지

다(Frederick J. Norton, *La Imprenta en España 1501-1520*, ed. anotada con nuevo Índice de libros impresos en España 1501-1520 por Julián Martín Abad, Madrid: Ollero & Ramos, 1997, 168-169쪽).
8 앞의 책, 207~208쪽.

부터 찾아보았다.

그처럼 문학시장의 원동력은 당연히 이익을 추구하는 인쇄업자들의 욕망이었다. 그래서 인쇄술의 도입 초기에는 '누가, 왜 시장에 내놓았느냐?'가 중요했다. 1490년대부터 본격화된 문학시장에서 생산자와 소비자는 서로 영향을 주고받았고, 이 상호 반응을 통해 대중의 취향과 유행이 만들어졌다. 센티멘탈 소설, 기사소설, 피카레스크소설, 목가소설, 무어인 소설, 비잔틴소설로 변천해가는 스페인의 황금세기(16~17세기) 문학의 소설 장르도 문학시장에서 만들어진 하나의 유행이었다. 그렇게 대중은 점차 교회를 대체해 시장의 주인이 되기 시작했다.9 라틴어로 인쇄된 책이 교회의 교리와 전례 그리고 세속 세계의 지식을 전달했다면 대중을 위한 상품은 카스티야어로 인쇄되었다.

인쇄술의 도입 초기에 스페인의 주요 도시에서 활동한 인쇄인 중 처음 스페인으로 건너온 사람은 이탈리아에서 활동하던 하이델베르크 출신의 파리스Juan Párix de Heidelberg였다. 그가 1472년에 아리아스 다빌라Juan Arias Dávila 주교의 부름을 받고 로마에서 세고비아로 이주해 활판인쇄를 시작하면서 스페인 인쇄의 역사가 시작되었다. 아리아스 다빌라 주교는 1466년에 카스티야왕국의 엔리께 4세의 지원을 받아 교구 사제를 교육하기 위한 기관 〈세고비아 일반학교Estudio General de Segovia〉를 설립했고, 파리스를 데려다 그들을 교육하기 위한 교재를 인쇄하고자 했다. 처음 정착한 초기 인쇄인들이 대부분 그러했듯이, 파리스는 인쇄기를 마차에 싣고 여기저기 돌아다니며 인쇄하던 '유랑 인쇄인impresor ambulante'이었다. 그처럼 스페인에 인쇄술이 도입되던

---

9 당시 유럽 각국에서 인쇄된 책 중 자국어로 쓰인 책 비율은 스페인이 50% 이상으로 가장 높았다. 이탈리아는 21%, 독일은 24%, 프랑스는 35%였다(José Manuel Lucía Mejías, "Los libros de caballerías y la imprenta", en *Amadís de Gaula 1508. Quinientos años de libros de caballerías*, Madrid: Biblioteca Nacional de Madrid & SECC, 2008, 101).

시기에는 다음과 같은 특징이 있었다.

1) 스페인의 각 도시에 정착한 초기 인쇄인은 외국인이었고, 거의 모두 독일 출신이었다.
2) 그들은 교회와 수도원이 발주한 문건을 인쇄하기 위해 초빙되었으므로 교회가 기본 수입원이었다.
3) 그들은 독일과 이탈리아의 도시에서 인쇄업을 하다가 스페인으로 옮겨왔다. 그들이 가져온 활판과 글자는 이탈리아산letra redonda o romana이었고, 이 글자체가 스페인 인쿠나불라의 다수를 차지했다.

출판 장소가 시기가 명기된 문건 중 남아 있는 스페인 최초의 인쇄물 『아길라푸엔떼 교구 회의록Sinodal de Aguilafuente』은 1472년에 파리스가 인쇄했다. 하지만 그는 세고비아에 정착하지 않았다.[10] 1472~1474년에 교회가 발주한 물량 9권을 모두 인쇄한 뒤 1475년에 툴루즈로 떠났고, 그곳에 정착해 인쇄업을 이어갔다. 그가 떠난 이유는 마르띠네스 데 오스마Pedro Martínez de Osma가 쓴 『고해성사De Confessione』을 인쇄하는 바람에 교회와 갈등을 빚었기 때문이다. 파리스가 아홉 번째로 인쇄한 오스마의 책은 1478년에 사라고사의 종교재판소가 교회의 사면권과 면죄부의 권능을 다룬 부분에 이교적 내용이 있다고 공시했고, 다음 해 알깔라 데 에나레스에서 열린 신학자회의Junta de Teólogos는 해당 결정을 추인했다. 이 책은 공개적으로 불태워졌고 지금은 한 권도 남아 있지 않다. 이 사례는 교회와 인쇄업자의 갈등, 교회와 문학시장의 갈등을 예고한다.

10 이 문건은 1472년 6월에 아길라푸엔떼에서 열린 세고비아 교구 사제들의 회의 내용을 기록한 인쇄물이다. 스페인 최초로 인쇄된 '문학작품'은 1474년에 발렌시아에서 빨마르Lambert Palmart가 인쇄한 『성모 마리아 찬가Obres o trobes en lahors de la Verge Maria』이다.

1470년 이후 각 도시에 유입된 외국인 인쇄업자는 한 도시에 정착한 사람도 있고, 떠난 사람도 있으며, 여러 도시를 옮겨 다닌 사람도 있다. 그들은 나중에 인쇄술을 이어받은 스페인 출신의 인쇄업자와 경쟁하고 협력했다. 세고비아에 이어 1473년부터 세비야, 바르셀로나, 발렌시아, 똘레도 등 스페인의 각 도시에 독일 출신 인쇄업자가 자리 잡았다. 한 도시에 각자 독립된 인쇄소를 가진 여러 명의 인쇄인이 동시에 활동하기도 하고, 여러 인쇄인이 조합 형태로 같은 활자와 활자판을 공유한 사례도 있다. 1473년에 세비야, 바르셀로나, 발렌시아에 인쇄소가 설치되고, 1475년에 사라고사, 1481년에 발야돌리드, 1485년에 부르고스에서도 인쇄가 시작되었다.11

　초기 문학시장의 중심은 세비야였다. 중세 이래 그곳은 스페인 내륙 지역으로 상품을 유통할 수 있는 국제항이었으며, 신대륙 발견 이후에는 아메리카 무역을 독점했다. 1470년대 초반에 세비야에 두 독일인 인쇄조합이 정착했으나 누군지 모른다. 세비야에서 최초로 인쇄된 문건은 「기니와 카나리아 제도 선교를 위한 면죄부Bula de indulgencias en favor de la cristianización de Guinea y las Islas Canarias」이다. 1472년 말 또는 1473년 초에 인쇄되었는데, 누가 인쇄했는지 모른다. 인쇄인과 연도가 확실한 책은 1477년에 세 명의 인쇄인 조합(안또니오 마르띠네스Antonio Martínez, 알폰소 델 뿌에르또Alfonso del Puerto, 바르똘

---

11 스페인의 각 도시에 인쇄소가 설립된 연대는 다음과 같다. 꼬리아Coria(1489년), 헤로나Gerona(1495~1497년), 그라나다(1496년), 과달라하라Guadalajara(1476~1482년), 이하르Híjar(1485~1490년), 우에떼Huete(1484~1485년), 레리다Lérida(1479~1498년), 몬도녜도Mondoñedo(1495~1496년), 몬떼레이Monterrey(1494~1510년), 〈몬세랏수도원Monasterio de Montserrat〉(1499~1500년), 무르시아Murcia(1484년, 1487년), 마요르카Palma de Mallorca(1485~1488년), 빰쁠로나Pamplona(1490~1501년), 라뿌에블라 데 몬딸반La Puebla de Montalbán(1475~1479년), 따라고나Tarragona(1484년, 1498~1500년), 또르또사Tortosa(1477년), 발예에르모사Valldehermosa(1485~1487년), 사모라Zamora(1482~1500년)(노튼, 같은 책. 227쪽).

1473~1520년 사이 인쇄소가 있던 교구

로메 세구라(Bartolomé Segura)이 출판한 디아스 데 몬딸보(Alonso Díaz de Montalvo)의 『니콜로 데 투데스키 교회법 총서(Repertorium quaestionum super Nicolaum de Tudeschis in libros Decretalium』였다. 이 조합은 1486년까지 활동했다.

인쇄인들은 1470~1480년대에 세비아에 간헐적으로 등장했다가 사라졌고, 1490년대에는 두 개의 인쇄조합이 페르난도 왕과 이사벨 여왕의 부름을 받아 새롭게 등장했다. 1490년에 첫 인쇄물 『라틴어와 스페인어 사전 Vocabulario universal en latín y en romance』을 내놓은 '네 명의 독일인 조합(Cuatro Compañeros Alemanes'12과 나폴리에서 활동하다 1490년에 세비아에 정착한 '운

---

12 베네치아에서 넘어온 '네 명의 독일인 조합'은 꼴로니아(Pablo de Colonia, 뻬니쎄르 Juan Pegnitzer de Nuremberg, 에르브스트(Magno Herbst de Fils, 글로크너(Tomás Glockner로 구성되었다. 꼴로니아가 죽은 뒤에는 '세 명의 독일인 조합(Tres Compañeros Alemanes'으로 명

굿과 뽈로노 조합'이었다. 두 조합이 활동하면서 스페인에서 가장 융성한 이 도시에 출판 시대가 열렸다. 당시 세비야는 파리, 런던, 베네치아, 앤트워프처럼 해상 및 육상 교역의 중심지였다.

인쇄소가 세워지면서 곧바로 인쇄 재료와 서적이 국제적으로 유통되는 도시가 되고, 국내 유통망도 그곳을 기점으로 만들어졌다. '네 명의 독일인 조합'이 1492년에 인쇄한 산뻬드로Diego de San Pedro의 『사랑의 감옥』은 초기 문학시장의 첫 번째 베스트셀러였다. 스페인을 넘어 전 유럽으로 유포된 이 책의 까딸루냐어 번역본은 1493년에 바르셀로나에서 출판되었고, 이탈리아어 번역본은 1515년에, 프랑스어 번역본은 1526년에, 영어 번역본은 1549년에, 독일어 번역본은 1630년에 출판되었다.

세비야의 인쇄인들은 이 텍스트의 성공을 보며 새롭게 열린 문학시장의 가능성을 확신했을 것이다. '운굿과 뽈로노 조합'은 초기에 교회와 관청에서 발주하는 법률서적을 인쇄했지만 곧바로 문학 텍스트를 인쇄하기 시작했고, 1496년에는 『데카메론』의 스페인어 번역본도 처음 출판했다. 운굿이 1499년에 죽은 후에도 뽈로노는 1502년까지 혼자 인쇄소를 운영했다. 그가 마지막으로 인쇄한 책이 16장으로 구성된 『셀레스티나』였다. 이후 『셀레스티나』는 5장이 추가된 21장으로 인쇄되었다.

16세기 전반에 세비야의 가장 중요한 인쇄인은 독일의 뉘른베르크 출신의 하꼬보 크롬베르거였다. 그는 '운굿과 뽈로노 조합' 인쇄소의 기술자였다

칭이 달라졌고, 글로크너가 빠진 1499년부터는 '독일인 조합Compañeros Alemanes'으로 표기되었다. 뻬니세르-에르브스트 조합은 1501~1502년 사이에 8권을 인쇄했는데, 거기에는 엔씨나Juan del Encina의 『시가집Cancionero』(재판본은 1501년)과 네브리하Antonio de Nebrija의 라틴어 문법책이 포함되었다. 1503년에는 뻬니세르 혼자 인쇄소를 운영하며 세 권을 인쇄했는데, 두 권은 세비야의 이탈리아 출신 서적상 가자니스Lázaro de Gazanis가 의뢰한 책이었다. 이 서적상은 1501년에 '뻬니세르-에르브스트 조합'이 인쇄한 엔씨나의 『시가집』을 다른 이탈리아 인쇄업자 레자리스Guido de Lezaris에게 의뢰하기도 했다.

4장 문학시장, 아마디스 시리즈, 16세기 스페인의 기사소설 **165**

가 운굿이 죽은 후 그의 부인과 결혼했다. 부인이 소유한 지분을 이어받아 뽈로노와 동업하다 뽈로노가 알깔라 데 에나레스로 떠난 후 그의 지분을 인수해 1503년부터 단독으로 인쇄소를 운영했다.13 하꼬보 크롬베르거는 교구, 교회, 프란시스코 수도회와 좋은 관계를 유지하며 전례와 법률서적을 인쇄했으며, 이미 1504년에 세비야의 가장 유력한 인쇄인이자 편집인, 서적상이 되었다. 특히 크롬베르거 가문의 인쇄소는 기사소설을 대량으로 제작, 유포했다. 1510년에 『에스쁠란디안의 위업』 판본을 인쇄한 사람도 하꼬보 크롬베르거였다.

그가 1528년에 죽은 뒤 아들 후안은 사업을 더욱 확장했고, 1539년에 멕시코시티에 아메리카대륙 최초의 인쇄소를 개설했다.14 그리고 1540년에

---

13 '뽈로노-크롬베르거 인쇄조합'은 1503년에 6권의 책을 인쇄하는데, 그중에는 페르난데스 데 산따엘야Fernández de Santaella가 번역한 마르코 폴로의 여행기와 네브리하의 『라틴어-스페인어 사전』이 포함되어 있다.

14 세비야의 '빠하리또calle Pajarito' 거리 입구에 있는 표지석에는 다음과 같이 적혀 있다. "이 거리는 1511년에 독일인 하꼬보 코롬베르거의 인쇄소가 있었기 때문에 '인쇄 거리calle de la Imprenta'로 불렸다. 그는 1503~1557년까지 스페인에서 가장 아름다운 고딕체의 진귀하고 독보적인 책들을 출판한 인쇄인 가문의 출발이었다. 이 인쇄소에서 기술자로 일한 빠블로스Juan Pablos는 멕시코로 건너가 1539년에 아메리카대륙 최초의 인쇄소를 세웠다. 그것은 크롬베르거가 소유한 세비야 인쇄소의 자회사였다." 빠블로스의 원래 이름은 빠올리Giovanni Paoli이다. 크롬베르거의 첫 인쇄소는 헤노바 가에 있었는데, 인쇄업이 번창하자 1511년에 마르몰레호 가calle Marmolejo로 옮겨 확장했고, 이 거리 이름이 '인쇄 거리'로 바뀌었다. 그가 인쇄한 기념비적 책은 인시소Martín Fernández de Enciso의 『세계 지리Suma Geographia』(1519년), 그리고 포르투갈의 마누엘 1세의 초청으로 리스본에서 1521년에 인쇄한 법령집이었다. 엄청난 부를 축적한 그는 부동산과 노예무역으로도 사업을 확장했고, 사위 누렘베르거Lázaro Nuremberger와 함께 중남미의 광산사업에도 투자했다. 아들 후안이 1540년에 죽자 살라만까의 서점 가문 출신이던 후안의 부인 말도나도Brígida Maldonado가 인쇄소를 운영했고, 후안의 아들 하꼬메가 1545년에 인쇄소를 물려받았다. 그때부터 크롬베르거 가문의 사업이 쇠락하기 시작했다. 외국에서 유입된 인쇄업자와 스페인 인쇄업자가 늘어나면서 경쟁이 격화되었고, 인쇄물의 품질도 떨어졌다. 더구나 경기 침체와 함께 출판법과 금서목록이 공표되면서 사업이 크게 위축되었다. 손자는 다른 사업에서 생긴 부채를 갚지 못해 여러 번 투옥되기도 했다. 결국 1557년 인쇄업을

후안이 죽었을 때 그의 창고에는 8,500권의 기사소설이 멕시코로 가기 위해 보관되어 있었다.15 스페인에서 가장 많은 기사소설을 인쇄해 시장에 내놓은 크롬베르거 인쇄소는 아래와 같이 48개의 기사소설을 출판했는데, 특히 초판본보다는 16세기 전반에 인기를 끈 기사소설의 재판본을 더 많이 인쇄했다. 이 인쇄소의 기사소설 판형이 유럽 기사소설의 전형이었다.

1507년: *Oliveros de Castilla*

1509년: *Oliveros de Castilla*

1510년: *Sergas de Esplandián; Oliveros de Castilla*

1511년, *Amadís de Gaula, Tristán de Leonís*

1512년: *Guarino Mesquino*

1525년: *Lisuarte de Grecia*(아마디스 시리즈 7권); *Reinaldos de Montalbán* 1~2권

1526년: *Amadís de Gaula; Lisuarte de Grecia*(아마디스 시리즈 8권)

1527년: *Clarián de Landanís* 1부 1권

1528년: *Tristán de Leonís*

1531년: *Amadís de Gaula*

1533년: *Reinaldos de Montalbán* 3권; *Tristán de Leonís; Espejo de caballerías* 2권

1534년: *Lepolemo* 1권

정리하고 아메리카로 넘어가 1560년에 죽었다.

15 Irving A. Leonard, *Los libros del conquistador*, México: Fondo de Cultura Económica, 1953, 116쪽. 중남미로 건너간 스페인 정복자들이 기사소설을 어떻게 가져가 소비했는지를 보여주는 기념비적인 연구이다. 작가는 15세기 말의 기사소설의 유행을 "독서가 민주화되는 진정한 시작점el verdadero principio de la democratización de las lecturas"(26쪽)이라고 표현한다.

1535년: *Amadís de Gaula*; *Clarián de Landanís* 1부 2권; *Oliveros de Castilla*

1536년: *Florisel de Niquea* 1~2부; *Palmerín de Oliva* 1권

1539년: *Amadís de Gaula*

1540년: *Palmerín de Oliva* 1권; *Primaleón* 2권

1541년: *Reinaldos de Montalbán* 3권

1542년: *Sergas de Esplandián*; *Amadís de Grecia*; *Lepolemo* 1권

1545년: *Reinaldos de Montalbán* 3권; *Cirongilio de Tracia*; *Espejo de caballerías*

1546년: *Florisel de Niquea* 3부; *Florisel de Niquea* 1~2부

1547년: *Amadís de Gaula*; *Palmerín de Oliva* 1권

1548년: *Reinaldos de Montalbán* 3권

1549년: *Amadís de Grecia*; *Espejo de caballerías* 2권; *Sergas de Esplandián*

1550년: *Lisuarte de Grecia*(아마디스 시리즈 7권); *Espejo de caballerías* 3권; *Reinaldos de Montalbán* 3권

1551년: *Rogel de Grecia*; *Espejo de caballerías* 1권

1552년: *Amadís de Gaula*

1553년: *Palmerín de Oliva* 1권

이 목록에 『기사 시파르』(1512년)도 추가되어야 한다. 크롬베르거 인쇄소가 중남미 교역을 독점한 세비아에 있었기 때문에 스페인의 기사소설은 유럽과 신대륙으로 쉽게 전파될 수 있었다.

바르셀로나와 발렌시아에도 1473년에 인쇄소가 있었다. 바르셀로나에는 보텔Enrique Botel, 홀츠Jorge von Holtz, 플랑크Juan Planck로 구성된 인쇄조합이 아리스토텔레스의 『니코마코스 윤리학Ethica ad Nicomachum, Politica, Oeconomica』을 인

쇄했다. 보텔과 플랑크는 1476년에 사라고사로 이주해 우루스Pablo Hurus와 동업했다. 우루스도 1475년에 잘츠부르그Juan de Salzburgo와 함께 바르셀로나에서 인쇄소를 운영한 적이 있었다.

1500년을 전후해 바르셀로나에서 가장 활발하게 활동한 인쇄인은 바르셀로나 출신 인쇄인이자 서적상인 뽀사Pere Posa와 독일 출신의 스뻰델레르Spindeler였다. 스뻰델레르는 브룬Pedro Brun(제노바 출신으로 나중에 세비야로 이주했다)과 함께 사라고사의 인쇄소에서 일하다가 1477년에 또르또사에서 같이 인쇄소를 차려 동업했고, 1478년에는 바르셀로나에서, 1484년에는 따라고나에서 인쇄업을 이어갔다. 1489년에는 마르또렐의 기사소설 『띠랑 로 블랑』을 인쇄하기로 계약을 맺고 발렌시아에서 인쇄업을 시작했다.16 리스Juan Rix가 인쇄비용을 투자한 『띠랑 로 블랑』은 1490년에 발렌시아에서 출판되었다.

발렌시아의 초기 인쇄업자들도 독일 출신이었다. 발렌시아에 정착한 독일인 중 빨마르트가 가장 두드러졌다. 그가 1473년 무렵에 인쇄한 아리스토텔레스의 『니코마코스 윤리학』이 발렌시아에서 인쇄된 최초의 책이었다. 이 책이 비슷한 시기에 바르셀로나에서도 인쇄된 사실로 미루어볼 때 발렌시아와 바르셀로나의 독일 출신 인쇄인들이 깊은 유대 관계를 맺고 있었음을 알 수 있다. 발렌시아의 초기 인쇄인 중 1501년까지 남아 있던 사람은 바젤 출신의 코프만Cristóbal Cofman이었다. 발렌시아에서는 1500년대 초에 6명의 인쇄인이 활동했다.

16 Joanot Martorell, *Tirante el Blanco*, ed. e intro. de Martín de Riquer, Barcelona: Planeta, 1990, xxxiv쪽. 리께르에 의하면, 작가는 1460년에 집필을 시작해 1466년에 텍스트를 완성하고 1468년 발렌시아에서 세상을 떠났다. 필사본 원고를 스뻰델레르에게 전달한 사람은 갈바Martí Joan de Galba로, 여기서 텍스트의 저자와 형성 과정(영어 원문→포르투갈어 번역→발렌시아어 번역, 작가의 원문과 후속 작가의 존재 등)에 대한 여러 논쟁이 야기되었다. 리께르는 마르또렐이 이 텍스트의 유일한 저자라고 단언한다(xlvi쪽).

사라고사의 인쇄의 역사는 1475년에 교회가 플란드로Mateo Flandro에게 몽로쉐Guy de Montrocher의 『교구 사제를 위한 지침Manipulus curatorum』의 인쇄를 의뢰하면서 시작되었다. 이 책을 인쇄한 이후 인쇄를 주도한 사라고사 대주교가 세상을 떠나자 플란드로도 기록에서 사라졌다. 1476년에 바르셀로나의 우루스와 보텔이 아라곤왕국의 법령집 인쇄를 맡게 되면서 플랑크와 후안Juan Hurus(우루스의 동생)가 사라고사에 정착했고, 그들은 1484년까지 동업했다.

콘스탄츠 출신의 우르스는 가족과 기술자들을 데리고 스페인으로 이주했고, 우루스 집안의 인쇄소는 이미 1488년에 스페인의 유력한 인쇄소로 성장했다. 그런데 그는 1499년에 사라고사를 떠나 독일의 콘스탄츠로 돌아갔고, 인쇄소 기술자인 꼬시, 우츠Leonardo Hutz, 아펜테거Lope Appentegger가 금화 450 플로린을 내고 인쇄소를 인수했다. 아펜테거는 우르스 형제의 조카였다. 우츠는 1490년대 초에 발렌시아에서 아헨바흐와 같이 인쇄소를 운영했고, 1496년에는 살라만까에서 산스Lope Sanz와 함께 동업했다. 1500년 6월에 아펜테거가 물러나고 1504년 우츠가 떠나면서 꼬시는 1505년부터 아라곤왕국의 유일한 인쇄인이 되었다.

『아마디스 데 가울라』를 상품으로 만든 사라고사의 독일인 인쇄업자 꼬시는 독일의 콘스탄츠 출신의 코흐Georgio Koch de Constanza였다. 그의 이름은 우르스가 1492년에 받은 사라고사의 외국인 거주권리증carta de franquesa에 처음 등장한다.[17] 꼬시의 인쇄소는 1528년까지 아라곤왕국의 유일한 인쇄소였다. 그는 뛰어난 인쇄술로 교회와 수도원이 발주한 인쇄물을 독점해 200권이

---

17 R. S. Janke, "Algunos documentos sobre Pablo Hurus y el comercio de libros en Zaragoza a fines del siglo XV", en *Homenaje a José María Lacarra*, Pamplona: Príncipe de Viana, 1986, 335-349. 〈스페인왕립역사아카데미Real Academia de la Historia〉의 데이터베이스에도 이 논문과 같은 내용이 수록되어 있다(H. Thomas, "The printer George Coci of Saragossa", en *Gutenberg Festschrift*[1925], 276-278쪽).

넘는 책을 인쇄했다.18 교회와 좋은 관계를 유지했고, 사회적 지위도 높았으며 자금력도 풍부해 서점도 갖고 있었다. 그런데 1536년에 서점을, 1537년에는 인쇄소를 팔았으며, 1539년에 우르스가 죽은 후 인쇄업을 그만두었다. 이유는 불확실하다. 그는 왜 큰 비용이 소요되는 『아마디스 데 가울라』를 인쇄했을까? 입증할 만한 자료가 없어 정확히 알 수 없지만 이렇게 추정해 볼 수 있을 것이다.

1) 누군가 인쇄비용을 대신 부담해 인쇄인에게는 투자 실패의 위험이 없었다.

누가 인쇄비용을 부담했을까? 어쩌면 당시 카스티야왕국 내 서적 유통의 중심지였던 메디나 델 깜뽀의 행정관을 계승한 초판본 작가 가족이 아라곤왕국의 페르난도 왕의 호의를 구하기 위해 사라고사에서 『아마디스 데 가울라』를 인쇄하도록 꼬시에게 의뢰했을 수 있다. 1496년도 세비야 판본도 페르난도 왕을 위해 인쇄했을 수 있다. 세간에서 아마디스를 페르난도 왕과 동일시한 사실도 하나의 명분이 될 수 있었다. 게다가 1506년에 '미남' 펠리뻬Felipe el Hermoso가 갑자기 죽은 뒤 1507년부터 페르난도가 카스티야왕국의 섭정으로 복귀했으므로 메디나 델 깜뽀는 페르난도 왕의 호의를 구해야 했다.

하지만 책 한 권이 도시의 문제를 해결해주지는 못한다. 더구나 아라곤왕국의 독점적 인쇄업자였던 꼬시는 거의 모든 책을 직접 돈을 투자해 인쇄

18 Andrés de Li, *Summa de paciencia*(1505년); Juan de Mena, *Las CCC*(1506년); Fernando de Rojas, *Tragicomedia de Calisto y Melibea*(1507년); 『아마디스 데 가울라』(1508년), Diego de Valera, *Crónica de España*(1513년); Tito Livio, *Décadas*(1520년); Pedro de la Vega, *Flos Sanctorum*(1521년), Guido de Cauliaco, *Inventario o collectorio de cirugia*(1533년), 그리고 몰리노Juan de Molino의 법률서적이 그가 인쇄한 주요 서적이었다.

했으므로 이 추정은 신빙성이 부족하다.

2) 꼬시는 앞서 출판된 장편기사소설의 상업적 성공 사례를 보고 나서 『아마디스 데 가울라』를 출판했다.

투자하려면 상업적 성공을 확신할 전례가 있어야 한다. 1508년 이전에 스페인에서 출판된 장편기사소설은 까딸루냐어(발렌시아어)로 쓰인 마르또렐의 『띠랑 로 블랑』이었다. 1490년에 발렌시아에서 스뻰델레르가 715권을 처음 인쇄했고, 곧바로 소진되었다. 이어 바르셀로나의 서적상 미켈Pere Miquel이 출간하려고 했으나 죽는 바람에 무산되었고, 1497년에 바르셀로나에서 카스티야 출신 인쇄업자 구미엘Diego de Gumiel이 다시 인쇄했다.

하지만 문학시장에서는 오히려 『아마디스 데 가울라』가 『띠랑 로 블랑』의 스페인어 번역본 출판에 영향을 주었다고 보아야 한다. 구미엘이 『아마디스 데 가울라』 초판본의 인기에 편승해 1511년에 발야돌리드에서 스페인어 번역본 『띠란떼 엘 블랑꼬Tirante el Blanco』를 출판했기 때문이다. 이 번역본은 세르반테스의 『돈키호테』 1권 6장에서 언급되었으나 카스티야왕국에서 그리 큰 인기를 끌지는 못했다.[19] 번역본을 출판하면서 구미엘은 이 책을 번역본이 아니라 마치 처음 만들어진 기사소설처럼 작가 이름을 감추는 전략을 썼다. 두 텍스트는 영국과 콘스탄티노플이라는 지리적 배경을 공유하지만 마르또렐의 기사소설이 음탕한 장면을 거르지 않고 매우 현실적인 기사 모습을

---

[19] 돈키호테에게 해악을 끼친 책을 불사르는 장면에서 심판자인 마을 신부는 마르또렐의 책을 두고 이렇게 말한다. "내가 진실로 자네에게 말하는데, 이 책의 문체는 가히 이 세상에서 최고라고 할 수 있어. 이 책에서 기사들은 먹고 자고 또 침대 위에서 죽음을 맞이하지. 물론 죽기 전에 유언장도 남기고 말이야. 다른 기사소설에는 없는 일들이야"(1권 6장 66쪽). 그리고 신부는 이 발사에게 집으로 가져가 읽어보라고 권한다.

보여준다면 『아마디스 데 가울라』는 이상적이고 환상적인 세계를 보여준다.

따라서 『아마디스 데 가울라』가 『띠란떼 엘 블랑꼬』를 모방하지 않은 것은 분명하다. 십여 년 전에 다른 언어로 쓴 기사소설이 꼬시가 투자를 결정하는 데 영향을 주었을 가능성은 없다.

3) 꼬시는 『아마디스 데 가울라』를 인쇄해 이익을 낼 수 있다고 판단했다.

단순한 이유지만 이 추정이 그럴듯하다. 그렇다면 그는 왜 그렇게 판단했을까? 그가 투자할 수 있던 이유는 텍스트가 지닌 흥행성 외에도 장편기사소설을 받아들일 만한 대중의 수요가 충분하다고 판단했기 때문일 것이다.

부르고스에서 활동한 초기 인쇄인은 바실레아와 후안 데 부르고스Juan de Buegos였다. 바실레아는 1472년부터 바젤에서 웬슬러Michael Wenssler의 인쇄소에서 일한 빌Friedrich Biel이다. 그가 부르고스로 이주해 교회와 시의회의 후원으로 인쇄소를 열었다. 남아 있는 그의 첫 계약서는 1482년에 이루어진 면죄부 2천 부 인쇄였고, 처음 인쇄한 책은 1485년에 출판된 구띠에레스 세레소Andrés Gutiérrez Cerezo의 『라틴어 문법Grammatica latina』이었다. 그는 1501년까지 54권 이상을 인쇄했고, 1518년까지 인쇄소를 운영했다. 특히 산뻬드로의 센티멘탈 소설, 까르따헤나Alonso de Cartagena의 『기사의 원칙Doctrinal de Caballeros』, 『라 셀레스티나』(1499년), 발레라Diego de Valera의 『스페인 역사 Crónica de España』(1487년), 그리고 『카스티야의 올리베로스와 알가르베의 아르뚜스 이야기Historia de los nobles caballeros Oliveros de Castilla y Artús de Algarbe』 초판본(1499년)을 출판했다.

기사 이야기를 본격적으로 문학시장에 내놓은 후안 데 부르고스는 1489년에 부르고스에서 인쇄업을 시작했고, 1500년에 발야돌리드로 인쇄소를 옮겨 1501년까지 머물다 1502년에 다시 부르고스로 돌아왔다. 1503년에는 그의 아들로 추정되는 안드레스Andrés de Burgos에게 인쇄소를 넘겼다. 후안 데 부르고스는 문학시장이 『아마디스 데 가울라』라는 상품을 매우 친숙하게 받아들일 수 있는 토양을 만들었다.[20]

그와 같은 관점에서 보면 그가 인쇄한 책 중 특히 『메를린의 예언 Baladros del sabio Merlín con sus profecías』(부르고스, 1498년), 『트리스탄 데 레오니스 Tristán de Leonís』(발야돌리드, 1501년), 『카스티야의 올리베로스와 알가르베의 아르뚜스 이야기』(발야돌리드, 1501년)는 중요한 의미가 있다. 『메를린의 예언』은 아서왕과 원탁의 기사들의 활약을 보여주는 '포스트 불가타' 계열의 아서왕 시리즈로, 프랑스어 필사본 『메를린 선집 Suite de Merlin』을 개작하고 번역한 텍스트이다. 『트리스탄 데 레오니스』도 아서왕 시리즈의 산문 트리스탄 전통에 속하며, 스페인에서 14세기 말 이후 인기를 끌면서 많은 필사본과 인쇄본이 만들어졌다. 『카스티야의 올리베로스 ……』는 후안 데 부르고스보다 앞서 1499년에 바실레아가 부르고스에서 출판했고, 1505년에는 발렌시아(인쇄인 불명)에서, 1507년에는 세비야에서 크롬베르거가 출판했다. 이후 16세기 판본은 모두 세비야와 부르고스에서 출판되었으며, 문학시장에서 큰 성공을 거두었다.[21]

---

20 Harvey L Sharrer, "Juan de Burgos: impresor y refundidor de libros caballerescos", en *El libro antiguo español: actas del Primer Coloquio Internacional(Madrid, 18 al 20 de Diciembre de 1986)*, coord. por Pedro Manuel Cátedra García, María Luisa López-Vidriero Abello, Salamanca: Universidad de Salamanca, 1988, 361-369.
21 이 텍스트의 출판은 계속 이어졌다. 세비야: 하꼬보 크롬베르거, 1509년, 1510년, 1535년; 세비야: 로베르띠스Dominico de Robertis, 1544; 부르고스: 펠리뻬 데 훈따Felipe de Junta, 1553; 부르고스: 후안 데 훈따Juan de Junta, 1554; 부르고스: 후안 데 훈따Juan de Junta, 1554(같은 해 두 번째 판본); 부르고스: 산띨야나 & 오르띠스Pedro de Santillana et Luis Ortiz, 1554; 부르고스: 펠리뻬 데 훈따 Felipe de Junta 1553[sic. 1563]. 17세기 이후 알깔라 데 에나레스(1603년), 마드리드(1735년), 꼬르도바(1750년), 마드리드(연도 미상) 판본이 있

이 텍스트는 아서왕 시리즈도 아니고, 제목과 달리 스페인에서 자생적으로 만들어진 기사 이야기도 아니다. 13세기 프랑스의 운문 무훈담 '아미와 아밀Amis et Amiles'를 기초로 까뮈Philippe Camus가 쓴 『올리비에와 아르뛰 이야기L'histoire d'Olivier de Castille et Artus d'Algarbe』의 스페인어 번역이다. 1499년도 판본은 제네바에서 1482년에 처음 출판된 1492년 판본의 번역이다. 비록 피를 나누지는 않았지만 부모의 결혼으로 형제가 된 올리베로스와 아르뚜스의 완전한(어쩌면 과장된) 우정과 동지애, 보은을 위한 죽음 등의 모티프로 구성된 텍스트로 이미 15세기부터 스페인에 널리 알려져 있었다. 그처럼 초기 인쇄인들이 상품으로 내놓은 기사 이야기는 주로 프랑스에서 만들어져 유럽에 널리 유포된 텍스트였다. 여기서 우리는 두 가지 사실을 알 수 있다.

1) 초기 인쇄인들은 새로운 텍스트보다는 기존에 필사본으로 전승되어 대중에게 널리 알려진 텍스트를 인쇄했다. 안전한 투자처로 생각했기 때문이다.
2) 초기 문학시장에서 아서왕 시리즈 후속작과 기사 이야기는 상품 가치가 있었다.

똘레도의 인쇄업은 1475년에 개종한 유대인 루세나Juan de Lucena가 시작하지만 그는 종교재판소와 갈등을 겪으면서 1481년에 로마로 이주했고, 그가 인쇄한 책은 남아 있지 않다. 이후 바스께스Juan Vázquez와 뗄예스Antonio Téllez가 면죄부 인쇄를 위해 잠깐 활동했지만 1497년 이후 사라졌고, 1498년에 아헨바흐가 발렌시아에서 똘레도로 이주해오면서 본격적 인쇄업이 시작

다. 스페인어 개작본은 이탈리아어로 번역되어 베네치아에서 1552년, 1612년, 1622년에 출판되었다. 이 텍스트는 분량이 짧아 다른 기사소설을 출판할 때보다 초기 투자를 줄이고 싼 가격에 팔 수 있다는 매력도 있었다. 대개 기사소설이 200~250폴리오folio였는데, 이 텍스트 분량은 34폴리오(68쪽)였다.

되었다.

그는 1483년 무렵부터 우츠와 함께 발렌시아에서 인쇄업을 하다가 1496년에 조합이 해체된 이후 서적상으로 배급까지 맡았던 고리시오Melchor Gorricio de Novara의 요청으로 똘레도로 이주했다. 시스네로스 추기경이 똘레도 대주교였을 때 고리시오를 후원하고 있었으므로 대주교가 의뢰한 책을 그의 자금으로 아헨바흐가 인쇄하고, 그는 인쇄된 책을 똘레도, 세비야, 부르고스, 발야돌리드 지역에 판매해 수익을 냈다. 아헨바흐는 1498~1502년까지 시스네로스 추기경을 위해 인쇄소를 운영했다.

또한 발야돌리드에서는 〈산따마리아 데 쁘라도Santa María de Prado수도원〉의 후원을 받게 되어 이주한 구미엘이 1500년부터 인쇄인으로 활동했고, 살라만까에서는 산스, 우츠와 함께 기서Juan Gysser가 주로 교회와 대학이 필요로 하는 라틴어서적을 인쇄했다. 대학도시 살라만까에서는 교수들의 저작과 교재가 주요 상품이었다. 특히 네브리하Antonio de Nebrija의 저작이 많이 인쇄되었다. 그는 살라만까대학교 교수로 최초의 카스티야어 문법서, 라틴어 교재, 스페인어-라틴어 사전의 저자였다. 특히 1492년에 출판된 『라틴어문법 Grammatica Antonii Nebrissensis』과 『라틴어-스페인어 사전Lexicon hoc est Dictionarium ex sermone latino in hispaniensem』이 살라만까에서 인쇄된 그의 주요 저작이었다. 언어는 팽창하는 제국의 동반자였으므로 왕실 후원을 받는 스페인어 문법과 사전은 광범위한 수요를 가졌다. 따라서 그의 책은 인쇄업자에게 수입이 보장된 상품이었고, 그는 인쇄인보다 우월한 위치에서 자신의 책에 대한 독점적 권리를 행사하며 인쇄소 운영에도 깊이 관여했다. 그의 아들과 손자는 살라만까에서 인쇄업을 하기도 했다.

카스티야왕국의 여러 도시에서 활동한 '왕실 인쇄인' 브로까르도 그와 밀접한 관계를 맺고 있었다. 브로까르는 1490년에 빰쁠로나에서 인쇄업을 시작했고, 1501년까지 약 12권을 출판했다. 주로 미사 의례집儀禮集처럼 교회가 필요로 하는 문건을 인쇄했지만 콜론네가 쓴 원본의 스페인어 번역본 『트로이 연대기Crónica troyana』를 출판하기도 했다.22 1502년에는 로그로뇨로 인쇄소를 옮겨 약 50권을 인쇄했고, 마찬가지로 주로 교회와 가톨릭 관련 서적과 라틴어서적을 출판했다.

인쇄업의 변곡점은 네브리하를 통해 만들어졌다. 그는 1503년에 네브리하의 라틴어 문법책 인쇄를 계기로 카스티야 전 지역에 영향력을 넓혔다. 1503년 이후 이 책은 브로까르가 독점적으로 인쇄했고, 1508년 판본은 그의 인쇄소에서 네브리하가 직접 교정하기도 했다. 브로까르는 그의 다른 책들도 인쇄했고, 네브리하는 그를 시스네로스 추기경에게 소개했다. 그때부터 브로까르는 추기경의 전폭적 후원을 받았고, 1511년에 알깔라 데 에나레스에 새 인쇄소를 열었다. 그곳에는 추기경이 1499년에 세운 알깔라대학교가 있었다. 알깔라 데 에나레스에서 그는 종교서적, 라틴어서적, 대학교 교재를 인쇄했다.

문학 텍스트로는 『플로레스와 블랑까플로르』(1512년)와 『빠르띠누쁠레스Partinuplés』(1513년)를 인쇄해 기사소설 출판 붐에 동참했다. 그는 알깔라 데 에나레스에서 큰 재산을 모았고 영향력도 커졌다. 게다가 시스네로스 추기경이 비용을 부담하는 미사용 기도문집文集의 인쇄권을 부여받은 그는 1512년에 부르고스의 바실레아에게 하청을 주기도 했다. 그런 사례는 계속 이어졌다. 1513년에 구미엘이 발야돌리드를 떠나자〈산따마리아 데 쁘라도수도원〉은 면죄부를 인쇄할 인쇄인이 필요했고, 브로까르는 1514년에 그 자리를 차지하고 발야돌리드에 지점을 설치했다. 이 무렵 추기경이 오래 준비한 『꿈

---

22 이 책은 나중에 살라만까의 바렐라Juan Varela de Salamanca가 『트로이 멸망사Historia destructionis Troiae』(세비야, 1509년)라는 제목으로 다시 출판한다. '트로이 이야기'는 일종의 가공된 역사로 『아마디스 데 가울라』에 많은 흔적을 남겼다. 후안 데 부르고스도 1490년에 부르고스에서 『트로이 연대기』를 인쇄하는데, 그것은 15세기에 귀도의 『트로이 멸망사』를 번역한 필사본과 그것을 개작한 레오마르떼Leomarte의 『트로이 역사Sumas de historia troyana』를 바탕으로 다시 개작된 판본이다.

뽈루뗀세 다중언어 '성경'*Biblia Políglota Complutense*』을 인쇄할 준비가 되었고, 『성경』을 인쇄하는 영광과 특권은 당연히 그에게 돌아갔다.23 하지만 1517년에 추기경이 죽은 후 그의 사업은 1520년 말부터 기울기 시작했고, 그의 사업은 1524년까지만 이어졌다. 그는 알깔라 데 에나레스에 인쇄소가 있었고, 발야돌리드와 똘레도에도 지점이 있었다.

스페인의 인쇄술의 역사에서 그가 가진 중요성은 각 도시의 인쇄업자와 연계해 책의 생산과 배급망을 개별 도시 단위에서 카스티야 지역 전체로 확대한 데 있다. 그렇게 각 도시의 인쇄인은 기사소설의 상업적 성공을 위한 시장을 조성했다. 사라고사의 꼬시, 세비야의 크롬베르거 가문, 부르고스의 후안 데 부르고스가 기사소설을 위한 문학시장과 기사소설의 유행을 만들었다.

그렇게 기사소설의 상업적 성공은 인쇄업과 문학시장에 영향을 주었다. 스페인의 각 도시에서 출판된 기사소설의 개수와 인쇄소의 수치는 다음과 같다.24

도시	기간	인쇄소 개수	판본 수	초판본	초판본비율(%)
알깔라 데 에나레스	1563~1588	6	12	2	17

23 히브리어, 라틴어, 그리스어 순으로 쓰인 이 『성경』은 1514~1517년 사이에 6권으로 인쇄되었지만 교황이 1516년에 인쇄된 에라스무스의 그리스어 『신약성경』』의 저작권을 4년으로 설정했기 때문에 1521년 말이 되어서야 배부할 수 있었다. 정치와 전쟁으로 바빴던 추기경은 저작권 문제를 해결할 여유가 없었다. 추기경은 1517년 11월에 새 국왕 카를로스 1세를 만나지 못하고 죽었다.
24 José Manuel Lucía Megías, "Un héroe para el siglo XXI", en *Tirant*, 11(2008), 99-118. 102.

바르셀로나	1531~1576	3	3	3	100
빌바오	1585	1	1	0	0
부르고스	1498~1587	7	10	4	40
꾸엔까	1530	1	1	1	100
에스뗄야	1564	1	2	0	0
메디나 델 깜뽀	1535~1586	4	9	2	22
살라만까	1510~1575	5	10	7	70
세비야	1496~1586	13	77	12	15
똘레도	1515~1580	9	23	12	52
발렌시아	1516~1540	5	8	7	88
발야돌리드	1501~1602	7	11	9	82
사라고사	1508~1623	11	14	2	14

    1490년 초에 형성된 문학시장이 16세기 들어오면서 매우 빠른 속도로 커졌다. 그러자 교회와 왕실은 책의 내용을 검열하고 출판 절차를 통제하는 법령과 제도를 만들었다. 교회가 인쇄술이라는 새로운 매체를 스페인 사회에 끌어들였지만 인쇄술을 통한 확산력의 위험성을 빠르게 알아차린 곳도 교회였다. 1480년대 말부터 1490년대까지 벌어진 교회에 의한 서적 화형식, 특히 1500년에 그라나다에서 있은 서적 화형식이 몰고 온 섬뜩한 사회적 분위기는 인쇄업자와 서적상에게 교회로부터 얻을 경제적 이익이 줄어들고 시장에 내놓을 상품에 제약이 생긴다는 예고와 같았다.

    인쇄업자가 도시에 정착할 때 교회는 대개 인쇄 물량을 확보해주었고, 왕실은 면세와 같은 여러 특권을 부여했다.[25] 그와 같은 특권에는 인쇄 관련

---

[25] 가령 1480년에 똘레도에서 열린 의회에서 이사벨 여왕은 외국에서 필사본과 인쇄본을 수입해 팔 때 왕실에 내야 하는 세금alcabalas을 면제하는 법률을 공포했다. 라틴어로 쓰인 외국서적 libros internacionales을 수입해 학문을 진흥하기 위해서였다.

기자재 및 외국서적 수입에 대한 배타적 권리와 면세 특권도 포함되어 있었다. 그런데 서적 인쇄를 발주하는 교회가 서적을 통제한다는 것은 교회의 인쇄물도 통제 대상이 된다는 뜻이었다. 인쇄업자와 서적상은 기존의 교회와 왕실의 발주 물량 축소, 인쇄시장의 포화, 스페인 출신의 새로운 경쟁자의 등장, 면죄부 인쇄의 축소, 외국서적의 출판 및 수입 제약으로 인해 기존 방식으로는 이익을 유지하기 어려워졌다.

따라서 문학시장에서 새로운 활로를 찾을 수밖에 없었다. 특히 교회는 이탈리아, 독일, 프랑스에서 인쇄된 '위험한 책'들이 국제 거래소가 있던 프랑스의 리옹을 거쳐 스페인 수입상이 있던 세비야, 바르셀로나, 사라고사, 메디나 델 깜뽀로 유입되는 경로를 막아야 하고, 스페인 내에서 인쇄될 서적을 사전에 검열해야 한다고 주장했다. 그리하여 1500년 이후에 교리의 검토를 거쳤다는 인증을 붙인 책이 세비아에서 출판되기 시작했고, 1502년 7월 8일에 이사벨과 페르난도 양 왕은 서적 생산과 수입을 통제하기 위한 왕령을 공표했다.

> 신의 은혜로 카스티야, 아라곤, 레온 등의 왕과 여왕이 된 페르난도와 이사벨은 왕국의 모든 관리와 재판관, 그리고 책의 출판, 인쇄, 수입, 판매와 관련된 모든 사람에게 명한다. 이후 출처가 불분명한 책이나 헛되고 미신적인 내용이 담긴 사악한 책이 읽히는 것을 금지하기 위해 출판, 제본, 수입, 판매업자는 사전허가를 받아야 한다. 발야돌리드와 씨우다드 레알Ciudad Real은 지역 재판장이, 똘레도, 세비야, 그라나다는 대주교가, 부르고스는 주교가, 그리고 살라만까와 사모라Zamora는 살라만까 대주교나 그들이 임명한 검열관이 이 일을 수행한다. 국외 인쇄 틀molde 반입도 엄금한다. 사전허가 없이 책을 유통한 자는 수입된 책, 인쇄된 책, 인쇄 틀을 압수하고, 이미 팔린 책에 대해서는 수입상과 출판인이 배상할 뿐만 아니라 자격을 박탈한다. 벌금은 신고한 자에게 1/3, 담당 판사가 1/3,

그리고 검열 및 허가를 담당하는 〈왕립심의회〉Consejo Real〉가 1/3씩 나눈다. 관리들은 위 사항을 서적 관계자들에게 알려야 할 의무가 있으며, 무지로 인해 수입상과 출판인이 법을 어기면 책임 있는 쪽은 일만 마라베디maravedí를 〈왕립심의회〉에 내야 한다.26

서적검열을 법제화한 1502년도 왕령은 책을 수입, 출판하기 위한 사전검열의 주체를 왕실과 교회로 명시하고 있다. '출처가 불분명한 책이나 헛되고 미신적인 내용이 담긴 모든 사악한 책'은 가톨릭교회가 가르치는 교리에 위반되는 이교도적 서적이다. 사실상 이 법령의 통제 대상은 주로 교리에 관한 서적 ― 프로테스탄티즘, 유대교, 이슬람 관련 서적, 『성경』에 대한 이단적 해석서, 점성술과 마법에 관한 서적 ― 이었고, 주로 교리 관련 서적에 대한 사전검열을 규정한 1502년도 왕령은 당시의 경제 침체에도 불구하고 문학시장의 확산에 실질적 영향을 주지 못했다. 교회 관련 서적과 라틴어서적이 대상이었기 때문이다.

1502년도 왕령은 서적 통제의 출발점이었고, 통제 장치는 출판허가 절차를 규정한 법령이었다. 하지만 이후 서적검열은 출판허가라는 사전검열과 금서 지정이라는 사후 검열로 강화되었다. 1547년의 발데스Fernando de Valdés 대주교의 금서목록 그리고 1549년의 출판법 시행령도 문학시장에 직접적 영향을 주지 못했다. 문학시장에 충격을 준 사건은 구체적이고 강력한 실행력

---

26 Antonio Sierra Corella, *La censura de libros y papeles en España y los Índices y catálogos españoles de los prohibidos y expurgados*, Madrid: Cuerpo Facultativo de Archiveros, Bibliotecarios y Arqueólogos, 1947. 79~84쪽에 법령 원문과 해설이 있다. 그러나 왕에 의한 출판권 부여는 이 법령 공표 이전부터 주로 법률과 과학 분야에서 실행되고 있었다. 남아 있는 책 중 왕의 출판권 부여가 명시된 첫 사례는 1498년에 똘레도에서 아헨바흐가 인쇄한 구띠에레스Julián Gitiérrez의 『허리 통증과 금석학 치료*Cura de la piedra y dolor de la ijada*』였다. 이 책의 인쇄 비용은 앞서 언급된 고리시오가 부담했다.

을 담은 1558년의 서적출판법 그리고 1559년의 금서목록Cathalogus librorum qui prohibentur …… 공표였다. 1558년 9월 7일에 발야돌리드에서 공표된 서적출판법의 주요 내용은 다음과 같다.

1) 서적의 출판허가는 각 지방의 〈왕립심의회〉가 관장하며, 출판허가를 받으려면 먼저 사제가 서명한 인증서를 제출해야 한다.
2) 허가받기 위해 제출된 책은 필사본이나 인쇄본 상관없이 〈왕립심의회〉 서기가 모든 페이지에 서명 및 날인해야 한다.
3) 허가받은 책은 표지, 추천서, 가격인증서, 판권인정서 없이 인쇄되며, 허가받기 전에 제출된 책과 다른 점이 없음을 확인하기 위해 〈왕립심의회〉에 다시 한 부를 제출하고, 심의회는 차이가 있으면 그것을 명시해 확인서를 발부한다.
4) 〈왕립심의회〉는 서기가 확인한 각 단절pliego의 가격인증서를 발부하며, 팔릴 책에는 출판허가서, 가격 및 판권인증서를 의무적으로 인쇄해야 한다.

인쇄 후 서적검열에 해당하는 금서목록은 1549년 이후 세비야 대주교이자 총검열관Inquisidor General 발데스의 주도로 검열 대상을 확대하며 본격적으로 작성되기 시작했다. 유럽에서는 1519년에 루뱅대학교와 쾰른대학교가, 1521년에는 파리대학교 신학부가 금서목록을 간헐적으로 발표했다. 하지만 본격적인 금서목록은 1542년에 〈로마교황청〉에 종교재판소가 설치되면서 작성되었다. 최초의 체계적인 금서목록은 1544년에 파리대학교 신학부가 만들었고, 1547년, 1551년, 1556년에 증보판이 나왔다. 루뱅대학교는 1546, 1550, 1558년에, 베네치아에서는 1549년, 1554년에, 포르투갈의 종교재판소는 1547년, 1551년, 1561년에 각각 금서목록을 발표했다. 〈교황청〉 금서목록은 1557~1559년에 바오로 4세가 발표했고, 이후 1564년에 피오 4세, 1571년에 피오 5세가 수정 증보판을 발표했다.

스페인에서 금서목록은 1547년에 발야돌리드에서, 그리고 1551년에 똘레도에서 발표되었는데, 두 금서목록은 루뱅대학교의 1546년 및 1550년도 금서목록을 각각 요약한 뒤 라틴어와 스페인어 텍스트 몇 개를 추가했을 뿐이다. 특히 1551년도 금서목록에는 문학작품이 하나밖에 포함되어 있지 않았다. 번역이 아닌 엄밀한 의미의 스페인 최초의 금서목록은 1559년에 발야돌리드에서 발데스 대주교가 공표한 금서목록이다. 이 금서목록은 같은 해에 나온 교황 바오로 4세의 금서목록과 확연히 다르다. 1547년, 1551년에 나온 발데스의 금서목록을 좀 더 확대하고 체계화한 1559년도 금서목록은 약 700권을 금서로 지정하고, 금서를 소유하거나 그런 사실을 알면서도 종교재판소에 신고하지 않는 자에게는 불고지죄를 적용해 교회에서 추방한다는 항목이 추가되었다.[27]

16세기에 스페인에서 작성된 금서목록 중 가장 방대하고 체계적이며 선정 기준이 명료한 금서목록은 끼로가Gaspar de Quiroga 추기경이 1583년에 1부(전체 금서)와 1584년에 2부(부분 금서)로 나누어 마드리드에서 발간한 금서목록이었다. 이 금서목록은 2,200여 권을 금서로 지정하고 있는데, 대략 1,600권이 라틴어, 200권이 스페인어로 쓰인 책이고, 나머지는 이탈리아어, 포르투갈어, 프랑스어, 독일어로 쓰인 책들이다. 끼로가 추기경의 금서목록은 멜초르 까노Melchor Cano가 작성한 발데스의 1559년도 금서목록을 기초로 〈트렌트종교회의〉 이후 1564년에 교황청이 발간한 금서목록을 부분적으로 수용했고, 1571년에 몬따노Arias Montano가 만든 금서목록을 추가했다. 끼로가 금서목록의 「서문」에는 이 작업에 참여한 대학교와 인명이 명시되어 있다. 특히 끼로가 금서목록에 제시된 14가지 검열 기준은 16세기의 문학 검열의 핵심적인 내용을 담고 있다. 그것은 1551년도 금서목록에서 밝힌 기준과 부분적으

---

[27] Jesús Martínez de Bujanda, "Índices de libros prohibidos del siglo XVI", *Árbor*, 108(1981), 7-14.

로 겹친다.28

1) 1515년 이전에 교황 또는 종교회의에서 금서로 정한 모든 책은 본 목록에 들어 있지 않더라도 금지한다.
2) 본 목록 뒷부분에 열거된 이단의 수괴가 1515년 이후 쓴 책들은 종교적 내용을 다루지 않더라도 모두 금서로 한다. 그러나 그들의 책에 삽입된 가톨릭신자의 글은 로마가톨릭교회가 정한 믿음에 반하는 내용이 없는 경우 출판을 허가하지만 출판하려면 먼저 종교재판소의 심의를 거쳐야 한다.
3) 비록 수괴는 아니더라도 이단으로 규정된 저자의 책은 종교 문제를 다루고 있다면 잘못이 없더라도 금서로 한다. 그러나 역사나 다른 분야의 책은 사전심의를 거쳐 출판할 수 있고, 그들이 이단이 되기 전에 쓴 책을 출판하려면 검열관의 서면 허가를 따로 얻어야만 한다.
4) 성스러운 가톨릭 신앙과 로마교회가 정한 전례와 『성경』에 반하는 내용이 있는 유대인과 무어인 책은 금서로 한다. 하지만 학식이 뛰어난 사람이 검열관의 서면 허가를 받으면 이 책을 읽는 것은 금하지 않는다. 『탈무드』는 주석서와 함께 금서로 하나 『타르굼[Thargum]』은 허용한다.
5) 이단에 속한 작가가 가톨릭 사제와 신자의 글을 편집한 책은 원본과 완전히 일치해야만 출판할 수 있다. 편집자는 단순히 글을 모으는 일만 해야 하고, 편집된 글은 가톨릭 신앙에 반하지 않아야만 한다. 그러나 신구약 『성경』에 이단 작가가 주석을 달거나 편집한 모든 책을 금지하며, 학식이 뛰어난 사람이라도 그런 책을 소지하려면 검열관의 서면허가를 받아야 한다. 또한 바따블로[Vatablo] 『성경』과 끌라리오[Isidoro Clario]의 『성경』은 종교재판소의 기준에 맞춰 수정된 판본만 출판을 허락한다.

28 김경범, 「스페인 황금세기의 문학 검열」, 『이베로아메리카연구』, 8(1997), 235-268. 이 논문에서 검열 기준과 구체적인 금서들을 볼 수 있다.

6) 라틴어가 아닌 다른 언어로 쓰인 『성경』은 금서로 하며, 다만 가톨릭신자가 타인에게 교훈을 주기 위한 목적으로 다른 언어로 된 『성경』 속의 경구를 쓰거나 미사의 전례송 및 설교에 쓰는 것은 허락한다.

7) 라틴어로 쓰였을지라도 헛된 희망이나 두려움을 주는 교리서, 기도서, 신앙지침서는 금서로 한다.

8) 검열관의 별도 서면 허가가 없으면 가톨릭교도와 이단의 논쟁, 코란에 대한 비판 등을 담은 책은 라틴어로 쓰인 책이 아니면 금서로 한다.

9) 악마를 부르기 위한 모든 책자나 부적은 엄금한다. 마술, 최면, 예언, 점치는 행위와 관련된 모든 도구와 방법을 다루는 책도 마찬가지로 금지한다.

10) 불경스러운 그림, 포스터, 책 제목, 등장인물의 이름이 포함된 책은 금서로 한다. 운문이나 산문으로 쓰인 노래 가사도 『성경』과 성직자에게 불경스러운 내용을 담고 있거나 그런 의미로 곡해될 여지가 있으면 마찬가지로 금한다.

11) 작가, 출판인, 출판연도 및 장소가 명기되지 않은 책은 내용이 의심스럽기에 금서로 한다.

12) 성인과 성직자를 대상으로 신앙에 반하는 내용의 드라마, 가면, 포스터, 연극 등은 교회의 권위를 지키기 위해 엄금한다.

13) 이 금서목록에 이름이 오르지 않은 신앙이 돈독한 작가라면 이미 유통되어 읽히고 있는 그의 책에 약간의 문제가 있더라도 허용한다. 그러나 그가 앞으로 쓸 책에 성스러운 신앙과 전례, 생활방식에 반하는 내용이 조금이라도 있으면 출판을 금지한다. 약간의 문제가 있는 경우 오직 검열관만이 수정할 수 있으며, 교황이나 교황청이 아니면 오직 종교재판소에서 수정하고 확인한 책만 출판할 수 있다.

14) 이 목록에서 일일이 언급하지 않더라도 다른 목록에서 금서로 지정된 책의 번역본도 금서로 한다.

여기서 이단이란 실질적으로 신교도를 의미한다. 위 기준들을 요약하면 이렇게 된다. '모든 서적은 교회와 사제의 권위를 침해하거나 〈로마교황청〉이 정한 신앙 규범과 전례에 반하지 않아야 한다.' 『아마디스 데 가울라』와 기사소설은 출판되자마자 교회의 표적이 되었지만 적어도 1558년도 법령과 1559년도 금서목록의 공표 전까지는 출판과 유통에 별 영향을 받지 않았다.

『아마디스 데 가울라』 출판 이전의 문학시장은 어떤 상품이 주도하고 있었을까? 노튼에 따르면, 1472년 이후 1490년까지 스페인에서 인쇄된 책은 300권 미만이었고, 1490년대에만 적어도 600권 이상이 인쇄되었고, 1500년대 초에는 경기 침체로 인해 약 500권으로 줄었다가 1510년대에 가면 800권 이상에 이르렀다. 그것은 1490년 이후 문학시장이 형성되어 팽창하기 시작했다는 논지와도 일치한다.29

1490년부터 1500년대 초에 정착한 영세 자본의 인쇄업자와 서적상은 길지 않은 분량의 책을 선호했다. 교회가 발주하는 물량은 선급금이 지급되어 그것으로 재료비를 충당할 수 있었으나 문학시장에 내놓을 상품은 위험이 큰 투자여서 초기 비용을 줄여야 했기 때문이다. 아직 서적 배급망도 갖추어져 있지 않아 한 도시에서 인쇄된 책이 스페인 전역으로 공급되지도 못했으므로 소량 인쇄할 수밖에 없었다. 초기 인쇄인들은 과거에 인기 있던 필사본과 상업적 성공이 입증된 텍스트의 번역본부터 인쇄했다.30

---

29 같은 책, 185쪽. 그의 책에는 1501~1520년 사이에 인쇄된 1,307개의 책의 목록이 덧붙여져 있다. 특히 193~196쪽에서 문학시장이 계속 확대되고 있음을 알 수 있다. 이 목록에서 카스티야어와 까딸루냐어로 쓰인 문학작품이 23%, 라틴어 텍스트가 18%, 『성경』 해석, 신학서, 교부 관련 서적이 19%, 교회가 출판한 서적이 12%, 왕실과 행정 기관이 인쇄한 책은 9%이며, 과학 관련 서적이 4%를 차지한다. 문학작품으로는 『셀레스티나』와 엔씨나Juan del Encina의 작품들, 72개의 단절 인쇄물pliego suelto, 보까치오, 단테, 페트라르카, 피꼴로미니Enea Silvio Piccolomini의 작품이 포함되어 있다.

그 결과 중세 취향의 텍스트 그리고 14~15세기의 이탈리아 르네상스 시대의 세련된 감정을 다루는 텍스트가 초기 문학시장의 주요 상품이 되었다. 중세 취향을 보여주는 작품은 주로 기사의 모험과 궁정식 사랑을 다루는 아서왕 로망스와 그 후속작, 고전 영웅시가(트로이전쟁, 테베, 아이네이스), 모험과 정복기 등이었다. 이탈리아 텍스트는 사랑의 감정을 표현한 단테, 페트라르카, 보카치오의 작품이었다. 특히 사랑이라는 새롭고 섬세한 감정을 다루는 보카치오의 『피암메타Elegia di madonna Fiammetta』 그리고 나중에 교황 피오 2세가 되는 피콜로미니Enea Silvio Piccolomini의 에로틱한 『두 연인 이야기Historia de duobus amantibus』를 영감의 샘으로 스페인 문학시장의 첫 번째 기획 상품인 센티멘탈 소설이 탄생했다.31

1492년에 세비야의 〈네 명의 독일인 조합〉이 인쇄한 『사랑의 감옥』이 성공하자 그와 유사한 텍스트가 재생산되고 센티멘탈 소설 장르가 만들어졌다. 15세기 말부터 16세기 중반까지 번성한 이 장르는 사랑의 이론과 연애

---

30 빨렌시아Alfonso de Palencia가 번역한 『플루타르크의 두 삶Vidas paralelas de Plutarco』(Sevilla: Cuatro Compañeros Alemanes, 1491)를 비롯해 보카치오의 『왕자의 몰락Cayda de Príncipes』(Sevilla: Meinardo Ungut y Stanislao Polono, 1495), 『위대한 여인들Mujeres ilustres』(Zaragoza: Pablo Hurus, 1494), 『데카메론』(Sevilla: Meinardo Ungut y Stanislao Polono, 1496) 등이 있다.

31 센티멘탈 소설이라는 용어는 빨라요의 『소설의 기원』에서 처음 사용된 후 공식 용어로 확립되었다. 하지만 이 용어 및 이 장르에 속하는 작품이 공유하는 특징을 두고 연구자들 사이에 이견이 있다. 아싸스는 그것을 모두 포괄해 이 장르의 특징으로 18가지를 제시했다. 1) 짧은 이야기 2) 궁정식 사랑 3) 왕과 귀족의 궁정이 사건의 배경 4) 비극적 결말 5) 느리고 상세한 사랑의 감정 분석 6) 방해자의 개입 7) 왕이 사랑의 방해자로 등장하지 않는 경우 사랑의 결말은 연인의 죽음이 아닌 절망인 것 8) 사회 고발적 성격 9) 알레고리 10) 라틴 논술서tractatus의 구조 11) 자서전적 기법 12) 편지 기법 13) 주관적 감정 분석 14) 모험의 결여 15) 단순한 줄거리 16) 일상 현실에 대한 묘사의 부재 17) 불멸의 사랑에 사로잡힌 단편적 성격의 주인공 18) 무의미한 시간과 공간(Antonio Rey Hazas, "Introducción a la novela del Siglo de Oro I(Formas de narrativa idealista)", *Edad de Oro*, 1(1982), 65-105, 특히 69-70).

심리를 설명하고 묘사하고 있다. 다음 작품이 센티멘탈 소설에 속하며, 1491년과 1492년에 출판된 산뻬드로의 두 작품부터가 인쇄본이다.32

    Juan Rodríguez del Padrón, *Siervo libre de Amor*(1441~1453년?)

    Don Pedro(Condestable de Portugal), *Sátyra de felice e infelice vida* (1450년대)

    작가 미상, *Triste Deleitaçión*(1470년대)

    Diego de San Pedro, *Arnalte y Lucenda*(1491년); *Cárcel de Amor* (1492년)

    Juan de Flores, *Grimalte y Gradissa; Grisel y Mirabella*(1495년?)

    Nicolás Núñez, *Cárcel de Amor*(1496년), 속편

    Luis de Lucena, *Repetición de Amor*(1496~1497년)

    Pedro Manuel Ximénez de Urrea, *Penitencia de Amor*(1514년)

    Juan de Cardona, *Tratado notable de Amor*(16세기 초)

    Juan Escrivá, *Queja que da a su amiga ante el dios del Amor*(1514년 이전)

    작가 미상, *Cuestión de Amor*(16세기 초)

    Ludovico Escrivá, *Veneris Tribunal*(1537년)

    Juan de Segura, *Queja y aviso contra Amor; Proceso de cartas de amores*(1548년)

이 장르는 16세기 전반기를 거치면서 중세 기사도의 세계에서 르네상스

---

32 Antonio Gargano, "Stato attuale degli studi sulla *Novela Sentimental*", *Studi Ispanici*, 1 (1979), 59-80. 목록은 63쪽에 있다. 센티멘탈 소설에 속하는 작품 목록은 연구자마다 다르며, 여기서 사용한 목록은 일반적으로 언급되는 텍스트이다.

세계로 진화하며, 궁정식 사랑은 도시 부르주아의 육체적 사랑으로 변한다. 자서전적 기법은 유지되지만 편지와 대화를 통해 지식을 전달하는 기법보다 사랑의 관계가 얽히는 서사성에 더 치중한다. 사랑의 이론보다 읽는 재미가 더 중요해진다는 뜻이다.

문학시장의 첫 번째 기획 상품이 미묘한 사랑의 감정을 다루었다면 곧바로 등장한 약 20개의 〈짧은 기사 이야기〉는 인쇄인들이 만든 두 번째 기획 상품이었다. 〈짧은 기사 이야기〉는 주로 12~14세기에 프랑스와 스페인에서 만들어진 후 다른 나라로 퍼진 필사본으로 구비전승되기도 했다. 그래서 대개 지은이가 누군지 알려지지 않았다. 스페인으로 넘어온 프랑스 이야기들은 14~15세기에 필사본이 만들어졌고, 1490년부터 외국 출신 인쇄인들이 한 장의 종이를 한 번 또는 두 번 접은 단절 인쇄물 형태로 출판했다. 그런 형태는 평민 계층이 즐겨 읽은 인쇄물로, 분량은 대개 8단절(두 번 접었을 경우 64쪽)을 넘지 않았다. 인판떼스에 따르면 다음 작품이 〈짧은 기사 이야기〉에 해당한다.33

『로마의 일곱 현인 이야기』*Libro de los Siete Sabios de Roma*』(Zaragoza: Juan Hurus, 1488년경~1491년; Sevilla: Jacobo Cromberger, 1510년)

『고귀한 베스파시아노 이야기』*Historia del noble Vespasiano*』(Toledo: Juan

33 Víctor Infantes, "El género editorial y la narrativa caballeresca breve", en *Voz y Letra: revista de literatura*, 7(1996), 127-132; "La narración caballeresca breve", en *Evolución narrativa e ideológica de la literatura caballeresca*, ed. María Eugenia Lacarra, Bilbao: Univ. del País Vasco, 1991, 165-181. 이 책 183~191쪽에 바란다Nieves Baranda가 만든 〈짧은 기사 이야기〉에 해당하는 작품의 서지사항이 붙어 있다. 인판떼스는 〈짧은 기사 이야기〉가 성인전聖人傳, hagiografía과 연계되어 출판되었다고 한다. 같이 붙여져 출판된 성인전에는 『아뽈로니오 왕의 삶』*La vida e historia del rey Apolonio*』(Zaragoza: Juan Hurus, 1488), 『몬떼마요르 수도원장의 전기』*Historia del abad don Juan de Montemayor*』(Toledo: Pedro Hagenbach, ca. 1500~1503) 등이 있다.

Vázquez, 1491년경~1494년; Sevilla: Pedro Brun, 1499년)

『파리스와 비아나*Historia de París y Viana*』(Burgos: 1494년경; Alonso de Melgar, s. l.: 1524년)

『루이 디아스 연대기*Crónica del Cid Ruy Díaz*』(Sevilla: Tres Compañeros Alemanes, 1498년)

『올리바의 아들 엔리께 이야기*Historia de Enrique Fi de Oliva*』(Sevilla: Tres Compañeros Alemanes, 1498년)

『빠르띠누쁠레스 백작 이야기*Libro del Conde Partinuplés*』(Sevilla: Juan Pegnitzer y Magno Herbst, 1499년)

『카스티아의 올리베로스와 알가르베의 아르뚜스 이야기』(Burgos: Fadrique de Basilea, 1499년)

『떼오도르 아가씨 이야기*Historia de la doncella Teodor*』(Toledo: Pedro Hagenbach, 1500susrud~1502년)

『세비야 여왕 이야기*Historia de la reina Sebilla*』(Toledo: Pedro Hagenbach, 1500년경~1503년)

『잔 다르크 이야기*Historia de la Ponzella de Francia*』(1504년 이전)

『까나모르 왕과 그의 아들 뚜리안 왕자 이야기*Historia del Rey Canamor y del Infante Turián su hijo*』(Burgos: Fadrique de Basilea, 1509년)

『페르난 곤살레스 백작 연대기*Crónica del conde Fernán González*』(Sevilla: Jacobo Cromberger, 1509년)

『'악마' 로베르또의 놀라운 삶*La espantosa y admirable vida de Roberto el Diablo*』(Burgos: Fadrique de Basilea, 1509년)

『플로레스와 블랑까플로르*Historia de dos enamorados Flores y Blancaflor*』(Alcalá de Henares: Arnao Guillén de Brocar, 1512년)

『따블란떼와 조프레 이야기*Crónica de Tablante de Ricamonte y Jofré*』(Toledo: Juan

Varela, 1513년)

『포르투갈의 돈 뻬드로 이야기Libro del Infante don Pedro de Portugal』(Sevilla: Jacobo Cromberger, 1515년)

『막달레나와 프로방스 기사 뻬에르Historia de la linda Magdalena y el caballero Pierre de Provenza』(Sevilla: Jacobo Cromberger, 1519년)

『샤를마뉴와 열두 기사 이야기Historia del Emperador Carlomagno y los Doce Pares de Francia』(Sevilla: Jacobo Cromberger, 1521년)

『끌라마데스와 끌라라몬다 이야기Historia de Clamades y Claramonda』(Burgos: Alonso de Melgar, 1521년)

『윌리엄 왕 연대기Crónica del Rey Guillermo』(Toledo, 1526년)

이 목록을 만들 때 그가 정한 선별 기준은 아서왕 시리즈처럼 중세의 특정 사이클 그리고 16세기의 기사소설 장르에 속하지 않지만 중세에 기원을 둔 짧은 이야기로, 특정 인쇄인이 일정 기간 계속 출판한 책이다. 이 작품들의 일반적 특징은 다음과 같다.[34]

1) 주인공은 영웅이자 기사로서 정형화된 인물의 행동 양식을 보여준다. 대개 두 인물이 커플로 등장한다. 그래서 하나의 이야기로 시작했다가 두 줄기로 나뉘고, 다시 결말에서 합쳐진다. 하지만 『로마의 일곱 현인 이야기』와 『떼오도르 아가씨 이야기』처럼 기사의 사랑과 모험을 다루지 않는 텍스트도 있다. 대개 작가 미상이다.
2) 이야기의 주제가 다양하며, 민담folktale의 모티프들이 나타난다.
3) 매혹적인 연애 드라마이며, 환상적이고 마법적인 모티프가 등장한다.

---

34 Víctor Infantes(1991), 176-180.

4) 교회의 교리가 지배하므로 종교적·도덕적 요소도 포괄한다.

5) 기사소설로 분류되지 않지만 기사소설의 특징을 일부 공유한다.

6) 1490~1530년 사이에 유행한 출판사 기획 장르이다.

7) 서유럽이라는 문화적 배경에서 구비전승된 민중 이야기이다.

8) 짧은 이야기로, 기사소설과 같은 큰 인쇄 판형을 사용한다.

부르고스, 세비야, 똘레도의 인쇄인이 출판한 〈짧은 기사 이야기〉는 대개 기사가 등장하는 중세의 텍스트로, 센티멘탈 소설처럼 사랑이라는 내밀한 감정을 분석하지 않고 인물의 행위를 주로 서술했다.

1508년에 『아마디스 데 가울라』가 출판되기 전에 문학시장은 이미 센티멘탈 소설, 〈짧은 기사 이야기〉, 아서왕 로망스가 새로운 붐을 만들어가고 있었다. 대중은 기사의 사랑과 모험이라는 주제를 이미 친숙하게 받아들였다. 특히 중요한 점은 〈짧은 기사 이야기〉를 시장에 내놓은 인쇄인의 자손 또는 그들의 인쇄소를 인수한 사람들이 기사소설도 출판한 사실이다.

사라고사의 꼬시, 세비야의 크롬베르거 가문과 바렐라Juan Varela de Salamanca, 살라만까의 뽀라스Juan de Porras, 발렌시아의 꼬스띨야Jordi de Costilla와 비냐오Juan Viñao, 발야돌리드의 구미엘, 똘레도의 빌아끼란Juan de Villaquirán, 알깔라 데 에나레스의 길옌 데 브로까르, 부르고스의 바실레아가 기사소설을 시장에 내놓은 인쇄인이다. 거기에 부르고스의 후안 데 부르고스를 더하면 16세기 전반에 기사소설로 대중의 취향을 견인한 인쇄인 집단이 드러난다. 『레오니스의 트리스탄』을 인쇄한 사람들도 그들과 대부분 일치한다.35 1490

---

35 『레오니스의 트리스탄』의 스페인어 필사본은 14세기 말과 15세기 초에 만들어졌고, 16세기 인쇄본은 1501년도 판본(발야돌리드, 후안 데 부르고스), 1511년도 판본(세비야, 하꼬보 크롬베르거), 1525년도 판본(세비야, 후안 바렐라), 1528년도 판본(세비야, 후안 크롬베르거), 1534년도 판본(세비야, Domenico de Robertis)이 남아 있다. 유실된 판본은 1520년(세비야, 후안

년대에 만들어진 문학시장은 산뻬드로와 후안 데 플로레스Juan de Flores가 만든 짧은 분량의 센티멘탈 소설로 시작해 〈짧은 기사 이야기〉로 이어지다가 방대한 분량의 기사소설로 확장되는 양상을 보인다. 특히 하꼬보 크롬베르거가 1510년 전후로 인쇄한 책 목록은 책의 분량이 늘어나고 있음을 확실하게 보여준다.36

책의 분량이 늘어나면서 초판 인쇄 부수도 200부에서 1,000부까지 늘었다. 그만큼 문학시장은 성장하고 있었다. 『사랑의 감옥』과 『라 셀레스티나』의 상업적 성공에 자극받은 인쇄인들은 문학에 자본을 투자해 상품을 생산하고 또 다른 유사 상품을 재생산하는 구조를 확립했다. 이사벨과 페르난도 왕의 십자군과 정치적 프로파간다도 기사 이야기의 확산에 기폭제 역할을 했다. 그렇게 인쇄인들은 기사소설이라는 새로운 유행을 준비했다.

4. 2. 『아마디스 데 가울라』와 스페인의 기사소설

스페인의 기사소설은 16세기에 스페인, 포르투갈, 프랑스, 이탈리아, 영국, 플랑드르에서 크게 유행했다. 그와 같은 유행은 『아마디스 데 가울라』와 함께 시작되었고, 1640년경까지 새로운 작품이 만들어졌지만 사실상 장르의 열기는 1510~1550년대가 정점이었다. 당시 스페인 왕 카를로스 1세

바렐라), 1533년(세비야, 후안 크롬베르거)이다.
36 *Historia de los nobles caballeros Oliveros de Castilla y Artús de Algarve*(1507, 1509, 1510); *Estoria del noble cavallero el Conde Fernán González con la muerte de los siete Infantes de Lara*(1507); *Libro del caballero don Tángano y de las cosas que en el Infierno y Purgatorio y el Paraíso vido*(1508); *Sergas de Esplandián*(1510); *Libro de don Tristán de Leonís*(1511); *Crónica del rey don Rodrigo*(1511); *Crónica del noble cavallero Guarino Mezquino*(1512), *La crónica del muy esforçado y esclarescido cavallero Cifar* (1512).

(1516-56년 재위)는 기사소설의 열렬한 독자였다. 성녀 테레사Santa Teresa de Jesús, '그리스도의 기사' 성인 로욜라San Ignacio de Loyola, 후안 데 발데스Juan de Valdés처럼 젊은 시절에 기사소설을 빠져 시간을 낭비했다고 고백한 신실한 사제와 학자도 많았다.『라 셀레스티나』의 저자 로하스도 많은 기사소설을 갖고 있었다.37 특히 16세기 전반기에 산 발데스(† 1541년)는 『스페인어에 관한 대화Diálogo de la lengua』에서 기사소설을 향한 비판적 시각을 견지하면서도 『아마디스 데 가울라』의 가치를 인정하며, 젊은 시절 기사소설에 빠져 세월을 탕진했다고 고백한다.

> 발데스: 새롭게 만들어진 우리 스페인 소설 중 문체로 본다면『아마디스 데 가울라』 1~4권이 최고라고 하잖아. 내가 보기에도 그래. 하지만 지나치게 꾸며댄 부분도 많고, 부주의하게 넘어간 부분도 많아. 어떨 때는 하늘을 보며 숭고하고 장엄한 문체로 읊조리다가 어떨 때는 저잣거리의 저속한 문체로 곤두박질치기도 하지. 그렇긴 해도 확실히『아마디스 데 가울라』뿐만 아니라『빨메린』하고『쁠리말레온』은 읽어볼 만해.『에스쁠란디안』,『플로리산도』,『리수아르떼』,『십자가의 기사』보다 훨씬 더 잘 쓴 책이야. 거짓말로 가득하기는 마찬가지만 그래도『인색한 구아리노Guarino Mezquino』,『아름다운 멜루시나La linda Melusina』,『레이날도스 데 몬딸반Reinaldos de Montalbán』,『라 뜨라뻬손다La Trapisonda』, 그리고 제목에 카스티야가 붙어 있는『카스티야의 올리베로스Oliveros de Castilla』는 그보다 한참 모자라는 책이라고. 거짓말도 그런 거짓말이 없어. 문체도 엉망이고, 부끄러운 줄 모르는 거짓말에다 천박한 문체만으로도 읽는 사람 속을 뒤집어 놓는다고.

---

37 작가 유언장(1541년)에 소유 품목으로『아마디스 데 가울라』,『에스쁠란디안의 위업』,『쁘리말레온』 등 많은 기사소설이 적혀 있다(Fernando del Valle Lersundi, "Testamento de Fernando de Rojas", *Revista de Filología Española*, 16[1929], 366-388, 특히 382).

마르시오: 자넨 그 책들을 다 읽었어?

발데스: 응. 다 읽었지.

마르시오: 전부 다?

발데스: 전부 다.

마르시오: 정말이야? 왜 그랬어?

발데스: 십 년을 허송세월했다네. 내 인생에서 가장 꽃 같았던 십 년을 여기저기 궁정을 다니며 그 책들에 빠져 있었지. 덕을 키우고 익히지는 못하고, 그딴 거짓말에 심취해 두 손이 문드러지는 줄 몰랐으니. 재미만 쫓아다니면 그렇게 된다네. 라틴어책 번역본이라도 손에서 놓지 말아야 했어. 그런 책이 진정한 역사가 아니겠는가. 그런데도 그렇게 할 수가 없었네. 멈출 수가 없었어.38

위대한 황제와 독실한 성인 그리고 박식한 학자뿐만 아니라 글을 모르는 농부도 기사소설에 빠져들었다. 다음은 『돈키호테』 1부 32장에 나오는 여관 주인의 증언이다. 이 여관 주인은 글을 읽을 줄 모른다.

사실 이게 무슨 책인지는 모르지만 세상에 이보다 더 재미난 책이 없는 것 같아요. 내가 다른 책도 갖고 있고, 이런 책도 두어 권 있거든요. 그런데 이게 정말 세상사는 재미를 준다니까요. 나뿐만 아니라 다른 사람들도 다 그래요. 그게 말이지요, 추수철이 되면 여기로 추수할 농부들이 몰려오는데, 그중에 글을 읽을 줄 아는 사람이 왜 없겠어요. 그래서 글을 아는 사람 하나가 이 책을 손에 떡하니 잡고 있으면, 서른 명도 넘는 사람이 주위로 우르르 몰려와 눈을 반짝거려요. 그 사람 이야기를 들으며 온갖 세상 시름을 잊으려는 거지요. 실은 나도 그래요. 기사가 무시무시하게 한 방을 내리쳐 싹 쓸어버리면 나도 그렇게 하고 싶어서 손에

---

38 Juan de Valdés, *Diálogo de la lengua*, ed. Juan M. Lope Blanch, Madrid: Castalia, 1984, 168-169.

막 힘이 들어간다니까요. 밤낮으로 이런 이야기나 듣고 살면 얼마나 좋겠어요 (321쪽).

기사소설에 빠져 살던 돈키호테도 기사소설은 누구나 좋아하는 책이라고 말한다.

[기사소설은] 높은 사람이든 낮은 사람이든 누구나 널리 읽고 즐기는 책이올시다. 가난한 사람도 부유한 사람도, 글을 아는 사람도 모르는 사람도, 천한 자도 고귀한 양반도, 신분과 귀천을 막론하고 모두가 읽고 즐기지요(1부 50장, 509쪽).

『돈키호테』 속 허구의 인물들이 전하는 내용은 사실이었다. 국왕부터 농부까지, 고위 귀족부터 하위 계층까지 모두가 기사소설의 독자였다. 그들은 모두 기사소설을 즐겼다.[39] 현대의 영화와 드라마처럼, 기사소설은 당대의 연애 드라마이자 사극이었고 액션물이자 판타지였다. 15세기 말부터 17세기 초까지 80개 이상의 작품이 새로 출판되었고, 300번 이상 재출판되었으며, 구대륙은 물론 신대륙으로도 퍼져갔다.

그렇다면 기사소설이란 무엇이며 어떤 작품들이 있었을까? 기사소설의 일반적 특징은 다음과 같다.

1. 허구적 이야기이다. 전형적 인물의 행위에 초점을 맞춰 이야기가 진행된다. 인물의 성격은 변하지 않고, 심리 묘사도 세밀하지 않다.

---

[39] 『돈키호테』에 등장하는 인물 중 기사소설을 읽은 인물은 돈키호테 외에도 마을 신부, 이발사, 두 명의 여관 주인, 도로떼아, 루신다, 여관의 하녀 빨로메께, 똘레도의 교리사제, 몬떼시노스 동굴의 인문학자, 학사 산손 까라스꼬, 공작 부부 등이다.

2. 열린 구조를 지닌다. 주인공의 가계를 중심으로 후속편이 계속 이어질 수 있도록 이야기를 완결하지 않는다. 이야기는 계속 확장되며 점점 과장된다. 지리적 사실성은 무시되고, 이국적이고 환상적인 요소는 늘어난다. 그리고 서로 다른 사건들이 꼬이면서 분량이 늘어난다.

3. 기사는 사랑과 명예를 추구한다. 기사의 용기와 무훈 그리고 연인에 대한 순결한 사랑을 입증하는 다양한 시험이 마법적 장치와 함께 이어진다.

4. 주인공 기사의 이상적 사랑과 다른 이의 육체적 욕망이 대조된다. 혼외정사를 통해 아들을 얻고 비밀결혼은 결혼으로 마무리된다. 시리즈 후편에 가면 주인공 기사가 육체적 사랑만을 추구하기도 하고, 사랑이란 단지 모험을 위한 명분 또는 핑계에 지나지 않기도 한다.

5. 명예는 전쟁과 힘에서 비롯된다. 기사는 전쟁, 결투, 무술시합, 거인 또는 괴물과의 싸움을 통해 자신의 가치를 입증한다. 무술 실력은 곧 도덕적 우월성과 신분의 우월성이다.

6. 주인공은 독특한 탄생 과정을 거친다. 왕과 공주의 은밀한 사랑으로 태어나며, 태어나면서 신분과 혈통에 어울리는 능력과 자질을 갖는다. 그는 홀로 모험을 떠나고 마법사 친구나 마법적 권능을 가진 무기를 얻는다.

7. 전쟁은 점점 규모가 커지고 신성한 십자군전쟁으로 변한다. 대개 콘스탄티노플을 지키기 위한 기독교도 대 이교도의 전쟁이다.

8. 이국적이고 환상적인 세계가 나온다. 신비의 땅에는 괴물, 거인, 이교도적 의식을 치르는 사람들이 살고, 눈 깜짝할 사이에 엄청나게 먼 거리를 이동하는 마법의 배, 마법의 궁전, 마법의 호수, 신비로운 정글 등이 등장한다.

9. 역사적으로 먼 과거 시간으로 위장한다. 하지만 독자들은 당대의 현실이나 바로 직전에 있던 역사적 사실과 유사하다는 사실을 금방 알아차린다. 15세기 후반에 있은 왕과 귀족 간의 갈등, 콘스탄티노플 함락, 이국적인 아메리카 정복, 지중해 패권 다툼, 십자군 열망이라는 현실이 반영되어 있다.

10. 외국의 외진 곳이나 문서고에서 발견된 필사본을 번역했다는 전형적인 문학적 토픽을 사용한다.

레이 아사스는 기사소설의 특징을 다음과 같이 정리한다.40

1. 긴 분량의 소설이다.
2. 열린 구조이다. 각각의 에피소드와 모험이 목걸이 구조로 매달려 있고, 결말이 열려 있어 이야기를 끝없이 이어갈 수 있다.
3. 아마디스 시리즈나 빨메린 시리즈처럼 주인공의 가계에 따라 후속편이 이어진다.
4. 기사들의 수련 과정에는 장애물이 나타나지 않는다. 그들은 시련을 통해 성장하지 않고, 존재 그 자체로 이미 완성된 기사 모습을 갖는다. 기사의 성장 과정보다는 완성된 기사에게 대적하는 자들의 기괴함이 매력적이다.
5. 모험의 구조는 반복적이다.
6. 그로 인해 독자들을 지루하게 되기도 한다.41
7. 각 에피소드를 끌어가는 중심 이야기가 약하거나 느리게 전개된다. 주변 이야기에 더 치중하며 심리보다는 행위를 서술한다.
8. 주인공인 기사의 적들은 대개 거인, 괴물, 마법사, 무례하고 오만한 기사 등이다.

---

40 Antonio Rey Hazas, "Introducción a la novela del Siglo de Oro(Formas de narrativa idealista)", *Edad de Oro*, 1(1982), 65-105. 75-76.
41 레이 아사스는 비슷한 모험이 반복적으로 나타난다고 해 지루하다고 하지만 그것 역시도 독자의 취향과 요구를 고려한 장치일 수 있다. 특히 기사소설을 듣는 청자에게 반복은 효과적인 장치이기도 하다. 하루에 조금씩 읽어나가는 방식에서 청자의 기억은 오래 지속되지 않기 때문에 반복적으로 듣는다고 해도 피로감을 주지는 않는다. 오히려 반복을 통해 청자들의 기억을 재생해주거나 사건의 배경을 이해하게 해준다.

9. 모험의 목적은 의지할 데 없는 여성을 보호하고 사악한 적을 징벌하며, 특히 왕과 사랑하는 여인에 대한 충성을 입증하는 데 있다.

10. 사랑의 예절을 다루며, 연인 간의 정절과 감정의 순수성을 강조한다. 감정의 순수성은 아서왕 시리즈의 불륜과 대비된다.

11. 비밀결혼은 서사 전개의 핵심이다. 주인공은 사랑과 모험을 통해 정신적 고귀함과 혈통의 고귀함을 보여준다. 왕의 혈통이라는 신분은 감춰져 있다. 정신적 고귀함과 혈통이 있어야 신분상승을 이룰 수 있는 사회구조 때문이다.

12. 스코틀랜드, 아일랜드, 가울라, 콘스탄티노플, 그리스 등 이국적인 지리적 배경을 갖고 있다. 그러나 모든 장소가 환상적이지는 않다.

13. 마찬가지로 시간적 배경도 현재로부터 먼 곳에 놓여 있다. 기독교세계의 형성부터 중세 십자군 시대까지 넓게 펼쳐져 있다.

14. 사실성에 대한 고려가 없다. 『플로리산도』(1510년)처럼 예외적 텍스트가 있기는 하지만 대부분 텍스트에서 사실성은 중요하지 않고, 사실처럼 보이기 위해 애쓰지도 않는다.

15. 아르깔라우스의 탑, 천의 얼굴을 가진 우르간다의 궁전, '인솔라 피르메', 마법사의 섬처럼 작가의 상상력이 만든 공간은 상세히 묘사되지만 일반적인 사실 공간 묘사는 그리 세밀하지 않다.

16. 시간의 흐름과 인물의 심리적 변화는 대개 무시된다.

이런 복잡한 설명과 달리 기사소설이 유행하던 시대에는 기사소설을 아주 간단한 방식으로 이해했다. 기사소설의 유행이 아직 사그라지지 않았을 때 출판된 꼬바루비아스 Sebastián de Covarrubias의 『스페인어 사전 Tesoro de la lengua castellana o española』(Madrid: 1611, Luis Sánchez)은 기사소설에 대해 이렇게 간략하게 기술한다.

기사소설. 편력기사의 모험을 다루는 책. 아마디스, 돈 갈라오르, 태양의 기사 이야기와 또 다른 이야기들처럼 매우 재미있어 사람들이 즐기는 허구지만 그리 교훈적이지는 않다.42

libros de caballerías, los que tratan de hazañas de cavalleros andantes, ficciones gustosas y artificiosas de mucho entretenimiento y poco provecho, como los libros de Amadís, de don Galaor, del cavallero del Febo y los demás.

기사소설은 아마디스, 갈라오르, 태양의 기사 같은 편력기사의 모험담이자 산문으로 쓰인 "편력기사의 허구적 전기"43였다. '허구적 전기'는 겉으로는 역사를 표방하지만 실제로는 오로지 재미를 위해 만들어지고 재미를 위해 읽는 허구라는 뜻이다. 이 책에서 편력기사는 왕의 핏줄을 이어받고 태어난다. 그리고 위험한 모험과 거대한 전쟁을 수행하며 스스로 왕이나 황제가 될 만한 덕목을 갖춘다. 주인공인 편력기사는 사랑과 권력과 명예를 얻고, 자손은 더욱 진귀한 모험을 해 더 큰 권력을 얻는다.

기사소설의 유행은 아마디스 시리즈부터 시작되어 『왕자와 기사의 거울』 시리즈에서 마무리되었다. 당대 독자들도, 지금의 연구자들도 거기에 이견이 없다. 1490년에 발렌시아에서 출판된 마르또렐의 『띠랑 로 블랑』이 아마디스 개작보다 시기적으로 앞서지만 이 텍스트는 장르를 형성하지 못했다.44

---

42 ed. Martín de Riquer, Barcelona: Horta I. A., 1943, 324쪽.
43 『태양의 기사』는 오르뚜녜스 데 깔라오라Diego Ortúñez de Calahorra가 쓴 『왕자와 기사의 거울 1부』이다.
44 이 소설은 『아마디스 데 가울라』의 성공 이후 1511년에 스페인어 번역본이 출판되었고, 그때 카스티야 사람들은 이 텍스트가 번역본이라는 사실을 몰랐을 가능성이 크다. 띠랑 로 블랑은 기사 수업을 받고 기사서임을 받은 후 콘스탄티노플까지 모험을 이어간다. 그곳에서 황제의 딸

작가와 독자들에게 장르 의식과 취향을 만든 작품은 아마디스의 개작이다. 기사소설에 해당하는 작품의 범위에는 이견이 있다. 기사소설의 범위를 설정하는 기준을 『아마디스 데 가울라』 초판본 이후에 '새로 만들어진' 기사 이야기로 정할지 아니면 『아마디스 데 가울라』 초판본 이후에 '새로 출판된' 기사 이야기로 정할지의 문제이다. 요점은 두 가지다.

1. 『아마디스 데 가울라』 초판본 이전에 이미 존재한 텍스트가 기사소설의 유행과 함께 새롭게 출판되었을 때 이 텍스트를 기사소설에 포함해야 할까?
2. 과거의 텍스트를 포함하기로 했다면 세 가지 유형의 과거 텍스트 모두를 기사소설로 받아들여야 할까 아니면 일부만 받아들여야 할까?

여기서 언급된 세 가지 유형이란

1) 12세기의 『엘시드의 노래』, 13세기 말의 『바다 너머 위대한 십자군 정복기』, 14세기 초에 만들어진 『기사 시파르』 같은 중세 스페인의 영웅시가와 산문.
2) 『성배 탐색』과 『아서왕의 죽음』처럼 프랑스에서 유입된 13세기의 '라 불가타'와 '포스트 불가타'의 번역본.
3) 『파리스와 비아나』, 『올리바의 아들 엔리께 이야기』, 『카스티야의 올리베로스와 알가르베의 아르뚜스 이야기』처럼 14세기 이후 만들어진 프랑스 텍스트의 스페인어 번역본 및 15세기 말부터 출판된 〈짧은 기사 이야기들〉.

우리는 특정 시점을 기준으로 중세와 르네상스를 구분하기 어려운 사실과 비밀결혼을 하지만 병에 걸려 죽는다. 그의 죽음은 지나치게 사실적이어서 기사소설과 차별화된다.

을 잘 안다. 문학사에서 기준이 되는 시점은 다수의 동의 또는 합의에 따른 하나의 기호이다. 다시 말하면 연구자의 관점이지 기준이 반드시 현실의 분기점이라는 뜻은 아니다.

진화 과정은 점진적이고, 진화 속도도 일정하지 않으며, 언제 어떤 부분의 진화에 따라 전체 모습이 달라지는지 알 수 없다. 그래서 현대는 중세와 다르지만 완전히 다르지 않다고도 말할 수 있다. 마찬가지로 아마디스, 엘시드, 랜슬롯, 시파르, 엔리께를 다르다고 구분하는 기준도 하나일 수 없고, 범주로 묶을 수 있는 기준도 자의적이라고 할 수 있다. 논리적으로는 A=B이고 B=C라면 A=C이지만 문학 텍스트는 단순하고 명확한 명제로 규정할 수 없다. 가령 텍스트 A가 abcde라는 다섯 가지 부분으로 구성되어 있다고 가정했을 때 B는 bcdef이고 C는 cdefg, D는 defgh라면 A와 같은 또는 유사한 또는 다른 텍스트를 어디까지라고 규정할 것인가라는 문제와 같다. 그리고 abc-defgh 각각의 요소도 동일한 비중으로 다루어지지 않고, 각 명제의 구성 요소가 단순하고 명확하게 규정되지 않을 수도 있다.

기사소설에 속하는 작품의 범위도 『아마디스 데 가울라』 이후 새로 만들어진 기사 이야기라는 일반적 기준 외에 뭔가를 추가해 더 세밀하게 규정하면 범주 구성의 어려움이 생기기 마련이다.

위의 세 유형을 『아마디스 데 가울라』와 비교하면 이 텍스트들은 만들어진 시대적 배경도, 인물의 성격과 행동 양식도 서로 다르다. 이 세 유형을 중세의 스페인 텍스트이거나 프랑스 텍스트로 보아도 무리가 없다. 그렇다면 스페인의 기사소설은 『아마디스 데 가울라』 초판본 이후 '새로 만들어진 기사 이야기', 즉 16세기 르네상스 시대의 산물이다. 그리고 기사소설의 유행과 함께 문학시장에 다시 소환된 위 세 유형의 텍스트는 스페인의 기사소설이 아니라 과거의 유사 텍스트이다.

그렇게 기사소설의 범위를 규정하면 단순하고 명확하다. 그렇지만 16세기 독자들은 텍스트가 언제, 어디서 처음 만들어졌고 텍스트의 출전은 무엇인지 몰랐다. 텍스트가 만들어진 시기, 장소, 출전을 구분할 이유도 없었다. 그저 표지에 기사가 그려져 있는 책이 서점에 놓여 있으면 그것을 아마디스 시리즈와 비슷한 이야기로 받아들였다. 따라서 당대 독자의 인식에 방점을 둔다면 『아마디스 데 가울라』 초판본 이후에 '출판된 기사 이야기들' 외에도 유형 2)와 3)에 해당하는 텍스트 중 아마디스 이야기와 유사한 텍스트를 선별해 스페인의 기사소설에 포함시킬 수 있을 것이다. 대개 연구자들은 이런 방식으로 기사소설에 해당하는 작품 목록을 만든다. 그래서 기사소설 목록은 연구자마다 조금씩 차이가 있다.

　기사소설의 서지사항을 가장 광범위하게 수집한 목록은 아이센버그와 마린 삐나가 함께 만든 목록이고, 루시아 메히아스 목록은 가장 최근에 만들어졌다.45 두 기사소설 목록은 서로 일치하지 않는다. 루시아 메히아스 목록은 텍스트의 초판본만 언급하지만 아이센버그-마린 삐나 목록은 초판본, 필사본, 후속 판본의 서지, 2000년까지 연구된 참고문헌까지를 총 517쪽에 걸쳐 정리하고 있다. 가령 『아마디스 데 가울라』 1~4권의 경우 아이센버그-마린 삐나 목록은 필사본과 초판본 작가, 현재 UC 버클리대학교에 보관된 필사본, 인쇄된 판본들(1508년, 1511년, 1519년, 1521년, 1524년, 1526년, 1531년, 1533년, 1535년, 1539년, 1545년, 1547년, 1551년, 1552년, 1563년, 1575a년, 1575b년, 1580년, 1586년, 1838년, 1847~1848년, 1857년, 1924년, 1940a년, 1940b년, 1943년, 1944년, 1945년, 1954년, 1959~1969/1971년, 1965년, 1969a년,

---

45 José Manuel Lucía Megías, "Género literario, corpus y difusión de los libros de caballerías castellanos", en *Libros de caballerías castellanos. Aula Medieval*, 9(2019), 5-45. https://www.cervantesvirtual.com/portales/libros_de_caballerias/corpus; Daniel Eisenberg & María Carmen Marín Pina, *Bibliografías de los libros de caballerías castellanos*, Zaragoza: Prensas Universitarias de Zaragoza, 2000.

버클리대학교 소장 『아마디스 데 가울라』초판본

1969b년, 1969c년, 1978년, 1983년, 1987년, 1987~1988년, 1989년, 1991a년, 1991b년, 1992a년, 1992b년, 1996년, 1997년, 2000년 그리고 출판 예정인 라파엘 라모스의 연구판)의 상세 서지사항, 그리고 일련번호 683~1275번까지 이어지는 관련 연구 목록을 상세하게 나열하고 있다.

아래 이어지는 기사소설 목록은 메히아스 목록과 아이센버그-마린 삐나 목록을 합해 만들었고, 『아마디스 데 가울라』부터 초판본 출판연도순으로 정리했다. 메히아스 목록처럼 현재 남아 있는 판본이 없으면 연도 뒤에 [i]로 표시했고, 필사본만 남아 있는 경우 제목 뒤에 ms.를 붙였다.

[1] *Amadís de Gaula*(아마디스 시리즈 I-IV권), Garci Rodríguez de Montalvo

Sevilla: Meinardo Ungut y Stanislao Polono, 1496[i]

Zaragoza: Jorge Coci, 1508.

[2] *Baladro del sabio Merlín*, 작가 미상

Burgos: Juan de Burgos, 1498.

[3] *Oliveros de Castilla*, 작가 미상

Burgos: Fadrique Biel de Basilea, 1499.

[4] *Tristán de Leonís*, 작가 미상 Valladolid: Juan de Burgos, 1501.

[5] Adramón(ms. 16세기 초), 작가 미상

프랑스 〈국립도서관〉: ms. Espagnol 191.

[6] Marsindo(ms. 16세기 초), 작가 미상 스페인 〈왕립역사아카데미도서관〉(Madrid), ms. 9/804 (olim. L. 75).

[7] Sergas de Esplandián(아마디스 시리즈 V권), Garci Rodríguez de Montalvo Sevilla, 1496[i]. 출판 장소와 연도는 불확실

Sevilla: Jacobo Cromberger, 1510[i]

Toledo: Juan de Villaquirán, 1521.

[8] Florisando(아마디스 시리즈 VI권), Ruy Páez de Ribera

Salamanca: Juan de Porras, 1510.

[9] Renal*dos de Montalbán*(레이날도스 시리즈 I-II권), Luis Domínguez

Valencia: J. Costilla[1511년 이전][i]

Toledo: Juan de Villaquirán, 1523.

[10] *Tirante el Blanco*, 작가를 표기하지 않음

Valladolid: Diego de Gumiel, 1511.

[11] *Palmerín de Olivia*(빨메린 시리즈 I권), Francisco Vázquez(?)

Salamanca: Juan de Porras, 1511.

[12] *Primaleón*(빨메린 시리즈 II권), Francisco Vázquez(?)

Salamanca: Juan de Porras, 1512.

[13] *Guarino Mezquino*, 작가 미상

Sevilla: Jacobo Cromberger, 1512[i][46]

Sevilla: Juan Varela de Salamanca, 1527.

[14] *La Trapesonda*(레이날도스 시리즈 III권), 작가 미상

Valencia: Jordi Costilla, 1513[i]

Sevilla: Juan Cromberger, 1533.

[15] *Lisuarte de Grecia*(아마디스 시리즈 VII), Feliciano de Silva

Sevilla: Juan Varela de Salamanca, 1514[i]

Sevilla: Jacobo y Juan Cromberger, 1525.

[16] *Demanda del santo Grial*, 작가 미상

Toledo: Juan de Villaquirán, 1515.

[17] *Floriseo*(플로리세오 시리즈 I-II권), Fernando Bernal

Valencia: Diego de Gumiel, 1516.

[18] *Polindo*, 작가 미상[47]

Toledo: Juan de Villaquirán, 1526.

[19] *Arderique*, 작가 미상

Valencia: Juan Viñao, 1517.

[20] *Clarián de Landanís*(끌라리안 시리즈 1부 I권), Gabriel Velázquez de Castillo

Toledo: Juan de Villaquirán, 1518.

[21] *Claribalte*, Gonzalo Fernández de Oviedo

---

46 꼴론의 책 등록부Registrum B. nº 2057.
47 인쇄인이 에기아Miguel de Eguía라는 의견도 있다. 원제는 『돈 뿔린도 1권. 무적의 기사 돈 뿔린도 이야기. 누미디아의 왕 빠시아노의 아들로 세상을 주유하며 기이하고 환상적인 모험을 수행하다가 마케도니아의 왕 나우삘리오의 딸 벨리시아와 사랑에 빠진다. 제목 전문은 *Primer libro de don Polindo. Historia del invencible cavallero don Polindo, hijo del rey Paciano rey de Numidia & de las maravillosas fazañas y estrañas aventuras que andando por el mundo acabó por amores de la princesa Belisia, fija del rey Naupilio rey de Macedonia*이다.

Valencia: Juan Viñao, 1519.

[22] *Lepolemo[El Caballero de la Cruz]*(레뽈레모 시리즈 1권), Alonso de Salazar

Valencia: Juan Jofre, 1521.

[23] *Clarián de Landanís* (끌라리안 시리즈 1부 II권), Álvaro de Castro

Toledo: Juan de Villaquirán, 1522.

[24] *Clarián de Landanís*(끌라리안 시리즈 III권. 다른 이름으로는 『슬픈 표정의 기사*Caballero de la Triste Figura*』), Jerónimo López

Toledo: Juan de Villaquirán, 1524.

[25] *Reimundo de Grecia*(플로리세오 시리즈 III권), Fernando Bernal

Salamanca: Alonso de Porras y Lorenzo de Liondedei, 1524.

[26] *Espejo de caballerías*(기사의 거울 시리즈 I권), Pedro López de Santa Catalina

Toledo: Gaspar de Ávila, 1525.

[27] *Lisuarte de Grecia*(아마디스 시리즈 VIII권), Juan Díaz

Sevilla: Jacobo y Juan Cromberger, 1526.

[28] *Espejo de caballerías*(기사의 거울 시리즈 II권), Pedro López de Santa Catalina

Toledo: Cristóbal Francés y Francisco de Alfaro, 1527.

[29] *Lidamán de Ganail*(끌라리안 시리즈 IV권), Jerónimo López

Toledo: Gaspar de Ávila, 1528.

[30] *Florindo*, Fernando Basurto

Zaragoza: Pedro Hardouin, 1530.

[31] *Amadís de Grecia*(아마디스 시리즈 IX권), Feliciano de Silva

Cuenca: Cristóbal Francés, 1530.

[32] *Félix Magno*(시리즈 I-II권), 작가 미상

Barcelona: [Carles] Amorós, 1531[i]

Sevilla: Sebastián Trugillo, 1543.

[33] *Florambel de Lucea*(시리즈 I부), Francisco de Enciso Zárate

Valladolid: Nicolás Tierri, 1532(6월 22일)[I부, I-III권]

[34] *Florambel de Lucea*(시리즈 II부), Francisco de Enciso Zárate

Valladolid: Nicolás Tierri, 1532(9월 25일) [II부, IV~V권]

[35] *Florisel de Niquea*(아마디스 시리즈 X권, I~II부), Feliciano de Silva

Valladolid, Nicolas Tierri, 1532.

[36] *Platir*(빨메린 시리즈 III권), Francisco de Enciso Zárate

Valladolid: Nicolas Tierri, 1533.

[37] *Morgante*(시리즈 I권), Jerónimo Aunés

Valencia: Francisco Díaz Romano, 1533.

[38] *Tristán el Joven*(트리스탄 스리즈 II권), 작가 미상

Sevilla: Dominico de Robertis, 1534.

[39] *Lidamor de Escocia*, Juan de Córdoba

Salamanca: Juan de Junta(?), 1534.

[40] *Florisel de Niquea*(아마디스 시리즈 XI권, 3부. 다른 이름으로는『그리스의 로헬*Rogel de Grecia*』1부), Feliciano de Silva

Medina del Campo: Pierres Tovans(?), 1535[i]

Sevilla: Herederos de Juan Cromberger, 1546.

[41] *Morgante*(시리즈 II권), Jerónimo Aunés

Valencia: Nicolás Durán, 1535.

[42] *Valerián de Hungría*, Dionís Clemente

Valencia: Francisco Díaz Romano, 1540.

[43] *Baldo*(레이날도스 시리즈 IV권), 작가 미상

Sevilla: Dominico de Robertis, 1542.

[44] *Philesbián de Candaria*, 작가 미상

Medina del Campo: Pedro de Castro, 1542.

[45] *Félix Magno*(시리즈 III-IV권), 작가 미상

Barcelona: [Carles] Amorós, 1531[i]

Sevilla: Sebastián Trugillo, 1543.

[46] *Cirongilio de Tracia*, Bernardo de Vargas

Sevilla: Jacome Cromberger, 1545.

[47] *Belianís de Grecia*(벨리아니스 시리즈 I-II부), Jerónimo Fernández

Sevilla: 출판인 미상, 1545[i]

Burgos: Martín Muñoz, 1547.[48]

[48] *Cristalián de España*, Beatriz Bernal[49]

Valladolid: Juan de Villaquirán, 1545.

[49] *Florando de Inglaterra*(시리즈 I-II권), 작가 미상

Lisboa: Germán Gallarde, 1545.

[50] *Florando de Inglaterra*(시리즈 III권), 작가 미상

Lisboa: Germán Gallarde, 1545.

[51] *Silves de la Selva*(아마디스 시리즈 XII권), Pedro de Luján

Sevilla: Dominico de Robertis, 1546.[50]

48 이 판본의 표지 발행 사항에는 '이 도시의 또리비오 페르난데스가 인쇄비용을 충당했다a su costa y del virtuoso varón Toribio Fernández vecino de la dicha ciudad'라고 기록되어 있다. 인쇄비용을 부담한 페르난데스는 작가의 아버지이다.
49 기사소설을 쓴 작가 중 이름이 알려진 유일한 여성 작가로, 이 기사소설이 그녀의 유일한 작품이다. 1587년에 알깔라 데 에나레스에서 재출간되었다. 이탈리아 번역본은 1558년 (Venezia: Michele Tramezzino)에 출판되었고, 1609년에 재출간되었다.

[52] *Don Roselao de Grecia*(기사의 거울 시리즈 III권), Pedro de Reinosa

Toledo: Juan de Ayala, 1547.

[53] *Palmerín de Ingalaterra*(영국의 빨메린 시리즈 I권), 작가 미상

Toledo: Herederos de Fernando de Santa Catalina, 1547.

[54] *Palmerín de Ingalaterra*(영국의 빨메린 시리즈 II), 작가 미상

Toledo: Herederos de Fernando de Santa Catalina, 1548.

[55] *Floramante de Colonia*(플라리안 시리즈 II부), Jerónimo López

Toledo: 인쇄인 미상, 1518 또는 1524 [i]

Sevilla: Juan Vázquez de Ávila, 1550.

[56] *Florisel de Niquea*(아마디스 시리즈 XI, IV부. 다른 이름으로는 『그리스의 로헬*Rogel de Grecia*』 2부), Feliciano de Silva

Salamanca: Andrés de Portonaris, 1551.

[57] *Espejo de príncipes y caballeros*(『왕자와 기사의 거울』 시리즈 I부), Diego Ortúñez de Calahorra

Zaragoza: Esteban de Nájera, 1555.

[58] *Rosián de Castilla*, Joaquín Romero de Cepeda[51]

Zaragoza: Esteban de Nájera, 1555.

Lisboa: Marcos Borges, 1586.

[59] *Felixmarte de Hircania*, Melchor Ortega

Valladolid: Francisco Fernández de Córdoba, 1556.

[60] *Leandro el Bel*(레뿔레모 시리즈 II권), Pedro de Luján[52]

---

50 루한Pedro de Luján은 세비야의 인쇄업자 도미니꼬 데 로베르띠스의 처조카로, 인쇄업자가 죽은 후 인쇄소를 물려받았지만 오래 유지하지는 못했다. 이 기사소설이 그의 첫 번째 작품이며, 또한 그는 우리 목록[60]번 *Leandro el Bel*의 번역자(또는 작가)이기도 하다.
51 루시아 메히아스 목록에는 포함되어 있지 않다.

Toledo: Miguel Ferrer, 1563.

[61] *Olivante de Laura*, Antonio de Torquemada

Barcelona: Claudio Bornat, 1564.

[62] *Febo el Troyano*, Esteban Corbera([58]의 일부 표절작)

Barcelona: en casa de Pedro Malo, 1576.

[63] *Belianís de Grecia*(벨리아니스 시리즈 III~IV부), Jerónimo Fernández

Burgos: Pedro de Santillana, 1579.

[64] *Espejo de príncipes y caballeros*(『왕자와 기사의 거울』 시리즈 II부), Pedro de la Sierra

Alcalá de Henares: Juan Íñiguez de Lequerica, 1580.

[65] *Espejo de príncipes y caballeros*(『왕자와 기사의 거울』 시리즈 III부, IV부), Marcos Martínez

Alcalá de Henares: Juan Íñiguez de Lequerica, 1587.

Alcalá de Henares: Juan Íñiguez de Lequerica, 1588.

[66] *Belianís de Grecia*(벨리아니스 시리즈 V부), Pedro Guiral de Verrio

16세기 말의 필사본

〈마드리드국립도서관〉 ms. 13. 138

[67] *Bencimarte de Lusitania*, 작가 미상

16세기 말의 여러 필사본

〈마드리드왕립도서관〉 ms. II/547

[68] *Caballero de la Luna*(달의 기사 시리즈 III~IV권), 작가 미상

---

52 이 기사소설은 라우로Pietro Lauro가 쓴 동명의 이탈리아 기사소설(베네치아, 1560)의 번역본이라는 주장도 있고, 라우로가 스페인 텍스트의 필사본이나 1560년 이전 판본을 이탈리아어로 번역했다는 반대 주장도 있다. 레뽈레모의 두 아들 레안드로와 플로라모르Floramor의 모험을 다룬다.

16세기 말의 필사본

〈마드리드국립도서관〉 ms. 8. 370(olim. V-150)

[69] *Claridoro de España*, 작가 미상

17세기 초 필사본

〈마드리드국립도서관〉 ms. 22. 070

[70] *Clarís de Trapisonda*, 작가 미상

16세기 말 필사본 조각

〈마드리드왕립도서관〉 ms. II. 2504

[71] *Clarisel de las Flores*, Jerónimo de Urrea

16세기 말의 여러 필사본

〈바티칸도서관〉 barberini. lat. 3610(1부)

[72] *Filorante*, 작가 미상

16세기 말의 필사본

마드리드의 〈사발부루Zabálburu도서관〉 ms. 73-240

[73] *León Flos de Tracia*, 작가 미상

16세기 말의 필사본

〈마드리드국립도서관〉 ms. 9. 206(olim Bb.23)

[74] *Lidamarte de Armenia*, Damasio de Frías y Balboa

16세기 말의 필사본

〈뱅크로포트도서관〉(UC 버클리) ms. 118

[75] *Mexiano de la Esperanza*(1부), Miguel Daza

16세기 말의 필사본

〈마드리드국립도서관〉 ms. 6.602

[76] *Polismán*, Jerónimo de Contreras

16세기 말의 필사본

〈마드리드국립도서관〉 ms. 7,839 (olim. V 207)

[77] Selva de Cavalarías (2부), Antonio de Brito da Fonseca

16세기 말의 필사본

I-II권: 포르투갈의 〈리스본국립도서관〉 COD/11255, 등록번호 230687

III권: 포르투갈의 〈리스본국립도서관〉 COD/615

[78] *Flor de caballerías*, Francisco de Barahona

1599년 무렵의 필사본

〈마드리드왕립도서관〉 ms. II/3060(olim IV. C. 2)

[79] *Policisne de Boecia*, Juan de Silva y Toledo

Valladolid: Juan Íñiguez de Lequerica(사후 출판), 1602

[80] *Espejo de príncipes y caballeros*(『왕자와 기사의 거울』 시리즈 V부), 작가 미상

1623년 이후의 필사본

〈마드리드국립도서관〉 ms. 13,137

[81] *Espejo de príncipes y caballeros*(『왕자와 기사의 거울』 시리즈 V부, VI부), Juan Cano López[53]

1637~1640년 사이에 만들어진 필사본(기존의 V부와 다른 필사본)

다음 텍스트는 제목 또는 서지만 알려져 있다.

[82] *Leoneo de Hungría*(Toledo, 1520). 꼴론의 책 등록부

[83] *Leonís de Grecia*

[84] *Lucidante de Tracia*(Salamanca, Juan de Junta(?) 1534)

---

[53] 루시아 메히아스 목록에는 누락되어 있다. Rafael Ramos Nogales, "Dos nuevas continuaciones para el *Espejo de príncipes y caballeros*", *Historias Fingidas*, 4(2016), 41-95.

[85] *Taurismundo*(Lisboa, Diego de Cibdad, 1549)

[86] *Espejo de caballerías* 4부

[87] 제목 없음. Teresa de Ahumada y Cepeda & Rodrigo de Ahumada [54]

[88] *Tercera parte de la Cuarta de Florisel de Niquea*[55]

[89] *Floramante de Colonia*(끌라리안 시리즈 2부), Jerónimo López(15 18~1524년 사이)

[90] *Historia del caballero Florimón*[56]

루시아 메히아스 목록에는 세르반테스의 『돈키호테』 1~2부와 아벨야네다Alonso Fernández de Avellaneda의 『위작 돈키호테』Tarragona: Felipe Roberto (1614년)가 포함되어 있다. 그는 『돈키호테』를 기사소설의 한 형태로 규정하기 때문이다.[57] 하지만 여기서는 세르반테스의 소설을 제외했다. 『돈키호테』가 기사소설인지 아니면 기사소설의 패러디인지는 매우 논쟁적인 주제이다.

기사소설의 유행은 세 시기로 구분할 수 있다. 첫 번째 시기는 아마디스 개작 이후 1556년까지이며, 약 59권의 새로운 기사소설이 출판되었다. 이 기

---

54 아이젠버그-마린 삐냐 목록 623번. 나중에 성녀 테레사가 되는 테레사 데 아우마다와 그의 동생이 썼다고 전해지는 책으로, 리베라Francisco de Ribera 신부가 쓴 『성녀 테레사의 삶*Vida de Santa Teresa de Jesús*』(1590)에 기록되어 있다(ed. P. Jaime Pons, Barcelona: Gustavo Gili, 1908, pp. 99-100).

55 아이젠버그-마린 삐냐 목록 1504번. 원제는 『니케아의 플로리셀 4부 3권. 그리스의 아마디스의 아들 실베스 델라 셀바의 모험*Tercera parte de la quarta de Don Florisel de Niquea, que contiene los hechos de Don Silves de la Selva, hijo de Amadís de Grecia*』 (Salamanca, 1551). 하지만 1829년에 발간된 살바Vicente Salvá의 서지 목록에 처음 제목이 언급된 이후 이 책을 본 사람이 없다.

56 *Libros de caballerías*, ed. Pascual de Gayangos, Madrid: M. Rivadeneyra, 1857, 64. Biblioteca de Autores Españoles 40권.

57 José Manuel Lucía Megías, *Género literario, corpus y difusión de los libros de caballerías castellanos*, 16.

간이 이 장르의 전성기로, 카를로스 1세 재위기와 겹친다. 그가 1556년에 양위하고 펠리뻬 2세가 즉위하면서 두 번째 시기가 시작되었다.

두 번째 시기는 1556~1588년까지로 새로운 작품은 위 목록의 [60]~[65]번까지 6권이 출판되었다. 쇠락의 징후가 명확해졌다. 새로운 기사소설의 출판이 확연하게 줄었고, 1556~1561년까지는 재출간도 이루어지지 않았다. 그러나 1562년에 『영국의 빨메린』, 『레뽈레모』, 『왕자와 기사의 거울 1부』가 재출간되고, 1563년에는 『쁘리말레온』, 『아마디스 데 가울라』, 『레뽈레모 1부』가 재출간되었으며, 새롭게 레뽈레모 시리즈 2권 『아름다운 레안드로』도 세상에 나왔다. 1564년에는 『그리스의 벨리아니스』, 『그리스의 리수아르떼』, 『그리스의 아마디스』가 재출판되었고, 『라우라의 올리반떼Olivante de Laura』가 새로 시장에 나왔다.

그러다가 새로운 출판이 갑자기 중단되었다. 1575년에 『아마디스 데 가울라』가 두 번 재출판되었을 뿐이다. 이후 1579년에 『그리스의 벨리아니스 3~4부』가 출판되기까지 다른 어떤 텍스트도 카스티아에서 출판 및 재출판되지 않았다.

이 두 번째 시기는 기사소설의 침체기와 일시적 부흥기로 구분된다. 침체기는 두 시기로 세분된다. 첫 번째 침체기는 1556~1561년까지이고, 두 번째 침체기는 1565~1579년까지이다. 1575년의 『아마디스 데 가울라』 재출판을 제외하면 두 침체기 동안 인쇄업자들은 기사소설을 인쇄하지 않았다. 『에스쁠란디안의 위업』도 1496년, 1510년, 1521년, 15 25년, 1526a년, 1526b년, 1542년, 1546년, 1549년에 인쇄되고, 16세기에 이루어진 다음번 인쇄는 1587년에 두 번 그리고 1588년이었다. 『그리스의 아마디스』도 16세기에 1530년, 1535년, 1542년, 1549년, 1564년, 1582년, 1596년에 인쇄되었다. 두 침체기에는 인기 있던 다른 시리즈도 인쇄되지 않았다.

침체 원인으로는 펠리뻬 2세의 등장, 카를로스 1세의 양위와 죽음, 출판법 시행, 금서목록, 종교재판소를 거론할 수 있겠지만 왕실 재정의 파산(1557년, 1560년, 1575년)과 경기 침체가 더 직접적이고 강력한 요인이 되었을 것이다. 특히 두 번째 침체기는 카를로스 1세가 말년에 총애한 막내아들 후안 데 아우스뜨리아Don Juan de Austria(펠리뻬 2세의 배다른 동생)가 주도한 무어인 반란 진압과 〈레판토해전〉(1571년)의 영향도 무시할 수 없다. 거의 모든 귀족과 군인이 해외에서 오랜 기간 전쟁을 치르다보니 국내에서는 심각한 재정 파탄을 겪어야 했다.

두 번의 침체기 이후 다시 일어난 기사소설의 유행은 1588년에 실패로 끝난 무적함대의 원정과 밀접한 관계가 있다. 1579년부터 다시 기사소설이 출판되기 시작했다. 1579년에 『그리스의 벨리아니스 3~4부』가 재출판되고, 『그리스의 벨리아니스 1~2부』는 1579년, 1580년, 1587년에 재출판되었다. 하지만 벨리아니스 시리즈는 17세기까지 더 인쇄되지 않았다. 마지막 유행의 주인공은 『왕자의 기사의 거울』 시리즈였다. 『왕자의 기사의 거울 1부』가 1579년에 재출판되었고, 1580년에 처음 출판된 이 시리즈 2부는 1580년, 1581년, 1585년, 1589년, 1617년에 재출판되었다. 1587년에 출판된 시리즈 3부는 1587년, 1589년, 1623년에 재출판되었다. 이어 『아마디스 데 가울라』가 1580년과 1586년에, 『올리비아의 빨메린』이 1580년과 1581년에 재출판되었다. 1582년에는 『그리스의 아마디스』, 1584년에는 『니케아의 플로리셀 1~2부』가 뒤를 이었다. 1585년에 3개의 기사소설이 재출판되었고, 1586년에는 5개, 1587년에는 8개가 다시 세상에 나왔다.

그처럼 무적함대의 원정이 준비되는 과정에서 기사소설이 다루는 전쟁이라는 주제, 특히 일대일 결투보다는 국가 간 전투와 해전을 다룬 텍스트에 문학시장의 관심이 집중되었다. 하지만 무적함대와 함께 다시 찾아온 유행은 무적함대의 원정이 실패한 1588년 이후 급속히 사그라들었다.

세 번째 시기는 1588년부터 1640년까지이다. 아이젠버스-마린 뻬냐 목록에서 『아마디스 데 가울라』는 1586년에 재출판된 후 250년 남짓이 지나고 난 1838년에야 다음 출판이 이루어졌다. 매우 긴 공백기가 있었다. 이 시기에 새로운 작품의 출판은 드물었고, 출판되지 않은 필사본은 여럿이었다. 서지사항이 확인된 초판본은 1602년에 출판된 [80]번 『보에시아의 뽈리시스네Policisne de Boecia』밖에 없으며, 추가로 몇 개의 필사본을 더할 수 있을 뿐이다. 과거의 텍스트들이 간헐적으로 재출판되면서 시장에서 명맥을 이어갔지만 기사소설의 인기는 시들지 않았다. 그리고 새로운 유행은 20세기에 찾아왔다. 『아마디스 데 가울라』는 16세기에 20회 인쇄되었고, 20세기에는 23회 인쇄되었다.

15세기 말부터 대략 150년 동안 문학시장을 주도한 기사소설은 대부분 『아마디스 데 가울라』라는 모델을 계승하는 방향으로 나갔으나 새로운 요소가 추가된 기사소설도 있다. 새로운 요소로는 기사와 목동의 융합, 기사소설의 종교화a lo divino, 지리적 배경의 국내화nacionalización 등이 있다. 하지만 문학시장은 기사와 목동의 융합에만 호의적으로 반응했다.

기사와 목동의 융합은 사랑의 감정과 복잡한 연인 관계에 방점을 두었으며, 『그리스의 아마디스』와 『니케아의 플로리셀 4부』가 큰 인기를 끌었다. 특히 후자에서는 주인공인 그리스의 로헬이 '주피터 신의 딸' 아르치시데아Archisidea와 사랑을 만들어 갈 때 목자와 기사라는 일인이역을 수행하며 다채로운 이야기를 꾸며갔다.

기사소설의 종교화를 보여주는 대표적 사례는 에르난데스 데 빌야움브랄레스Pedro Hernández de Villaumbrales의 『태양의 기사El caballero del Sol』이다.58 가얀고스에 따르면 다음 작품들이 기사소설의 종교화를 보여준다.59

---

58 Medina del Campo: Guillermo de Millis, 1552. 이어지는 가얀고스 목록 9번에 해당한다. 우리말로 번역된 『태양의 기사Caballero del Sol』는 『왕자와 기사의 거울 1부』의 별칭인 『태양의 기사Caballero del Febo』와 제목이 같다.

1. *Libro de Caballería Celestial del Pie de la Rosa Fragante*, Jerónimo de Sampedro(Antwerpen, 1554) 1부

2. *Segunda Parte de la Caballería Celestial de las Hojas de la Rosa Fragante*, Jerónimo de Sampedro(Valencia, 1554) 2부

3. *Caballería cristiana*, fray Jaime de Alcalá(Alcalá de Henares, 1570)

4. *Hechos del caballero de la Estrella*, 작가 미상 필사본

5. *Batalla y triunfo del hombre contra los vicios. En el qual se declaran los maravillosos hechos del Caballero de la Clara Estrella*, de Andrés de la Losa(Sevilla, 1580).

6. *Caballero Asisio*, fray Gabriel de Mata(Bilbao, 1587)

7. *Historia do espantoso cavalleiro da Luz*, Francisco de Moraes Sardinha, 포르투갈 필사본

8. *Libro intitulado Peregrinación de la vida del hombre, puesto en batalla debajo de los trabajos que sufrió El caballero del Sol*, Pedro Hernández de Villaumbrales(Medina del Campo, 1552), 『태양의 기사』

9. *Historia y milicia cristiana de El Caballero Peregrino, conquistador del cielo*, fray Alonso de Soria(Cuenca, 1601)

10. *Historia do peregrino de Hungria*, 작가 미상, 포르투갈 필사본

하지만 종교화된 기사소설은 세속적인 기사소설과 거의 모든 면에서 다르다. 특히 예수의 삶, 성서의 인물, 기사 내면의 투쟁, 성인의 삶을 다루고 있어 이 텍스트들을 과연 기사소설로 볼 수 있는지도 의문이다. 위에서 가안

---

59 *Libros de caballerías*, ed. Pascual de Gayangos, Discurso Preliminar LVII-LVIII

고스가 고른 텍스트들은 루시아 메히아스 목록 및 아이센버그-마린 뻬냐 목록에도 포함되어 있지 않다. 그것들은 1550년대 이후에 등장했으며, 제목은 기사소설처럼 보이게 만들었으나 표지는 기사소설과 달랐다. 상업적으로는 실패한 전략이었다.

지리적 배경의 국내화는 스페인을 활동 무대로 삼는 기사의 등장을 말한다. 앞의 목록 [48]번의 『스페인의 돈 끄리스딸리안*Don Cristalián de Es aña*』(1545년, 1587년)이 그것에 해당한다.60 이 역시 상업적으로 좋은 전략이 아니었다. 국내에는 신비로운 괴물이 등장할 만한 곳이 없다. 마법에 걸린 섬도, 대규모의 국제 전쟁을 펼칠 공간도, 이국적 왕국도 없다. 독자들은 환상을 원하는데 국내에서만 움직이는 기사 이야기는 독자의 기대에 부응할 수 없었다.

기사소설은 후속작이 이어지는 시리즈 그리고 한 권으로 끝나는 단편작으로 구분된다. 여러 텍스트가 하나의 시리즈를 형성한다는 점이 기사소설의 중요한 특징이다. 어떤 텍스트가 상업적으로 성공하면 곧이어 후속작이 출판되고, 후속작이 성공하면 다시 새로운 후속작이 등장한다. 그렇게 후속작이 길게 이어질수록 문학시장에서 인기가 높았음을 입증한다. 후속작에서는 전작前作의 주인공의 다른 모험을 다루기도 하고, 노쇠한 주인공을 대체해 다음 세대인 그의 아들과 조카가 새로운 주인공으로 등장하기도 한다. 그러므로 책이 팔리기만 한다면 이론적으로 시리즈는 무한정 지속될 수 있다. 저작권 개념은 아직 정립되지 않았으므로 후속작을 쓸 기회는 누구에게나 열려 있었고, 그래서 전작 작가와 후속작 작가는 독자의 호의를 얻기 위해 서로 경쟁했

---

60 루께Gonzalo Gómez de Luque의 『이베리아의 셀리돈*Libro primero de los famosos hechos del príncipe Celidón de Iberia compuesto en Estancias*』(Alcalá de Henares: Juan Íñiguez de Lequerica, 1583)과 헤고메스Jerónimo Gómez de Huerta의 『카스티야의 플로란도*Florando de Castilla, lauro de caualleros*』(Alcalá de Henares: Juan Gracián, 1588)도 지리적 공간이 스페인이다. 두 텍스트는 산문이 아닌 운문이다. 기사소설보다는 비잔틴소설과 더 유사해 루시아 메히아스 목록과 아이센버그-마린 뻬냐 목록에는 포함되지 않았다.

다. 전작의 작가가 후속작이 만들어지지 못하게 주인공을 죽게 만들어도 후속 작가가 살려내기도 한다. 서로 다른 후속작이 경쟁할 때 성패는 당연히 문학시장이 결정했다. 그러므로 후속작을 출판할 가능성을 열어놓기 위해 작가는 결말에서 늘 새로운 문제 상황과 새로운 인물을 등장시키는 전략을 썼다. 독자의 호기심을 불러일으키기 위함이었다. 가장 인기가 높은 시리즈는 아마디스 시리즈였고, 『왕자와 기사의 거울』 시리즈와 빨메린 시리즈 등이 뒤를 이었다.

아마디스 시리즈의 제목, 작가, 출판 장소와 연도는 아래와 같으며, 서지사항은 위 목록에서 확인할 수 있다.

[1~4권] *Amadís de Gaula*, Garci Rodríguez de Montalvo(세비야 1496, 사라고사 1508)

[5권] *Sergas de Esplandián*, Garci Rodríguez de Montalvo(세비야 1496, 세비야 1510, 똘레도 1521)

[6권] *Florisando*, Páez de Ribera(살라만까 1510)

[7권] *Lisuarte de Grecia*, Feliciano de Silva(세비야 1514, 세비야 1525) [첫 번째 리수아르떼]

[8권] *Lisuarte de Grecia*, Juan Díaz(세비야 1526)[두 번째 리수아르떼]

[9권] *Amadís de Grecia*, Feliciano de Silva(꾸엔까 1530)

[10권] *Florisel de Niquea* 1~2부, Feliciano de Silva(발야돌리드 1532)

[11권] *Florisel de Niquea* 3부[Rogel de Grecia 1권], Feliciano de Silva (메디나 델 깜뽀 1535, 세비야 1546)+*Florisel de Niquea* 4부[Rogel de Grecia 2권], Feliciano de Silva(살라만까 1551)

[12권] *Silves de la Selva*, Pedro de Luján(세비야 1546)

스페인에서 출판된 아마디스 시리즈는 12권으로 마무리되었다.[61] 그래서 아마디스 시리즈는 사실상 초판본 작가와 펠리시아노 데 실바가 만들었다고 해도 지나치지 않다. 두 작가가 아마디스와 그의 직계 자손들의 후속 이야기라는 기사소설의 전형적 스타일을 만들었기 때문이다.

다른 작가들의 세 작품은 주인공이 정식 결혼에 의한 직계 자손이 아니거나 사실적이거나 도덕적인 기사소설이다. 그래서 아마디스 시리즈는 크게 앞의 두 작가가 만든 1~5권, 7권, 9~11권과 다른 세 작가가 만든 6권, 8권, 12권이라는 두 줄기로 구분된다. 6권, 8권, 12권은 이질적 후속편continuaciones heterodoxas이며, 특히 6권과 8권은 교회의 보수적 취향으로 회귀했다. 반면 7권, 9~11권은 대중의 취향을 받아들인 정통 후속편continuaciones ortodoxas이다.[62] 6권의 플로리산도는 아마디스의 배다른 형제 플로레스딴이 결혼 전에 낳은 혼외자로, 아마디스의 조카지만 혈통적으로는 거리가 멀다. 왜 6권의 작가는 아마디스의 직계를 주인공으로 삼지 않았을까?

5권 184장에서 후속편은 갈라오르의 혼외자 딸란께Talanque와 아일랜드의 실다단 왕의 혼외자 마넬리Maneli를 다루겠다고 예고했다. 이 예고가 6권 작가에게 아마디스의 직계가 아닌 방계를 주인공으로 만드는데 하나의 계기가 되었을 수도 있다. 방계를 통해 주인공의 캐릭터를 완전히 바꾸려고 했는지도 모른다. 그리고 5권에 등장한 작가el Auctor(작가의 페르소나)가 말한 '진

---

[61] 일반적이지는 않지만 스페인 내의 아마디스 시리즈를 13권으로 구성하는 시각도 있다. 출판 시기에 따른 구성이다. 11권에 해당하는 『플로리셀 데 니께아 4부』(『그리스의 로헬 2권』)가 12권 뒤에 나왔으므로 그것을 별도로 떼어내 13권으로 설정한다. 한편으로는 스페인의 아마디스 시리즈를 12권으로 구성하되, 11권에서 두 개의 12권이 나왔다고 볼 수도 있다.

[62] Emilio José Sales Dasí, "Las continuaciones heterodoxas(el *Florisando*[1510] de Páez de Ribera y el *Lisuarte de Grecia*[1526] de Juan Díaz) y ortodoxas(el *Lisuarte de Grecia*[1514] y el *Amadís de Grecia*[1530] de Feliciano de Silva) del *Amadís de Gaula*", en *Edad de Oro*, 2002(21), 117-152.

정한 영웅은 아마디스가 아니라 플로레스딴'이라는 논쟁적 주장(99장 543쪽)에서 영향을 받았을 수도 있다. 6권의 내용은 5권보다는 4권의 후속작에 더 가까워 6권 작가가 왜 그런 방향으로 갔는지 의도를 알 수 없다. 7~8권은 주인공이 같지만 인물의 성격은 완전히 다르다. 7~8권은 서로 경쟁했고, 문학시장은 7권을 압도적으로 선호했다. 12권의 주인공 실베스 델라 셀바는 그리스의 아마디스와 테베의 여왕 피니스떼아Finistea 간에 태어난 혼외자이고, 여기서 〈이탈리아의 아마디스 시리즈〉로 이어진다.

아마디스의 직계는 아마디스(1~4권)→에스쁠란디안(5권)→그리스의 리수아르떼(7권)→그리스의 아마디스(9권)→니케아의 플로리셀(10권)→그리스의 로헬(11권)로 이어진다. 11권 4부의 결말에서 로헬의 아들인 그리스의 펠리스마르떼Felismarte de Grecia가 다음 편 주인공으로 예고되지만 그를 주인공으로 하는 13권은 나오지 않았다. 그러므로 스페인에서 아마디스 시리즈는 6대에 걸친 아마디스 가문의 허구적 연대기로 마무리되었다.

주인공	배우자	아들
아마디스 데 가울라	브리튼 공주 오리아나	에스쁠란디안
에스쁠란디안	그리스 공주 레오노리나	그리스의 리수아르떼
그리스의 리수아르떼	뜨라뻬손다 공주 오놀로리아(7권) 마케도니아 공주 엘레나(8권)	그리스의 아마디스(7권)
그리스의 아마디스	테베 공주 니케아	니케아의 플로리셀
니케아의 플로리셀	아뽈로니아 공주 엘레나	그리스의 로헬
그리스의 로헬	레오니다 공주(12권) 황후 아르치시데아(11권 4부)	그리스의 에스페라문디(12권) 그리스의 펠리스마르떼(11권 4부)

대개 주인공들은 태어나자마자 납치되거나 버려져 부모와 떨어지고, 홀로 성장해 사랑을 얻고 결혼해 왕 또는 황제가 된다. 스코틀랜드, 가울라, 브리튼 등 서구세계의 가장 서쪽에서 시작된 모험은 후속작에서 그리스로 이동하고, 곧이어 그리스를 넘어 지중해 동쪽 세계 그리고 인도 근방으로 확장된다. 4권까지는 주인공이 동로마제국의 콘스탄티노플까지 다녀온다. 5권의 주인공이 브리튼과 '인솔라 피르메'를 잠시 방문한 이후부터 주인공의 모험은 콘스탄티노플과 그 주변을 중심으로 펼쳐지고, 6권 이후 후속편의 공간은 그리스, 트라키아^{Tracia}(콘스탄티노플 서쪽 지역), 콘스탄티노플, 니케아$^{Niquea,\ Nicaea}$, 뜨라뻬손다^{Trapisonda}(콘스탄티노플 동쪽 흑해 연안의 트라브존)를 거쳐 인도와 아시아의 가상의 왕국으로 이어진다. 당시 일반 사람이 가졌던 지리적 경계의 최대치라고 할 수 있다. 콘스탄티노플 너머에는 아름다운 여전사$^{virgo\ bellatrix}$와 아마조나스^{amazonas}가 있는 가상의 왕국이 있고, 아마디스 가문의 혼외 자손은 콘스탄티노플을 지나 동쪽으로 퍼져간다. 다만 아마디스의 직계 자손과 결혼하는 공주의 출신 지역은 콘스탄티노플과 지중해 동쪽 지역에서 멈추고, 아랍과 인도로 넘어가지는 않는다. 5권부터 기본적인 서사 구조는 서쪽의 기독교세계와 동쪽의 이교도세계 간의 대립 구도를 축으로 한다. 특이한 여자 마법사, 기독교로 개종한 이교도 기사와 아마조나스 여왕 같은 여전사가 등장한다. 여기서는 즐거움과 교훈 간의 불균형, 전쟁과 사랑 간의 불균형, 현실과 환상의 불균형이 중요한 주제로 대두된다. 하지만 놀라운 사랑과 모험을 찾는 독자의 기대에 부응하지는 못해 전작만큼 인기를 누리지 못했다.

5권에서 아마디스 데 가울라는 브리튼과 가울라의 왕이자 '인솔라 피르메'의 영주가 되었고, 에스쁠란디안은 콘스탄티노플의 황제가 되었다. 에스쁠란디안이 콘스탄티노플의 황제가 되면서 그리스가 아마디스 가문의 영지가 되었고, 가문의 활동 무대도 브리튼에서 그리스를 포함한 지중해 동쪽 세계 즉 이교도와 투쟁하던 동로마제국으로 옮겨갔다. 특히 1453년에 콘스탄티노플이 오스만제국에 의해 정복당한 이후 동로마제국 재정복은 기독교세계의 로망이었다. 아마디스가 치른 전쟁은 브리튼 왕국 내전, 가울라와 아일랜드 전쟁, 브리튼과 아일랜드 전쟁, 브리튼과 로마 연합군 대 아마디스 연합군의 전쟁이었다. 그가 치른 전쟁은 기독교 세력권 내에서 이루어진 전쟁이었다. 하지만 16세기에 지중해의 패권을 둘러싼 스페인과 튀르키예 간의 대립이 현실화되면서 기사소설은 새로운 십자군전쟁을 중심 사건으로 설정하고 있다. 기독교 세력과 이교도 세력이 콘스탄티노플을 두고 싸우는 대규모 십자군전쟁은 5권에서 시작되고, 6권에서는 사라졌다가 실바가 만든 7권부터 다시 이어진다. 이 후속편 전문작가는 독자들이 무엇을 원하는지 정확히 알고 있었다. 그리고 그가 쓴 9권의 주인공인 그리스의 아마디스는 그리스과 뜨라뻬손다의 황제이자 로다스Rodas의 왕이었다.

거의 모든 아마디스 시리즈는 상업적으로 큰 성공을 거두었다. 아마디스 시리즈 중 문학시장에서 외면당한 책은 8권 『그리스의 리수아르떼』(두 번째 리수아르떼)뿐이었고, 6권 『플로리산도』의 흥행도 좋지 않았다. 6권은 초판본 외 두 번(1510년, 1526년)만 재출판되었고, 8권은 초판본 이후 새로 인쇄되지 않았다. 6권과 8권이 시장에서 실패한 가장 중요한 원인은 도덕성과 종교적 교훈을 강조하면서 사랑, 마법, 세속적 기사도, 새로운 이교도 지역 정복을 제거했기 때문이다. 6권은 전작의 매력을 따라가지 않았고, 8권은 6권을 따라갔다. 구태의연하고 지루한 설교를 좋아할 독자는 없다. 6권의 작가는 우르간다가 아마디스와 주요 기사들을 마법에 건 5권의 결말 장면을 비판했고, 교황이 보낸 사제들이 우르간다의 마법을 풀어내도록 만들었다. 마법과 마법사의 책도 모두 불태워졌다. 그렇게 마법은 신의 뜻으로 대체되었고, 아마디스가 걸린 마법은 가톨릭교회의 속죄의식으로 해석되었다. 마법과 마법사를 제거하면서 독자들이 좋아하는 판타지의 세계도 사라졌다. 그리고 에로

틱한 사랑 장면과 애상적인 감정도 제거해 텍스트를 '정결하게' 했다. 플로리산도가 로마에서 떼오도라Teodora 공주에게 기사로 봉사하게 해달라고 청원할 때 남자의 언어는 건조하고, 기사의 궁정식 사랑을 이해하지 못한 여자는 오히려 자신의 명예만을 걱정한다. 사랑의 열정은 교회의 기준에 따라 통제되고, 여자들의 행실은 '모범적이며', 사제 안셀모Anselmo는 결말에서 전통적인 여성 혐오적 시각을 드러낸다. 여자가 남자를 유혹해 죄악에 빠뜨린다는 교회의 시각을 앞세우고 있으니, 기사의 뜨거운 열정과 공주의 아름다운 육체는 죄악으로 이끄는 도구가 된다. 여성 독자는 6권을 좋아할 수 없다. 남성 독자도 마찬가지이다. 무분별한 가톨릭교도 간의 결투는 금지되고, 기사는 오로지 이교도와만 싸워야만 한다. 그렇게 교회의 논리에 의해 기사도 세계는 사실상 부정당했다.

8권은 6권의 후속편으로, 마찬가지로 종교적 교훈을 강조하고 있다. 이교도의 위협은 8권 도입부터 설정되어 있지만 오히려 교황은 새로운 땅에서 모험을 찾는 기사의 편력을 금지한다고 선포했다. 그래서 8권은 편력기사의 역할에 대한 찬반 논쟁으로 시작된다. 특히 8권은 6권의 결말에서 예고한 대로 아마디스 데 가울라의 죽음을 담고 있다. 아마 8권의 작가는 현실적으로 손자가 성년이 될 즈음에 할아버지가 죽는다고 판단한 듯하다. 하지만 독자들은 기사들이 전쟁에서 패배하고 '인솔라 피르메'가 파괴되는 이야기를 좋아하지 않았고, 노쇠한 아마디스 데 가울라가 독실한 가톨릭신자로 변해 하늘의 계시에 따라 자연스러운 죽음을 맞이하는 상황도 수긍할 수 없었다. 그래서 8권은 흥행에 실패했다. 마케도니아의 엘레나 공주와 리수아르떼의 사랑도 6권처럼 사회적 규범에 따라 모범적으로 진행된다. 마법은 6권처럼 부정당하지는 않지만 이야기를 끌어가지 못한다. 우르간다, 악마적 여성 인물인 마법사 아가씨Sabia Doncella, 아르깔라우스의 아들들도 지엽적 역할만 수행한다. 여기서도 마법의 책들은 불살라진다. 늙은 우르간다는 앞을 보지 못해 자신의 거처인 '찾을 수 없는 섬^{Insola no Fallada}'에서 나오지 못하고, 죽음이 임박해 있다. 게다가 6권과 8권은 전쟁의 공간을 브리튼으로 설정하고 있다. 이미 5권에서 모험의 무대가 그리스와 지중해 동쪽 세상으로 넘어갔는데, 기사들이 브리튼에 여전히 머물고 있다면 그것은 퇴행이며, 거기에는 새로운 판타지가 있을 수 없다. 특히 6권은 4권의 후속편처럼 마법사 아르깔라우스를 재등장시켜 브리튼을 무대로 벌어진 전쟁을 반복한다. 루시아 메히아스가 구분한 스페인의 기사소설의 서사 모델 중 6권과 8권은 '사실주의 모델^{modelo realista}에 해당한다.63 도덕적 교훈이 모험보다 앞서고, 환상과 마법은 제거되거나 종교화되며, 사실에 가까운 사건을 사실적으로 묘사했다. 결국 6권과 8권은 독자들이 원하는 이야기가 아니었다.

후속편 전문작가 펠리시아노 데 실바는 7권인 『그리스의 리수아르떼』를 6권이 아니라 아마디스와 에스쁠란디안이 '인솔라 피르메'에서 마법에 걸려 있는 5권의 결말에서 시작했고, 9권 『그리스의 아마디스』도 8권이 아니라 7권의 결말에서 시작했다. 그래서 7권은 5권의 후속편이고, 9권은 7권의 후속편이다. 9권에서 작가는 8권이 아마디스 서사의 본질을 깨뜨렸다고 비난한다. 6권은 아마디스의 방계를, 8권은 직계를 다루고 있지만 잘못된 방향으로 리수아르떼 이야기를 끌고 갔다는 뜻이다. 실바는 의도적으로 6권과 8권을

---

63 José Manuel Lucía Megías, *Género literario, corpus y difusión de los libros de caballerías castellanos*, 14. 『띠랑 로 블랑』의 스페인어 번역본(1511년)과 『플로리세오*Floriseo*』(1516년), 『아르데리께*Arderique*』(1517년), 『끌라리발떼*Claribalte*』(1519년), 『레뽈레모 *Lepolemo*』(1521년), 『인색한 구아리노*Guarino Mezquino*』(1512년), 『끌라리안 데 란다니스 *Clarián de Landanís*』(1518~1528년) 그리고 아마디스 시리즈 12권이 사실주의 모델에 해당한다. 사실주의 모델은 『아마디스 데 가울라』로 대표되는 이상주의 모델^{modelo idealista}에 비해 상대적으로 사실적이라는 뜻이다. 이 두 모델 외에도 루시아 메히아스의 논문은 『왕자와 기사의 거울』처럼 오로지 즐거움만 추구하는 모델^{modelo de entretenimiento}과 『돈키호테』 같은 돈키호테 모델^{modelo quijotesco}도 다룬다.

무시했고, 6권과 8권이 지향한 도덕적 교훈과도 결별했다. 6권과 8권이 나온 후 4년 뒤에 7권과 9권이 각각 출판되었지만 7권과 9권의 간격은 무려 16년이다. 그러니까 9권은 7권의 후속편이지만 서로 다른 지향점을 갖고 있고, 오히려 9권은 시기적으로 가까운 10권 『니케아의 플로리셀』과 유사하다.

7권은 로드리게스 데 몬딸보가 만든 모델을 매우 충실하게 따라갔다. 에스쁠란디안의 아들 리수아르떼와 에스쁠란디안의 동생 뻬리온 데 가울라Perión de Gaula를 주인공으로 하는 7권은 사랑의 장면을 복원했고, 아마디스처럼 질투한 연인의 절교 편지를 받고 절망해 속죄의 고통을 겪는 주인공 캐릭터도 그대로 받아들였으며, 사랑의 감정도 섬세하게 묘사했다. 6권과 달리 7권은 여성을 숭배한다. 아마디스처럼 그리스의 리수아르떼에게도 사랑은 모험의 동력이 되고, 그가 사랑하는 오놀로리아Onoloria 공주는 오리아나처럼 세상에서 가장 아름다운 여자로 인정받는다. 앞 권에서 충직하고 순결한 아마디스와 자유분방한 갈라오르의 사랑이 달랐듯이, 7권에서도 리수아르떼와 그의 삼촌 뻬리온의 사랑이 서로 대비된다. 특히 뻬리온은 오스트리아 공작 부인이 적극적으로 유혹하자 연인이 있음에도 불구하고 사랑을 받아들여 15일간 육체적 관계를 맺는다. 부정과 불륜은 매력적인 소재이다. 브리튼과 아일랜드에서 콘스탄티노플과 그 너머 뜨라뻬손다로 이어지는 지리적 배경도 다르지 않다. 5권처럼 또다시 나이 든 공주 멜리아Melía와 그녀의 조카인 페르시아의 아르마또Armato 왕이 인도와 메소포타미아의 이교도 세력을 규합해 콘스탄티노플을 침략한다. 그리고 마법에서 깨어난 아마디스, 뜨라뻬손다 황제, 여전사 깔라피아 여왕이 아르마또, 그리필란떼Grifilante, 삔띠끼네스뜨라Pintiquinestra 여왕과 3대3 결투를 벌여 승리한다. 5권의 깔라피아처럼, 삔띠끼네스뜨라는 처음에는 이교도와 연합해 콘스탄티노플 전쟁에 참전했다가 전향한 용감한 여전사로 갈라오르의 아들 소브라디사의 뻬리온Perión de Sobradisa과 결혼한다. 기독교도 대 이교도의 전쟁 구도는 7권에서도 반복되고, 전쟁의 결말도 같은 형태로 반복된다. 아마디스처럼 비밀결혼을 통해 후계자가 태어난다. 리수아르떼는 뜨라뻬손다의 공주 오놀로리아와 비밀결혼을 하고 거기서 그리스의 아마디스가 태어난다. 오놀로리아는 갓난아이에게 그리스의 아마디스라는 이름을 붙인 후 떠나보낸다. 갓 태어난 아이는 해변에서 흑인 해적에게 발견되었고, 그들은 갓난아이와 같이 놓여 있던 붉은 칼을 보고 '불타는 칼의 도련님Doncel de la Ardiente Espada'이라고 불렀다. 아마디스와 같은 상황이다. 아마디스 시리즈 5권과 마찬가지로, 7권의 결말에서 주인공인 기사들은 사악한 여자 마법사 시르페아Zirfea에 의해 마법에 걸려 아르헤네스Argenes 섬에 유폐되었다. 6권과 달리 7권에서는 마법과 마법사도 돌아온다. 특히 늙고 기괴한 마법사 멜리아 공주, 마법사 메데아Medea, 가슴에 칼이 박힌 사자, 마법에 걸린 왕자와 공주, 우르간다와 결혼하는 마법사 알끼페Alquife가 독자들에게 새로운 재밋거리와 판타지를 제공한다. 그처럼 사랑, 전쟁, 마법이 만드는 재미와 판타지는 상업적 성공의 필수 요소였다. 7권은 프랑스어(1545년), 이탈리아어(1550년), 독일어(1572년), 네델란드어(1592~1593년), 영어(1652년)로 번역 출판되었고, 이탈리아에서도 후속편이 나왔다.64

하지만 아마디스 시리즈에서 가장 큰 성공을 거둔 후속편은 9권이었다. 9권에서도 아마디스 데 가울라와 에스쁠란디안은 살아 있는 인물로 등장하며, 5권과 7권의 인물들 외에 그리스 동쪽 세계의 새로운 인물들이 추가되어 매우 복잡한 사랑과 전쟁 서사를 엮어간다. 9권에서 실바는 1-5권 작가의 서사에서 벗어나 자신의 색깔을 입혔다. 7권에서 흑인 해적이 데려간 갓난아기는 9권에서 인도의 마가덴Magaden 왕의 궁정에서 양육된다. 주인공이 이교도 궁정에서 양육된 사실은 주인공의 정체성에 결정적인 영향을 주었다. 그는 자유분방함과 도덕적 판단을 중요시하고, 기사의 덕목은 신앙을 떠나 자신의

---

64 Mambrino Roseo, *Il secondo libro di Lisuarte de Grecia*, Venezia: Michele Tramezzino, 1564.

자유의지로 옳은 일을 하는 데 있다고 믿는다. 그는 종교를 가리지 않고 악한 행위는 징벌한다. 그리고 기독교도가 아니어도 고귀하고 선한 행위를 한다. 그렇게 6권과 8권이 보여주는 종교적 교훈과 완전히 절연했고, 오로지 재미와 판타지가 중요해졌다. 아직 이교도였던 젊은 '불타는 칼의 기사'는 기사서임을 받고 인도를 떠나 아르헤네스 섬에 갇힌 아버지 리수아르떼와 외할아버지인 뜨라뻬손다 황제 등을 구한다. 그의 이야기는 로드리게스 데 몬딸보가 만든 이야기의 얼개를 따라가는 듯 보이지만 기사소설의 매력이 사랑과 전쟁과 마법에 있음을 잘 아는 9권의 작가는 새롭고 매력적인 변이형을 만들었고, 지리적 배경도 더 확장했다. 주인공은 위험에 빠진 아버지, 할아버지, 증조할아버지를 구하지만 서로 신분을 모른 채 아버지, 할아버지와 결투하게 된다. 전작처럼 9권에서도 기독교도와 이교도 간에 거대한 전쟁이 벌어진다. 바빌로니아 술탄의 아들 사이르^{Zayr}가 꿈속에서 사랑에 빠진 오놀로리아 공주에게 청혼하고, 동시에 술탄의 딸 아브라^{Abra} 공주도 리수아르떼에게 청혼하면서 서로 엉킨 대립 구도가 만들어진다. 하지만 결과는 이전과 같지 않다. 술탄의 아들과 딸은 결혼을 위해 기독교로 개종할 생각도 하고, 뜨라뻬손다 황제와 리수아르떼의 적대 관계를 해소하려고도 하며, 황제 가족을 모두 바빌로니아로 데려갈 생각도 한다. 그들은 사악한 이교도가 아니다. 5권과 7권의 결말처럼 9권의 결말에서도 우르간다는 자신이 만든 환상의 하늘 궁정$^{Palacio\ del\ Universo}$에 아마디스와 그의 직계 자손 모두를 마법에 걸어 유폐시킨다. 그들은 그리스의 아마디스와 니케아 공주의 아들 니케아의 플로리셀이 나타나 마법을 풀어줄 때까지 기다려야 한다.

9권의 주인공은 십자군 기사로 이교도 박멸을 사명으로 여기는 인물이 아니다. 이교도를 개종시키려고 애쓰지도 않는다. 또한 한 여자만 사랑하는 순정한 사랑의 연인이 아니라 복잡한 애정 행각을 보여준다. 그리스의 아마디스는 시칠리아의 공주 루셀라^{Luscela}를 사랑하고, 테베의 공주 니케아는 주인공을 사랑한다. 삼각관계가 만들어진다. 게다가 마법사 시르페아는 니케아의 형제 아나스따락스^{Anastarax}가 니케아를 사랑하도록 마법을 걸었다. 여자의 육체적 아름다움은 과장하게 묘사되고, 사랑 관계에서 금기는 없다. 9권의 작가는 주인공뿐만 아니라 여성 캐릭터도 변화시킨다. 여성은 욕망을 감추지 않는다. 니케아는 적극적으로 주인공을 유혹하고, 아브라 공주도 마찬가지이다. 남녀 관계는 평등하다. 주인공은 루셀라를 사랑하지만 니케아의 유혹을 받아들인다. 그는 여자로 위장해 니케아의 궁정으로 들어가고, 결국 그녀와 결혼한다. 여장한 주인공 기사만이 아니라 남장한 여자 기사도 등장한다. 게다가 사랑 관계는 더욱 복잡해진다. 트라키아의 왕이 니케아의 초상화를 보고 사랑에 빠져 찾아오고, 어느 마법사가 그를 그리스의 아마디스로 변신시킨다. 그러자 여장한 주인공은 자신으로 변신한 트라키아 왕과 결투를 벌여 죽인다. 또한 리수아르떼는 해전에서 사이르를 죽이고 뜨라뻬손다 황제를 구한 후 오놀로리아와 정식으로 결혼한다. 리수아르떼를 사랑한 사이르의 동생 아브라 공주가 코카서스의 아마조나스 여왕 사아라를 통해 복수하려고 획책하지만, 여전사들의 여왕 사아라는 리수아르떼를 해치려고 하지 않는다. 9권에서는 이탈리아와 지중해 동쪽 세계에서 벌어지는 전쟁, 로마황제와 그의 아들을 죽이고 스스로 황제에 오른 불욘^{Bullón} 공작의 반란, 프랑스와 로마와 독일의 전쟁, 이교도와 해전이 묘사된다. 기사 이야기와 목동 이야기도 섞여 있다. 플로리셀은 사랑하는 실비아^{Silvia}를 따라 목동이 되는데, 나중에 그녀가 아버지의 잃어버린 동생 즉 고모임이 드러난다. 사랑에서 금기란 없다. 목동의 목소리는 정신적 사랑을 표현하며, 순수한 사랑을 통한 정신적 숭고함을 보여준다. 그처럼 9권은 독자들을 위한 종합 선물 세트와 같다. 작가는 개별적 사건들을 복잡하게 꼬아 연결하고, 사건의 박진감을 위해 서술자 목소리로 서사를 끌어가지 않고 인물들의 목소리를 훨씬 더 많이 활용한다. 7권처럼 9권도 당연히 여러 유럽어로 번역 출판되었다.

9권 이후 후속편 전문 작가는 10권과 11권(10권 『니케아의 플로리셀』의 3~4부)을 썼다. 10권과 11권은 플로리셀과 로헬 이야기로, 9권의 성공에 힘입어 9권의 특징을 계속 밀고나갔다. 사랑은 숭고해지고, 사랑의 감정은 섬세해지며, 목가적 요소가 빈번히 개입한다. 그리고 전쟁은 여전히 거대하고, 기사의 모험은 여행기를 닮아가면서 비잔틴소설처럼 보인다. 그런데 9권의 후속편은 두 개로 나뉜다. 하나는 실바가 쓴 아마디스 시리즈 10권 『니케아의 플로리셀』 그리고 거기서 이어 나간 11권이다. 다른 후속편은 이탈리아의 맘브리노 로세오$^{\text{Mambrino Roseo}}$가 쓴 『그리스의 아마디스 3부』(Venezia: Michele Tramezzino, 1564)이다. 11권의 다른 이름은 『그리스의 로헬』 1~2권이며, 11권의 후속편은 이탈리아 속편을 포함해 세 개가 있다.

스페인의 아마디스 시리즈 11권의 앞부분인 『니케아의 플로리셀』의 3부(또는 『그리스의 로헬』 1권)의 후속편은 루한의 시리즈 12권 『실베스 델라 셀바』로, 여기에도 아마디스와 그의 직계가 모두 등장한다. 12권의 서사 대부분은 실베스와 그리스의 로헬이 펼치는 모험으로, 결말에서 로헬과 레오니다 공주가 결혼해 그리스의 에스페라문디$^{\text{Esferamundi de Grecia}}$가 태어난다. 이 아이가 이탈리아의 아마디스 시리즈의 시작이다. 12권의 소재는 새롭지 않지만 주인공과 여성 인물의 사랑과 모험의 성격이 달라진다. 주인공의 기이한 탄생과 성장 과정은 사라지고, 주인공 실베스는 처음부터 완성된 기사로 등장한다. 실베스는 여성을 평등한 존재로 여긴다. 여성 친화적 태도는 그만큼 여성 독자가 많았다는 뜻이기도 하다. 전사의 용맹과 초자연적 모험이 남자의 정신을 숭고하게 만드는 아마디스 1~4권의 기사도 세계에서 벗어나 12권의 주인공은 처음부터 도덕적으로 우월하고, 결투와 전쟁은 선과 악의 대결이다. 주인공의 성격은 단면적이다. 그는 아름다운 여전사 빤따실레아^{Pantasilea} 공주를 사랑하지만 그에게는 사랑보다 종교적 덕목이 우선한다. 아마디스 데 가울라와 달리 실베스는 세속적인 명예와 명성을 추구하지 않는다. 이 세상에 하나님의 나라를 세우고 지키는 사명을 갖고 태어난 에스쁠란디안과 달리 그리스도의 군사Miles Christi로 자신의 도덕적 기준에 따라 옳은 일을 수행한다. 12권의 다른 주인공 빤따실레아는 인도의 높은 산지에 있는 여전사 왕국의 여왕이며, 작가는 빤따실레아를 매우 호의적으로 묘사한다. 그녀의 이름은 트로이전쟁에서 헥토르 없는 트로이를 구하러 온 여전사 빤떼실레이Pentesilea에서 가져왔다. 그녀는 5권에 등장한 깔라피아 여왕과 비슷하다. 12권에 등장하는 빤따실레아, 그녀의 어머니 깔뻰뜨라Calpentra, 이미 10권에서도 등장한 알라스뜨라하레아Alastraxarea는 기존의 기사소설에 등장하는 여성과 다른 독특한 여성 캐릭터 3인방이다. 이 여성 인물들에는 그리스 신화 속의 아마조나스와 남성 기사 역할을 하는 미혼 여전사virgo bellatrix라는 두 캐릭터가 섞여 있다. 처음에 이교도 루시아Ruxia 왕 진영에 있던 빤따실레아는 그리스의 아마디스에게 기사서임을 받고 기독교도와 이교도 전쟁에 참여해 승리의 주인공이 된다. 실베스와 빤따실레아의 관계는 기사소설의 궁정식 사랑을 추구하지 않는다. 남성중심적 사랑도 아니다. 두 사람은 같은 문양의 갑옷을 입고 각자 그리고 연합해 결투와 전쟁을 치른다. 빤따실레아는 아름답지만 가장 아름답지는 않다.

실바는 1546년에 출판된 루한의 작품을 무시하고 시리즈 11권 『니케아의 플로리셀 3부』(『그리스의 로헬』 1권)의 후속편으로 『니케아의 플로리셀 4부』(『그리스의 로헬』 2권)를 1551년에 출판했다. 시간 순서로 보면 이 책이 스페인의 아마디스 시리즈의 마지막이다. 11권에서 서로 다른 갈래로 두 권의 12권이 나왔다고도 볼 수 있지만 『니케아의 플로리셀 4부』를 스페인의 아마디스 시리즈 11권에 포함한다. 그렇게 스페인의 아마디스 시리즈는 12권으로 마무리되었다. 하지만 아마디스 시리즈는 그것으로 끝이 아니었다. 로세오는 루한이 쓴 시리즈 12권의 후속편이자 이탈리아의 아마디스 시리즈 13권 『그리스의 스페라문디』를 썼다. 이 책은 6부로 나뉘어 1558~1565년에 출판되었다. 이 이탈리아 후속편이 스페인에서 출판된 기록은 없다. 이탈리아의 아마디스 시리즈 13권을 출판하기 이전에 로세오는 이미 루한의 12권을 이탈리아어로 번역, 출판(1551년)했고, 이 번역본은 큰 성공을 거두어 아홉 번 더 재출판되었다. 그는 1554년에 『플로라를라노의 무훈*Le prodezze di don Florarlano*』을 출판했는데, 주인공 트라키아의 플로라를란Florarlán de Tracia은 시리즈 10권의 주인공 플로리셀이 트라키아의 공주 아를란다Arlanda에게 속아 동침한 후 낳은 아들이므로, 시리즈 10권 『니케아의 플로리셀』의 후속편이 된다. 이탈리아의 아마디스 시리즈는 다음과 같다. 13권 1부 『그리스의 스페라문디 1부』는 번역본이 아닌데도 불구하고 마치 원제목을 번역본처럼 보이도록 만들었다. 그것은 그만큼 당시 이탈리아에서 스페인의 기사소설의 인기가 높았음을 보여준다.

[13권 1부] 아마디스 데 가울라 13권 1부. 그리스의 로헬과 아름다운 공주 레오니다의 아들 스페라문디의 위대한 무훈. 스페인어에서 이탈리아어로 새롭게 번역.La Prima Parte del Terzodecimo Libro di Amadis di Gaula, nel quale si tratta delle maravigliose prove, et gran cavalleria di Sferamundi figliuolo di don Rogello di Grecia, et della bella Principessa Leonida: Tradotta nuovamente dalla lingua Espagnola nella la Italiana(1558)

[13권 2부] 불패의 기사 그리스의 스페라문디 2부. 아마디스 데 가울라 13권. 고대 콘스탄티노플의 황제의 연대기에서 이탈리아어로 번역.La seconda parte del libro di Sferamundi invittissimo Principe di Grecia. Libro XIIII. Di Amadis di Gaula. Ridotta da gli antichi Annali de gli Imperadori di Costantinopolis, nella lingua Italiana(1559)

[13권 3부] 불패의 기사 그리스의 스페라문디 3부.La terza parte dell'historia dello inuitissimo principe Sferamundi di Grecia nuouamente ritrouata, &

ridotta nella lingua italiana(1563)

[13권 4부] 그리스의 스페라문디 4부.La quarta parte della historia del principe Sferamundi di Grecia nouamente uenuta in luce, & ridotta in lingua italiana(1563)

[13권 5부] 불패의 기사 그리스의 스페라문디 5부. 뜨라뻬손다 황제의 연대기에서 이탈리아어로 번역.La quinta parte dell'historia dell'inuittissimo principe Sferamundi di Grecia, tolta da gli annali de gli Imperadori di Trabisonda, & ridotta in lingua Italiana(1565)

[13권 6부] 불패의 기사 그리스의 스페라문디 마지막 6부.La sesta et vltima parte della historia dell'inuittissimo Prencipe Sferamundi di Grecia. Nuouamente uenuta in luce, & ridotta in lingua Italiana(1565)

 1~6부까지 전체를 모은 판본은 1569년, 1574년, 1582~1583년, 1600년, 1619년에 재출판되었고, 1부는 낱권으로도 재출판되었다. 이탈리아에서 스페인의 기사소설의 유행과 출판은 1544년부터 시작되어 1630년 무렵까지 이어졌다. 스페인의 아마디스 시리즈와 이탈리아의 아마디스 시리즈의 관계는 아래 표와 같다.[65]

 『그리스의 스페라문디 1부』는 1578년에 프랑스어로 번역 출판되었다. 그런데 시리즈 번호는 스페인에서 이탈리아로 넘어온 순서와 다르다. 프랑스 출판사 기준에 따라 다르게 표기되었기 때문이다. 프랑스로 넘어오면 시리즈 13권『그리스의 스페라문디 1부』는 16권이 되고, 2부는 17권(1578년), 3부는 18권(1579년), 4부는 19권(1581년), 5부는 20권(1581년), 6부는 21권(1581년)이 된다. 프랑스어 번역본은 에르브래 데제사르 Nicolas de Herberay des

---

[65] https://www.mambrino.it/it/spagnole-romanzerie/ciclo-di-amadis-di-gaula. 이탈리아의 아마디스 시리즈 각 판본의 서지사항도 맘브리노 프로젝트 Progetto Mambrino 사이트에서 확인할 수 있다. 12. A는 필자가 추가.

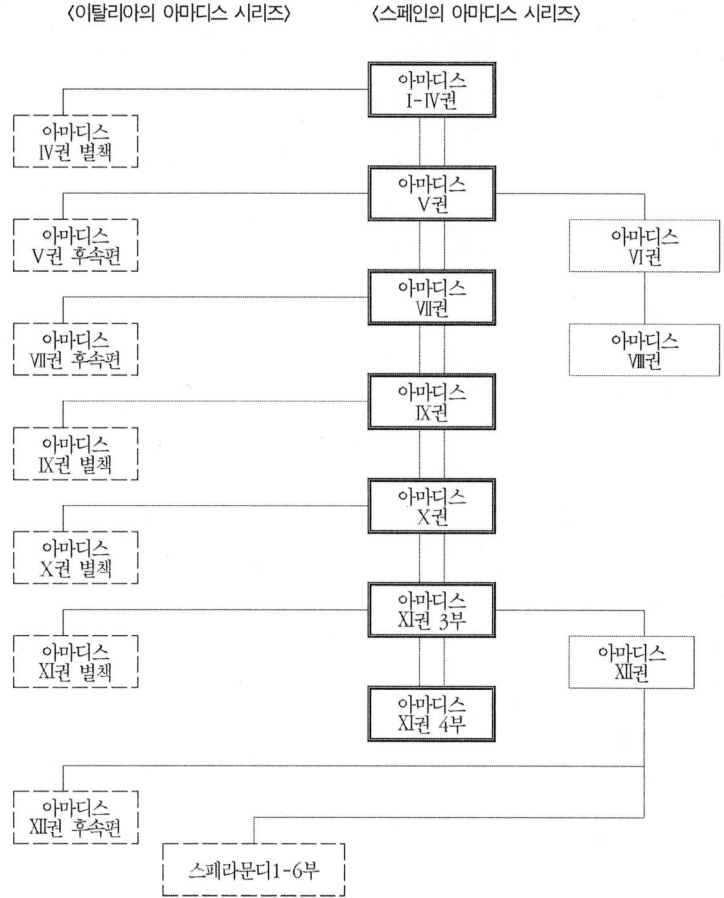

	스페인의 아마디스 시리즈		이탈리아의 아마디스 시리즈
1~4	Amadis de Gaula[1496], 1508	1~4	I quattro libri di Amadis di Gaula, 1546
		4. A	Aggiunta al quatro libro di Amadis di Gaula, 1563
5	Esplandián[1496], [1510]	5	Le prodezze di Splandiano, 1547
		5.A	Il secondo libro delle prodezze di Splandiano, 1564
6	Florisando, 1510	6	Don Florisandro, 1550
7	Lisuarte de Grecia[1514], 1525	7	Lisuarte di Grecia, 1550
		7. A	Lisuarte di Grecia. Libro secondo. 1564
8	Lisuarte de Grecia, 1526		번역되지 않음
9	Amadís de Grecia, 1530	9	Amadis di Grecia, 1550
		9. A	Aggiunta a Amadis di Grecia, 1564
10	Florisel de Niquea(I-II부), 1532	10	Florisello di Nichea, 1551
		10. A	Aggiunta al Florisello(Le prodezze di don Florarlano), 1564
11	Florisel de Niquea(III부)[1535], 1546	11	Rogello di Grecia, 1551
		11. A	Aggiunta a Rogello di Grecia, 1564
12	Silves de la Selva, 1546.	12	Don Silves de la Selva, 1551
		12. A	Il secondo libro di don Silves de la Selva,
13	Florisel de Niquea(IV부) 1551		번역되지 않음
		13/1	Sferamundi. Prima parte. 1558
		13/2	Sferamundi. Seconda parte. 1560
		13/3	Sferamundi. Terza parte. 1563
		13/4	Sferamundi. Quarta parte. 1563
		13/5	Sferamundi. Quinta parte. 1565
		13/6	Sferamundi. Sesta parte. 1565

Essarts가 처음 만들었는데, 그가 프랑스의 아마디스 시리즈를 전파했다. 프랑스의 아마디스 시리즈 15권까지의 출판연도와 번역자(개작자)는 다음과 같다.

[1권] Nicolas de Herberay des Essarts 번역, 1540.

[2권] Nicolas de Herberay des Essarts 번역, 1541.

[3권] Nicolas de Herberay des Essarts 번역, 1542.

[4권] Nicolas de Herberay des Essarts 번역, 1543.

[5권] Nicolas de Herberay des Essarts 번역, 1544.

스페인 시리즈 6권은 출처가 의심스러운 위작으로 생각해 번역하지 않음.

[6권] 스페인의 아마디스 7권. Nicolas de Herberay des Essarts 번역, 1545.

스페인 시리즈 8권은 출처가 의심스러운 위작으로 생각해 번역하지 않음.

[7권] 스페인의 아마디스 9권 1부. Nicolas de Herberay des Essarts 번역, 1546.

[8권] 스페인의 아마디스 9권 2부. Nicolas de Herberay des Essarts 번역, 1548.

[9권] 스페인의 아마디스 10권 1부. Giles Boileau & Claude Colet 번역, 1551.

[10권] 스페인의 아마디스 10권 2부. Jacques Gohory 번역, 1552

[11권] 스페인의 아마디스 11권 1부. Jacques Gohory 번역, 1554.

[12권] 스페인의 아마디스 11권 2부. Guillaume Aubert 번역, 1556.

[13권] 스페인의 아마디스 12권 1부. Jacques Gohory 번역, 1571.

[14권] 스페인의 아마디스 12권 2부. Antoine Tyron 번역, 1574.

[15권] 스페인의 아마디스 12권의 이탈리아 후속편인 로세오, Il secondo libro

66 베네치아에서 뜨라메찌노Michele Tramezzino가 출판한 『아마디스 데 가울라』 1~4권의 첫 번째 번역본은 출판된 해가 표기되어 있지 않고, 다만 판권을 소유한 해가 1546년이다. 이후 1547년, 1552년, 1557년, 1558년, 1559년, 1560년, 1565년, 1570년, 1572년, 1576년, 1581년, 1584년, 1589년, 1592년, 1594년, 1609년, 1624년에 모두 베네치아에서 출판되었고, 미켈레 뜨라메찌노가 출판한 판본은 1558년 판본이 마지막이다.

di don Silves de la Selva(Venezia: Michele Tramezzino, 1568). Antoine Tyron 번역, 1577.

그리고 16세기에 아마디스 시리즈 1~4권의 프랑스어 번역본은 14번 출판되었다.

1. Paris: Denys Janot, Jan Longis ou Vincent Sertenas, 1540
2. Paris: D. Janot, J. Longis ou V. Sertenas, 1540
3. Paris: D. Janot, J. Longis ou V. Sertenas, 1544
4. Paris: Estienne Groulleau, J. Longis ou V. Sertenas, 1548
5. Paris: E. Groulleau, J. Longis ou V. Sertenas, 1548
6. Paris: E. Groulleau, J. Longis ou V. Sertenas, 1550
7. Paris: E. Groulleau, 1552
8. Paris: E. Groulleau, J. Longis ou V. Sertenas, 1555
9. Paris: E. Groulleau, V. Sertenas, 1557
10. Paris: E. Groulleau, V. Sertenas, 1560
11. 안트베르펜(Anvers): Christophe Plantin, Jean Waesberghe, 1561
12. 안트베르펜(Anvers): Guillaume Sylvius, 1574
13. Lyon: Benoist Rigaud, 1575
14. Lyon: François Didier, B. de Duvaus, 1577

그 외에도 12권까지의 요약편집본 *Thrésor des douze livres d'Amadis de Gaule. Assavoir les harengues, Concions, Epstre, Complaintes et autres choses les plus excellentes et dignes du lecteur françois*(Paris: Groulleau, Sertenas, Longis, Le Mangnier, 1559)도 있다. 이 요약본은 1606

년까지 20회 가까이 재출판되었다.

프랑스의 아마디스 시리즈는 모두 독일에서 번역 출판되었다. 프랑스에서 출판된 『그리스의 스페라문디 1~6부』는 1591~1593년 사이에 독일어로 번역 출판되었고, 프랑스의 아마디스 시리즈 번호를 따라갔다. 그렇게 독일의 아마디스 시리즈는 프랑스를 통해 만들어졌으므로 스페인→이탈리아→프랑스→독일 순으로 아마디스 시리즈가 이어졌다. 독일어 판본 아마디스 1권은 1569년에 프랑크푸르트에서 페예라벤트Sigmund Feyerabend가 출판했다. 번역자가 알려지지 않은 이 독일어 번역본은 스페인 원본의 가톨릭적 요소를 제거한 개작본이라고 할 수 있다. 이후 1569~1575년에 페예라벤트가 프랑스의 아마디스 시리즈 13권까지를 인쇄했다. 14~21권까지는 그의 후계자들과 포일레Jacob Foillet가 인쇄했는데, 그들은 독일의 아마디스 시리즈에서 독일 작가가 독일어로 새로 쓴 세 권 — 1594년에 시리즈 22~23권, 1595년에 시리즈 24권 — 도 출판했다.67 1596년에는 제츠너Lazarus Zetzner가 독일의 아마디스 시리즈 24권의 요약편집본을 스트라스부르에서 인쇄했다. 이후 프랑스에서 뒤베르디에Gilbert Saulnier Duverdier가 *Le Romant des Romans*(1626~1632년) 3권을 출판했는데, 이 3권이 프랑스의 아마디스 시리즈 25~27권이다.

『아마디스 데 가울라』 번역본 중 가장 특이한 사례는 아마 히브리어 번역본일 것이다. 스페인의 아마디스 시리즈 1권만 번역되었으며, *Amadís de Gaula*라는 제목으로 1541년 무렵에 콘스탄티노플에서 출판되었다. 알가바Yaakov di Algaba가 텍스트의 번역과 수정을 맡았고, 스페인에서 추방당한 인쇄업자의 아들인 손시노Eliezer bar Guershom Soncino가 출판했다. 그것은 스페인에서 추방된 유대인 사회에서도 『아마디스 데 가울라』가 인기가 있었음을 보여준다.

엘리자베스 여왕 시대의 영국은 정치적으로나 종교적으로 스페인과 우

---

67 이 새로운 독일의 아마디스 시리즈 3권은 1615년에 프랑스어로 번역 출판되었다.

호적이지 않았다. 그래서 독일처럼 영국도 프랑스를 통해 아마디스 시리즈가 유입되었다. 프랑스에서 만들어진 1559년도 요약본을 페이넬^Thomas Paynell이 번역한 *The Treasurie of Amadis of France*(1567년)가 출발점이었다. 이 번역에서 특기할 점은 프랑스에서 가울라가 프랑스의 지명 골로 이해되었으므로 영국에서도 가울라를 프랑스 지명으로 받아들였다는 데 있다. 스페인어 원문을 직접 번역한 첫 기사소설은 깔라오라의 『왕자와 기사의 거울』(『왕자와 기사의 거울』시리즈 1부, 1555년)이었다. 그리고 그것을 시작으로 패리^Rober Parry가 1583년, 1585년, 1598년에 후속 시리즈를 번역했다. 『왕자와 기사의 거울』시리즈 3부 3권과 4권은 1599년과 1601년에 번역 출판되었다. 스페인어에서 직접 영어로 번역된 책은 모두 8권이었다. 『아마디스 데 가울라』 1권은 1619년에 먼데이^Anthony Munday가 영어로 번역해 출판했다. 7권이 출판된 아마디스 시리즈는 모두 프랑스의 아마디스 시리즈에서 가져왔고, 시리즈 번호도 프랑스 시리즈 번호를 옮겨왔다. 아마디스 시리즈 외에도 16세기 하반기에 영국에서는 그리스의 『벨리아니스*Belianís de Grecia*』, 『돈 플로란도 *Don Florando*』, 『왕자와 기사의 거울*Espejo de príncipes y caballeros*』, 『빨메린 데 올리바*Palmerín de Oliva*』, 『영국의 빨메린*Palmerín de Inglaterra*』, 『그리스의 쁠리말레온*Primaleón de Grecia*』 등 다른 스페인의 기사소설도 번역 출판되었다.68

스페인에서는 아마디스 시리즈 외에도 아래처럼 많은 기사소설이 시리즈를 형성했다.

그리스의 벨리아니스(Ciclo de Belianís de Grecia)

---

68 Jordi Sánchez Martí, *Los libros de caballerías en Inglaterra, 1578-1700*, Salamanca: Universidad de Salamanca, 2020.

끌라리안 데 란다니스(Ciclo de Clarián de Landanís)

성배탐색(Ciclo de la Demanda del Santo Grial)

기사의 거울(Ciclo de Espejo de caballerías)

『왕자와 기사의 거울』(Ciclo de Espejo de príncipes y caballeros)

펠리스마그노(Ciclo de Felixmagno)

루세아의 플로람벨(Ciclo de Florambel de Lucea)

영국의 플로란도(Ciclo de Florando de Inglaterra)

플로리세오(Ciclo de Floriseo)

레뽈레모(Ciclo de Lepolemo)

모르간떼(Ciclo del Morgante)

영국의 빨메린(Ciclo de Palmerín de Inglaterra)

빨메린 데 올리비아(Ciclo de Palmerín de Olivia)

레이날도스 데 몬딸반(Ciclo de Renaldos de Montalbán)

트리스탄 데 레오니스(Ciclo de Tristán de Leonís)

그중 1613년에 출판된 꼬바루비아스(Covarrubias)의 『스페인어 사전』에서 아마디스 시리즈와 함께 언급된 『왕자와 기사의 거울』 시리즈가 스페인의 기사소설의 마지막 시리즈로 큰 인기를 누렸다.

16세기 후반, 반종교개혁의 여파로 스페인의 인쇄업이 침체했을 때 인쇄업자들은 생존을 위해 두 가지 전략을 썼다. 하나는 과거에 많이 팔린 기사소설(특히 아마디스 시리즈 1~4권과 9권)의 재출판이었고, 다른 하나는 '오로지 재미만을 위해 읽는 기사소설género caballeresco de entretenimiento'의 출판이었다. 16세기 전반에는 기사소설도 재미를 목적으로 했지만 그것을 드러내놓고 선전하지는 않았다. '오로지 재미만을 위해 읽는 기사소설'의 대표작이 깔라오라의 『왕자와 기사의 거울 1부』(1555년)이었다. 1부는 그리스 황제 뜨레바시오Trebacio와 그의 쌍둥이 아들 '태양의 기사'와 로시끌레르Rosicler의 모험을 다루고 있다. 1부는 초판본 이후 6번 더 인쇄되고, 유럽에서 영어, 이탈리아어, 프랑스어로 번역되었다. 시에라Pedro de la Sierra가 쓴 『왕자와 기사의 거울 2부』(1580년)는 2권으로 구성되어 있다. 이미 1부에서 은퇴한 뜨레바시오 황제가 다시 편력기사로 복귀하며, 끌라리디아노Claridiano('태양의 기사'와 뜨라뻬손다의 끌라리디아나 공주의 아들)와 뽈리페보Poliphebo(뜨레바시오와 띠나끄리아 여왕 사이에서 태어난 혼외자)의 모험을 다룬다. 자살, 비극적 사랑, 살인, 마법, 폭력, 강간 등 암울한 분위기의 모험이 특징적이다. 마르띠네스Marcos Martínez 가 쓴 『왕자와 기사의 거울 3부』(1587년)는 4권으로 구성되어 있고, 끌라리디아노와 뜨레바시오의 조카 돈 엘레노don Heleno의 모험을 다루고 있다. 1623년의 사라고사 판본에서 3부 3권과 4권이 4부의 1권과 2권으로 이름과 구성이 바뀌었다.69 이 시리즈 5부는 1623년 이후에 만들어졌으나 인쇄되지는 못했고, 현재 필사본으로 남아 있다. 작가 이름은 모른다. 그런데 5부는 서로 다른 작가가 쓴 두 개의 필사본이 존재한다. 또 다른 5부(그리고 6부)는 까노 로뻬스Juan Cano López가 1637~1640년에 쓴 『왕자와 기사의 거울』이며, 스페인의 〈외무성 도서관 겸 문서보관소Archivo y Biblioteca del Ministerio de Asuntos Exteriores〉에서 발견되었다.70 이 시리즈에는 웃음을 유발하는 요소가 가미되었고, 특히 3부에는 기사가 목동이 되면서 궁정 시와 목가 풍 시가 포함되었

---

69 『왕자와 기사의 거울』 시리즈 3~4부를 인쇄한 1623년의 사라고사 판본은 시리즈의 마지막 인쇄본이었다. 1617년에는 사라고사에서 시리즈 1~2부가 인쇄되었고, 1617~1623년까지 이 시리즈의 모든 인쇄본이 재출간되었다. 1617년과 1623년의 인쇄본은 서적상 보닐야Juan de Bonilla가 자본을 투자했고, 6년에 걸친 그의 투자는 상업적 성공으로 이어졌다.
70 Raphel Ramoz, Dos nuevas continuaciones ……. 이 필사본은 스페인 외무성 포털에서 찾아 볼 수 있다(〈https://fondosdigitalizados.maec.es/mainframe.asp? APPNAME= ID0001 &TCMD=PPINIT&USER=Web_anuscritos&PASSWORD=wm〉cons.02/12/206).

다. 전쟁과 결투는 뒤로 밀려났고, 궁정사회의 음모와 다툼에 초점을 맞추었다. 이 시리즈의 형성과 진화는 실바가 새롭게 만들어낸 아마디스 시리즈의 진화와 유사하다. 결국 어떤 시리즈라도 대중의 취향을 따라가기 때문에 시리즈의 진화는 반복되기 마련이었다. 이 시리즈의 구성은 아래와 같다.71

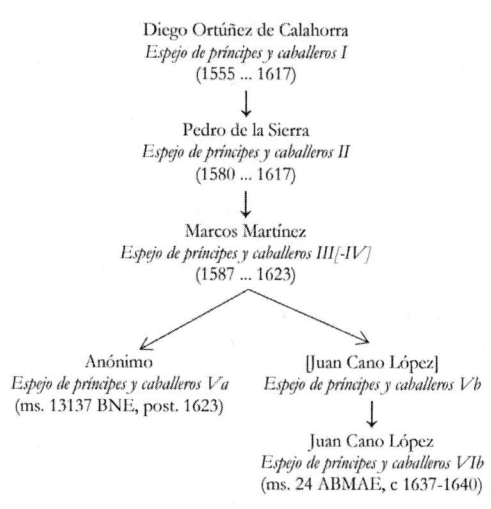

스페인의 기사소설은 1558년의 법령과 금서목록, 반종교개혁, 펠리뻬 2세 시대에 있은 왕실의 네 번의 파산(1557년, 1560년, 1575년, 1596년)과 인플레이션으로 인해 출판업계가 쪼그라들었지만 16세기 내내 문학시장을 지배한 소설 장르였다. 당시 서점에 간 사람들은 말을 탄 기사가 인쇄된 표지, 인쇄용지를 한번 접은 폴리오 형태의 큰 판본, 고딕체 서체, 한 면이 두 개의 칼럼으로 구성된 판형, 200폴리오 이상의 두께를 가진 책을 보고 그것이 기사소설임을 쉽게 알 수 있었다. 특히 다음의 표지에서 볼 수 있듯이 표지의 통일성은 매우 유용한 출판 전략이었다.

71 앞의 책, 50쪽.

 Amadis de Garla, 1508	 Palmerin de Oliva, 1511	 Tirante el Blanco, 1511
 Floriseo, 1516	 Sergas de Esplandián, 1526	 Amadis de Grecia, 1542

기사소설의 가격은 저렴하지 않았다. 앞서 언급한 꼴론의 책 등록부Registrum B에는 기사소설을 구매한 장소, 일자와 함께 가격이 명시되어 있다.72

Sergas de Esplandián(1510)+*Florisando*(1510): 1514년 9월, 발야돌리드, 13

---

72 José Manuel Lucía Megías, "Los libros de caballerías y la imprenta", en https://www.cervantesvirtual.com/obra-visor/los-libros-de-caballeria-y-la-imprenta/html/c15cee2f-a7a5-476e-b585-07b7f57f37ca_2.html.

레알

Lisuarte de Grecia(1514): 1514년 11월, 발야돌리드, 130마라베디
Arderique(1517): 1524년, 메디나 델 깜뽀, 85마라베디
Claridán de Landanís 2권(1524): 1525년, 마드리드, 6½레알
Claridán de Landanís 3권(1524): 1525년, 마드리드, 7레알
Floriseo 1~2권(1516): 1518년, 메디나 델 깜뽀, 128마라베디
Primaleón(1524): 1525년, 살라만까, 5½레알

1'레알real'(은화)은 34'마라베디maravedí'(구리 합금 주화)였다. 1514년에 『그리스의 리수아르떼』 가격이 130마라베디였는데, 이 무렵 소고기 1파운드(약 460그램)는 7~15마라베디, 닭은 20~35마라베디, 빵은 2.5~3마라베디, 신발은 40마라베디, 의사 왕진비는 136마라베디였다. 16세기 후반에는 재판본들이 종이와 인쇄 질을 낮추어 가격을 떨어뜨렸지만 그래도 기사소설은 여전히 비싼 상품이었다.

기사소설이 전국적으로 유행하자 16세기 전반부터 교회와 학자들을 중심으로 기사소설을 향한 전면적 비판이 시작되었다. 리께르에 따르면, 기사소설에 대한 사회적 비판은 1522~1599년 사이에만 36회가 제기되었고, 특히 1540년대에 가장 많았다.[73] 기사소설을 비판한 대표적인 책은 다음과 같다.[74]

---

[73] Martín de Riquer, "Una mirada sobre los libros de caballerías", en *Amadís de Gaula 1508. Quinientos años de libros de caballerías*, Madrid: Biblioteca Nacional de Madrid & SECC, 2008, 17쪽.

[74] Martín de Riquer, *Nueva aproximación al Quijote*, Barcelona: Teide, 1989, 59-60. 기사소설에 대한 당대의 비판은 다음 연구서에도 확인할 수 있다. Elisabetta Sarmati, *Le critiche ai libri di cavalleria nel Cinquecento spagnolo(con uno sguardo sul seicento). Un'analisti testuale*, Pisa: Giardini editori, 1996; Irving A. Leonard, *Los libros del Conquistador*, 6장. 「정복자와 도덕주의자Los conquistadores y los moralistas」. 사인스는 기사소설을 비판한 사

후안 루이스 비베스Juan Luis Vives, 『여성 기독교도의 훈육De institutione christianae feminae』(1524년); 『풍속의 타락 원인De causis corruptarum artium』(1531년); 『지혜에 이르는 길 서론Introducción y camino a la sabiduría』(1544년) 게바라Antonio Guevara, 『마르쿠스 아우렐리우스Marco Aurelio』(1529년); 『궁정 신하와 시종을 위한 교훈Aviso de privados y doctrina de cortesanos』(1539년)

후안 데 발데스Juan de Valdés, 『스페인어에 관한 대화Diálogo de la lengua』(1533~1535년)

페르난데스 데 오비에도Gonzalo Fernández de Oviedo, 『인디아의 일반 역사Historia general de las Indias』(1535년); 『스페인 귀족 오십 가문Las quincuagenas de la nobleza de España』(1555년)

몬손Francisco de Monzón, 『기독교 왕자의 거울Espejo del príncipe cristiano』(1544년)

메히아Pero Mexía, 『제국과 황제의 역사Historia imperial y cesárea』(1545년)

베네가스Alejo de Venegas, 『일과 휴식을 위한 우화Apólogo de la ociosidad y del trabajo』(1546년)

알라르꼰Luis de Alarcón, 『하늘에 이르는 길Camino del cielo』(1547년)

푸엔떼스Alonso de Fuentes, 『자연철학 전서Summa de la filosofía natural』(1547년)

그라시안Diego Gracián, 『플루타르크의 교훈Morales de Plutarco』(1548)의 「서문」; 『키루스 왕자의 아시아 입성기Historia de la entrada de Ciro el Menor en Asia』(1552년)

람 중 정말로 기사소설에 빠져 탐독한 사람은 발데스뿐이라고 한다(『에스쁠란디안의 위업』, 「서론」, 92쪽).

가르시아 마따모로스Alfonso García Matamoros, 『스페인 지성 예찬Pro ad-serenda Hispanorum eruditione』(1553년)

라구나Andrés Laguna, 『카틸리나 연설문Catilinarias』 번역본(1556년) 헌사

까노Melchor Cano, 『신학론De locis Theologicis』(1563년)

몬따노Arias Montano, 『수사학Rhetorica』(1569년)

울요아Alonso de Ulloa, 『오랑주 왕자 윌리엄과 싸운 전쟁 비평Comentarios de la guerra contra Guillermo, príncipe de Orange』(1569년)

일예스까스Gonzalo de Illescas, 『교황의 역사Historia pontifical y católica』 (1574년)

산체스 데 리마Miguel Sánchez de Lima, 『스페인 시론El arte poética en romance castellano』(1580년)

루이스 데 그라나다fray Luis de Granada, 『믿음의 상징에 관한 서문 Introducción al Símbolo de Fe』(1582년)

말론 데 차이데Malón de Chaide, 『막달레나의 개종La conversión de la Magdalena』(1588년)

로뻬스 삔시아노Alonso López el Pinciano, 『고전 시학Phlilosophía Antigua poética』(1596년)

그처럼 많은 책에서 기사소설을 비판했는데, 비판의 논지는 단순했다. 기사소설은 거짓말을 역사적 사실로 오도하게 만든다. 젊은이, 특히 결혼하지 않은 아가씨에게 위험한데, 환상을 현실로 착각하게 만들기 때문이다. 그처럼 허구와 현실의 혼동이 비판의 핵심이며, 허구와 현실의 혼동은 인간의 욕망과 결부되어 두 가지 모습으로 나타나게 된다. 하나는 기사소설에 나오는 기사가 이국적인 곳에서 모험한 후 큰 부자가 되므로, 그것을 믿은 젊은이가 부자가 되기 위해 머나먼 땅으로 모험을 떠난다. 다른 하나는 미혼의 젊은

아가씨는 기사소설에서 읽은 기사와 공주의 연애 방식을 현실의 연애로 착각해 그것을 모방하려고 한다. 그처럼 기사소설을 읽고 허구를 현실로 믿은 돈키호테의 광기는 이미 오래전부터 예견되어 있었다. 기사소설에 대한 비판은 작가에 대한 비판과 작품에 대한 비판으로 구분할 수 있다. 작가에 대한 비판은 세 가지로 요약된다.

1) 독자의 헛된 욕망만 자극하므로 선량한 기독교도가 아니다.
2) 고전문학과 역사를 모르고, 문체와 수사도 형편없다.
3) 거짓말로 진실한 역사를 왜곡한다.

마찬가지로 작품에 대한 비판도 세 가지이다.

1) 도덕적으로 유용하지 않다.
2) 사악하고 음탕한 욕망을 불러일으킨다.
3) 자연의 법칙을 거스르는 거짓말로 가득하다.

기사소설은 당대 스페인 사회의 윤리와 도덕을 해치는 거짓말이라고 비판받았다. 왜냐하면 당대 사람들은 인쇄된 책에는 거짓이 없다는 통념을 갖고 있었는데, 교회는 이 통념을 깨야 했으므로 기사소설이 거짓말이라고 계속 강조해야 했기 때문이다. 기사소설은 사실도 아니고 사실처럼 보이지도 않는데도 진실한 역사를 표방하면서 독자들에게 음탕한 생각을 자극하고 영혼을 죄악으로 이끈다. 진실의 빛도 없고, 시대의 증인도 아니며, 기억하고 따라야 할 모범적 삶도 보여주지 못한다. 그렇게 비판한 당대의 도덕주의자들과 문학 이론가들은 기사소설을 용인할 수 없었다. 그들은 기사소설뿐만 아니라 라 셀레스티나 계열의 작품들, 센티멘탈 소설, 목가소설, 비잔틴소설,

피카레스크소설도 같은 논리로 비판했다. 『아마디스 데 가울라』를 비롯한 기사소설은 마치 실제 역사서로 보이도록 만드는 기법을 사용했다. 『니케아의 플로리셀 연대기』Crónica de don Florisel de Niquea, 『스페인의 파괴와 돈 로드리고 연대기』Crónica de don Rodrigo con la destrucción de España처럼 허구에 연대기crónica라는 제목을 붙여 역사인지 허구인지 헷갈리게 만든다. 어떤 연대기는 기사소설이거나 허구이고, 어떤 연대기는 국왕의 연대기Crónica del Emperador Carlos V이다. 역사적 사실을 웃음거리로 만드는 사회비판적 연대기Crónica burlesca도 있다. 우연히 발견된 필사본, 기사의 삶을 기록하는 역사가의 존재, 사실과 도덕적 해설의 조합, 고전 역사와 허구의 병렬적 배치도 허구와 역사의 구분을 모호하게 만든다. 로드리게스 데 몬말보도 『아마디스 데 가울라』를 현인 엘리사벳Elisabad이 기록한 역사서로 위장하고, '허구적 역사'라는 모순적 용어로 정의한다. 거짓말로 가득한 허구가 역사인 듯 사람을 현혹하고, 세상 물정 모르는 젊은이들은 거짓을 사실로 받아들여 현실에서 허구를 모방했다. 그래서 도덕주의자들은 기사소설이 사회에 해악을 끼친다고 비판했다. 17세기에도 여전히 16세기 기사소설이 읽혔고, 기사소설에 대한 비판도 계속 이어졌다. 세르반테스의 『돈키호테』 1부 「서문」에는 사회에 해악을 끼치는 기사소설을 없애기 위해 책을 썼다는 작가의 의도가 명시되어 있다. 그리고 1부 47장에는 기사소설에 대한 교리사제의 비판과 마을 신부의 옹호가 시학詩學적 논리로 표현되어 있다. 교리사제가 먼저 비판을 시작한다.

"신부님! 저는 기사소설이라는 것들이 진실로 우리 백성들에게 해악을 끼치고 있다고 생각합니다. 비록 한때 저도 쓸데없이 헛된 취향에 이끌려 그런 걸 읽어 보았습니다. 아마 세상에 나와 있는 기사소설의 앞부분은 거의 전부 읽었을 겁니다. 하지만 처음부터 끝까지 읽은 책은 단 한 권도 없습니다. 왜냐하면 제가 보기에 두껍고 얇고의 차이는 있지만 모두가 다 그저 그런 똑같은 책이었거든요. 이런 게 좀 더 있으면 저런 게 좀 모자라고, 저런 게 더 있으면 이런 게 좀 덜할 뿐입니다. 제가 보기에 그런 기사소설들은 밀레시아 이야기fábulas milesias보다 못한 수준이에요. 뭔가 배울 만한 거라고는 하나도 없고 오로지 재미만 쫓는 허접한 이야기 말이에요. 반대로 우화fábulas apólogas는 즐거움과 가르침을 동시에 주지요. 기사소설이라는 책들이 오로지 재미만 추구한다고는 하지만 너무 황당한 이야기로만 가득하니 그걸로 어떻게 재미를 준다는 것인지 대체 알 수가 없어요. 즐거움이란 눈앞에 놓인 뭔가를 보거나 상상함으로써 우리 영혼이 아름다움과 조화를 품게 되었을 때 얻을 수 있습니다. 그런데 기사소설에는 추함과 뒤틀림만 있으니 어떻게 거기서 우리가 충만한 만족을 느낄 수 있겠어요. 대체 거기에는 어떤 아름다움이 있을 수 있을까요? 열여섯 살 아이가 탑처럼 거대한 거인을 칼로 찔러 과자처럼 두 조각으로 갈라버리는 그런 책 또는 이야기에서 각 부분은 전체와 또 전체는 각 부분과 어떻게 조화로울 수 있을까요? 전쟁을 묘사할라치면, 적군이 백만 명이라고 말해 놓고 기사소설 주인공 혼자 싸울 수밖에 없게 만들고, 주인공 혼자 힘만으로 승리를 얻었다고 하다니, 세상에 정도가 있어야 하지 않겠습니까? 알지도 못하는 편력기사 품에 여왕이나 황제의 상속녀가 가서 손쉽게 쪼르르 안기는 상황을 두고 더 무슨 말을 할까요. 기사들로 가득한 거대한 탑이 순풍에 돛을 단 배처럼 바다 위를 날아가기도 하고, 오늘 저녁 무렵에는 롬바르디아에 있다가 내일 동이 틀 때는 인도의 사제 후안[프리스터 존 — 역주]의 땅이나 아니면 마르코 폴로도 보지 못했고 프톨레마이오스도 그려내지 못한 곳에 나타나는 이야기를 듣는다면 세상물정 모르는 야만인이 아니라 정신이 제대로 된 사람이라면 대체 거기서 어떻게 즐거움을 얻겠습니까? 그것을 두고 그런 책을 쓴 사람들이 그게 다 거짓말이라고 했으니 그런 세세한 부분까지 살펴보고, 사실인지 아닌지 따질 필요가 없다고 한다면 저는 '거짓말은 사실처럼 보일수록 좋고, 의심스러워도 그럴듯한 게 많을수록 사람들이 좋아하는 법이다', 그렇게 대답하리다. 아무리 거짓말이라도 그걸 읽는 사람의 상식에는 맞춰야 합니다. 불가능한 일이라면 그럴듯하게 고치고, 거창한 일도 좀 평범하게 다루고, 감정도 가라앉히고, 또 읽는 사람들이 놀라기도 하고 감탄도 하며 차분하게도 하고 울컥 마음이 일어나기도 하도록 써야 합니다. 그렇게 해야 경이로움과 즐거움을 한 번에 잡을 수 있습니다. 이 모든 글쓰기는 사실처럼 보이도록 모방하는 작가만 할 수 있는 일입니다. 모방과 핍진성에 글쓰기의 완벽함이 있으니까요. 이야기의 각 부분이 서로 어우러져 하나의 몸을 이루는 그런 기사소설을 저는 보지 못했습니다. 중간 부분은 이야기의 시작과 조응하고, 결말은 중간과 시작에 서로 맞닿아 있는 그런 기사소설 말입니다. 그런데 제가 본 기사소설은 각 부분이 조화로운 비율로 짜인 인물이 아니라 팔과 다리를 수도 없이 만들어 마치 괴물이나 괴수를 만들려는 의도로 쓰인 듯했습니다. 그 외에도 문체는 딱딱하고 모험은 황당하며 사랑은 음탕합니다. 예의를 차려야 할 때는 딴청을 피우고, 전쟁은 길게 늘어지고, 논리를 세울 때는 바보스럽고, 공간 이동은 그야말로 해괴하니, 결국 이야기에 잘 꾸며진 데가 하나도 없어 신심이 깊은 우리 백성의 나라에서 추방해야 마땅합니다. 아무짝에도 쓸데없는 사람과 같습니까요."

마을 신부는 교리사제의 말을 아주 꼼꼼히 듣고 있었다. 마을 신부에게 교리사제는 훌륭한 학식을 가진 사람으로 보였고, 그의 모든 말에 동의하지 않을 수 없었다. 마을 신부는 교리사제에게 그의 말에 동의한다고 하면서 자신도 기사소설을 두루 읽어 본 적이 있어 돈키호테가 가진 많은 기사소설을 불태웠다고 알려주었다. 그리고 어떤 책은 불태웠고 어떤 책은 살려두었는지, 그 일을 자세히 알려주었다. 그에 교구 사제는 웃음을 감추지 못했다. 그러면서 교구 사제는 이렇게 말했다. 그가 말한 기사소설의 온갖 폐해에도 불구하고 기사소설에는 좋은 점이 한 가지 있는데 바로 기사소설의 재료이다. 그 재료로 좋은 생각과 지혜를 표현할 수도 있고, 기사소설의 재료가 거침없이 자유롭게 펜을 움직일 수 있는 크고 넓은 공간을 제공해주기 때문이다. 배가 난파되는 상황, 폭풍우, 우연한 결투, 전쟁을 묘사할 수 있고, 그런 각각의 상황에 맞춰 모든 훌륭한 자질을 가진 용감한 기사도 그려낼 수 있다. 간교한 적들 앞에서는 신중함을 보여주고, 병사들을 설득하고 멈추게 하는 감동적 웅변가가 되며, 무르익은 지혜로 조언하고 결정할 때 신속하며, 기다릴 때도 싸우러 진격할 때도 늘 용감한 그런 기사 말이다. 한때는 애절하고 비극적인 사건을, 다른 때에는 생각지도 못한 환희의 순간을 그려낼 수도 있다. 한쪽에 순결하고 사려 깊으며 진실하고도 지극히 아름다운 여인이 있다면 다른 한쪽에는 용감하고 거침없는 신실한 기사가 그려져 있다. 저기에 괴상하고 미개한 야만인이 버티고 있다면 여기에는 예의 바르고 용감한 왕자가 있어 신하로서는 충성과 헌신을, 그리고 영주로서는 위엄과 자비를 보여준다. 때에 따라 점성술사를, 위대한 천문가이자 음악가를, 정사와 통치에 뛰어난 현인을, 그리고 필요하다면 마법사를 그려낼 수도 있다. 율리시스의 간교함을, 아이네아스의 자비를, 아킬레우스의 용맹함을, 헥토르의 비극을, 시논^{Sinon}의 배신을, 에우리알리우스의 우정을, 알렉산더의 관대함을, 시저의 용기를, 트라야누스의 진실함과 자애로움을, 조피로스의 충성을, 카토^{Cato}의 엄격함을 그릴 수 있다. 그렇게 인간의 위대함을 완벽하게 구현해 줄 이 모든 행위와 자질을 하나의 인물에게 집약시킬 수도 있고 여러 인물에게 나눠줄 수도 있다.

"이런 일들을 물 흐르는 듯한 유려한 문체와 새롭고 기발한 줄거리에 엮어 최대한 진실을 향해 투사한다면 정녕 다양한 색상의 실로 짜인 아름다운 천을 직조할 수 있지 않겠습니까? 그렇게 완벽한 아름다움을 보여주는 일을 마치고 나면, 앞에서 말씀드렸듯이, 작가는 가르침과 즐거움을 동시에 추구하는 최상의 가치를 얻을 수 있을 겁니다. 이 기사소설의 자유로운 글쓰기 방식을 통해 작가는 서사시와 서정시와 비극과 희극을 모두 보여줄 수 있으니, 그것들 하나하나가 모여 책에는 감미롭고 유쾌한 시와 웅변이 담깁니다. 서사시는 시로 쓰기도 하지만 산문으로도 쓸 수 있습니다"(489~492쪽).

교리사제는 기사소설이 오직 즐거움만 추구한다고 비판한다. 하지만 곧

이어 어떤 기사소설은 즐거움과 교훈을 동시에 준다고도 말한다. 그래서 마을 신부도 『돈키호테』 1부 6장에서 돈키호테의 서재에 있는 기사소설을 심판하고 불태울 때 『아마디스 데 가울라』를 비롯한 몇 권은 살려두었다.75 모든 기사소설은 나쁘지만 잘 만든 어떤 기사소설은 바람직할 수 있다는 것이다. 나쁜 기사소설은 아름다움과 조화가 깨져 있지만 좋은 작가가 다양한 소재를 갖고 이야기를 만들면 교훈과 즐거움을 동시에 줄 수 있는 작품이 만들어진다고 교리사제는 주장한다. 세르반테스는 교리사제를 통해 기사소설에 대한 자신의 시각, 즉 16세기 기사소설의 반복이 아니라 17세기에 새로운 기사소설의 가능성을 보여주고 있다.

기사소설에 대한 비판 중 가장 늦은 사례는 1666년에 마드리드에서 출판된 레미히오 노이덴스Benito Remigio Noydens의 『모무스의 교훈Historia moral del Dios Momo』이다. '왕자와 그의 신하들을 위한 교훈 그리고 기사소설과 단편소설의 추방을 위해Enseñanza de príncipes y súbditos y destierro de novelas y libros de caballerías'라는 부제에서 알 수 있듯이, 17세기 중반에도 기사소설은 특히 여성 독자에게 큰 인기를 끌고 있었다.

아가씨들은 기사소설과 단편소설을 멀리해야 합니다. 거기에는 불경한 사랑과 온갖 추행, 황당한 마법과 패악이 가득합니다. 그것들은 마치 당의정糖衣錠 같습니

---

75 『돈키호테』 1부 6장은 47~48장과 더불어 세르반테스의 문학관을 보여준다. 47~48장이 주로 문학 이론을 다루고 있다면 6장은 당대 작품들에 대한 비평이다. 비평 대상이 되는 작품은 기사소설과 목가소설이 대부분이며, 세르반테스 자신의 작품인 『갈라떼아』도 포함되어 있다. 신부의 검열에서 살아남은 기사소설은 『아마디스 데 가울라』, 『영국의 빨메린』, 『띠란떼 엘 블랑꼬』이고, 신부가 판단을 유보한 작품은 세르반테스의 『갈라떼아』와 실바의 기사소설 『그리스의 벨리아니스』이다. 『에스쁠란디안의 위업』을 비롯해 1591년 이전에 출판된 다른 기사소설들은 검열에서 살아남지 못했다. 목가소설에서는 『디아나』, 『사랑에 빠진 디아나』, 『사랑의 운명에 대한 열 가지 이야기』, 『필리다의 목동』이 신부의 검열에서 살아남았다.

다. 고상한 껍질로 싸여있어 사람들의 눈을 현혹하지만 입에 넣으면 입안은 쓴맛이 가득하고 영혼은 독에 중독되어 버립니다. 어느 사악한 사람 이야기가 기억납니다. 그는 어느 여자에게 푹 빠졌는데, 그녀를 정복할 수 없게 되자 사악한 수를 써서 억지로 그녀의 눈이 '재미entretenimiento'라는 제목이 붙은 책을 보도록 만들었습니다. 그 책은 그녀에게 사랑의 감정을 불러일으켰고, 소설에 나오는 대로 따라 하다가 그녀는 자신을 망치고 말았습니다. 부끄러움을 알고 정숙하던 그녀의 정절은 그만 파괴되고 말았습니다.[76]

이와 같은 비판은 16세기 내내 이미 반복적으로 나타났기에 전혀 새롭지 않다. 앞에서 언급한 사르마띠의 논문에서도 비슷한 논리로 기사소설을 비판한 여러 사례를 찾을 수 있다. 하지만 1596년에 출판된 당대의 권위 있는 시학서 『고전 시학 Philosophía Antigua Poética』의 저자 삔시아노Alonso López Pinciano는 기사소설을 거짓말이라고 비판하지만 세르반테스처럼 『아마디스 데 가울라』는 훌륭한 소설이라며 다른 기사소설과 차별화한다. 그는 다섯 번째 서신 Epístola Quinta에서 기사소설을 실제로 일어날 개연성이 없는 거짓말fábula로 규정한다.

세 종류의 거짓말이 있어요. 하나는 완전한 허구이고 전혀 사실에 기반하지 않은 상상의 산물이에요. 밀레시아 이야기와 기사소설이 그런 완전한 거짓말에 해당합니다. 다른 하나는 『이솝우화』처럼 거짓말이고 허구이지만 진실을 말하는 이

---

76 디지털 텍스트 http://books.google.es/books?id=Z4tTm2eFDaMC&pg=PP5&hl=ko&source=gbs_selected_pages&cad=2#v=onepage&q&f=false, 186쪽. José Manuel Lucía Mejías, "Los libros de caballerías a la luz de los primeros comentarios del *Quijote*: De los Ríos, Bowle, Pellicer y Clemencín", en *Edad de Oro*, XXI(2002), 499-539(특히 499-500쪽).

야기입니다. 『이솝우화』는 실제로는 일어날 수 없는 짧은 이야기지만 안에는 진정 훌륭한 교훈이 있어요. 나머지 하나는 진실에 기반한 거짓말인데 비극과 서사시가 그렇지요. 언제나, 거의 언제나 어떤 역사적 사건에 근거하지만, 비극과 서사시라는 이름이 말해주듯이 역사는 조금이고 허구적인 이야기가 대부분을 차지합니다.77

이후 열한 번째 서신Epístola Undécima에서는 『아마디스 데 가울라』와 『그리스의 아마디스』를 구제한다.

밀레시아 이야기와 기사소설 이야기를 하려고 합니다. 그것들은 높으신 분들 이야기를 다루지만, 어디에서도 그런 인물에게 어울리는 진중함을 찾을 수 없어요. 그렇지만 나는 『아마디스 데 가울라』와 『그리스의 아마디스』 그리고 몇몇 다른 기사소설을 두고 하는 말은 아닙니다. 거기에는 아주 좋은 게 많이 있지요. 하지만 그 외 다른 기사소설에는 사실처럼 보이는 핍진성도 없고, 도움이 될 교훈도 없고, 진중한 문체도 갖추지 못했어요. 그래서 내가 아는 어떤 친구는 기사소설을 두고 운율이라고는 하나도 없고 문학의 영혼이라는 허구적 서사만 있어 육체 없는 영혼이라고 부르고, 그 작가나 독자들을 두고는 영혼 없는 육체라고 부릅니다.

기사소설은 거짓말이지만 『아마디스 데 가울라』는 읽을 만한 소설이라는 것이 삔시아노와 세르반떼스의 시각이다.
스페인의 기사소설의 유행을 스페인제국의 팽창주의가 만든 산물로 해석하는 견해가 일반적이다. 그래서 스페인제국의 팽창기인 16세기 전반기에

---

77 Alonso López Pinciano, *Philosophía Antigua Poética*, ed. Alfredo Carballo Picazo, Madrid: CSIC, 1973(reimpresión), vol. II, 12-13. 이어지는 인용문은 vol. III. 177-178.

유행했고, 17세기 초에 『돈키호테』와 더불어 기사도 세계가 패배를 선고받았을 때는 이미 스페인제국의 영광도 기울었다고 기술한다. 하지만 기사소설은 17세기 이후에도 꾸준히 읽히고 있었다. 유행의 시작은 팽창주의와 연관이 있지만 이후 기사소설의 생명력은 스페인제국의 흥망과 연동되지 않는다.

문학 장르는 생명체와 유사하다. 생명체처럼 한때 번성한 문학 장르가 흔적도 없이 사라지기도 하고, 어떤 장르는 꾸준히 재생산, 진화, 복제, 변용되어 살아남기도 한다. 기사소설이란 생명체는 1640년 이후 새로운 작품이 출판되지 않았음에도 불구하고 르네상스 시대의 원형이 현재까지도 생존하고 있다. 『돈키호테』 1부 47장에서 마을 신부가 기사소설의 새로운 가능성을 이야기했듯이, 1990년대 이후 현대의 독자들은 500년 전 기사소설을 소환하고 있다. 이유는 무엇일까? 줄거리부터 살펴보도록 하자.

5
줄거리

『아마디스 데 가울라』 1~4권에는 매우 많은 인물의 이야기가 얽혀 있지만 여기서는 주인공을 중심으로 줄거리를 구성한다. 줄거리를 포함한 까닭은 텍스트가 번역되어 있지 않아 간략한 요약으로는 텍스트를 이해할 수 없기 때문이다. 줄거리에 등장하는 삽화는 1526년도 세비야 판본에서 가져왔다.

〈1권〉 1장~43장

예수 그리스도의 승천 후 많은 해가 지나지 않았을 때 '작은 브리튼 Pequeña Bretaña' 왕국의 가린떼르Garínter 왕에게 두 딸이 있었다. 첫째 딸인 '화관의 귀부인Dueña de la Guirnalda'은 스코틀랜드의 랑기네스Languines 왕과 결혼해 아그라헤스Agrajes와 마빌리아Mabilia를 낳았다. 둘째 딸은 미혼인 엘리세나Helisena 공주였다. 어느 날 가린떼르 왕은 낯선 기사를 궁전으로 초대하는데, 기사는 가울라Gaula 왕국의 뻬리온Perión 왕이었다. 뻬리온 왕과 엘리세나 공주는 궁정에서 만나자마자 사랑에 빠졌고, 시녀 다리올레따Darioleta의 주선으로 왕과 공주는 밤에 몰래 만나 열흘간 합방한다. 왕은 칼을 두고 결혼을 약속하고, 시녀는 비밀결혼의 징표로 뻬리온 왕의 칼을 감춘다. 뻬리온 왕은 반지를 공주에게 주고 가울라왕국으로 돌아갔고, 임신한 공주는 몰래 아기를 낳았다. 갓난아기는 아버지의 칼과 반지, '갓 태어난 이 아기는 왕의 아들이며 이름은 아마디스'라고 쓴 편지와 함께 홀로 배에 태워졌다. 갓난아이를 태운 배는 새벽에 강을 타고 내려가 곧 바다에 이르렀고, 지나가던 스코틀랜드 기사 간달레스Gandales에게 구조되어 스코틀랜드로 갔다. 그에게는 갓 태어난 아들 간달린Gandalín이 있었고, 두 갓난아이는 같은 유모 젖을 먹고 자란다.

간달레스는 갓난아이를 '바다에서 온 도련님Donzel del Mar'으로 부른다. '바다에서 온 도련님'이 7세가 되었을 때 랑기네스 왕이 '화관의 귀부인'과 함께 간달레스의 성을 방문했다. 왕비는 '바다에서 온 도련님'의 아름다운 외모에 놀라며 그를 스코틀랜드 왕궁으로 데려갔다. '바다에서 온 도련님'은 거기서 사촌 아그라헤스Agrajes 왕자를 만난다. 그때 '작은 브리튼'의 가린떼르 왕이 죽자 랑기네스 왕은 '작은 브리튼'의 거의 모든 영토를 차지했고, 뻬리온 왕은 홀로 남은 엘리세나를 데려와 결혼한다. 뻬리온 왕은 전에 아이가 태어났는지 묻지만 엘리세나 왕비는 부끄러워 진실을 말하지 않는다. 뻬리온과 엘리세나 사이에서 갈라오르Galaor와 멜리시아Melicia가 태어났다. 갈라오르가 두 살 반이 되었을 때 어느 거인이 나타나 그를 납치했다. 거인은 레오니스 출신의 간달라스Gandalás였다. 아들이 사라지자 뻬리온 왕이 첫째 아이의 출생을 다시 추궁했고, 왕비는 사실대로 털어놓는다.

'위대한 브리튼Gran Bretaña'(이하 브리튼)의 팔랑그리스Falangriz 왕이 죽자 동생인 덴마크의 리수아르떼 왕Lisuarte이 왕위를 계승했다. 리수아르떼 왕은 왕비 브리세나Brisena와 딸 오리아나Oriana 공주를 데리고 덴마크를 떠나 브리튼으로 가다가 풍랑이 심해 스코틀랜드 왕의 궁정에 기착했다. 그리고 공주를 스코틀랜드에 남기고 먼저 런던으로 떠났다. 그때 공주는 10살, '바다에서 온 도련님'은 12살이었다. '바다에서 온 도련님'은 '세상에 둘도 없이 아름다운' 공주를 보자마자 사랑에 빠졌고, 공주도 마찬가지였다. 그러나 그는 아름다움과 신분 차이 때문에 감히 사랑을 표현하지 못했고, 그래서 빨리 기사가 되고 싶었다. '바다에서 온 도련님'이 15세가 되자 간달레스는 갓난아이와 함께 발견된 칼, 반지, 밀랍으로 봉한 편지를 그에게 보냈다. 그때 아일랜드의 아비에스^Abiés 왕이 가울라왕국을 침범했고, 위험에 빠진 뻬리온 왕은 스코틀랜드를 찾아와 지원을 요청했다. 이미 기사서임을 받은 아그라헤스가 출정을 허락받자, '바다에서 온 도련님'은 기사가 되고 싶은 마음이 더 커졌다. 그는 공주에게 사랑을 고백했고, 공주는 마빌리아와 함께 뻬리온 왕을 찾아가 '나의 도련님'을 기사로 만들어달라고 부탁했다. 뻬리온 왕은 아들인 줄 모르고 그를 기사로 임명해주었다.

이제부터 기사가 된 주인공의 결투와 전쟁이 시작된다. 기사가 되자마자 모험을 떠난 그는 밤에 홀로 숲을 지나가다가 상처 입은 남편을 죽이려는 아내를 보게 되었다. 남편이 아내의 정부情夫를 죽였기 때문이다. '바다에서 온 도련님'은 부정한 부인의 세 형제와 싸워 승리했고, 그렇게 첫 번째 결투가 끝나자 갑자기 두 아가씨가 나타났다. 백마를 탄 아가씨는 기사에게 창을 주면서 '3일이 지나지 않아 이 창으로 그대가 처음 나왔던 집을 구하게 된다'고 말한 후 떠났다. 아가씨는 마법사 '미지의 우르간다'^Urganda la Desconocida였다. 다른 아가씨는 '덴마크 아가씨'^Doncella de Dinamarca였다. 그녀는 주인공 기사와 공주의 사랑을 이어주는 조력자가 된다. '바다에서 온 도련님'이 '덴마크 아가씨'와 함께 강 위에 세워진 성채에 가려고 다리를 건너고 있는데 갈빠노^Galpano가 보낸 무장한 군졸들이 나와 아비에스 왕을 돕지 않는 남자와는 육체관계를 맺지 않겠다는 맹세를 하라고 '덴마크 아가씨'에게 요구했다. 갈빠노는 무예가 뛰어나지만 오만해 하나님을 섬기지 않았고, 특히 갈빠노의 성에 온 여자는 갈빠노 외에는 다른 사람과 육체관계를 맺지 않겠다고 맹세해야 했다. '바다에서 온 도련님'은 여자의 자유를 억압하려는 군졸들을 응징하고 다리를 건너갔고, 거기서 크게 다친 뻬리온 왕을 만났다. 이어 갈빠노의 성채로 들어가 갈빠노와 두 형제를 죽이고 갇혀 있는 사람들을 풀어주었다.

아그라헤스는 뻬리온 왕을 돕기 위해 가울라왕국으로 떠났고, 열흘 뒤 오리아나 공주도 브리튼으로 떠났다. 공주가 떠날 채비를 하다가 '바다에서 온 도련님'이 주고 간 상자에서 간달레스가 보낸 편지를 보았고, 거기서 그의 이름과 함께 그가 왕의 아들이라는 사실을 알게 되었다. 공주는 '바다에서 온 도련님'에게 이름과 신분을 알리는 편지를 보내면서 가울라 전쟁이 끝나면 브리튼으로 오라고 했다. 공주는 마빌리아와 함께 브리튼으로 떠났고, '바다에서 온 도련님'은 아그라헤스를 만나서 함께 배를 타고 가울라로 갔다. 뻬리온 왕은 왕비에게 자신을 구해준, 그리고 자신이 기사로 임명해 준 '바다에서 온 도련님'을 소개했다. '바다에서 온 도련님'은 아일랜드의 아비에스 왕과 일대일 결투를 하기로 했고, 긴 결투 끝에 패배한 아비에스 왕은 종부성사를 받고 죽었다. 그때 '덴마크 아가씨'가 도착해 공주의 편지를 전해주었다. 그렇게 '바다에서 온 도련님'은 자신의 이름을, 뻬리온 왕은 잃어버린 아들을 되찾았다. 뻬리온 왕은 모든 사람을 불러 아들을 소개했다. 가울라왕국의 상속자가 된 아마디스는 동생 갈라오르의 소식도 알게 되었다. 공주의 명령에 따라 아마디스는 가울라를 떠나 브리튼의 브리스토야^{Bristoya}로 갔고, 아그라헤스는 삼촌 '영지 없는 갈바네스$^{Galvanes\ sin\ Tierra}$'와 함께 사랑하는 노르웨이 공주 올린다^{Olinda}를 만나러 가울라를 떠났다.

갈라오르는 자신을 납치해 길러준 거인 간달라스와 함께 리수아르떼 왕에게 기사서임을 청하러 가다가 바닷가의 높은 언덕 위에 있는 성 근처 다리에서 백마를 탄 사자 문양의 방패를 든 기사가 결투하는 광경을 보게 되었다.

사자 문양 방패의 기사는 두 여자를 데리고도 많은 적을 물리치고 성으로 들어가 성주의 항복을 받았다. 갈라오르는 기사에게 기사서임을 부탁해 기사로 임명받았다. 사자 문양 방패의 기사와 동행하던 두 여자 중 한 명은 우르간다였다. 우르간다는 갈라오르에게 느릅나무에 걸려 있는 칼을 보라고 했다. 칼은 그녀가 갈라오르를 위해 준비한 것이었고, 10년 전부터 그곳에 걸려 있었으나 아무도 보지 못하고 지나쳤다. 우르간다는 칼을 갈라오르에게 주었다. 사자 문양 방패의 기사는 리수아르떼의 궁정으로 가고 있던 아마디스였다. 갈라오르가 그곳을 떠나자 우르간다는 떠난 기사가 동생이라고 아마디스에게 알려주었다. 형이 동생을 기사로 임명해 준 것이다. 우르간다는 떠났고, 아마디스는 왕의 궁정이 있는 빈딜리소라Vindilisora로 갔다.

　거인 간달라스는 갓 기사가 된 갈라오르에게 자신의 성을 되찾아 달라고 부탁한다. 거인 알다반이 간달라스의 아버지를 죽이고 성을 빼앗았을 때 어느 여자가 나타나 나중에 성을 되찾아줄 아이를 알려주며 납치하라고 해 갈라오르를 데려왔던 것이었다. 갈라오르는 그의 부탁을 들어주겠다고 했다. 두 사람이 함께 알다반의 성으로 가는 길에 우르간다가 나타났다. 그녀는 사자 문양의 방패의 기사가 갈라오르의 두 살 많은 형이고, 간달라스는 자신의 명에 따라 어린 갈라오르를 납치했다고 알려주었다. 그렇게 갈라오르는 자신의 신분과 가문을 알게 되었다. 우르간다가 사라진 후 그들은 자신의 결투를 참관하러 가는 두 여자와 만나 동행한다. 갈라오르는 알다반과 결투해 그를 죽이고 성을 되찾았다. 간달라스는 자신의 성에 남았고, 갈라오르는 두 여자

중 한 여자를 따라 브리스토야 공작의 성으로 갔다. 성에 도착해 어느 방에 들어가니 아름다운 아가씨가 머리를 빗고 있었다. 아가씨는 세롤리스 왕의 딸 알데바Aldeva였고, 이모인 브리스토야 공작부인이 데리고 있었다. 브리스토야 공작부인은 '걱정 많은 길란Guilán el Cuidador'의 연인이었다. 갈라오르와 알데바는 그날 밤 정사情事를 치른다. 다음 날 성을 떠나던 갈라오르는 난쟁이 기사와 결투했고, 결투에서 진 난쟁이기사는 브리스토야 공작에게 가서 낯선 기사가 몰래 다녀갔다고 알렸다.

리수아르떼 왕의 궁정으로 가던 아마디스는 어느 밤 '오만한 다르단 Dardán el soberbio'의 성채에 도착했다. 하지만 다르단은 그를 모욕하며 문을 열어주지 않았다. 그들은 결투하기로 약속했다. 그날 밤 아마디스는 숲에서 만난 두 아가씨로부터 어느 귀부인의 사연을 들었다. 귀부인은 열흘 후 자신을 위해 브리튼 궁정에 가서 다르단과 결투할 기사를 찾고 있었다. 다르단은 어느 여자를 사랑했는데, 그 귀부인은 다르단이 사랑하는 여자의 계모였다. 다르단의 연인은 계모가 왕 앞에서 전 재산을 그녀에게 넘겨주겠다고 약속해야 구애를 받아주겠다고 했다. 다르단은 왕에게 결투를 요구했고, 착한 귀부인은 결투에 나설 기사를 찾아야 했다. 그렇게 다음 날 리수아르떼 왕 앞에서 다르단과 아마디스의 결투가 시작되었다. 격렬한 결투가 길게 이어졌지만 다르단은 항복한다. 승리한 기사는 신분을 밝히지 않고 숲으로 사라졌다. 패배한 다르단에게 연인이 절교를 선언하자 그는 연인의 목을 베고 나서 자살한다.

결투에 나선 낯선 기사가 누군지 몰랐지만 오리아나 공주와 '덴마크 아가씨'는 금색 면에 파란색 두 마리 사자가 그려진 방패를 보고 그가 누군지 알아차렸다. '덴마크 아가씨'는 스코틀랜드 왕비의 전갈을 가져왔다고 꾸며서 아마디스의 시종 간달린을 공주에게 데려갔다. 공주는 사랑의 징표로 반지를 빼주면서 주인에게 전하라고 했고, 그날 밤 기사와 공주는 몰래 정원에서 만났다. 두 사람은 서로 사랑을 고백한다. 다음 날 왕이 다르단과 결투한 기사가 나타날 때까지 계모를 감금하겠다고 하자 아마디스는 왕에게 모습을 드러냈다. 왕은 브리튼에서 가장 무서운 기사를 쓰러뜨린 기사의 아름다운 외모에 놀라며 브리튼 궁정에 머물러 달라고 요청한다. 왕은 왕비에게 새로운 기사가 왔다고 알렸고, 왕비는 그가 혹시 뻬리온 왕의 아들이 아닌지 물어보았다. 왕은 간달린을 통해 새로 온 기사가 뻬리온 왕의 아들이자 아일랜드의 아비에스 왕을 죽인 기사라는 사실을 알고 나서 더욱 그를 곁에 두고 싶어 했다. 그래서 왕비는 다음 날 작별인사를 하러 온 그에게 자신과 오리아나 공주를 비롯한 모든 여자의 기사가 되어 달라고 부탁했고, 그는 그것을 수락했다.

　브리스토야 공작의 궁에서 빠져나오다 상처를 입은 갈라오르는 깊은 계곡에 있는 성채로 가 치료를 부탁했지만 성채를 지키던 기사는 오히려 그를 공격했다. 갈라오르는 그 기사를 죽이고 안으로 들어가 탑에 갇혀 있던 예쁜 여자를 풀어주었다. 성채를 떠난 두 사람은 사랑의 대화를 시작했다. 그날 밤 그들은 움막에서 밤을 보냈고, 그녀는 갈라오르의 상처와 욕망을 모두 치유해주었다. 그녀는 끌라라^{Clara} 백작의 딸이었다. 갈라오르에게 죽임을 당한 기사가 그녀에게 청혼했는데 백작이 거절하자 그녀를 납치해 감금했다. 갈라오르는 그녀를 그녀의 어머니가 있는 수도원으로 데려다주었다.

　아그라헤스는 노르웨이로 가려고 바닷가 항구에 있었다. 그때 마침 올린다 공주가 탄 배가 거친 파도를 헤치고 도착했다. 그는 눈물을 흘리며 사랑을 고백했고, 두 사람은 그날 밤 사랑의 기쁨을 누렸다. 올린다 공주는 아버지의 명에 따라 리수아르떼 왕의 궁정으로 가던 길이었다. 노르웨이 공주는 빈딜리소라로 떠났다. 아그라헤스는 스코틀랜드로 가서 삼촌 갈바네스를 만나 함께 바다를 건너 브리튼에 도착했고, 어느 아가씨로부터 사촌 갈라오르가 거인 알다반을 죽였다는 소식을 듣는다. 그 아가씨는 브리스토야 공작이 갈라오르를 성에 끌어들인 시녀를 불태워 죽이겠다고 해서 갈라오르에게 도움을 청하려고 찾아다니고 있었다. 아그라헤스 일행은 그녀를 따라 공작에게 가서 2대 2 결투를 제안했지만 공작은 그것을 거부하며 시녀를 풀어주지 않았다. 공작부인과 길란의 불륜을 의심하던 공작은 갈라오르를 길란으로 오해하고 있었다. 그래서 시녀의 입에서 길란의 이름이 나오면 공작부인도 같이 죽이려고 했다. 아그라헤스 일행은 공작의 기사들과 싸워 시녀를 구출한 후 근처에 있는 올리바스^{Olivas}의 성채로 갔다. 공작이 올리바스의 사촌을 죽였기 때문에 올리바스는 공작의 죄를 묻겠다며 다 함께 리수아르떼의 궁정으로 가기로 했다.

브리튼 왕의 궁정에 있던 아마디스는 세상에서 가장 훌륭한 기사 갈라오르를 데려오겠다며 왕비에게 출정을 요청한다. 무훈을 쌓아 명예를 높이려면 궁정 밖으로 모험을 찾아 떠나야 했으므로 그런 핑계를 댄 것이었다. 왕비의 허락을 얻은 그는 길에서 백마를 탄 난쟁이를 만났는데, 이 난쟁이가 아마디스의 또 다른 시종이 될 아르디안^{Ardián}이었다. 난쟁이와 동행하다 '이 땅에서 가장 훌륭한 기사' 에스뜨라바우스$^{Angriote\ d'Estraváus}$를 만나게 되었다. 앙그리오떼는 그로베네사^{Grovenesa}를 사랑했지만 그녀가 사랑을 받아주지 않았다. 그래서 힘으로 굴복시켜 자신의 소유로 만들었다. 그녀는 힘으로는 정복당해도 결코 그를 사랑하지는 않겠다고 했다. 그러면서 자신의 사랑을 얻으려면 일 년 동안 계곡을 지나가는 모든 기사에게 리수아르떼 왕의 궁정에 가서 앙그리오떼의 연인이 세상에서 가장 아름다운 여자라고 고백하게 하라고 요구했다. 그녀는 앙그리오떼가 결투하다가 죽거나 많은 적을 만들어 나중에라도 죽기를 원했다. 그러던 와중에 앙그리오떼가 아마디스와 결투하게 되었고, 앙그리오떼는 스무 곳 넘게 상처를 입었다. 아마디스는 그 기사의 명예를 존중해주려고 항복을 요구했다. 앙그리오떼는 항복했다. 그리고 세상에서 가장 사랑하는 사람을 잃어버렸다고 한탄한다. 아마디스는 그 사랑을 이루어주겠다고 약속하고 다시 길을 떠났고, 앙그리오떼는 브리튼 왕의 궁정에서 그를 기다리기로 했다.

아마디스는 어두운 밤 흉악한 '마법사' 아르깔라우스$^{Arcaláus\ el\ Encantador}$의 성에 도착했다. 성은 텅 비어 있었고, 그는 지하로 내려가 포로로 잡혀 있는 사람들을 풀어주었다. 거기에 잡혀 있던 그린달라야^{Grindalaya} 공주는 리수아르떼 왕의 시종장인 노르갈레스의 왕 아르반$^{Arbán\ de\ Norgales}$의 연인이었다. 아르반과 아르깔라우스는 적대 관계라 아르깔라우스가 마법을 걸어 그녀를 납치했다. 다음 날 아침 성에 나타난 아르깔라우스는 아마디스와 치열한 결투를 벌였다. 아르깔라우스는 도망치면서 작은 방으로 유인했고, 거기에 들어서자마자 아마디스는 마법에 걸려 죽은 사람처럼 쓰러지고 말았다. 아르깔라우스는 그의 갑옷과 칼을 빼앗고 포로들을 다시 가둔 후 리수아르떼 왕의 궁정으로 떠났다. 목숨을 건 결투에서 자신이 이긴 사실을 알려 세상에서 가장 뛰어난 기사라는 명예를 누리려고 했다.

주인공이 갇힌 방에 두 명의 아가씨가 많은 촛불을 들고 나타나 마법을 푸는 의식을 행했다. 먼저 촛불을 네 구석에 놓고 한 아가씨가 작은 상자에서 책을 꺼내 읽기 시작했다. 그러자 방안에서 백 개가 넘는 목소리가 응답했다. 마치 바닥에서 솟아난 것 같은 목소리들이 바람에 실려 책을 읽는 아가씨 발 앞에 멈추었고, 그녀는 그것들을 네 방향으로 나누어 보내 촛불에 불태웠다. 그리고 아마디스에게 일어나라고 명했다. 그가 일어나자 두 아가씨는 아무 말 없이 사라졌다. 아마디스는 아르깔라우스의 갑옷을 입고 감옥으로 내려가 간달린과 아르디안을 비롯해 모든 사람을 구해냈다. 그때 리수아르떼 왕의 기사 브란도이바스Brandoivas도 풀려나 감사 인사를 했다. 성을 떠나기 전 아르깔라우스의 부인은 아마디스로부터 한 가지 약속을 얻어냈고, 이 약속 덕분에 아르깔라우스는 4권에서 목숨을 구하게 된다. 아마디스 일행은 성을 떠났고 그때부터 난쟁이는 아마디스의 시종이 되었다. 리수아르떼 왕의 궁정에 도착한 아르깔라우스가 아마디스를 죽였다고 말하자 오리아나 공주가 쓰러졌고, 마빌리아는 아무도 모르게 그녀를 방으로 데려왔다. 그런데 다음 날 브란도이바스와 그린달라야가 궁정에 도착해 아마디스의 소식을 알려주었다. 왕의 시종장 아르반은 그린달라야가 세렐로이스Serelois(앞에서는 세롤리스) 왕의 딸이라고 왕비에게 소개했고, 그녀는 동생 알데바가 브리스토야 공작의 성에 있다고 말하자 왕비는 알데바도 데려오라고 했다.

길을 떠난 갈라오르는 무장한 기사를 만났다. 말馬이 없던 그는 갈라오르의 말, 창, 방패를 훔쳐 도망갔고, 갈라오르는 그를 쫓다 두 갈래로 나뉘는 지점에 도착했다. 그때 한쪽으로 어떤 아가씨가 나타났다. 그녀는 아르깔라우스의 조카이자 도망간 기사의 애인이었다. 그녀는 갈라오르를 죽이려고 했지만 오히려 무장한 그녀의 애인이 갈라오르에게 죽고 말았다. 여자는 복수를 다짐하며 갈라오르를 계속 쫓아갔다.

아마디스 일행은 길을 가다가 또린Torín 성 근처 평원에서 화려하게 치장한 마차와 만났다. 그가 호위 무사들을 죽이고 마차에 다가가니 마차 안에는 세상에서 제일 예뻐 보이는 여자아이와 어느 부인(그녀의 이름은 그로베네사이다. 앙그리오떼의 연인과 같은 이름이다)이 있었다. 그들은 얼굴이 쪼개진 왕의 묘비를 갖고 있었다. 마차는 또린 성으로 들어가 버렸고, 곧이어 성에서 늙은 기사가 나와 마차 속 부인의 요청이라며 성으로 초대했다. 그런데 아마디스 일행이 성에 들어가자 많은 기사와 군졸들이 싸우러 나왔고, 중과부적이라 아마디스는 땅에 무릎을 꿇고 말았다. 그러자 아름다운 여자아이는 사자 두 마리를 풀어 기사를 구해주었다. 사람들은 사자를 피해 성 밖으로 달아났지만 미처 나가지 못한 사람들은 공포에 떨어야 했다. 아름다운 여자아이가 기사에게 사과하면서 성문을 열어달라고 부탁하자 아마디스는 성문을 열어 사자를 내보냈다. 성에서 하룻밤 머무는 동안 아마디스는 머리가 쪼개진 석상의 사연을 물어보았다. 묘비의 왕은 소브라디사Sobradisa 왕국의 왕이자 아름다운 여자아이의 아버지였다. 소브라디사 왕의 형제 아비세오스Aviseos가 나타나 칼로 그의 머리를 쪼개고 왕국을 빼앗았다. 아름다운 여자아이는 죽은 왕의 유일한 혈육이자 상속자였다. 마차의 부인은 조카인 여자아이와 함께 왕의 묘비를 마차에 싣고 다니며 복수해줄 기사를 찾고 있었다. 복수는 3대3 결투였으며, 그녀가 구한 세 명의 기사가 일 년 이내에 아비세오스 왕과 그의 두 아들과 결투하기로 약속되어 있었다. 아마디스는 갈라오르와 아그라헤스를 염두에 두고 나머지 두 명도 데려와 복수해주겠다고 약속했다. 그리고 자신의 신분과 이름을 알려주면서 아름다운 여자아이의 기사가 되겠다고 말했다. 아마디스와 오리아나 공주의 사랑을 모르는 난쟁이는 이 말을 듣고 주인이 아름다운 여자아이를 사랑한다고 믿었다. 헤어질 때 여자아이는 아버지의 귀중한 칼을 들고 와 사랑의 징표로 받아달라고 부탁했고, 기사는 웃으면서 칼을 받았다. 이 모든 것을 난쟁이 시종이 보고 있었다.

다시 길을 떠난 아마디스 일행은 어느 기사와 아가씨를 만나게 되었다. 기사에게 난쟁이가 달려들었고, 아마디스는 난쟁이를 위해 대신 기사와 결투했다. 너무 격렬한 전투에 모두가 놀랐다. 그들이 목숨을 건 마지막 일격을 앞두고 있을 때 다른 기사가 나타나 아가씨에게 싸우고 있는 두 기사가 누군지 물어보았다. 아가씨가 아마디스와 갈라오르라고 하자 기사는 싸움을 중지시키고 서로에게 이름과 신분을 알려주었다. 형제는 기쁨을 나눈다. 아가씨는 갈라오르를 뒤쫓던 아르깔라우스의 조카였고, 갈라오르를 속여 형제간 결투를 하게 만들었다. 결투를 멈추게 한 기사는 아마디스가 아르깔라우스의 성에서 구해준 발라이스Baláis de Carsante였다. 발라이스는 아르깔라우스의 조카를 죽였고, 그들은 함께 리수아르떼 왕의 궁정으로 갔다.

그보다 앞서 궁정에 도착한 아그라헤스, 갈바네스, 올리바스는 리수아르떼 왕에게 브리스토야 공작에게 정의를 세워달라고 요구했다. 아그라헤스가 도착했다는 소식에 연인 올린다와 동생 마빌리아는 크게 기뻐한다. 그때 앙그리오떼도 아마디스의 지시에 따라 궁정에 도착했고, 아마디스의 시종 아르디안도 도착해 아마디스와 갈라오르의 소식을 전했다. 아마디스, 갈라오르, 발라이스는 갈림길에서 기사의 시체를 보게 되면서 각자의 모험을 위해 헤어졌다. 아마디스는 울고 있는 여자를 창으로 툭툭 찌르던 기사를 쫓아갔고, 발라이스는 절뚝거리는 기사를 쫓아갔으며, 갈라오르는 죽은 기사와 함께 갈림길에 홀로 남겨졌다. 그런데 밤에 죽은 기사의 시신이 사라졌다. 곧이어 어느 시녀가 나타났고, 갈라오르가 죽은 기사를 대신해 복수해주겠다고 약속하자 아가씨는 죽은 기사가 안치된 성으로 그를 데려갔다. 죽은 기사는 가울라왕국 출신이며, 그에게는 매우 아름다운 딸이 있었다. 그런데 어느 기사가 죽은 기사의 딸을 사랑해 납치했고, 딸은 그가 아버지처럼 명예로운 기사가 아니라며 그의 사랑을 거절했다. 그러자 기사는 곧바로 갈림길로 가 무기도 잡지 않은 그녀의 아버지를 죽였다. 갈라오르는 딸을 납치한 기사의 성채에 가서 그를 잔인하게 죽여 버렸고, 죽은 기사의 딸을 풀어주었다. 갈라오르가 투구를 벗자 딸은 그를 포옹한다. 그녀의 이름은 브란두에따Brandueta였다. 그들은 시녀들이 음식을 가지러 간 사이 정사를 치른다.

아마디스는 아가씨를 창으로 찌르며 데려가던 기사를 따라잡았다. 아마디스는 기사를 여러 번 쓰러뜨렸고, 여자의 의지에 반하는 짓을 하지 않겠다고 맹세하면 살려주겠다고 했다. 하지만 그가 거짓으로 항복하고 다시 공격하자 아마디스는 칼로 얼굴을 반으로 자르고 목을 베었다. 아마디스와 간달린은 끌려가던 아가씨와 함께 다시 길을 나섰으나 밤에 아가씨가 다시 납치되었다. 아마디스는 그녀가 납치된 성으로 가서 여자를 풀어주라고 요구했고, 성 위에 나타난 기사는 억지로 데려온 게 아니라 그녀가 스스로 따라나섰다고 말한다. 다음 날 아마디스는 여러 기사를 물리치고 성으로 들어갔다. 성에는 스무 명의 여자가 있었다. 아마디스는 가장 아름다운 여자에게 납치당한 아가씨를 풀어주라고 요구했다. 그러자 그녀는 아가씨를 납치해 온 기사를 데려오라고 지시하면서 혹시 아마디스를 아는지 물어보았다. 그가 이유를 묻자, 그녀는 아마디스가 앙그리오떼에게 한 약속이 정당하지 않다고 말하면서 만약 아마디스가 거기로 온다면 약속을 취소해야만 성에서 나갈 수 있을 거라고 했다. 그 여자가 바로 앙그리오떼가 사랑한 그로베네사였다. 그는 아마디스의 약속을 자신이 취소시키겠다고 약속했다. 이 약속은 그가 앙그리오떼에게 사랑하는 연인을 얻게 해주겠다고 약속했으므로 모순적이다. 그로베네사는 그가 아마디스라는 사실을 모르고 있다. 여자의 사랑은 폭력이 아니라 자유로운 의지로 얻어야 한다고 그로베네사가 말하자 아마디스도 그에 동의한다. 그때 몸집이 큰 기사가 등장해 납치당한 여자는 자신의 의지로 따라나섰다고 말한다. 그는 그 가문에서 가장 힘센 기사이자 그로베네사가 가장 좋아하는 삼촌 가시난^{Gasinán}이었다. 그로베네사는 삼촌에게 상대편 기사가 세상에서 가장 훌륭한 기사이고 아마디스의 약속을 취소시켜 주겠다고 하니 결투하지 말라고 부탁한다. 하지만 결투는 시작되었고 서로의 방패가 깨졌다. 결국 힘이 모자란 가시난이 말에서 떨어졌다. 가시난은 돌기둥에 기대서 아마디스가 탄 말의 얼굴을 찔렀고, 아마디스가 그를 향해 내려친 칼은 돌기둥에 맞아 세 조각으로 부러졌다. 아마디스는 깨진 방패와 부러진 칼로 육탄전을 벌이며 가시난을 커다란 돌 위로 메쳤고 가시난은 기절했다. 아마디스가 칼로 그를 죽이려 하자 그로베네사가 울면서 살려달라고 간청했다. 그러자 아마디스는 두 가지 조건을 걸었다. 납치당한 아가씨를 풀어주고, 그로베네사가 리수아르떼 왕의 궁정에 가서 자신의 요구를 뭐든지 수락하겠다고 약속하라고 했다. 그녀는 두 조건을 받아들였다. 그때 납치된 아가씨가 나타나 가시난이 자신을 사랑하니 그와 함께 남겠다고 했다. 아마디스는 부러진 칼 조각들(아름다운 여자아이가 준 칼이었다)을 챙겨 다시 갈림길로 돌아갔다.

발라이스는 절뚝거리는 기사를 뒤쫓아 가다가 도둑들에게 욕보일 위기에 처한 아가씨를 구해주었다. 아가씨는 매우 아름다웠고, 그들은 사랑의 대화를 나눈다. 그런데 발라이스가 기사는 여자를 위해 봉사하고 여자를 탐닉하며 애인으로 만드는 사람이라고 노골적으로 말하자 여자는 기사의 사랑을 거절한다. 발라이스는 사랑을 강요하지 않는다. 그는 뒤쫓던 기사를 죽였고, 아름다운 아가씨와 함께 다시 갈림길로 돌아왔다. 거기서 다시 만난 세 기사는 아름다운 아가씨를 집에 데려다주고, 빈딜리소라에 있는 리수아르떼 왕의 궁정으로 떠났다.

아마디스와 갈라오르의 귀환 소식에 들떠있던 리수아르떼 왕의 궁정에 불길한 백발의 기사가 방문했다. 백발의 기사는 세상의 많은 군주가 기사도에 따른 약속을 지키지 않는다고 말하자 왕은 자신은 기사로서 반드시 약속을 지킨다고 했다. 그러자 백발의 기사는 런던 축제를 위해 가져왔다며 각종 보석이 박힌 황금왕관과 화려한 망토를 왕과 왕비에게 주었다. 왕은 백발의 기사가 원할 때 언제든지 돌려주겠다고 약속했다. 그렇게 왕은 명예라는 감옥에 감금되었다. 그때 아마디스, 갈라오르, 발라이스가 궁정에 도착했다. 그리고 아마디스의 허락 하에 갈라오르는 리수아르떼 왕의 기사가 되어 충성을 다하기로 한다. 마빌리아는 전처럼 아마디스를 오리아나 공주 옆으로 불러들인다. 공주는 아마디스의 망토 끝을 포옹하듯이 잡고 사랑의 밀어를 나눈다. 두 연인은 손을 잡는다. 아마디스와 갈라오르는 외모가 비슷했으나 갈라오르는 얼굴이 좀 더 희었고, 아마디스는 금발의 곱슬머리였으며 체격이 좀 더 컸다. 갈라오르는 오리아나 공주의 아름다움을 보고 매우 놀랐고 오리아나와 아마디스의 사랑을 눈치 챘다.

리수아르떼의 궁정은 런던으로 옮겨갔다. 왕자와 공주, 귀족과 기사들이 런던에 모여 축제를 열었다. 여기에 산수에냐Sansueña의 영주 바르시난Barsinán도 왔는데, 그의 목적은 왕위 찬탈이었다. 아르깔라우스는 왕을 납치하고 오리아나 공주와 결혼하면 왕국을 차지할 수 있다고 바르시난을 충동질했다. 그때 백발의 기사가 가져온 왕관과 망토가 사라졌다. 그리고 아름다운 그로베네사가 도착해 아마디스를 지목하고는 그와 다툼이 있다고 했다. 여기서 아마디스의 모순적인 이중 약속이 드러난다. 아마디스는 자신의 이름을 밝히며 앙그리오떼와의 약속을 취소할 테니 앙그리오떼와 결혼하라고 그로베네사에게 요구한다. 그녀는 속았다고 말한다. 왕과 왕비는 그로베네사가 부자라면 앙그리오떼는 훌륭한 기사라며 그녀를 설득한다. 결국 그로베네사는 결혼을 받아들인다. 왕은 별도로 기사를 고용하고 있는 귀족들을 불러 기사의 의무를 맹세하도록 한다. 명예, 왕에 대한 충성, 여자를 보호한다는 기사의 의무가 새삼 강조된다.

왕의 궁정에 큰 혼란이 일어난다. 상복을 입은 아름다운 아가씨가 나타나 거짓으로 도움을 청했다. 아마디스와 갈라오르가 출정해 숲에서 무장을 풀고 있을 때 많은 기사가 나타나 두 기사를 사로잡았다. 그리고 아름다운 귀부인이 화난 얼굴로 나타나 리수아르떼 왕 앞에서 간다시Gandasi 성의 영주 마다시마Madasima(몬가사 섬의 마다시마와 같은 이름이다)의 명에 따라 왕과 주종관계를 청산하겠다고 선언하면 풀어주겠다고 했다. 두 기사가 제안을 거부하자 늙은 기사가 나타나 목숨을 유지하려면 아름다운 마다시마와 결혼하라고 했다. 아마디스는 단호히 거절하며 동생에게 제안을 받아들이라고 했고, 갈라오르는 기꺼이 받아들인다. 마다시마는 잘생긴 갈라오르를 보고 반한다. 마다시마의 요구에 따라 갈라오르는 리수아르떼 왕을 버리고 그녀가 시키는 일만 하겠다고 아비에스 성의 여주인과 그의 두 아들 앞에서 약속했다. 그날 밤 갈라오르는 아름답고 부자지만 신분은 그리 높지 않고 평판도 좋지 않은 마다시마와 정사를 치른다. 다음 날 마다시마는 간다시 성으로 떠났고, 두 형제는 이 약속에서 어떻게 벗어날지 고민하며 런던으로 돌아갔다.

아마디스와 갈라오르가 런던을 떠난 뒤 백발의 기사가 왕 앞에 나타나 왕관과 망토를 잃어버렸으니 오리아나 공주를 달라고 했다. 왕은 약속을 지키겠다며 공주를 내어주었고, 백발의 기사와 함께 온 몸집 큰 기사가 오리아나 공주와 '덴마크 아가씨'를 데려갔다. 그가 바로 마법사 아르깔라우스였다. 마빌리아는 아르디안을 불러 빨리 아마디스에게 알리라고 했다. 왕은 손에 지팡이를 들고 딸이 떠나간 숲으로 쫓아갔다. 그런데 갑자기 어떤 아가씨가 나타나 칼과 창을 왕에게 주면서 이 땅에서 가장 명예로운 기사라면 자신을 위해 복수해 달라고 했다. 그는 딸보다 자신의 명예를 위해 복수를 선택했다. 하지만 그것은 함정이었다. 숲에는 검은 말을 탄 녹색 방패의 기사가 있었다. 그는 아르깔라우스의 사촌이었고, 왕은 상처를 입고 사로잡혔다. 아르깔라우스는 왕을 다가넬Daganel에 있는 감옥으로 데려가라고 했고, 자신은 오리아나 공주를 데리고 그의 도서관이 있는 몬떼알딘Monte Aldín 성으로 떠났다.

아마디스와 갈라오르는 런던으로 돌아오던 길에서 아르디안을 만났다. 아마디스는 아르깔라우스를 쫓아갔고, 갈라오르는 왕을 쫓아갔다. 아르깔라우스가 다르단의 사촌 그루멘Grumen의 성에 있다는 말을 들은 아마디스가 그곳으로 가니, 거기서 아르깔라우스와 네 명의 기사가 공주를 데리고 막 나오고 있었다. 아마디스는 공주를 안고 도망치는 아르깔라우스를 쫓아가 칼로 차마 세게 내리치지 못하고, 다만 공주를 땅에 떨어뜨리게 했다. 아마디스는 공주를 자신의 말에 태웠고, 그때 '덴마크 아가씨'는 땅에 떨어진 아르깔라우스의 칼을 주웠다. 그렇게 아마디스는 자신의 칼을 되찾았다. 아마디스는 시냇물이 흐르는 계곡에 공주를 내려주었고, 간달린을 마을로 보내 음식을 가져오라고 했다. 간달린은 좋은 기회를 놓치지 말라고 한다. 두 사람은 사랑을 나누었고 공주는 처녀에서 부인이 되었다.

갈라오르는 왕을 구하러 가다가 라다신Ladasín과 그의 사촌 '걱정 많은 길란'을 만나 합류한다. 그들은 사슬에 묶여 끌려가는 왕을 발견하고, 왕을 끌고 가던 다섯 기사를 모두 죽였다. 그리고 아르깔라우스의 사촌을 생포해 런던으로 향했다. 런던에서는 바르시난이 반란을 일으켰고, 왕비가 위험에 빠졌다. 오리아나 공주로부터 아르깔라우스의 계획을 들은 아마디스는 서둘러 런던으로 갔고, 런던에 들어섰을 때 왕이 구출되었다는 소식을 들었다. 그는 치열한 시가전을 치르며 반란군을 무찔렀고 바르시난의 사지를 잘랐다. 시가전 전투 장면은 매우 세밀하게 묘사된다. 왕은 런던으로 돌아와 모든 기사를 불러들였다. 아그라헤스, 갈바네스, 솔리만, 갈단Galdán, 디나다우스Dinadáus 등이 왔고, 왕은 그들에게 갈라오르, 라다신, 길란을 소개했다. 바르시난과 아르깔라우스의 사촌은 불태워 죽였다.

런던에 평화가 돌아왔다. 그때 간다시의 마다시마가 나타나 아마디스와 갈라오르에게 약속을 이행하라고 요구한다. 아마디스와 갈라오르는 약속대로 왕에게 작별을 고한다. 마다시마는 아마디스와 갈라오르가 약속을 지켰다고 확인했다. 그러자 왕은 두 기사와 떨어져 있어야 할 시한은 정하지 않았으니 바로 자신에게 돌아오면 된다며 잔치를 벌였다. 한편 길란은 훌륭한 기사였으나 사랑하는 연인 걱정에 너무 깊게 빠져 사람들과 어울리지 못했다. 그의 연인인 아름다운 브란달리사Brandalisa는 브리스토야 공작부인이자 세롤리스 왕의 처제였다. 그때 올리바스의 요구에 따라 브리스토야 공작을 포함한 3대3 결투가 성사되었다. 올리바스, 갈바네스, 아그라헤스 대 공작과 그의 두 조카의 결투에서 아그라헤스는 혼자 세 사람 모두를 쓰러뜨렸다. 공작은 처참하게 죽었고, 올리바스는 큰 상처를 입었다. 길란과 공작부인은 4권에서 결혼하고 공작의 영지는 길란이 갖게 된다.

소브라디사 왕국의 상속자인 아름다운 브리올란하Briolanja와 약속한 결투의 날이 다가왔고, 그녀에게 받은 칼은 세 조각으로 부러졌다. 아마디스는 그간의 사연을 오리아나 공주에게 말했고, 그녀는 울면서 출정을 허락했다. 그는 갈라오르와 아그라헤스를 데리고 출발했다. 그런데 출발 직후 부러진 칼을 가져오지 않아 아르디안에게 가져오라고 했다. 난쟁이는 부러진 칼을 갖고 나오다가 오리아나 공주와 마빌리아를 만나 주인이 그 칼을 준 여자를 위해 결투하러 갔고, 오리아나는 세상에서 가장 훌륭한 왕의 딸이지만 미모로는 그 여자가 더 예쁘고 아마디스가 그 여자를 좋아해 그녀의 기사가 되겠다는 말도 했다고 알려주었다. 난쟁이는 주인과 공주의 관계를 몰랐다. 공주의 분노는 극에 달했다. 하지만 아마디스에게 돌아간 시종은 공주와 만났다고 말하지 않았다.

아마디스 일행은 숲에서 창술의 달인을 만났다. 아그라헤스와 갈라오르는 그의 창에 맞아 말에서 떨어졌고, 아마디스와 숲의 기사는 동시에 땅에 떨어졌다. 숲의 기사는 다음을 기약하자며 사라졌다. 갈라오르는 숲에서 만난 아가씨를 따라 숲의 기사를 찾아 떠났고, 아마디스와 아그라헤스는 계속 길을 갔다. 며칠 뒤 아마디스는 또린 성에 도착해 환대를 받았다. 아름다운 브리올란하는 아마디스를 사랑했고 나중에 여왕이 되어서도 그를 사랑했다. 하지만 아마디스는 오리아나 공주가 흘릴 눈물을 잘 알고 있었다.

> 작가는 여기서 포르투갈의 알폰소 왕자가 이 사랑의 결말에 개입했다고 말하면서 아마디스와 브리올란하의 사랑에 대한 다른 결말의 이야기를 전한다.
>
> 브리올란하는 왕국을 되찾은 후 아마디스의 사랑을 얻을 방법이 없자 아마디스 일행을 데려온 아가씨를 비밀리에 불렀다. 기사의 약속에 따라 아마디스는 반드시 이 아가씨의 요구를 들어주어야 했다. 브리올란하 여왕은 아가씨에게 사랑을 얻을 방법을 찾아달라고 눈물로 부탁했고, 아가씨는 여왕의 사랑에 감동해 아마디스에게 탑에 들어가 브리올란하 사이에서 자식을 얻기 전까지 나오지 말라고 명했다. 아마디스는 약속을 지키기 위해 탑에 들어갔다. 하지만 브리올란하와 동침하지 않았고 음식을 먹거나 잠을 자지도 않았다. 그의 목숨이 위태로운 지경에 이르자 사람들은 오리아나 공주에게 이 소식을 알렸고, 공주는 브리올란하의 소원을 들어주라고 허락했다. 연인의 허락을 받은 아마디스는 브리올란하 사이에서 아들과 딸 쌍둥이를 얻었다.
>
> 그와 다른 이야기도 있다. 아마디스가 탑에서 죽어가자 브리올란하는

아가씨를 불러 약속을 풀어주라고 명령했다. 다만 갈라오르가 돌아오기 전까지는 탑에서 나가지 않는다는 조건을 걸었다. 이제 브리올란하는 갈라오르에게 관심을 보였다.

작가는 후자가 더 자연스럽고 믿을만하다고 생각한다. 왜냐하면 아름다운 여왕 브리올란하는 4권에서 갈라오르와 결혼하기 때문이다. 그리고 작가는 아마디스와 브리올란하의 사랑 이야기의 결말을 네 가지로 정리한다. 1) 아마디스가 그녀의 사랑을 거절했다. 2) 알폰소 왕자의 요청으로 아마디스가 그녀의 사랑을 받아주는 결말로 바꾸었다. 3) 아마디스가 탑에 갇혀 브리올란하 사이에서 두 아이를 낳았다. 4) 브리올란하가 아마디스를 풀어주고 대신 갈라오르에게 관심을 보였다. 하지만 작가는 이 네 가지 결말이 아니라 이 텍스트가 말하는 결말이 진실이라고 말한다.

갈라오르는 아가씨를 따라 어느 늙은 기사의 성채에 도착했다. 늙은 기사는 갈라오르와 아가씨에게 동침하는지 물었고, 갈라오르는 그렇지 않다고 답한다. 다음 날 그곳을 나와 다른 성채로 간 아가씨는 다른 예쁜 아가씨를 데리고 나왔다. 그들은 항구에 도착했고, 그라비산다 섬으로 가는 배를 탔다. 갈라오르가 찾는 기사는 반년 전부터 그 섬에 살고 있었는데, 섬을 소유한 아름다운 귀부인이 그를 무척 사랑해 모험을 찾아 떠나려는 그를 붙잡아 두려고 지나가는 기사를 섬으로 불러 그와 결투할 수 있게 했다. 귀부인은 브리튼에서 가장 강력한 백작 가문의 딸인 꼬리산다^{Corisanda}였다. 갈라오르는 섬에 도착해 텐트를 치고 하룻밤을 묵었다. 갈라오르는 아름다운 아가씨와 동침하고 싶었으나 그녀는 거절했다. 갈라오르와 창을 잘 쓰는 숲의 기사가 결투를 시작했다. 창들이 모두 부러지자 두 기사는 칼을 들고 격렬하게 싸웠다. 이제 갈라오르가 점점 우세를 보인다. 꼬리산다는 사랑하는 기사가 죽을 위험에 처하자 갈라오르에게 살려달라고 애원했다. 기사는 아마디스와 갈라오르의 배다른 형제 플로레스딴^{Florestán}이었고, 그는 무훈으로 명성이 높은 두 형제만큼 자신의 명성도 높이지기 전까지 자신의 신원을 밝히고 싶지 않았다. 그들은 성으로 들어가 치료와 휴식을 취한다. 뻬리온 왕이 젊은 시절 독일 등을 다니며 무훈을 쌓다가 셀란디아^{Selandia} 백작 집에서 하루를 묵게 되었는데, 그날 밤 백작의 딸과 동침해 아이가 태어났다. 아이는 18살이 되어 할아버지로부터 기사서임을 받고 나서 자신이 뻬리온 왕의 아들임을 알게 되었다.

아마디스와 아그라헤스는 궁정을 떠난 지 12일 만에 소브라디사 왕국에 도착했다. 왕위계승권을 두고 3대2 결투가 시작되었고, 두 사람은 깊은 상처를 입었지만 결국 승리했다. 아비세오스와 그의 두 아들은 죽었고 왕위는 브리올란하에게 돌아갔다. 아마디스를 향한 브리올란하의 사랑은 점점 더 깊어졌다. 갈라오르와 플로레스딴은 아마디스를 찾아 섬을 떠났다. 꼬리산다는 눈물을 흘렸고 플로레스딴은 다시 돌아오겠다며 지키지 않을 약속을 한다. 플로레스딴은 형제들처럼 명예를 높이기 위해 이제부터 모든 모험은 자신이 수행하겠다고 선언한다. 그들이 어느 성채에 머물게 되었다. 성채 주인인 기사는 사랑 문제로 고통과 부끄러움을 당하고 있었다. 다음 날 주인인 기사는 두 기사를 샘으로 데리고 갔고, 샘 옆에는 세 명의 아가씨와 난쟁이가 있었다. 한 아가씨가 도와달라고 하자 플로레스딴은 아가씨를 말에 태웠다. 그러자 난쟁이가 소리쳤고 숲에서 기사가 나타나 결투가 벌어졌다. 첫 기사는 플로레스딴의 창에 맞아 죽었다. 두 번째 아가씨와 세 번째 아가씨에게도 같은 상황이 반복되었다. 결투가 끝난 후 성채의 주인은 세 번째 아가씨가 자신의 연인이라며 달라고 했다. 세 번째 기사가 그녀를 억지로 납치했었다. 그녀도 성채의 주인을 사랑하고 있었다. 두 기사는 두 아가씨만 데리고 길을 나섰고, 두 아가씨와 사랑을 나누었다. 갈라오르와 플로레스딴은 두 아가씨를 집으로 데려다주고 소브라디사 왕국으로 갔고, 거기서 아마디스와 아그라헤스를 만나 즐겁게 보냈다.

⟨2권⟩ 44~-64장

2권을 시작하면서 작가는 아마디스의 영지가 될 '인솔라 피르메'를 먼저 소개한다. 옛날 그리스 왕이 콘스탄티노플 황제의 여동생과 결혼해 두 아들을 두었다. 큰아들 아뽈리돈Apolidón은 무예가 뛰어났고 모든 학문에 통달했는데 특히 마법이 최고 경지에 달했다. 아뽈리돈은 동생에게 왕위를 양보하고 그리스를 떠나 로마황제에게 갔고, 거기서 세상에서 가장 아름다운 로마황제의 여동생 그리마네사Grimanesa를 만났다. 두 사람은 함께 몰래 바다를 건너 '인솔라 피르메'에 도착했다. 원래 그곳은 어느 거인이 견고한 성채를 짓고 살고 있었는데, 아뽈리돈은 백성들이 싫어하는 거인을 죽이고 새로 성채를 지었다. 그런데 16년 뒤 아뽈리돈이 그리스 황제로 추대되면서 '인솔라 피르메'를 떠나야 했다. 그때 그는 자신보다 더 뛰어난 기사가 그리마네사보다 더 아름다운 연인을 사랑하되 사랑의 순결을 지켜야만 이 섬의 주인이 될 수 있도록 마법을 걸어두었다. 그래서 순결한 연인만 통과할 수 있는 '순결한 연인을 위한 마법의 문Arco de los leales amadores'을 세웠고, 문 너머로 네 개의 방을 만든 후 각 방의 경계에 돌, 주석, 대리석 기념비들을 세워 두었다.

아마디스는 형제들과 함께 소브라디사를 떠나 리수아르떼의 궁정으로 가다 어느 아가씨의 안내로 '인솔라 피르메'로 갔다. '인솔라 피르메' 입구에 도착하자 그곳을 관리하는 이산호^{Isanjo}가 나와 그들을 안내했다. '인솔라 피르메'의 성채는 육지에서 활을 쏘아 닿을만한 거리에 있었고, 육지에서 '인솔라 피르메' 입구까지는 길이 나 있었다. 바다에 둘러싸여 있으면서도 육지와 연결되어 있어 이름 그대로 섬이면서 육지였다. 섬의 길이는 10 km 남짓, 너비는 8km 정도였다. 섬 안으로 들어가니 큰 궁전이 있었고, 입구에는 방패들이 걸려 있었다. 주석 기념비에도 이르지 못한 기사들의 방패 100개는 땅에 떨어져 있었고, 주석 기념비에 도달한 기사의 방패 10개는 높이 걸려 있었다. 10개의 방패 중 가장 높은 곳에 아르깔라우스의 방패가 있었다. 그리고 그보다 더 높은 곳에 두 개의 방패가 걸려 있었는데, 두 방패 중 낮은 곳에 걸린 방패의 기사는 주석 기념비를 통과했으나 대리석 기념비에 도달하지 못했고, 더 높은 곳에 걸린 방패의 기사는 대리석 기념비까지 왔으나 넘어가지는 못했다. 낮은 곳에 걸린 방패 주인은 아일랜드의 아비에스 왕이었고, 높은 곳에 걸린 방패 주인은 그의 형제 꾸아드라간떼^{Cuadragante}였다. 꾸아드라간떼는 12일 전에 이곳에 왔었고, 아비에스 왕의 복수를 위해 아마디스와 결투하려고 한다.

아마디스 일행은 '순결한 연인을 위한 마법의 문'으로 갔다. 아쁠리돈이 마법을 걸어놓은 후 100년이 흘렀지만 두 명만 '순결한 연인을 위한 마법의 문'을 통과했다. 아그라헤스가 먼저 문으로 들어갔다. 아름다운 음악 소리가 나면서 그의 사랑이 정결하다는 사실이 증명되었다. 그가 마법의 문을 통과해 아쁠리돈과 그리마네사의 조각상 옆에 있는 대리석 판을 보니 벌써 그의 이름과 함께 부르고뉴 공작의 아들 마다빌^{Madavil}, 뜨로께^{Troque} 후작 발야다^{Vallada}의 아들 브루네오$^{Bruneo\ de\ Bonamar}$의 이름이 새겨져 있었다. 마다빌의 연인은 플랑드르의 긴다$^{Guinda\ Flamenca}$이고, 브루네오의 연인은 아마디스의 동생 멜리시아이다. 갈라오르와 플로레스딴은 '순결한 연인을 위한 마법의 문'에 들어가지 않았다. 아마디스가 마법의 문에 들어서자 세상에서 처음 듣는 아름다운 음악이 흘러나왔다. 이어 그들은 이산호의 안내로 '마법의 방'으로 갔다. 플로레스딴이 칼과 방패를 들고 방으로 들어가자 곧 화살과 창이 빗발쳤다. 그는 쏟아지는 활과 창을 뚫고 주석 기념비는 통과했으나 대리석 기념비 앞에서 쓰러졌다. 갈라오르와 아그라헤스도 마찬가지였다. 그러나 아마디스는 대리석 기념비를 넘어갔고, 위험이 심각해지자 방에서 마법의 손이 나타나 그를 보호하며 안으로 인도했다. 그때 '마법을 뚫고 여기까지 온 것을 축하한다. 그대가 이 섬의 주인이다'는 목소리가 들려왔다. 그렇게 '인솔라 피르메'는 아뽈리돈이 떠난 지 100년이 지나 새 주인을 맞았다.

한편, 분노한 오리아나 공주는 영지를 얻은 아마디스에게 앞으로 다시는 눈앞에 나타나지 말라는 절교 편지를 보냈다. 서명은 '칼에 심장이 찔린 여자, 나를 찌른 사람은 바로 당신'이었다. 편지는 '덴마크 아가씨'의 동생 두린Durín이 전달했고, 편지를 읽은 아마디스는 눈물과 한숨과 기절을 반복한다. 그는 그날 밤 무기도 없이 홀로 길을 떠났다. 간달린과 두린은 무기와 갑옷을 들고 그를 쫓아가 따라잡았다. 아마디스가 운명을 한탄하고 있을 때 마침 사랑의 찬가를 부르며 지나가는 기사가 있었다. 기사는 한때 사르다미라 여왕을 사랑했으나 지금은 세상에서 가장 아름다운 오리아나의 사랑을 얻고 돌아가는 길이라고 노래했다. 그때 간달린이 아마디스 앞에 나타나 무기를 주면서 싸우라고 했고, 두린도 결투의 결과를 오리아나 공주에게 전해주겠다고 했다. 아마디스는 금방 기사를 굴복시켰고, 그는 도망갔다. 기사는 로마황제의 동생 빠띤Patín이며, 곧 로마황제가 될 예정이었다. 세르데냐의 아름다운 사르다미라 여왕을 사랑한 빠띤은 여왕에게 '리수아르떼의 딸 오리아나 공주가 세상에서 가장 아름답다고 알려져 있는데, 내가 리수아르떼의 궁정에 가서 사르다미라 여왕이 더 아름답다는 사실을 놓고 궁정의 가장 뛰어난 두 기사와 결투하겠다'라고 으쓱대며 브리튼으로 왔다. 그런데 궁정에 와서는 공주의 아름다움에 반해 오히려 리수아르떼 왕에게 청혼했다. 왕은 공주의 뜻에 반해 외국으로 시집보내지 않겠다며 빠띤에게 공주와 직접 이야기해보라고 했고, 공주가 아버지 뜻에 따르겠다고 하자 빠띤은 이 말을 결혼 수락으로 받아들였다. 두린은 상처를 입고 도망간 빠띤에게 조금 전 싸운 기사가 '인솔라 피르메'의 영주 아마디스라고 알려주었다.

아마디스가 '인솔라 피르메'에서 사라지자 갈라오르, 플로레스딴, 아그라헤스는 흩어져 그를 찾다가 일 년 뒤 성^{聖} 후안의 날(6월 21일)에 리수아르떼의 궁정에서 모이기로 약속한다. 아마디스는 간달린이 잠든 사이 무기를 들고 홀로 떠났고, 어느 샘가에서 백발의 늙은 은둔수도자 안달로드^{Andalod}를 만나 고해성사를 했다. 그는 부질없이 여자의 사랑에 매이지 말고 사랑의 환상에서 벗어나 하나님을 사랑하라고 설교한다. 안달로드는 자신이 혼자 사는 섬으로 아마디스를 데려갔다. 섬은 육지에서 약 11km 떨어진 험한 바위섬인데, 풍랑이 심해 여름에만 통행할 수 있었다. 섬 이름은 '비련의 바위섬'이었다. 섬에서는 지극히 가난하고 비참한 삶을 살아야 해서 그런 이름이 붙여졌다. 안달로드는 아마디스의 부탁에 따라 아름다운 남자가 어두운 고통 속에 있다는 의미로 '벨떼네브로스^{Beltenebros}'라는 새로운 이름을 지어주었다. 아마디스가 섬으로 떠나기 전 남기고 간 칼과 방패는 길란이 발견해 브리세나 왕비가 보관하도록 가져갔다. 두린은 런던에 가서 오리아나에게 지난 일을 이야기했다. 공주는 아마디스가 '순결한 연인을 위한 마법의 문'을 통과했다는 말을 듣고 기뻐한다. 그리고 자신이 오해했음을 깨닫고 다시 편지를 써

5장 줄거리 **283**

'덴마크 아가씨'에게 주며 아마디스에게 전하라고 했다.

'비련의 바위섬'에서 벨떼네브로스가 울면서 노래하고 있을 때 꼬리산다가 불시착했다. 꼬리산다는 플로레스딴을 찾아 리수아르떼의 궁정으로 가던 길이었다. 아마디스는 자신을 벨떼네브로스로 소개한다. 나중에 꼬리산다는 '비련의 바위섬'에서 있은 일을 오리아나와 마빌리아에게 알려주었고, 마빌리아는 벨떼네브로스가 아마디스일 거라고 짐작한다. '덴마크 아가씨'도 스코틀랜드에 갔다가 돌아오는 길에 바다에서 거친 폭풍우를 만나 '비련의 바위섬'에 도착했다. 그때 절망에 빠진 벨떼네브로스는 '덴마크 아가씨', 두린, 에닐Enil이 알아보지 못할 정도로 건강이 나빠져 목숨이 위태로웠다. '덴마크 아가씨'는 얼굴의 흉터를 보고 그가 아마디스임을 알아차렸고, 지난 일은 모두 잊고 미라플로레스Miraflores 성으로 오라는 오리아나의 편지를 전한다. 편지를 읽은 그는 기력을 되찾고 섬을 떠났다. 오리아나는 왕과 왕비에게 며칠간 미라플로레스 성에 머물겠다고 해 허락을 받았다. 런던 근처에 있는 이 성은 오리아나의소유로 수녀원 앞에 있었다. 미라플로레스 성에 오리아나, 마빌리아, 간달린이 도착한다.

갈라오르, 아르라헤스, 플로레스딴은 일 년 뒤 성 후안의 날에 런던 근처에서 다시 만나 리수아르떼 왕의 궁정으로 갔다. 그러자 왕은 아일랜드의 실다단 왕과 100대100 전투를 약속했다며 세 기사에게 참전을 요청한다. 실다단은 아마디스가 죽인 아비에스 왕의 딸과 결혼하고 왕위에 올랐다. 세 기사는 왕의 요청을 거절할 수 없었다. 그때 꾸아드란떼의 조카 란딘Landín이 리수아르떼 왕에게 5통의 편지를 들고 왔다. 그것은 100대100 전투에서 다섯 명의 기사가 실다단 왕 편에 서기로 했다는 선전포고였다. 이 다섯 기사는 '들끓는 호수 성Lago Ferviente'의 거인 파몽고마단Famongomadán, '난공불락 산성 Montaña Defendida'의 거인 까르따다께Cartadaque, '붉은 탑의 섬Torre Bermeja'의 거인 마단파불Madanfabul, 꾸아드라간떼, 아르깔라우스였다. 그리고 이 다섯 기사의 참전을 피하고 싶으면 오리아나를 파몽고마단의 아들 바사간떼 Basagante와 결혼시키라고 했다. 왕은 웃으면서 무시한다. 플로레스딴과 란딘의 결투도 100대100 전투가 끝난 뒤 한 달 이내에 치르기로 합의한다.

'덴마크 아가씨'도 미라플로레스 성으로 돌아왔다. 그리고 아마디스와 오리아나 공주가 첫 정사를 나누기 전 오리아나가 아마디스에게 증표로 준 반지와 아마디스의 편지를 공주에게 보여주었다. 오리아나 일행은 두린을 아마디스에게 보내 100대100 전투와 다섯 기사의 선전포고를 알려주면서 미라플로레스 성으로 몰래 찾아오라고 했다. 아마디스는 결혼 요구에 분노했다. 1권에서 산수에냐의 바르시난, 2권에서 파몽고마단의 아들 바사간떼 그리고 로마황제가 되는 빠띤이 브리튼 공주의 구혼자였다. 다음 날 새벽 벨떼네브로스는 미라플로레스 성으로 가다 커다란 말을 탄 거인 꾸아드라간떼와 만나 결투한다. 아마디스는 여전히 벨떼네브로스라는 이름을 사용한다. 격렬한 싸움 끝에 꾸아드라간떼가 항복했다. 하지만 그는 정당하게 싸웠으므로 항복이 패배를 의미하지는 않는다고 말한다. 벨떼네브로스도 상대를 인정하고 존중했다. 아마디스는 그에게 리수아르떼의 궁정으로 가라고 하면서 아비에스 왕의 죽음을 두고 리수아르떼 왕에게 복수하지 말라고 명령했다.

벨떼네브로스가 미라플로레스 성 근처에 도착했을 때 열두 마리의 말이 끄는 큰 마차를 만났다. 안에는 많은 기사가 사슬에 묶여 있었고, 여자아이들은 큰 소리로 울고 있었다. 마차 앞으로는 투창을 든 무서운 거인이 가고 있었고, 마차 뒤로는 몸집이 더 큰 거인이 도끼를 들고 따라오고 있었다. 앞쪽 거인이 난쟁이 마부들에게 여자아이들은 그가 모시는 신을 위한 제물이니 가는 동안 피를 흘리면 안 된다고 했다. 그 말을 듣고 벨떼네브로스는 그가 파몽고마단임을 알아차렸다. 마차에는 리수아르떼 왕의 막내딸 레오노레따 Leonoreta도 잡혀 있었다. 파몽고마단이 악마적인 인물이어서 결투 장면도 잔혹하다. 벨떼네브로스의 창은 거인의 몸을 뚫고 나왔고, 거인은 몸에서 창을 빼내면서 칼을 휘두른다. 그리고 뒤에 있는 아들에게 도와달라고 했다. 바사간떼가 무거운 쇠도끼를 내리쳤지만 벨떼네브로스는 그것을 피해 칼로 그의 다리를 잘랐다. 길고 상세한 결투 묘사가 이어지고, 결국 벨떼네브로스가 도끼로 바사간떼의 머리를 내리쳐 죽인다. 그리고 파몽고마단도 투창으로 입을 찔러 머리를 관통하게 해 땅에 처박는다. 두 거인 모두 자신의 무기(투창과 도끼)로 죽음을 맞는다. 레오노레따 공주가 풀려났고, 이 소식은 리수아르떼 왕에게 알려졌다. 벨떼네브로스가 누군지 모두 궁금해한다. 벨떼네브로스는 밤에 미라플로레스 성 후원에서 간달린, 두린, 오리아나 공주, 마빌리아, '덴마크 아가씨'를 만난다. 포옹, 키스, 눈물이 이어지고, 그들은 8일 동안 천국 같은 즐거움을 만끽한다.[1] 오리아나 공주는 임신한다.

런던 궁정이 100대100 전투로 소란스러울 때 그리스 사람 마깐돈Macandón이 도착한다. 그는 아뽈리돈의 조카라고 하면서 60세가 넘도록 세상을 돌아다니며 진실한 사랑의 시험을 하고 있었는데 아무도 시험을 통과하지 못했다고 했다. 그러면서 상자에서 불타는 칼과 칼집, 아름다운 꽃이 그려진 머리띠를 꺼냈다. 칼집의 한 면은 깨끗했으나 다른 면은 불꽃처럼 붉은색이었다. 머리띠에도 한쪽은 아름다운 녹색 꽃이, 다른 쪽은 시든 꽃이 그려져 있었다. 마깐돈은 세상에서 가장 충직한 연인만이 칼집에서 칼을 뽑을 수 있고, 그러면 칼집의 붉은색이 녹색으로 바뀐다고 했다. 그리고 그가 사랑하는 여자가 머리띠를 쓰면 시든 꽃이 녹색으로 피어난다고도 했다. 왕은 사랑의 시험을 허락하며 기사와 여자 중 누가 시험에 통과하는지 보자고 했다. 벨떼

---

[1] 아마디스가 오리아나와 포옹하는 장면에서 작가는 이렇게 말한다.
"누가 과연 이 사랑으로 넘치는 포옹을, 달콤한 키스를, 하나로 합쳐진 두 입술 사이를 적시며 흘러내리는 눈물을 묘사할 수 있겠는가. 이런 열정에 휩싸여 본 사람이 아니라면, 사랑의 불꽃으로 타올랐거나 쓰디쓴 사랑의 상처로 고통받았던 사람이 아니라면 누가 할 수 있겠는가. 더구나 이미 푸르른 젊음이 사라진 사람이라면. 그러니 나는 더 자세히 묘사하지 않고 여기서 멈추고자 한다"(2권 56장, 794쪽).

네브로스와 오리아나 공주는 신분을 감추고 참가하기로 했다. 브리올란하 여왕도 런던에 도착했다. 오리아나는 '덴마크 아가씨'에게 브리올란하 여왕이 소문대로 예쁘냐고 물어보았고, 그녀는 오리아나 다음으로 예쁘다고 답한다. 투구를 쓴 벨떼네브로스는 얼굴을 가린 오리아나를 데리고 런던으로 들어왔다. 사람들은 벨떼네브로스를 알아보고 환호했다. 시험 끝에 칼과 머리띠는 벨떼네브로스와 오리아나가 차지한다. 벨떼네브로스는 공주를 데리고 떠나면서 왕에게 100대100 전투에 참전할 기사로 받아달라고 청했고, 왕은 기뻐하며 수락했다. 벨떼네브로스는 미라플로레스 성으로 돌아가다 숲에서 아르깔라우스의 조카 린도라께를 만났다. 아르깔라우스가 조카에게 오리아나의 머리띠를 가져오라고 시켰고, 린도라께는 머리띠를 자기의 연인인 파몽고마단의 딸 마다시마(또 다른 동명이인)에게 주려고 했다. 하지만 벨떼네브로스의 칼에 린도라께는 죽었고, 숲에서 나온 아르깔라우스는 왼손이 절반이 잘린 채 도망쳤다. 아르깔라우스의 왼손은 엄지손가락만 남았다.

그때 리수아르떼 왕에게 우르간다의 편지가 도착했다. 편지에는 100대100 전투에서 벨떼네브로스는 잊히고, 벨떼네브로스의 칼에 왕의 피가 뿌려질 것이며, 벨떼네브로스가 세 번 승리를 거두어야 왕이 전투에서 승리한다고 적혀 있었다. 갈라오르도 우르간다의 편지를 받았는데, 편지에는 갈라오르가 전투에서 쓰러지고 그의 목은 세 번 승리를 거둔 사람이 갖게 된다는 내용이었다. 왕과 갈라오르는 불길한 편지를 비밀로 하고 전투에 나선다. 그때 런던에 도착한 브루네오와 그의 형제 브란필Branfil이 전투 참여를 청해 왕이 허락했다. 갈라오르는 그들을 데리고 숙소로 가서 플로레스딴, 아그라헤스, 갈바네스에게 소개했고, 그들 모두는 영원히 한 몸처럼 싸우기로 했다. 그때 몬가사 섬의 '들끓는 호수 성'에서 온 사람이 궁정에 와 파몽고마단의 부인 그로마다사Gromadaça가 아르반과 앙그리오떼를 포로로 잡고 매일 고문한다는 소식을 전했다. 왕은 곧바로 출정했다. 실다단 왕의 군대는 이미 라베가La Vega 항에 도착해 바닷가에 진지를 구축했다. 리수아르떼 왕 진영에는 기사가 한 명 부족했고, 벨떼네브로스는 시종 에닐을 기사로 임명해 전투에 참가하도록 했다. 한여름의 뜨거운 열기 속에서 서로 죽고 죽이는 격렬한 전투가 시작되었다. 갈라오르는 칼로 까르따다께를 죽였지만 그도 상처를 입고 쓰러졌다. 벨떼네브로스의 칼에 실다단 왕도 정신을 잃고 갈라오르 옆에 쓰러졌다. 벨떼네브로스는 실다단 왕의 삼촌 사르마단을 죽였고, 리수아르떼 왕을 납치해가던 마단파불의 팔을 잘랐다. 그때 칼이 왕의 갑옷까지 뚫고 들어가 많은 피가 뿜어져 나왔다. 전투는 리수아르떼 왕의 승리로 끝났다. 실다단-사르마단-마단파불을 굴복시켜 세 번의 승리를 거두고 나서 벨떼네브로스는 자신의 본명을 밝혔다. 아마디스는 갈라오르를 찾아 투구를 벗기고 머리를 껴안았다. 그때 열두 명의 아가씨가 나타나 거의 죽은 갈라오르와 실다단 왕을 배에 태우고 바다로 나갔다. 그들은 미지의 섬에 도착했고, 거기서 갈라오르와 실다단 왕은 3일 후 의식을 되찾고, 다시 7일 뒤에는 말을 탈 수 있게 되었다. 두 사람을 데려간 사람은 우르간다였고, 섬은 우르간다의 거처인 '찾을 수 없는 섬'이었다. 우르간다는 두 명의 조카 훌리안다Julianda와 솔리사Solisa에게 각각 갈라오르와 실다단 왕의 간호를 맡겼다. 그리고 갈라오르와 훌리안다 사이에서 딸란께Talanque가, 실다단 왕과 솔리사 사이에서 '신중한 마넬리Maneli el Mesurado'가 태어났다. 나중에 딸란께와 마넬리는 5권에서 에스쁠란디안의 조력자가 된다.

꾸아드라간떼와 란딘이 리수아르떼의 궁정에 왔다. 꾸아드라간떼는 아

마디스와 맺힌 원한을 청산하고 복수하지 않겠다고 약속했고, 그렇게 되자 란딘과 플로레스딴은 결투할 이유가 없어졌다. 왕은 기사들에게 아르반과 앙그리오떼를 구하러 가라고 했지만 아마디스는 갈라오르를 찾으러 가겠다고 한다. 그때 항구로 커다란 배가 들어왔고, 거기서 우르간다가 나와 미래(3~4권)를 예언한다. 아마디스에게는 동생의 소식을 전해주고, 리수아르떼 왕에게는 나쁜 조언자를 조심하라고 훈계한다. 아마디스와 왕의 결별, 전쟁을 암시하는 예언, 그리고 아마디스의 죽음을 암시하는 운명을 예언한다. 그리고 마법의 책을 읽어 다른 여자들을 잠들게 한 뒤 오리아나 공주에게만 따로 미래를 예고한다. 예언을 마치고 우르간다가 떠나자 '들끓는 호수 성'의 그로마다사가 아름다운 딸 마다시마Madasima와 함께 궁정에 도착해 '의심 많은 까닐레오Ardán Canileo el Dudado'가 보내는 결투장을 내놓았다. 까닐레오와 아마디스의 일대일 결투로 몬가사 섬의 소유권을 결정하자는 제안이다. 사실 이 결투는 그로마다사의 제안이었고, 까닐레오는 마다시마와 결혼해 몬가사 섬의 영주권을 얻고자 했다. 하지만 마다시마는 결투가 내키지 않았다. 거인이 이기면 그와 결혼해야 하고, 그녀의 영지도 그가 갖기 때문이었다. 그때 그로마다사의 시녀가 아마디스의 녹색 칼을 훔쳐 달아나는 일이 벌어졌다. 칼은 사랑의 시험을 통해 얻은 마간돈의 녹색 칼이었다. 녹색 칼을 훔쳐 간 시녀는 까닐레오에게 칼을 가져다주었다. 까닐레오는 영주가 되기 위해 반드시 아마디스를 죽여야 했다. 거인 까닐레오는 매우 무서운 기사인 데다 아마디스의 죽음을 암시하는 우르간다의 예언이 있어 궁정에는 공포가 퍼져갔다. 길란은 까닐레오가 세상에서 가장 강한 전사라면서 두려워했고, 오리아나와 마빌리아도 이 악마와 대결하기에는 아마디스의 힘이 부족함을 알고 눈물을 흘린다. 간달린도 위험한 결투를 앞두고 세상에서 가장 강한 칼이 없어지자 죽음의 징조로 받아들인다. 아마디스도 결투 전날 밤에 잠을 이루지 못하고 성당에서 성모 마리아에게 기도를 올린다. 아마디스는 왕비에게 맡겼던 자신의 칼로 결투에 나섰으나 그것은 거인의 투구에 부딪혀 세 조각으로 부러지고 말았다. 그는 처음으로 두려움을 느낀다. 하지만 그는 우르간다의 예언을 떠올리며 방패와 칼을 버리고 맨몸으로 돌진했다. 그리고 거인의 칼을 피한 후 그의 방패를 빼앗았고, 부러진 창을 주워서 다시 싸웠다. 거인은 칼을 내리쳤으나 방패에 박혀 빠지지 않았다. 이제 녹색 칼은 다시 아마디스에게 넘어왔다. 아마디스는 그의 투구를 벗기고 목을 베었다. 그리고 몸은 바다에 던져버렸다. 이 승리로 몬가사 섬에 갇혀 있던 아르반과 앙그리오떼가 풀려났다.

브리올란하는 '인솔라 피르메'에 가 자신의 아름다움을 시험하겠다며 떠났고, 에닐이 그 장면을 보러 그녀를 따라갔다. 까닐레오와 아마디스의 결투가 끝난 후 왕은 마다시마를 불러 몬가사 섬을 내놓지 않으면 목을 베겠다며 감옥에 가두었다. 그러자 그녀를 동정한 '영지 없는 갈바네스'가 마다시마에게 청혼하며 그녀의 목숨과 영지를 보호해주겠다고 나섰다. 그녀는 기꺼이 청혼을 받아들인다. 갈바네스는 곧바로 아마디스와 아그라헤스에게 도움을 청한다. 아마디스, 아그라헤스, 갈바네스는 왕에게 청원하러 갔지만 왕을 오래전부터 섬겨온 늙은 기사 간단델Gandandel과 그의 매제 브로까단Brocadán은 가울라와 브리튼 간의 오랜 앙숙 관계를 거론하면서 아마디스와 그의 형제들이 나중에 브리튼에 큰 위험이 될 거라고 왕에게 경고했다. 왕은 의심하기 시작한다. 아마디스는 왕에게 지금까지의 봉사에 대한 보답으로 갈바네스와 마다시마의 결혼을 허락하고, 몬가사 섬은 왕의 영토로 하되 마다시마가 영주권을 유지하게 해달라고 요구했다. 그러나 왕은 두 신하의 눈짓에 따라 그것을 거절하며 아마디스를 모욕했다. 왕이 자신을 모욕하자 그는 왕과 결별하고 새로운 삶을 시작한다. 그는 그날 밤 오리아나와 몰래 만났고, 아침에는 사람들을 불러서 같이 떠나자고 한다. 다만 갈라오르는 실다단 왕과 함께 우르간다의 섬에 머물고 있어 그처럼 괴로운 상황을 피할 수 있었다.

아마디스는 리수아르떼 왕과 결별했다. 갈바네스, 아그라헤스, 아마디스의 사촌 드라고니스Dragonís와 빨로미르Palomir, 브루네오와 브란필, 앙그리오떼와 그의 동생 그린도난Grindonán과 그의 조카 삐노레스Pinores, 꾸아드라간떼와 란딘, 뻬리온 왕의 여동생과 스페인의 라다산Ladasán 왕의 아들이자 존경받는 기사인 스페인의 몬하스떼don Brian de Monjaste를 비롯해 기사 500명이 아마디스를 따라갔다. 이 스페인 기사는 아마디스의 사촌이다. 아마디스를 배웅하러 아르반, 그루메단, 반도이바스 등이 나왔고, 그들은 서로 떨어져 있어도 믿음을 지키기로 한다. 리수아르떼는 곧바로 후회한다.

앞에서 '인솔라 피르메'로 떠났던 브리올란하는 '순결한 연인을 위한 마법의 문'을 통과하고 그리마네사보다 더 아름다워야 통과하는 '스스로 지키는 방cámara defendida'에 도전했으나 밖으로 내동댕이쳐졌다. 다음 날 여왕은 소브라디사 왕국으로 돌아갔고, 오리아나는 이 소식을 듣고 매우 즐거워했다. 아마디스 일행이 '인솔라 피르메'에 도착했고, 발라이스Baláis와 올리바스도 합류했다. 발라이스는 아마디스에게 리수아르떼 왕의 궁정에서 벌어진 일을 알려주었다. 그로마다사가 '들끓는 호수 성'을 내놓지 않자 왕은 간단델과 브로까단의 조언을 받아들여 마다시마를 죽이겠다고 했다. 갈바네스와 열두 명의 기사는 마다시마를 구하려고 왕이 머무는 따실라나Tasilana로 떠났다.

임신한 오리아나는 아이가 태어나면 '덴마크 아가씨'의 아이인 것처럼 꾸며 미라플로레스 성 앞의 수녀원장에게 아이를 맡기기로 했다. 공주는 명예를 보존하고, '덴마크 아가씨'의 명예에도 위태롭지 않은 결정이었다. 리수아르떼 왕은 간단델과 브로까단에게 아마디스가 보낸 열두 기사와 싸우라고 했다. 간단델과 브로까단이 왕과 아마디스 사이를 이간질했다는 이야기를 들은 앙그리오떼의 조카 사르낄레스Sarquiles는 왕에게 가서 두 신하의 말을 듣지 말라고 했다. 그때 아마디스는 가울라왕국으로 타고 갈 배를 알아보고 있었다. 리수아르떼 왕의 궁정에 아마디스의 기사들이 도착했으나 결투 전날 밤 그로마다사가 영지를 왕에게 넘기고 죽었다. 마다시마는 감금에서 풀려났지만 아버지의 영지를 유산으로 받지 못했다. 아마디스의 기사들은 왕에게 부모의 유산을 마다시마에게 돌려주라고 요구했으나 왕은 받아들이지 않았다. 그때 앙그리오떼가 간단델을 조롱하면서 앙그리오떼와 사르낄레스가 브로까단의 아들 그리고 간단델의 아들과 싸우는 2대 2 결투가 벌어졌고, 나쁜 신하의 두 아들이 죽었다.

〈3권〉 65~81장

명예를 손상당한 리수아르떼 왕이 몬가사 섬의 소유권을 두고 아마디스 진영에 전쟁을 선포했다. 열두 기사는 마다시마를 데리고 '인솔라 피르메'로 귀환했고, 아마디스는 간달레스를 브리세나 왕비에게 보내 자신은 이 전쟁에 참전하지 않겠다고 알린다. 아마디스 진영은 몬가사 섬의 소유권이 걸린 1차 전투에서 '들끓는 호수 성'을 빼앗아 마다시마에게 돌려주었다. 그러자 아르반과 가스낄란Gasquilán이 이끄는 리수아르떼 왕의 삼천 기사가 몬가사 섬에 도착했다. 수에사Suesa의 왕 가스낄란은 '슬픔의 섬Insola Triste'의 거인 마다르께Madarque와 수에사 왕국의 공주 사이에서 태어난 훌륭한 기사였다.

아마디스는 마빌리아가 보낸 편지를 받고 오리아나의 임신 사실을 알게 되었다. 그는 브루네오와 함께 배를 타고 가울라로 가는 도중 거인 마다르께의 '슬픔의 섬'에 도착했다. 지난 15년간 이 섬에 내린 기사나 여자는 모두 죽거나 감금되었다. 그런데 이 섬에서는 이미 갈라오르와 실다단 왕이 전투를 치르고 있었다. 무시무시한 거인 마다르께가 거대한 말을 타고 나왔으나 말고삐를 너무 세게 잡아당기는 바람에 말이 뒤로 넘어져 다리가 부러졌다. 무섭게 등장했다가 허무하게 쓰러지자 섬의 사람들은 모두 항복했다. 아마디스는 가스낄란을 생각해 마다르께를 죽이지 않았다. 아마디스와 갈라오르 일행은 가울라에 도착했고, 가울라 왕과 왕비는 어릴 때 납치된 갈라오르를 그때 다시 만났다. 아마디스와 리수아르떼 왕의 전쟁을 두고 갈라오르는 형제애와 기사의 충성 사이에서 갈등하면서도 형이 자신보다 갈바네스를 더 중요하게 생각한다며 섭섭해 한다. 갈라오르는 기사의 명예를 지키기 위해 왕에게 충성하겠다며 실다단 왕과 함께 가울라를 떠났는데, 도중에 만난 어느 젊은이와 귀부인과 함께 리수아르떼의 궁정으로 갔다. 젊은이 이름은 노란델Norandel이었다. 리수아르떼 왕은 그를 기사로 임명했고, 귀부인은 왕에게 편지를 주며 몰래 읽어보라고 했다. 편지를 읽은 왕은 노란델이 아들임을 알게 되었다. 갈라오르는 일 년간 노란델을 데리고 다니며 가르치겠다고 했다. 이제 왕은 〈2차 몬가사전투〉를 위해 궁정을 떠났다.

오리아나는 몰래 아들을 낳았다. 갓 태어난 아기 가슴에는 흰 글씨와 붉은 글씨로 뭔가 쓰여 있었다. '덴마크 아가씨'와 두린이 아기를 수녀원으로 데려가는 도중 암사자가 나타나 아이를 입에 물고 데려갔는데, 성스러운 은둔수도자 나시아노Nasciano는 암사자를 꾸짖어 아이를 내려놓게 했다. 나시아노는 아기를 사자 젖으로 키우다가 동생 부부에게 맡겼다. 나시아노가 세례를 주려고 강보를 풀었고, 아이 가슴에 쓰인 글씨가 보였다. 오른쪽 가슴에 쓰인 흰 글씨는 에스쁠란디안이었고, 왼쪽 가슴의 붉은 글씨는 알아볼 수 없었다(5권에서 붉은 글씨는 그와 결혼하게 될 콘스탄티노플 공주의 이름으로 밝혀진다).

〈2차 몬가사전투〉에서 리수아르떼 왕은 부대를 셋으로 나누었다. 1진 500명의 기사는 갈라오르가 맡고, 2진 700명의 기사는 실다단 왕이 지휘하며, 1진과 2진 사이에 왕을 호위하는 3진이 있었다. 아마디스 진영은 2진으로 구성했다. 브리안은 포로로 잡혀 있었고, 아그라헤스는 가울라왕국으로 식량을 구하러 떠나는 바람에 참전하지 못했다. 1진은 플로레스딴과 꾸아드라간떼가 이끄는 106명의 기사로 구성되었고, 2진은 갈바네스가 이끄는 109명의 기사였다. 갈바네스는 활과 석궁은 빼고 기사답게 칼과 창으로 싸우자고 제안했고 왕도 동의했다. 밀고 밀리는 긴 전투에서 결국 아마디스 진영이 패해 성으로 후퇴했다. 하지만 곧 성 내부의 식량이 부족해져 전투를 끝내기 위한 협상에 들어갔고, 갈바네스는 항복하는 대신 2년의 휴전을 대가로 얻어낸다. 양 진영의 휴전은 리수아르떼 왕의 삼촌 아르가몬떼 백작이 왕에게 편지를 보내 란다스Landas 섬들을 다스리는 아라비고 왕Rey Arábigo과 다른 여섯 왕이 아르깔라우스의 간계에 넘어가 브리튼으로 출정했으니 급히 돌아오라고 알렸기 때문이다. 왕은 갈바네스를 죽이고 싶었으나 갈라오르의 조언에 따라 성은 왕의 소유로 하되 갈바네스가 계속 성을 다스리도록 허락했다.

갈라오르와 실다단 왕이 가울라를 떠난 뒤 두린이 아마디스에게 오리아나의 편지를 가져왔다. 편지에는 아들을 낳았다는 소식과 함께 자신이 허락하기 전까지는 가울라를 떠나지 말라는 명령이 담겨 있었다. 브루네오는 모험을 찾아 가울라를 떠났지만 아마디스는 가울라에 13개월 반 동안 머물러 있어야 했다. 그 사이 리수아르떼 왕은 '들끓는 호수 성'을 점령했고, 전쟁이 벌어졌는데 참전하지 않은 아마디스의 명예는 완전히 실추되었다. 그는 사랑하는 연인의 명령을 지키기 위해 세상의 불명예를 감수한다. 그때 플로레스딴이 가울라에 왔다. 아마디스가 플로레스딴이 뻬리온 왕의 아들이라고 알려주었고, 왕은 매우 기뻐했다. 플로레스딴은 '일곱 왕의 전쟁'에서 리수아르떼 왕이 크게 열세에 놓여 있다고 전했다. 아마디스는 오리아나의 허락을 구하지 않고 출정했고, 뻬리온 왕과 플로레스딴도 같이 참전하기로 했다. 우르간다는 세 기사에게 황금색 뱀이 그려진 세 개의 은색 방패와 세 개의 투구를 주었는데, 투구는 흰색(뻬리온 왕), 보라색(플로레스딴), 황금색(아마디스)이었다. 세 사람은 '일곱 왕의 전쟁'에서 '황금 뱀의 기사들Caballeros de la sierpe de oro' 또는 '황금 뱀 방패의 기사들caballeros de las armas de sierpe'로 불리게 된다. 세 기사는 몰래 전쟁터로 갔고, 아마디스는 갈라오르에게 편지를 보내 그가 여전히 가울라에 머물러 있는 것처럼 보이게 만들었다. 아마디스 진영도 리수아르떼 왕을 위해 '일곱 왕의 전쟁'에 참전했다. 특히 브리안은 스페인의 라다산 왕이 보내준 2,000명의 기사를 이끌고 왔다. 전투에 앞서 아라비고 왕은 전투에 승리해도 자신은 전리품을 챙기지 않고 오직 명예만 추구하겠다고 선언한다. 아라비고 왕은 진영을 9진으로 나뉘었다. 각 진에는 1,000명의 기사가 배치되었고, 아라비고 왕의 진영만 1,500명이었다. 리수아르떼 왕은 진영을 5개로 나누었고, 각 진영은 스페인의 브리안, 실다단, 갈바네스와 아그라헤스, 히온떼스 그리고 왕 자신이 이끌었다. 전쟁이 시작되자 아마디스는 적진을 휩쓸면서 존재를 드러냈다. 전투는 '황금 뱀의 기사'들의 무용담을 중심으로 기술된다. 아마디스는 두린에게 신분을 밝히며 오리아나에게만 자신의 참전 소식을 알리라고 했다. 전투는 리수아르떼 진영의 승리로 끝났고, 세 기사는 신분이 노출되지 않도록 몰래 빠져나왔다. 리수아르떼 왕은 갈라오르에게 황금색 투구의 기사가 아마디스인지 물어보았지만 갈라오르는 그가 가울라에 있다고 대답한다.

아마디스 일행은 가울라로 돌아가는 배를 탔으나 거친 풍랑을 만나 5일 동안 헤매다가 브리튼의 다른 곳에 기착했다. 그런데 그곳에서 만난 어느 아가씨의 속임수에 걸려 어느 성으로 갔다가 이중의 방에 갇혔다. 아가씨는 까닐레오의 딸 디나르다Dinarda였다. 그리고 성에 아르깔라우스가 나타나 아마디스 일행의 목을 베어 아라비아 왕에게 보내겠다고 했다. 아마디스 일행이 갇힌 방에는 어느 부인이 남편, 아들과 함께 1년 전부터 갇혀 있었는데, 부인은 바로 갓 태어난 아마디스를 배에 태워 보낸 엘리세나 왕비의 시녀 다리올레따였다. 그때 마법사 아가씨들이 나타났고 그녀들의 도움으로 아마디스 일행은 이중의 방에서 빠져나와 성을 불태우고, 배를 타고 가울라로 돌아갔다. 불이 난 성의 탑에 갇혀 있던 아르깔라우스는 거의 죽은 사람이 되었다가 사흘째 구조되었다. 그는 말을 타지도 못하고 마차에 실려 일곱 기사와 함께 그의 산성으로 가다가 갈라오르와 노란델을 만났다. 두 기사는 일곱 기사를 물리쳤지만 아르깔라우스는 그루메단의 사촌 그란필레스인 것처럼 속이고 목숨을 건졌다. 아르깔라우스에게 속은 두 기사는 샘가에 숨어 있던 디나르다와 시녀를 발견했다. 갈라오르는 디나르다의 아름다움에 반했고, 디나르다는 목숨을 구하기 위해 사랑하는 척하며 갈라오르를 유혹했다. 디나르다는 처녀에서 부인이 되었고, 노란델도 시녀와 잠자리를 가졌다. 그 후 갈라오르는 가울라로 가 아마디스의 환대를 받았다. 며칠 뒤 아마디스는 모험을 찾아 가울라를 떠났다. 뻬리온 왕은 '황금 뱀의 기사들'에 대한 진실을 갈라오르에게 알려주었고, 갈라오르 일행은 리수아르떼 왕의 궁정에 가서 이야기를 전했다. 에스쁠란디안이 네 살이 되었을 때 나시아노는 그를 데려와 같이 젖을 먹고 자란 조카 사르힐Sargil과 함께 지내도록 했다.

아마디스는 명예 회복을 위해 새로운 곳으로 모험을 떠났다. 그는 독일로 가 '녹색 칼의 기사Caballero de la Verde Spada'와 '난쟁이의 기사Caballero del Enano'라는 별명으로 활약하다가 겨울이 오자 추위를 피해 보에미아Bohemia 왕국으로 갔다. 그때 보에미아 왕국은 로마황제 빠띤과 전쟁 중이었다. 보에미아 왕 따피노르Tafinor는 '녹색 칼의 기사'를 왕궁으로 초대했고, 아들 그라산도르Grasandor와 사촌 갈띠네스Galtines 백작이 그의 시중을 들었다. 보에미아와 로마 사이에 5일간의 휴전이 끝나고, 로마 기사 가라단Garadán과 열두 명의 기사가 따피노르 왕 및 열두 기사와 결전을 치를 날이 다가왔다. 그때 '녹색 칼의 기사'가 가라단을 지목하자 가라단이 당장 싸우자고 해 결투가 벌어졌고, '녹색 칼의 기사'는 그를 죽였다. 로마 기사들은 겁이나 돌아가려고 했다. 하지만 아직 스무 살이 되지 않은 아르끼실Arquisil은 기사의 명예를 지키자며 싸우자고 했다. 아르끼실은 로마황제 빠띤의 동생이었다. 만약 빠띤이 후계자 없이 죽는다면 아르끼실이 황제 자리를 물려받기 때문에 빠띤은 그를 멀리 떨어진 곳에 있게 했다. 다음 날 결투에서 '녹색 칼의 기사'는 아르끼실을 죽이지 않고 항복을 받아냈다. 아르끼실은 추후 뭐든지 그의 명령에 따르기로 약속하고 로마로 돌아갔다. '녹색 칼의 기사'는 모험을 찾아 떠나기 전에 자신의 이름과 신분을 따피노르 왕에게 알려주었다.

리수아르떼 왕이 왕비와 공주들을 데리고 숲으로 사냥을 나갔을 때 사자에게 먹을 것을 주고 있는 대여섯 살쯤 되는 아이를 보았다. 왕은 아이와 함께 나시아노의 암자로 가 무릎을 꿇고 축복을 청했다. 나시아노가 축복하자 왕은 신분을 밝혔다. 그러자 나시아노도 무릎을 꿇었다. 나시아노는 왕에게 에스쁠란디안의 사연을 알려주었고, 왕은 아이와 나시아노를 식사에 초대했다. 그때 우르간다가 보낸 편지가 도착했다. 편지에는 이 아름다운 아이가 나중에 세상에서 가장 위대한 기사가 되며, 왕과 아마디스의 관계를 다시 이어 준다고 적혀 있었다. 오리아나, 마빌리아, '덴마크 아가씨'는 아이의 가슴에 쓰인 글씨를 보고 에스쁠란디안이 잃어버린 아이임을 확신했다. 아이의 양육을 맡은 오리아나 공주는 나시아노에게 고해성사를 하며 모든 비밀을 털어놓았다. 나시아노는 비밀결혼과 잉태를 비난하며 죄를 사하려고 하지 않았다. 그러자 공주는 아마디스가 자신을 아르깔라우스의 손에서 구해줄 때 결혼을 약속했으며, 약속은 곧 지켜질 것이라고 했다. 은둔자는 공주의 약속을 믿고 죄를 사해 주었다.

'녹색 칼의 기사'는 보에미아를 떠나 로마니아Romania 섬으로 갔는데, 섬의 영주 그라신다Grasinda는 따삐노르 왕의 조카였다. '녹색 칼의 기사'에게 그라신다는 그의 동생 멜리시아만큼 아름다웠지만 그라신다 눈에 '녹색 칼의 기사'는 세상에서 가장 아름다운 기사로 보였다. 그라신다는 '녹색 칼의 기사'와 결혼할 마음을 품었지만 간달린이 주인에게는 사랑하는 여자가 있다고 말하자 결혼을 포기한다. '녹색 칼의 기사'가 그리스로 떠날 때 그라신다는 일 년 안에 다시 돌아온다는 조건으로 배와 선원들 그리고 의사 엘리사밧을 내주며 동행하게 한다. '녹색 칼의 기사'는 로마니아와 그리스의 섬들을 돌아다니며 수많은 결투를 벌여 명예를 드높였다. 한편 로마황제가 된 빠띤은 오리아나와의 결혼을 추진하기 위해 리수아르떼 왕에게 살루스딴끼디오, 집사장 브론다헬, 아름다운 여왕 사르다미라를 보냈다.

콘스탄티노플로 가던 '녹색 칼의 기사'가 탄 배가 거친 풍랑을 만나 표류하다가 '악마의 섬Insola del Diablo'에 도착했다. 섬의 영주 반다기도Bandaguido는 너무나 거칠고 악독해 모든 사람이 두려워했고, 게다가 딸 반다기다Bandaguida가 태어난 후 아버지와 딸이 근친상간을 저질렀다. 딸은 어머니를 우물에 빠뜨려 죽였고, 아버지는 딸을 부인으로 선언했다. 그들 사이에 한 아기가 태어났는데, 아기는 아버지가 섬기는 인간, 사자, 새의 형상이 섞인 악마였다. 반다기다는 아버지를 죽이고 아들과 결혼하려고 한다. 하지만 태어난 지 일 년 후 아이는 이미 어른처럼 커져 어머니와 아버지를 모두 죽였다. '지옥과 죄악의 상징'인 이 악마 이름은 엔드리아고^{Endriago}였고, 그가 살아 있는 모든 생명을 죽인 후로 그곳은 아무도 살지 않는 섬이 되었다. 원래 이 섬은 콘스탄티노플 황제의 소유였다.

그와 같은 일이 일어난 지 40년 후에 '녹색 칼의 기사'가 이 섬에 도착했다. '녹색 칼의 기사'는 간달린을 증인 삼아 엔드리아고와 싸우러 나섰다. 처음에는 '녹색 칼의 기사'가 일방적으로 공격했다. 악마가 죄의 상징이었기 때문에 '녹색 칼의 기사'는 악마의 눈부터 시작해 혀, 편도, 목, 다른 눈을 찔렀고, 결국 칼로 콧구멍을 통해 뇌를 찔러 죽였다. 그런데 악마가 죽기 직전 기사를 안아 살과 뼈와 내장을 으스러뜨려 아마디스의 목숨이 위태로웠다. 쓰러진 '녹색 칼의 기사'는 간달린에게 두 가지 부탁을 했다. 자신을 키워준 간달린의 부모에게 감사를 전하고, 심장을 오리아나 공주에게 보내라는 것이었다. 사람들은 그를 섬의 성채로 옮겼고, 엘리사밧은 상처를 치료했다. '녹색 칼의 기사'는 긴 꿈을 꾸고 난 후 깨어났다.

엘리사밧은 황제에게 편지를 보내 악마 엔드리아고의 죽음을 알리면서 섬의 이름을 '성모 마리아의 섬$^{Insola\ de\ Sancta\ María}$'으로 바꿔 달라고 청원한다. 콘스탄티노플의 황제는 조카 가스띨레스^{Gastiles}와 살루데르^{Saluder} 후작을 '악마의 섬'으로 보내 그를 영접해오라고 지시했다. 살루데르 후작은 그라신다의 형제였다. 그들이 도착했을 때 '녹색 칼의 기사'는 간신히 거동할 정도였다. 그들은 섬을 떠나 콘스탄티노플에 도착했다. 그는 황제가 보내준 말을 타고 콘스탄티노플에 입성했고, 사람들은 '녹색 칼의 기사'가 거둔 무훈과 그의 아름다움을 칭송했다. 황제는 '녹색 칼의 기사'를 곁에 두고 싶어 궁정의 신하가 되면 원하는 모든 것을 주겠다고 했다. 그리고 9살의 레오노리나^{Leonorina} 공주를 불러 '녹색 칼의 기사'에게 부탁하라고도 했다. 공주의 아름다음은 마치 아마디스가 첫 만남에서 사랑에 빠졌던 그 나이의 오리아나를 떠올릴 만큼 놀라웠다. 기사는 그때를 생각하며 눈물을 흘렸고, 그것을 본 황제와 주위 사람들은 '녹색 칼의 기사'에게 사랑하는 연인이 있다고 생각했다. 황제 곁에 남아달라는 황제 부인의 간청도 소용없었다. 레오노리나 공주는 기사에게 두 개의 왕관을 주면서 세 가지 요청을 했다. 왕관 하나는 세상에서 가장 아름다운 아가씨에게 주고 다른 하나는 세상에서 가장 아름다운 부인에게 주며, 눈물을 흘린 이유와 사랑하는 여인이 누구인지 알려달라는 게 세 가지 요청이었다. 기사는 첫 왕관을 레오노리나 공주에게 주었고, 두 번째 왕관은 자신이 사랑하는 연인이 주인이라고 말했다. 그러자 레오노리나 공주는 기사에게 반지를 주었다. 반지에 박혀 있는 보석과 두 번째 왕관의 보석은 원래 하나였는데, 황제의 할아버지인 아쁠리돈과 할머니 그리마네사가 반으로 나누어 반지와 왕관에 붙였다. '녹색 칼의 기사'는 '인솔라 피르메'를 소개하면서 뻬리온 왕의 아들 아마디스가 그곳의 주인이라고 알려주었다. 황제는 '녹색 칼의 기사'가 아마디스 아닌지 물어보았으나 그는 자신의 신분을 감추었다. 나중에 5권에서 이 반지는 다시 레오노리나 공주에게 돌아온다. 운명적으로 정해진 에스쁠란디안의 연인이 레오노리나 공주이기 때문이다. '녹색 칼의 기사'는 그라신다와 약속한 1년 기한이 거의 다 되어 콘스탄티노플을 떠났다. 그가 떠날 때 메노레사^{Menoresa} 여왕은 6개의 칼을 선물로 주었다.[2] 레오노리나 공주는 '녹색 칼의 기사'에게 가문의 기사를 보내달라고 부탁했고, 그는 그렇게 하겠다고 약속했다. 그렇게 5권에서 에스쁠란디안이 콘스탄티노플로 가야 할 명분이 만들어진다.

    '녹색 칼의 기사'는 콘스탄티노플을 떠나 그라신다의 섬에 도착해 다시 브리튼으로 돌아갈 채비를 했다. 그는 독일에서 3년을 주유했고, 로마니아와

---

[2] 메노레사 여왕은 시리즈 5권 179장에서 노란델과 결혼하고, 황제가 된 에스쁠란디안은 삼촌인 노란델에게 '난공불락 산성' 등을 영지로 주었다.

그리스에서 2년을 머물렀다. 그라신다는 '녹색 칼의 기사'에게 자신을 리수아르떼 왕의 궁정으로 데려가 그곳에 있는 모든 '아가씨'보다 자신이 더 아름답다는 사실을 결투로 증명해 달라고 요구했다. 그리고 어차피 자신이 쓰게 될 테니 아름다운 왕관도 가져가겠다면서 '인술라 피르메'의 시험도 통과하겠다고 했다. '녹색 칼의 기사'는 매우 당혹스러웠다. 오리아나를 앞에 두고 다른 여자의 아름다움을 주장할 수 없기 때문이다. 그러나 오리아나가 이제 '아가씨'가 아니라 '부인'이라는 사실을 떠올렸고, 그래서 그라신다의 말에 따르겠다고 했다. 그라신다가 여행을 준비하는 동안 '녹색 칼의 기사'는 산으로 사냥을 나갔다가 속임수에 걸려 치명적인 상처를 입은 브루네오를 발견했다. '녹색 칼의 기사'는 그에게 신분을 밝히고 엘리사밧을 불러 치료하도록 했다. 이어 심각하게 다친 앙그리오떼도 발견되었고, 엘리사밧은 그의 목숨도 구해주었다. 그들은 일 년간의 식량을 배에 싣고 브리튼으로 출항했다.

런던에서는 로마황제의 사절단이 리수아르떼 왕에게 와서 한 달 내에 오리아나와 빠띤의 결혼을 결정하라고 요구했다. 리수아르떼 왕은 사르다미라 여왕을 보내 결혼을 거부하는 오리아나를 설득하려고 했다. 플로레스딴은 여왕을 호위하는 5명의 오만한 로마 기사들과 방패 빼앗기 결투를 해 승리했다. 여왕은 그에게 자신의 호위무사가 되어 달라고 부탁했고, 그는 그것을 수락한다. 오리아나는 플로레스딴을 보고 아버지가 원치 않는 결혼을 강요한다며 눈물을 흘렸다. 공주가 도움을 요청하자 플로레스딴은 다른 기사들과 상의하겠다고 한다. 사르다미라 여왕은 빠띤이 아마디스만큼 싫어하는 또 다른 기사가 '녹색 칼의 기사' 또는 '난쟁이의 기사'라며 그의 행적을 소상히 알려주었다. 플로레스딴, 오리아나, 마빌리아는 그가 아마디스라고 짐작한다. 리수아르떼 왕은 갈라오르와 단둘이 사냥을 나가 속내를 드러내며 조언을 구한다. 왕은 오리아나를 로마황제와 결혼시키려는 계획을 알려주지만 갈라오르는 왕의 계획에 강하게 반대했다. 그러자 왕은 불쾌함을 드러냈다. 갈라오르는 왕국 밖으로 나가 있으려고 아버지의 편지가 와 가울라로 떠나겠다며 허락을 구했고, 왕은 허락했다.

'녹색 칼의 기사'는 배가 대서양으로 나온 후 모든 사람에게 자신을 '녹색 칼의 기사'나 '난쟁이의 기사'가 아니라 '그리스 기사Caballero Griego'로 부르라고 했다. 그렇게 그는 다시 신분을 감춘다. 메노레사 여왕이 선물로 준 칼을 브루네오와 앙그리오떼에게 한 자루씩 주었고, 자신도 하나를 가졌다. 그때 배 한 척이 나타났다. 배에는 '인솔라 피르메'에서 출발한 드라고니스(아마디스의 사촌)와 에닐(간달린의 사촌)이 타고 있었다. 그들을 통해 그리스 기사는 오리아나와 로마황제의 결혼 소식을 알게 되었다. 아마디스 진영의 기사들은 아마디스의 명령이 있어야 그녀를 도울 수 있다며 아마디스를 찾고 있었다. 그리스 기사는 간달린을 '인솔라 피르메'로 보내 출정 준비를 지시했고, 자신은 리수아르떼 왕의 궁정으로 가겠다고 했다. 왕은 결혼을 반대하는 신하들의 조언을 무시했다. 브리튼에 도착한 '그리스 기사'는 사람을 보내 궁정 상황을 알아보았다. 그리고 그라신다의 요구를 궁정에 들어갈 핑계로 활용했다. 그라신다는 '그리스 기사'를 포함한 세 기사가 안전하게 왕국으로 들어갈 수 있도록 신임장을 요구했고, 왕은 허락했다. 그라신다의 아름다움이 걸린 결투에 살루스딴끼디오와 로마 기사 100명이 나섰고, 누가 결투할지를 두고 로마와 브리튼 기사 사이에 시비가 붙었다. 그래서 그리스 기사와 싸운 뒤에 살루스딴끼디오과 늙은 그루메단이 3대3 결투를 하기로 합의했다. 그라신다는 화려하게 치장하고 등장했고, '그리스 기사'와 로마 기사 사이에 결투가 벌어졌다. '그리스 기사'는 브루네오, 앙그리오떼와 함께 갔지만 두 기사는 '그리스 기사'의 결투에 참여하지 않고 나중에 그루메단의 결투를 도와준다. 살루스딴끼디오는 결투에서 승리하면 올린다도 로마로 데려가겠다고 했다. 하지만 창을 한번 부딪치고는 말에서 떨어져 정신을 잃었다. '그리스 기사'가 그의 투구를 벗기고 왕에게 죽일지 살릴지 물었고 왕은 살려주라고 했다. '그리스 기사'는 다른 로마 기사 한 명을 죽였고, 다른 한 명도 죽이려고 할 때 에스쁠란디안이 자비를 베풀라고 해 죽이지 않았다. '그리스 기사'는 그때 처음 에스쁠란디안을 만났다. 결투 후 '그리스 기사' 일행은 브루네오와 앙그리오떼를 몰래 남겨놓고 '인솔라 피르메'로 떠났다.

리수아르떼 왕의 명령에 따라 오리아나 일행이 미라플로레스 성에서 궁정으로 가던 길에 가바르떼Gavarte de Valtemeroso가 나타나 아그라헤스와 플로레스딴의 편지를 전해주었다. 8일 뒤 아마디스와 함께 구하러 오겠다는 내용이었다. 왕을 만난 오리아나는 상속권을 포기하겠다며 울며 간청했으나 왕은 계획을 바꾸지 않았다. 살루스딴끼디오는 왕에게 올린다도 데려가 결혼하겠다고 했고 왕은 허락한다. 예정된 3대3 결투에서는 늙은 그루메단과 미지의 두 기사가 오만한 로마 기사들을 물리쳤다. 빠딴과 결혼하러 떠나는 오리아나를 보고 사람들은 눈물을 흘린다. '그리스 기사'는 '인솔라 피르메'에 도착해 그라신다에게 자신의 본명을 밝혔다. 아마디스 진영의 기사들이 모였고, 그는 기사도의 가치에 따라 불의로 인해 핍박받는 여자를 구하러 가자고 했다. 그들은 아무도 모르게 배를 타고 출전했다. 오리아나, 올린다, 마빌리아, '덴마크 아가씨'가 브리튼의 항구를 떠났다. 올린다를 보낸 리수아르떼 왕의 결정에 아그라헤스는 분노했다. 이미 갈바네스에게 영지를 허락하지 않아 전쟁을 치른 두 사람은 끝까지 화해하지 못한다. 오리아나와 마빌리아가 탄 배에는 사르다미라 여왕도 같이 있었고, 살루스딴끼디오는 올린다와 함께 다른 배에 탔다.

드디어 바다에서 전투가 시작되었다. 닻과 쇠사슬이 날아다니는 치열한 전투가 길게 벌어졌고, 결국 아마디스가 오리아나를 구출했다. 아그라헤스는 살루스딴끼디오를 쓰러뜨렸고, 꾸아드라간떼의 만류에도 불구하고 그의 목을 베어버렸다. 로마의 배들은 모두 파괴되었다. 아마디스 일행은 오리아나를 데리고 '인솔라 피르메'로 돌아갔고, 이 소식은 리수아르떼 왕에게 알려졌다.

〈4권〉 82~133장

아마디스 진영은 로마 사절단의 브론다헬, 앙꼬나 공작, 딸란시아 대주교 등 많은 포로와 전리품을 싣고 7일간 항해해 '인솔라 피르메'로 돌아왔다. 여자들과 기사들은 당분간 평화로운 삶을 즐긴다. 하지만 로마황제와 리수아르떼 왕의 연합군과 결전을 치르게 된 아마디스는 앞으로 어떻게 대처할지 고민하느라 잠을 이루지 못한다. 그래서 모든 기사를 모아 조언을 구한다. 꾸아드라간떼는 리수아르떼에게 사신을 보내 오리아나의 상속권 회복을 요구하고, 친척과 친구들에게 도움을 요청해 전력을 '인솔라 피르메'로 집결하자고 했다. 꾸아드라간떼의 조언에 따라 아마디스와 아그라헤스는 가울라 왕과 스코틀랜드 왕에게, 브루네오는 아버지와 동생 브란필에게 도움을 청하기로 했다. 꾸아드라간떼는 아일랜드 여왕에게도 파병을 요청하겠다고 했는데, 비록 여왕의 남편 실다단 왕이 리수아르떼 왕 편에 있지만 그가 부탁하면 도와줄 거라고 했다. 그리고 이 모든 요청은 오리아나의 이름으로 전달하기로 했다. 그때 브리안이 '인솔라 피르메'에 도착했다. 그는 '일곱 왕의 전쟁'이 끝난 뒤 아버지인 스페인 왕과 아프리카 사람들의 분쟁을 해결하려고 떠났다가 다시 돌아왔다.

아마디스 진영은 전쟁을 준비한다. 먼저 꾸아드라간떼와 브리안은 평화 사절이 되어 리수아르떼 왕의 궁정으로 떠났다. 아마디스의 부탁으로 그라신다도 엘리사밧을 로마니아로 보내 신하와 친구들을 합류시킨다. 아마디스는 엘리사밧에게 콘스탄티노플의 황제에게 보내는 편지를 주며 도움을 요청했고, 브리올란하 여왕과 보에미아의 따피노르 왕에게도 도움을 청했다. 오리아나는 기사도의 명분으로 전쟁을 수행해야 하는데 그들의 사랑이 알려지면 명분이 훼손되므로 사랑을 감추자고 아마디스에게 제안한다. 그래서 두 연인은 단둘이 만나지 않는다. 마빌리아는 아마디스에게 에스쁠란디안이 아들이라고 알려준다.

아마디스가 오리아나 공주를 납치했다는 소식을 들은 리수아르떼 왕도 신하들과 대책을 논의한다. 왕비는 오리아나를 이미 로마황제에게 넘겼으므로 불명예는 왕이 아니라 로마황제의 것이라며 명예를 회복해야 할 의무도 그에게 있다고 했다. 그때 꾸아드라간떼와 브리안이 왕의 허락을 얻어 궁정으로 들어왔다. 꾸아드라간떼는 오리아나의 상속권을 회복하라는 아마디스의 요구를 전달한다. 하지만 왕은 먼저 오리아나를 데려오라고 한다. 그렇게 그들은 전쟁을 피하기 위한 형식적 조치를 이행한다. 돌아가는 두 기사를 늙은 그루메단이 배웅할 때 브리안은 '그리스 기사'가 아마디스였고 그루메단을 도와준 두 기사는 브루네오와 앙그리오떼였다고 알려준다. 그때 에스쁠란디안이 사냥을 마치고 오다가 두 기사와 만났고, 꾸아드라간떼는 에스쁠란디안에게도 '그리스 기사'가 아마디스라고 알려주었다. 두 기사는 배를 타고 '인솔라 피르메'로 돌아갔다.

리수아르떼 왕은 아르반, 그루메단, 길란을 불러 앞으로 어떻게 할지 물

어보았다. 아르반은 친척, 친구, 신하들의 군대를 결집하고, 그것을 로마황제에게 알려 그가 직접 해결하도록 만들어야 한다고 했다. 왕은 그대로 실행한다. 그래서 이 사건이 브리튼의 국경 너머에서 일어났고, 로마황제의 사절이 죽고 황제의 부인이 납치당했으니 이 사건을 해결하라고 로마에 전갈을 보낸다. 그리고 몬가사 섬의 갈바네스, 아일랜드의 실다단 왕, 수에사의 가스낄란을 불러들인다. 리수아르떼 왕과 아마디스가 서로 싸운다는 소식이 두 사람을 증오하던 아르깔라우스에게 전해지자 그는 매우 기뻐하며 제3의 세력을 모은다. 두 진영이 싸우면 패배한 쪽은 완전히 파괴되고, 이긴 쪽은 심각한 상처를 입을 테니, 그때 이긴 쪽을 공격해 두 사람 모두에게 복수하려고 했다. 그래서 먼저 아라비고 왕을 설득했고, 산수에냐의 영주 '아들 바르시난'을 찾아가 복수와 이익을 약속하며 끌어들였다. '깊은 섬'의 왕과 '오만한 다르단'의 친척들에게도 참전 약속을 얻어냈다. 그렇게 리수아르떼 왕과 아마디스에게 원한을 품은 모든 사람이 모여 새로운 전쟁을 추진한다.

　　소브라디사의 브리올란하 여왕은 군대보다 앞서 배를 타고 '인솔라 피르메'로 떠났으나 가는 도중 아비세오스의 막내아들 뜨리온이 여왕의 배를 공격해 위험에 처했다. 그때 마침 '인솔라 피르메'로 돌아오던 꾸아드라간떼와 브리안이 여왕을 발견해 구출했다. '인솔라 피르메'에 도착한 두 기사가 리수아르떼의 대답은 전쟁이라고 보고한다. 아마디스도 협상보다는 전쟁을 선호했다. 협상을 시작하려면 오리아나를 다시 왕에게 돌려보내야 했기 때문이다. 엘리사밧은 그라신다의 영지에서 많은 기사와 군대를 모았고, 콘스탄티노플의 황제를 만나서 '녹색 칼의 기사' 아마디스를 도와달라고 요청했다. 황제는 조카 가스띨레스와 살루데르 후작을 보내기로 한다. 뻬리온 왕도 출전을 준비한다.

　　아마디스와 리수아르떼 왕이 전쟁을 준비하고 있을 때 가울라왕국에 머물던 갈라오르는 알 수 없는 병에 걸려 사경을 헤매고 있었다. 브란필은 군대를 이끌고 출전했고, 보에미아의 따피노르 왕은 아들 그라산도르를 '인솔라 피르메'로 보냈다. 아일랜드 여왕은 고민했지만 과거의 원한보다 현재의 이익이 더 중요하다고 판단해 남편 실다단 왕 모르게 군대를 보내기로 했다. 그녀는 삼촌 꾸아드라간떼가 아마디스 진영에 있으므로 전쟁에서 리수아르떼 왕이 패한다면 남편이 군신 관계와 조세에서 벗어날 수 있다고 판단한다. 리수아르떼 왕은 아마디스 진영에서 지원군을 모은다는 사실도, 아라비고 왕과 바르시난이 큰 함대를 꾸려서 싸우러 온다는 소식도 알고 있었다. 몬가사 섬의 갈바네스는 차라리 섬을 포기하더라도 아마디스와 조카를 상대로 싸울 수 없다며 출전을 거부했다. 리수아르떼 왕은 궁정을 빈딜리소라로 옮긴다. 격노한 로마황제 빠띤은 직접 복수에 나선다.

아마디스 진영에는 지원군이 속속 도착한다. 뻬리온 왕은 3,000명을, 따피노르 왕은 갈띠네스 백작과 함께 1,500명을, 딴띨레스^{Tantiles}는 소브리디사에서 1,200명을, 브란필은 600명을, 아일랜드 여왕은 600명을, 스페인의 라다산 왕은 아들 브리안과 함께 2,000명을, 아그라헤스의 아버지인 스코틀랜드의 랑기네스 왕은 1,500명을, 그리고 콘스탄티노플의 황제는 조카 가스띨레스와 8,000명을 보냈다. 발라이스가 20명의 기사를 이끌고 왔고, 엘리사밧이 그라신다의 영지에서 500명의 군사와 궁수를 데려왔다. 그라산도르는 오리아나와 브리올란하의 아름다움에 놀랐다. 두 여자의 아름다움과 견줄만한 공주는 멜리시아였지만 그는 오히려 마빌리아에게 반했다.

리수아르떼 왕은 6,000명의 군사를 이끌고 빈딜리소라 근처에 진을 쳤다. 로마황제도 10,000명을 이끌고 도착했다. 가스낄란은 800명을, 실다단 왕은 200명을 데리고 도착했다. 아마디스 진영은 약 13,000명이었고, 리수아르떼 왕 진영은 17,000명 이상이었다. 아마디스는 에닐을 보내 로마황제의 동생 아르끼실을 데려오라고 했다. 아르끼실이 지난 사연을 이야기하자 로마황제는 가도 좋다고 허락했다. 아마디스는 로마황제와 전투가 끝난 뒤 10일

이내에 '인솔라 피르메'로 돌아와 자신의 명령을 기다리라고 했고, 아르끼실은 그러겠다고 약속하고 돌아갔다. 로마황제는 군대를 재편해 1군에는 플로얀Floyan이 이끄는 2,500명, 2군에는 아르끼실이 이끄는 2,500명, 그리고 3군에는 황제가 이끄는 5,000명의 군대로 구성했다. 리수아르떼 왕 진영의 1군은 아르반이 지휘하는 3,000명, 2군은 실다단과 가스낄란이 지휘하는 1,000명이었다. 리수아르떼 왕은 그루메단과 함께 나머지 병력을 지휘했다. 로마황제는 리수아르떼 왕에게 자신의 전쟁이니 끼어들지 말라고 했다. 아마디스 진영은 꾸아드라간떼를 선봉에 세우고, 1군 2,000명은 아마디스가, 2군 1,600명은 아그라헤스가, 3군 2,700명은 그라산도르가, 4군 5,000명은 브리안이 지휘하도록 했다. 간달레스는 1,000명을 데리고 지원군 역할을 했다. 두 진영의 움직임을 보고 있던 아르깔라우스도 12,000명의 군대를 바르시난의 1군 2,000명, 아르깔라우스의 2군 3,000명, 그리고 아라비고 왕과 '깊은 섬'의 왕이 지휘하는 3군으로 재편했다. 브리스토야 공작의 아들도 아르깔라우스 진영에 합류했다.

    로마황제와 아마디스는 넓은 평원에 진지를 쌓기 시작했다. 그때 가울라에서 막 도착한 간달린이 아마디스에게 기사로 임명해 달라고 요청했다. 아마디스는 그를 기사로 임명하면서 메노레사 여왕에게서 받은 칼을 주었다. 갈라오르는 여전히 가울라에 머물러 있었다. 진지가 완성되고 전투가 시작될 무렵 가스낄란이 아마디스에게 마상 창 시합을 제안한다. 가스낄란은 아름다운 삐넬라 공주를 사랑했는데, 공주는 그와 결혼하지 않으려고 당대 최고의 기사인 아마디스와 결투해 승리하라는 조건을 걸었다. 그는 이미 〈몬가사전투〉에서 플로레스딴에게 패한 적이 있었으므로 가스낄란과 아마디스의 창 시합은 금방 결판이 났다. 말에서 떨어진 가스낄란은 오른팔이 부러졌다. 아마디스가 칼을 들고 다가가자 플로얀이 달려 나왔고, 이어 꾸아드라간떼도 참전하면서 본격적인 전투가 시작되었다. 플로얀은 간달린과 싸웠고 말에서 떨어졌다. 해가 져서 그날의 전투를 마쳤을 때 로마군의 피해가 막심했다. 죽은 자를 위해 대기하고 있던 사제들이 전장을 수습하느라 양 진영은 하루를 휴전했고, 다음 날 두 번째 전투가 재개되었다. 리수아르떼 왕 진영에서는 까닐레오, 노란델, 길란이 선봉에 섰고 그 뒤로 실다단 왕과 로마황제가 대기했다. 아마디스 진영에서는 브리안, 뻬리온 왕, 가스띨레스가 선봉에 섰다. 격렬한 전투가 재개되었다. 하지만 뻬리온 왕과 실다단 왕은 서로를 공격하지 않고 비껴간다. 수많은 사상자가 발생하고 전열은 흐트러졌다. 리수아르떼 왕과 아그라헤스의 싸움은 승부가 나지 않았다. 두 사람은 서로가 두 팔을 잡고 엉켜 있었다. 아마디스는 로마황제에게 달려들어 칼로 투구를 내려쳤고, 두 번째 내려친 칼은 어깨 위를 거쳐 몸통 일부와 팔을 잘라냈다. 로마황제 빠띤은 말에서 떨어져 죽었다. 리수아르떼 왕은 아르반이 후퇴를 권하자 엉켜 있는 팔을 풀고 물러났다. 아마디스 진영의 승리가 눈앞에 있었지만 아마디스는 왕을 더 쫓지 않았다. 로마황제의 시신은 수도원으로 보내 안장하고 나중에 로마로 가져가기로 한다. 승패는 결정되었다.

전쟁 소식을 들은 나시아노는 평화를 세우고자 늙은 몸을 이끌고 전쟁터로 나갔다. 전쟁의 원인이 오리아나의 결혼이므로 그 문제를 해결하면 전쟁도 끝날 것이기 때문이다. 그는 먼저 오리아나를 만나 계획을 알려준 뒤 왕을 만나러 갔다. 이미 두 번째 날의 전투가 끝난 후였다. 나시아노는 에스쁠란디안이 손자라며 왕을 설득했다. 왕은 오리아나의 사랑, 아마디스의 봉사와 명예, 손자 에스쁠란디안, 우르간다의 편지, 이미 죽은 로마황제 등 세속적인 이해득실을 따진 후 아마디스를 설득한다면 평화에 합의하겠다고 약속한다. 나시아노는 에스쁠란디안을 데리고 아마디스를 만나러 갔다. 아마디스는 아들을 보고 기뻤지만 내색하지 않았다. 에스쁠란디안은 아직 부모가 누군지 모르고 있다. 아마디스는 전체 기사들의 동의를 구한 뒤 협상 대표로 꾸아드라간떼와 브리안을 보냈고, 왕은 아르반과 길란을 보냈다. 그렇게 나시아노의 중재 덕분에 두 진영은 다음 날 아침 나팔 소리와 함께 주둔지에서 철수했다.

아르깔라우스 진영은 철수하는 리수아르떼 왕을 공격했다. 왕은 서둘러 루바이나^{Lubaina} 성으로 피하려고 했고, 아라비고 왕이 그를 뒤쫓았다. 루바이나 성으로 가는 아라비고 왕의 군대를 보고 에스쁠란디안이 아마디스에게 도움을 청했고 아마디스도 출전한다. 리수아르떼 왕은 루바이나 성에 미처 들어가지 못하고 근처에서 전투태세를 갖추었다. 군대를 둘로 나누어 1진에 2,000명을 배치했고, 나머지 6,000명은 2진에 두었다. 아마디스와 리수아르떼 왕의 전투에서 왕의 진영은 약 17,000 이상이었는데 지금은 8,000명밖에 남지 않았다. 게다가 무기는 크게 손상되었고 말은 지쳤다. 리수아르떼 왕과 아라비고 왕의 전투가 시작되었다. 전투 초기에는 리수아르떼 왕이 우세했으나 전세는 곧 역전되었다. 리수아르떼 왕은 루바이나 성으로 후퇴하라고 명령했다. 그러나 루바이나 성 앞에서 아르반과 그루메단이 포로로 잡혔고 소수 병력만이 성으로 들어갔다. 밤이 되어 전투는 미루어졌으나 리수아르떼의 패배는 분명해졌다. 아마디스는 참전을 서두르다 어둠 속에서 길을 잃는 바람에 첫 전투에 참여하지 못했다. 다음 날 아라비고 왕이 성 내부로 진격해 시가전이 벌어졌고, 리수아르떼 왕이 패배하기 직전에야 아마디스가 루바이나 성에 나타났다. 꾸아드라간떼도 합세해 아라비고 왕과 아르깔라우스를 포로로 사로잡았다. 플로레스딴과 앙그리오떼도 바르시난과 브리스토야 공작을 굴복시켰다. 아마디스는 피 흘리는 리수아르떼 왕에게 다가가 무릎 꿇고 손에 키스하려고 했으나 왕은 그를 일으켜 포옹했다. 아그레헤스도 리수아르때 왕과 포옹했으나 화해는 이루어지지 않았다. 그러려면 먼저 갈바네스의 영지 문제가 해결되어야 한다. 다른 모든 기사는 서로 화해했다.

아마디스는 아르끼실을 불러 이제는 그가 로마황제가 되어야 한다고 했다. 그리고 '인솔라 피르메'에 갇혀 있는 로마 사람들을 불러 아르끼실을 황제로 섬긴다는 맹세를 하도록 만들었다. 아르끼실은 아마디스의 도움으로 황제가 되었고, 리수아르떼 왕은 아마디스와 오리아나의 결혼을 선언했다. 에스쁠란디안은 할아버지와 아버지 앞에 무릎 꿇고 손에 입을 맞추었다. 아마디스는 오리아나의 동생 레오노레따와 새로운 로마황제 아르끼실의 결혼을 주선했고, 결혼식은 '인솔라 피르메'에서 거행하기로 한다. 그때 아르끼실은 아마디스를 "나의 영지와 나 자신의 주인señor de mi tierra y de mi persona"(1,571쪽)으로 부른다. 리수아르떼 왕은 빈딜리소라로 돌아가 왕비에게 속마음을 털어놓았다. 왕의 마음에는 고통과 분노가 가득했으나 웃는 얼굴을 보일 수밖에 없었고, 즐겁지 않았지만 즐거워했다. 왕과 왕비는 결혼식에 참석하러 '인솔라 피르메'로 출발했다.

아마디스 진영은 '인솔라 피르메'로 돌아갔다. 뻬리온 왕은 아마디스를 불러 형제들의 결혼 문제를 정리하라고 했다. 다음 날 아마디스는 모든 기사를 모이게 해 결혼을 주선하고 영지를 분배했다. 아그라헤스는 올린다와, 브루네오는 멜리시아와, 그라산도르는 마빌리아와 결혼하겠다고 했다. 꾸아드라간떼는 그라신다와, 플로레스딴은 사르다미라 여왕과 결혼하기로 했다. 꾸아드라간떼는 왕의 아들이자 형제라 커다란 산수에냐를 영지로 받았다. 브루네오에게는 아라비고 왕의 영지를 주었고, 플로레스딴에게는 과거 살루스딴 끼디오의 영지였던 깔라브리아를 주었다. 아그라헤스와 그라산도르는 이미 상속받을 왕국이 있어 더 주지 않았고, 아마디스 자신도 '인솔라 피르메' 외에 더 갖지 않았다. 그런데 어떤 영지는 기사가 직접 가서 전쟁을 통해 소유권을 확보해야 하는 과정이 남아 있었다. 가울라에 남은 갈라오르는 아름다운 여왕 브리올란하와 결혼하기로 했다. 이제 아마디스는 세상의 모든 왕과 황제에게 명령을 내리는 사람이 되었다.

앙그리오떼, 브루네오, 브란필은 가울라로 가 엘리세나 왕비와 갈라오르를 데리고 '인솔라 피르메'를 향해 배를 타고 오다가 검은 옷을 입은 다시아Dacia 왕국의 왕비를 만나게 되었다. 그녀는 아마디스에게 남편의 복수를 부탁하러 가는 길이었다. 다시아 왕은 이웃 스웨덴의 공작에게 딸을 시집보내기로 했는데, 공작은 결혼을 빌미로 군대를 이끌고 쳐들어와 다시아 왕을 죽였다. 세 명의 기사는 왕비의 복수를 위해 다시아로 떠났고, 엘리세나 왕비와 갈라오르는 '인솔라 피르메'에 도착한다. 갈라오르와 브리올란하는 덤덤하게 결혼을 받아들인다. 브리올란하는 아마디스에 대한 깊은 사랑 때문에 갈라오르를 남편으로 맞았다고 말한다. 다시아 왕비를 따라간 세 기사는 공작의 부대를 급습해 왕자를 구출하고, 다른 도시로 가 지원군을 더 모아왔다. 그리고 다시 전투를 재개해 앙그리오떼가 공작을 사로잡았다. 왕비는 큰아들 가린또Garinto를 왕으로 세웠고, 세 기사에게 가린또를 '인솔라 피르메'로 데려가 기사로 임명해 달라고 부탁했다. 세 기사는 그것을 수락했다. 여왕은 기사들이 떠난 후 공작을 교수형에 처한다. 가린또는 나중에 에스쁠란디안의 평생 친구가 된다.

가스낄란은 수에사로 돌아갔고, 리수아르떼 일행은 '인솔라 피르메'에 도착했다. 왕과 갈라오르는 눈물을 흘리며 회한을 나누고, 왕비는 오리아나를 만나 '너의 아름다움 때문에 이렇게 고난을 겪는다'며 눈물을 흘린다. 그때 바다에서 용처럼 생긴 거대한 배 '위대한 뱀Gran Serpiente' 호號가 나타났고, 거기서 작은 배가 나왔다. 그 작은 배를 타고 '미지의 우르간다'가 갈라오르의 아들 딸란께와 실다단 왕의 아들 마넬리를 데리고 '인솔라 피르메'에 도착했다. 위대한 뱀은 용을 의미한다. 우르간다는 두 아이를 에스쁠란디안과 같이 지내도록 했다. 아마디스의 사촌 드라고니스는 〈루바이나수도원〉에서 만난 아가씨를 위해 복수를 한 후 '인솔라 피르메'로 왔더니, 이미 결혼과 영지 분배가 끝나 있었다. 그는 다시 모험을 떠나려고 했으나 아마디스는 '깊은 섬'을 영지로 주면서 그곳의 공주와 결혼하라고 했다. 그는 제안을 받아들인다. 또한 아마디스는 길란과 브리스토야 공작부인의 결혼을 주선하면서 리수아르떼 왕에게 브리스토야 공작령을 길란에게 주라고 부탁했다. 이들 브리스또야 공작은 아라비고 왕 편에 섰다가 사로잡혀 있었다. 왕은 흔쾌히 허락한다. 갇혀 있는 공작은 길란의 처분에 맡겼다.

왕들은 아마디스와 오리아나의 결혼식을 보고 나서 자신의 땅으로 돌아갔다. 결혼식 후 오리아나는 '순결한 연인을 위한 마법의 문'과 세상에서 가장 아름다운 여인을 인증하는 '스스로 지키는 방'을 통과했다. 우르간다는 '위대한 뱀' 호를 에스쁠란디안에게 주면서 안에 무기와 갑옷을 준비해 두었다고 했다. 그리고 에스쁠란디안의 가슴에 새겨진 붉은 글자를 읽고 해석하는 여자를 만나게 된다고 예언했다.

새로운 로마황제는 플로레스딴과 함께 로마로 떠났다. 기사들은 산수에냐, 아라비고 왕의 영지, '깊은 섬'의 지배권을 확보하기 위해 동맹을 결성해 함께 싸우기로 했다. 리수아르떼 왕은 실다단 왕에게 군신 관계라는 불명예스러운 속박을 풀어주었다. 리수아르떼 왕은 쓸쓸히 떠났고, 실다단 왕도 아일랜드로 돌아갔다. 뻬리온 왕과 왕비도 가울라로 떠났고, 콘스탄티노플 황제의 조카 가스띨레스도 떠났다. 아마디스는 그라산도르만 남겼고, 오리아나

옆에는 마벨리아, 올린다, 멜리시아, 그라신다가 남았다. 에스쁠란디안과 여러 소년도 기사가 될 날을 기다리며 '인솔라 피르메'에 남아 있었다. 아마디스는 모험을 떠나고 싶었으나 오리아나는 출정을 허락하지 않았다. 그런데 과거 어머니의 시녀였던 다리올레따가 찾아와 아마디스에게 죽은 아들의 복수를 청원했다. 아마디스는 그라산도르에게 대신 오리아나의 용서를 구해달라고 부탁하고 곧바로 떠났다. 다리올레따는 아마디스의 결혼식에 가려고 남편, 아들, 딸을 데리고 바다로 나갔다가 폭풍우로 길을 잃고 '붉은 탑의 섬'에 도착했다. 섬의 영주 발란^{Balán}은 섬에 도착한 모든 기사는 자신과 일대일 결투하도록 강제했고, 남편과 아들이 결투에 나섰다가 아들은 죽고 남편과 딸은 갇히게 되었다. 발란은 100대100 전투에서 아마디스가 죽인 마단파불의 아들이었다. 다리올레따가 아마디스를 안다고 하자 발란은 당장 그를 데려오라며 풀어주었다. 아마디스와 다리올레따는 발란의 섬으로 가던 길에 실다단 왕의 영지인 '왕자의 섬$^{Insola\ del\ Infante}$'에 도착했는데, 섬을 다스리는 기사가 배에 필요한 물품을 보급해주었다. 실다단 왕은 어릴 때부터 '왕자의 섬'의 주인이었는데, 아비에스 왕의 딸과 결혼하고 아일랜드 왕이 되었다. 발란은 다른 거인들과 달리 거칠고 오만하지 않았다. 그의 어머니는 파몽고마단의 부인 그로마다사의 동생 마다시마(또 다른 동명이인)로, 갈바네스와 결혼한 마다시마의 이모였다. 발란은 갈따레스 섬의 주인 간달락(앞에서는 간달라스)의 딸과 결혼해 15살 된 아들을 두고 있었다. 간달락은 갈라오르를 납치해 양육한 거인이라서 아마디스는 그의 사위와 결투하게 된 상황을 난감해했다. 아마디스는 신분을 감추고 발란과 결투했고, 긴 결투 끝에 발란이 마치 죽은 사람처럼 쓰러졌다. 그러자 발란의 아들 브라보르^{Bravor}는 기사들을 이끌고 나와 아마디스를 죽이려고 했으나 어머니의 조언에 따라 아버지가 깨어날 때까지 기다리기로 했다. 다음 날 새벽에 깨어난 발란은 아들이 한 짓을 듣고 아들의 손발을 묶어 아마디스에게 보냈다. 불명예이자 부끄러움이었기 때문이다. 아마디스가 아들의 손발을 풀어주고 있을 때 남편과 결투한 기사가 아마디스라는 사실을 알게 된 발란의 부인 마다시마가 찾아와 아들의 용서를 구했다. 발란은 아버지로 인한 원한 관계를 해소하고 아마디스와 친구가 되기로 했다. 아마디스는 다리올레따의 아들이 죽었으니 브라보르가 다리올레따의 딸과 결혼해 보상하라고 했고, 발란은 그것을 받아들였다.

한편 그라산도르는 아마디스의 전갈을 전하며 오리아나에게 용서를 구했고, 그녀는 잠시 생각하더니 뭔가 중요한 이유가 있었을 것이라고 말한다. 결혼 후 오리아나의 태도가 달라졌다. 아마디스를 찾으러 떠난 그라산도르는 꾸아드라간떼의 조카 란딘과 함께 란딘의 사촌 엘리세오^{Eliseo}의 복수를 한 후 '붉은 탑의 섬'으로 가서 아마디스를 만났다. 아마디스는 아직 상처가 낫지 않아 섬에 더 머물러야 했다. 그때 갈바네스의 부인 마다시다의 집사가 '붉은 탑의 섬'에 도착했다. 집사는 아마디스에게 '마법사 아가씨의 바위섬$^{Peña\ de\ la\ Donzella\ Encantada}$'의 유래를 알려주었다. 200년 전에 모든 마법과 흑마술에 통달한 마법사 아가씨가 섬의 영주로 있었는데, 외모가 그리 아름답지 않았던 그녀는 지나가던 크레타 출신 기사를 사랑해 잡아두었다. 하지만 기사는 그녀를 사랑하지 않았고, 다만 겉으로만 좋아하는 척했다. 마법사 아가씨는 그의 사랑을 믿었으나 기사는 그녀를 높은 바위에서 떨어뜨려 죽이고, 크레타로 돌아갔다. 그 후 섬 정상에 있는 궁전의 '마법의 방'에 엄청난 보물이 감추어져 있다고 알려졌다. 그런데 그곳은 뱀들이 지키고 있어 뱀들이 동면에 들어가는 겨울에만 갈 수 있었다. '마법의 방'의 문에는 피같이 붉은 글씨로 뭔가 적혀 있으며, 문에 꽂힌 칼을 뽑아야만 문을 열 수 있다고 했다. 마다시마의 집사는 다른 기사들 소식도 전해주었다. 갈라오르와 갈바네스 군대는 '깊은 섬'으로 가서 죽은 왕의 사촌과 격렬한 전쟁을 했고, 갈라오르가 죽은 왕의 사촌을 죽인 후 섬사람들과 협상해 드라고니스를 '깊은 섬'의 왕으로 인정하도록 만들었다. 꾸아드라간떼와 브루네오도 아라비고 왕의 조카와 싸워 승리했다.

아마디스는 발란의 아들과 다리올레따의 딸을 데리고 '인솔라 피르메'로 떠났고, 발란은 나중에 가겠다고 했다. 돌아가는 길에 아마디스와 그라산도르는 '마법사 아가씨의 바위섬'으로 갔다. 해안에는 주인 없는 배 한 척이 정박해 있었다. 두 기사는 산 중턱에 있는 은둔수도자의 집에서 어느 여자의 조각상을 발견했다. 거기에는 그리스어로 마법의 문에 꽂힌 칼을 뽑게 될 기사에 대한 예언이 적혀 있었다. 그들은 산 정상에 있는 마법사 아가씨의 궁전과 '마법의 방'으로 갔다. 돌로 만든 개선문 위에는 여자 조각상이 있었고, 개선문을 지나 정원으로 들어가니 때가 겨울인지라 작은 굴마다 뱀들이 자고 있었다. '마법의 방'으로 들어가는 돌문은 정원 안쪽 끝에 있었다. 왼쪽 문에는 피처럼 붉은 일곱 글자가 새겨져 있었고 오른쪽 문에는 라틴어로 흰 글자가 새겨져 있었는데, 칼은 힘으로 뽑히지 않고 오로지 여자 조각상에 있는 이름이 가슴에 새겨진 기사만이 뽑을 수 있다는 뜻이었다. 그것을 본 아마디스는 에스쁠란디안의 왼편 가슴에 새겨진 붉은 글자를 떠올렸고, 이 모험은 아들을 위해 준비되었다고 생각했다. 그래서 그들은 더 나아가지 않고 물러났다. 궁전에서 나오니 간달린이 산 위에 올라와 있었다. 간달린은 아그라헤스와 함께 아라비고 왕의 조카와 싸워 승리한 후 아라비아를 포위하고 있었다. 그때 노르웨이에서 온 어느 부인이 '해안가 탑의 성'의 영주에게 딸이 납치당했다며 도움을 청했다. 영주는 부인의 딸과 결혼하고 싶었으나 부인도

딸도 결혼을 원하지 않았다. 간달린이 복수에 나서 영주를 굴복시켰다. 영주는 딸을 풀어주겠다고 약속했으나 오히려 딸을 데리고 이 섬으로 도망쳤고, 간달린이 그들을 쫓아 산 정상까지 올라오게 되었다. 아마디스 일행은 내려오다가 도망친 영주와 아가씨를 발견했다. 영주는 여자를 진실로 사랑하며, 사랑 때문에 기사로서 공언한 약속을 어겼지만 이제 여자가 자신의 사랑을 받아주기로 했다고 말했다. 아마디스는 그의 마음에 공감해 사랑 때문이라면 큰 잘못이 아니라며 용서해주었다. 간달린은 영주와 아가씨를 데려다준 후 아그라헤스를 만나러 갔고, 아마디스 일행은 '인솔라 피르메'로 돌아갔다. 아마디스와 그라산도르가 '인솔라 피르메'에 도착해 수도원 앞을 지날 때 어느 부인이 감금된 남편을 풀어달라고 간청했다. 아마디스는 정당한 이유가 있다면 풀어주겠다고 약속했다. 부인의 남편은 아르깔라우스였고, 아마디스가 감금하고 있었다. 아마디스는 부인에게 소원을 들어주겠다고 약속한 적이 있으므로 기사의 약속을 지키기 위해 어쩔 수 없이 아르깔라우스를 풀어주어야 했다. 쇠 감옥에서 풀려난 아르깔라우스는 복수를 공언한다. 하지만 5권에서 에스쁠란디안은 그를 간단하게 죽인다.

발란은 함대를 이끌고 갈라오르를 도우러 갔다. 아라비아를 포위하고 있던 갈라오르와 갈바네스는 그를 환영하며 친척 관계를 확인한다. 발란은 기사도의 덕목과 정의로 맺어진 사랑과 우정 때문에 아마디스 진영에 동참하기로 했다고 밝힌다. 그리고 전쟁이 끝나면 '인솔라 피르메'로 가겠다고 한다. 그들은 아라비아를 어떻게 공략할지 논의한다. 이 도시는 인구도 많고 방어도 단단하여 싸우면 이기겠지만 피해가 매우 클 것이고, 그러면 이어질 산수에냐 정복에 차질이 생기게 된다. 그때 아라비고 왕이 사로잡혔고, 왕은 발란에게 만나자고 기별했다. 발란은 왕에게 무릎을 꿇고 손에 입을 맞춘다. 그리고 죽기보다는 어떻게든 살아야 후일을 도모할 수 있고, 명예보다는 이익을 잃는 선택을 하라고 왕을 설득한다. 아라비고 왕은 발란에게 협상을 부탁했고, 발란은 아그라헤스, 갈라오르, 꾸아드라간떼, 브루네오, 브리안, 앙그리오떼를 모이게 해 협상안을 제시한다. 항복 조건으로 아라비고 왕에게 란다스의 세 섬 중 가장 멀리 있는 리꼬니아^{Liconia}를 주고, 아라비아와 주변 지역 그리고 란다스 섬의 두 곳을 브루네오의 영지로 한다는 제안이었다. 기사들이 협상안에 동의하면서 아라비고 왕은 목숨을 부지했고, 브루네오는 왕이 되었다. 이제 기사들은 산수에냐를 정복하기 위해 깔리판^{Califán}으로 떠났다. 산수에냐에서도 매우 격렬한 전투가 벌어졌고 많은 기사와 군사가 죽은 뒤 땅은 꾸아드라간떼의 영지가 되었다.

'인솔라 피르메'에서 돌아온 노쇠한 리수아르떼 왕은 상실감과 불명예로 인해 가끔 정신을 잃었다. 과거를 생각하면 아마디스에 대한 분노가 치밀어 올랐지만 어쩔 도리 없어 우울하게 지내고 있었다. 어느 날 왕이 사냥을 나갔다가 도와달라는 아가씨를 만나게 되었고, 그녀를 따라가다가 납치되어 바다로 사라졌다. 왕이 사라진 후 왕국은 혼란에 휩싸였고 왕비는 아마디스에게 편지를 보낸다. 산수에냐의 꾸아드라간떼, 아라비아의 브루네오, 소브라디사의 왕 갈라오르, 갈바네스, 앙그리오떼, 발란, 가바르떼, 아그라헤스, 빨로미르, 보에미아의 그라산도르가 다시 '인솔라 피르메'로 모여 아마디스의 명령을 기다린다. 그때 우르간다가 나타났다. 우르간다는 왕의 실종이 에스쁠란디안을 위한 모험이므로 다른 기사들은 찾을 수 없다고 말하면서 에스쁠란디안과 네 명의 소년(갈라오르의 아들 딸랑께, 실다단 왕의 아들 마넬리, 다시아의 왕 가린또, 그리고 앙그리오떼의 아들 암보르)을 기사로 임명해 떠나보내라고 했다. 소년들은 교회에서 밤을 보낸 뒤 우르간다의 명에 따라 발란은 에스쁠란디안을 기사로 서임했고, 이어 에스쁠란디안은 네 명을 기사로 임명했다. 그렇게 주종관계가 만들어졌다. 아마디스는 그리스의 레오노리나 공주에게 가문의 기사를 보내주겠다고 약속했으니 에스쁠란디안에게 약속을 지키라면서 그의 아들임을 증명할 반지를 주었다. 레오노리나 공주가 그에게 준 반지었다. 기사서임이 끝나자 아름다운 음악이 흘러나왔고 모두가 잠들었다. 우르간다와 새로 임명된 기사들은 '위대한 뱀' 호와 함께 검은 연기 속으로 사라졌다. 사람들은 '인솔라 피르메'의 정원에서 깨어났고, 아마디스의 오른손에는 편지가 있었다. '앞으로 편력기사로 모험을 찾아다니지 말고 왕국을 통치하라'는 편지였다. 새로 영지를 얻은 기사들은 자기 땅으로 돌아갔고, 아마디스는 아그라헤스, 그라산도르, 발란과 함께 '인솔라 피르메'에 남아 리수아르떼 왕의 소식을 기다리기로 했다. 그들은 다시 만날 날을 기약하며 헤어졌다.

6

허구적 역사와 서사 구조

6.1. 허구적 역사

『아마디스 데 가울라』 1권의 문장은 서사의 연대기적 배경을 알려준다.

우리의 구세주 예수 그리스도의 고난 이후 많은 해가 지나지 않았을 때 '작은 브리튼'에 하나님을 믿는 가린떼르 왕이 있었다(227쪽).

'예수의 고난 이후 많은 해가 지나지 않은 때'라는 설정은 기사소설의 역사성을 만들기 위한 문학적 장치의 하나이다. 가울라의 뻬리온 왕과 '작은 브리튼'의 엘리세나 공주는 비밀결혼을 하고 임신한 공주는 몰래 아이를 낳는다. 아기는 성장해 기사가 되고 많은 결투와 전쟁에서 승리를 거둔다. 그리고 세상에서 가장 아름다운 오리아나 공주와 결혼한다. 5권에서는 이교도 세력과 기독교 세력 간의 거대한 전쟁이 벌어지고, 이 전쟁에서 리수아르떼 왕과 뻬리온 왕이 죽고, 아마디스는 브리튼 왕위에 오르며, 그의 아들 에스쁠란디안은 콘스탄티노플 황제의 딸과 결혼해 황제가 된다. 우르간다는 그들에게 마법을 걸어 '인솔라 피르메'의 지하궁전에 영원히 보존했고, 그것을 통해 후속편에서 부활할 가능성을 열어둔다. 그렇게 초판본 작가가 만든 아마디스 서사는 전기적 서술 방식을 따르는 주인공의 연대기이다.

허구적 영웅의 연대기지만 작가는 독자들이 이 서사를 허구가 아니라 역사로 받아들이길 바란다. 그래서 아마디스 서사를 허구적 역사 historia fingida

즉 기억할 만한 그리고 읽을 만한 가치가 있는 역사로 규정한다. 그리고 아마디스 연대기가 황당한 거짓말로 보이지 않도록 역사성을 꾸며낸다. 역사성에 대한 합리화는 스페인의 기사소설 전반에 나타나는 장르적 규칙이다. 허구적 서사를 역사처럼 보이게 만드는 게 가능할까? 아마 작가와 독자 간에 암묵적 합의와 묵계가 없다면 불가능할 것이다. 작가가 문학적 장치를 동원해 역사성을 주장하면 작가의 합리화를 받아들일 준비가 된 독자는 논리적 비약을 눈감아주기로 서로 사전에 합의한 것처럼 보이기 때문이다. 그렇게 되면 역사성은 일종의 가면과 같고, 독자는 가면을 벗겨 실체를 보지 않기로 작가에게 암묵적으로 약속한다. 기사소설의 역사성은 "투명한 거짓말transparente mendacidad"[1]이라는 장르의 규칙에 근거한다.

작가는 아마디스 서사의 역사성을 어떻게 합리화할까? 그는 1권 「서문」의 첫 문장부터 역사와 문학(허구)의 구분을 논하기 시작한다.

고전시대의 현인들이 위대한 전쟁의 결과를 매우 간략하게 기록해 오로지 진실만을 전하기도 했으나 우리가 우리 시대의 전쟁에서 직접 눈으로 보고 또 분명하게 경험했듯이 그들은 놀랍고도 기이한 사실을 어느 정도 진실에 기반해 기록함으로써 후대 사람이 영원히 기억하고 놀라운 감동을 얻도록 했다. 그리스와 트로이 사람들의 오래된 역사도 그렇고, 다른 전쟁 이야기도 그렇게 만들어졌다. 역사가 살루스티오가 말했듯이, 아테네에서 일어난 일들은 놀라운 사건들이었지만 그것을 기록한 작가들은 그것을 더 놀랍게 키웠고 더 크게 찬양하지 않았던가. 웅변가들의 시대에도 작가는 이익보다 명예에 따라 판단하고 애써 머리를 짜내 진실을 기록했다. 신성한 소명에 따라 그라나다왕국을 정복한 우리의 위대한 국왕 폐하에게도 작가들이 얼마나 많은 장미와 찬사의 꽃을 바쳤던가. 격렬한 전쟁

---

[1] '투명한 거짓말'은 아발예-아르세의 *Amadís de Gaula: el primitivo y el de Montalvo*, México: Fondo de Cultura Económica, 1990, 428에 나오는 표현이다.

에서 벌어진 위험한 결투와 시시각각 승패가 엇갈린 싸움을 치른 기사들의 놀라운 투지와 용기 그리고 노고와 헌신도, 우리 국왕 폐하께서 왕실 텐트에서 행하셨던 불굴의 연설도, 그 자리에 모인 고위 귀족들의 충성도, 전쟁이 끝난 후에 모두 커다란 찬사를 받지 않았던가. 성스러운 전쟁에서 승리하기 위해 바쳐진 모두의 헌신은 마땅히 그럴만하다. 그렇다. 이 모든 기록은 진실한 것lo verdadero이며 동시에 꾸며낸 것lo fingido이다. 반듯한 진실의 기반에 서서 위대한 왕의 명예를 높이기 위함이니, 고대의 현명한 역사가들처럼 이 시대 작가들도 손으로 구름을 떠받듯이 그렇게 기록했다(219~220쪽. 강조는 역자 것이다).

스페인어에서 'historia'는 역사history도 되고 '허구적 이야기story'도 되는 이중적 의미가 있으며, 위 「서문」도 두 가지 의미를 혼합해 아마디스 서사에 역사성을 덧입히고 있다. 작가의 논리를 따라가면 이렇다. 고대의 역사는 진실이다. 그런데 진실한 역사의 기록자들도 사실을 해석하고 과장한다. '그리스와 트로이 사람들의 오래된 역사'와 '다른 전쟁 이야기들'도 후대에 그와 같은 일을 기억하고 교훈을 얻도록 어느 정도 진실에 기반해 기록되었다. 그와 같은 기록은 해석되고 과장된 역사이자 허구이다. 마찬가지로 그라나다를 정복한 페르난도 왕의 연대기도 작가가 직접 보고 경험한 사실을 기록했으므로 진실한 역사이다. 그런데 거기에는 연대기작가의 판단과 해석이 포함되어 있으므로 그와 같은 기록은 역사인 동시에 허구이다. 역사와 문학의 경계에는 명확히 구분되지 않는 회색지대가 존재한다. 아마디스의 연대기는 모든 기록이 진정한 역사는 아니지만 일정 부분 진실이 포함된 역사이다. 특히 작가의 의도는 도덕적 교훈exemplo y doctrina을 독자에게 전달하는 데 있으므로 후대에 기억될 가치가 있다. 그래서 아마디스의 전기는 역사의 반열에 놓여야 한다. 아리스토텔레스의 시학에서 문학은 사실(역사)이 아니라 사실(역사)처럼 보이는 것이었지만 작가는 사실처럼 보이는 핍진성verosimilitud을 도덕성과 효용으로 대체한다. 그 결과 아마디스 서사는 기억할 만한 역사가 된다. 이런 논리를 뒷받침하기 위해 작가는 역사를 세 가지로 나눈다. 첫째는 티투스 리비우스Titus Livius의 책처럼 '진정한 역사historia verdadera'로, 실제로 일어난 사건의 기록이다. 하지만 '진정한 역사'에도 인간의 자연적 능력을 넘어선 과장된 사건이 기록되어 있다. 둘째는 '거의 사실적 역사historia semiverdadera' 또는 '어느 정도 진실에 근거한 역사historia de algún cimiento de verdad'이다. 중세 이래 널리 알려진 트로이전쟁 이야기, 십자군의 영웅 부이용Godefroy de Bouillon 이야기가 두 번째 범주에 속한다. 거기서는 '진정한 역사'에서 기술하지 않는 기적적 만남이나 상상을 초월하는 무술 등이 추가되어 있다. 세 번째는 '허구적 역사historia fingida'이다. 어떤 사람들은 '허구적 역사'가 진실의 기반이 조금도 없고 자연의 질서에 어긋난다는 이유로 연대기가 아니라 헛된 거짓말patraña로 여긴다. 하지만 작가는 아마디스 서사가 도덕적 효용성을 갖추고 있으므로 헛된 거짓말이 아니라 허구적 역사라고 주장한다. 작가의 합리화를 도식화하면 이렇게 된다.

- 진정한 역사
- 거의 사실적인 역사 } 역사 ⇔ 헛된 거짓말
- 허구적 역사 (patraña, fábula)

원래 역사는 진정한 역사이고, 다른 범주는 없다. 역사와 문학, 사실과 거짓은 배타적인 이분법적 대립 구도였다. '허구적 역사'는 존재할 수 없는 모순적 단어이다. 그런데 당대 독자들에게 '허구적 역사'는 역사로 합리화된다. 스페인어 'historia'는 의미가 역사이거나 허구일 수 있지만 '헛된 거짓말'은 아니다. 아마디스 서사는 'historia'이고 '헛된 거짓말'이 아니라서 독자들은 역사와 허구를 혼동한다. 전략적으로 작가는 역사의 범주를 세 가지로 세분화해 '거의 사실적인 역사'와 '허구적 역사'를 헛된 거짓말이 아니라 역사의 범주에 넣는다. '거의 사실적인 역사'는 '허구적 역사'의 범주 이동을 위한 징검다리 역할을 한다. '거의 사실적인 역사'와 묶이면서 '허구적 역사'는 거짓말이 아니라 역사의 한 범주로 옮아간다. 작가가 언급한 역사의 세 가지 구분은 이미 7세기의 세비야의 산 이시도로의 『세상의 모든 지식』에 나와 있다. 이 오래된 백과사전은 산문을 다루면서 이야기historia를 1) 실제로 일어난 일historia, 2) 실제로 일어나지는 않았으나 일어날 수 있는 일argumento, 3) 자연법칙에 어긋나 실제로 일어나지 않았고 일어날 수도 없는 일fábula로 구분한다.[2] 아리스토텔레스의 『시학』에서도 1)은 역사이고, 2)는 문학poesie이며, 3)은 역사도 아니고 문학도 아니다. 그러니까 작가가 언급한 세 가지 역사 구분은 자의적 구분이 아니며, 다만 작가는 범주를 혼돈하게 만들려고 역사과 허구라는 이분법 사이에 회색지대를 만들었다. '헛된 거짓말'은 일어난 적도 없고 일어날 수도 없으므로 가치 있는 기록이 아니다. 하지만 작가는 아마디스 연대기에 도덕성과 역사성이 있으므로 가치 있는 기록이고, '헛된 거짓말'이 아니라 역사의 한 범주인 '허구적 역사'라는 논리를 만든다. 그리고 '허구적 역사'를 합리화하기 위해 1장 「서문」에서 중세 아서왕 시리즈 그리고 15세기의 가장 중요한 산문 장르인 역사 ― 특히 당대의 이사벨 여왕과 페르난도 왕의 연대기 ― 를 언급한다. 아서왕도 몬머스의 역사서에 기록되어 있듯이 '역사'이고, 가톨릭 양 왕의 연대기는 있는 그대로의 완전한 역사가 아니며, 아마디스 서사는 트로이의 역사와 십자군 영웅의 이야기처럼 일정 부분만 역사를 담고 있다. 그렇게 역사와 허구의 이분법적 범주 구분을 흔든다. 아마디스 서사가 역사라면 기록의 진실성은 어떻게 확보될까?

---

[2] San Isidoro de Sevilla, *Etimologías*, ed. bilingüe de José Oroz de Reta & Manuel A. Marcos Casquero, Madrid: BAC, 2004, Libro I. Acerca de la gramática 44, 351쪽. 이 세 구분을 1) 실제로 일어난 일을 기술하는 서사narratio authentica, 2)와 3)을 합해 허구로 꾸며낸 일을 기술하는 서사narratio ficta로 재조합하기도 한다. 이 구분에서도 역사는 1)이고 2)와 3)은 역사가 아니다.

역사성을 보여주는 기록의 진실성은 세 가지의 허구적 장치를 통해 만들어진다. 작가는 사건의 증인이 될 수 없다. '예수 그리스도의 고난 이후 많은 해가 지나지 않았을 때' 일어난 아마디스 서사를 15세기 말의 작가가 직접 '눈으로 보고 경험한lo visto y lo vivido' 역사로 기술할 수 없기 때문이다. 서사의 진실성을 확보하기 위한 첫 번째 문학적 장치는 아마디스 서사를 직접 보고 경험한 믿을만한 증인 또는 연대기 저자의 존재이다. 3권 72장에 처음 등장한 현인 엘리사밧el maestro Elisabad, que como hombre de letras y de missa이 바로 5권 『에스쁠란디안의 위업』을 그리스어로 기록한 가상의 역사가이자 "이 위대한 이야기의 많은 부분을 보고 들은muchos de sus grandes fechos vio e oyó"(5권 「서문」, 115쪽) 증인이다. 그는 '녹색 칼의 기사'를 치료한 의사였으며, 지식이 충만하고 미사도 올리는 신실한 사람이다. 믿을만한 사람이 쓴 기록은 믿을만한 사실이므로 그의 존재가 곧 기사소설의 허구적 역사성이다. 5권에는 엘리사밧이 아마디스 가문의 연대기 저자가 된 경위가 나온다. 리수아르떼 왕은 에스쁠란디안과 두 기사(딸란께와 마넬리)가 '인솔라 피르메'를 떠난 이후 그들에게 일어난 모든 일을 기록해 달라고 엘리사밧에게 부탁했고, 엘리사밧은 그것을 받아들였다.

> 이렇게 여러분들께서 들으셨듯이, 『에스쁠란디안의 위업』은 아마디스 이야기 4권에서 이어지게 되었고, 오로지 진실이 아니라면 한 글자로 쓰지 않을 선한 사람에 의해 기록되었습니다. 혹시 아마디스를 다룬 이야기에는 의심의 여지가 있다고 할지라도, 지금 이 기사의 이야기는 믿을 수밖에 없습니다. 왜냐하면 우리 앞에 있는 현인께서 오로지 직접 보았거나 믿을만한 분들로부터 알게 된 사실만을 기록했기 때문입니다(5권 18장, 220쪽).

5권 46장에서 에스쁠란디안은 엘리사밧이 자기 이야기를 잘 기록하도록 지난 모험을 구술한다. 엘리사밧은 1권과 2권에 등장하지 않기 때문에 작가는 '아마디스를 다룬 이야기에는 의심의 여지가 있다'고 말한다. 하지만 엘리사밧은 3권 73장에서 엔드라고의 출생과 과거를 '녹색 칼의 기사'에게 알려주었고, 아마디스가 직접 확인해 보자고 해 '악마의 섬'에 상륙한 후 거기서 벌어진 믿을 수 없는 모험을 황제에게 증언하기 위해 그리스어로 편지를 썼다. 그렇게 5권을 실제로 보고 경험하고 기록한 역사가는 3권에서도 아마디스 서사의 증인으로 나온다. 아마디스 서사는 1~3권, 4권, 5권이라는 세 단위로 구성되어 있다. 1~3권에서 초판본 작가는 과거에 존재한 스페인어 필사본의 편집자 역할을 하고, 4권에서는 암묵적인 작가이자 편집자 역할을 한다. 가상의 현인이자 역사가인 엘리사밧은 5권의 원작자이며, 4권의 '오래된 필사본'을 만든 작가이고, 3~4권의 등장인물이다. 그러므로 엘리사밧은 5권의 역사성을 입증하고, 그의 기록에 따라 만들어진 4권의 진실성을 확인해주며, 그것은 1~3권 기록의 신빙성으로 연결된다. 그렇게 현실과 허구, 역사와 문학, 진실과 거짓이 서로 의존하는 허구적 역사성이 만들어지고, 1~5권까지 진행된 모든 허구에 역사성을 입힌다. 그와 같은 역사성을 강조하기 위해 '역사가 말하기를dize la historia', '나중에 전개될 일은 역사가 알려주겠지만a historia contará adelante', '역사가 이미 말해주었듯이como la historia os ha contado' 같은 문구가 텍스트에서 반복된다.

    가상의 역사가에 이어 서사의 진실성을 합리화하는 두 번째 허구적 장치는 원작자가 쓴 필사본의 발견과 번역이다.3 리수아르떼 왕의 부탁에 따라 현인 엘리사밧이 직접 보고 듣고 경험한 사건을 그리스어로 기록한 문건이 아마디스 시리즈 4~5권의 원작 필사본이다. 이 원작 필사본은 시간이 흐르

---

3 D. Eisenberg, "The Pseudo-Historicity of the Romances of Chivalry", en *Romances of Chivalry in the Spanish Golden Age*, Newark, Delaware: Juan de la Cuesta, 1982, pp. 119-130.

뒤 콘스탄티노플 근처에서 발견되어 헝가리 상인이 스페인으로 가져왔다. "5권과 함께 4권은 헝가리 상인이 스페인으로 가져온 『에스쁠란디안의 위업』에 기초해 초판본 작가가 옮기고 수정해trasladando y enmendando el libro cuarto con las *Sergas de Esplandián*"(1권 「서문」, 224쪽) 새롭게 썼다. 작가 자신이 직접 번역했다는 의미는 아니다. 원작과 4권 사이에는 그리스어를 아는 사람들por auqellos que la lengua sabían(1권 「서문」, 225쪽)이 매개 역할을 하고, 5권 번역에는 우르간다가 개입되어 있다. 아주 먼 과거에 가상의 역사가가 희귀한 언어로 쓴 필사본은 머나먼 땅에서 발견되어 스페인으로 전해졌다. 독자들에게 이 필사본은 가치 있고 진실하며 신비롭게 보인다. 대개 기사소설에서 발견되는 가상의 원작은 그리스어로 가장 많이 기록되었고, 그 외에도 영어, 독일어, 라틴어, 아랍어, 헝가리어, 프리지아어로도 기록되었다. 『빨메린 데 올리비아』, 『뻴리말레온』, 『트라키아의 씨론힐리오』, 『왕자와 기사의 거울 1부』 등이 그리스어로 쓰였다고 위장했다. 작가가 그리스어에서 바로 스페인어로 번역하지 않고 라틴어를 거쳐 다시 스페인어로 번역했다고 설정하기도 한다. 『그리스의 아마디스』, 『니케아의 플로리셀』, 『트라키아의 씨론힐리오』, 『왕자와 기사의 거울 1부』가 그런 사례이다. 오래된 필사본의 발견과 번역이라는 모티프는 작가가 「서문」에서 거론한 『트로이 이야기』, 『브리튼 왕들의 역사』, 크레티앵 드 트루아의 작품들, 『성배탐색』을 비롯한 아서왕 시리즈, 대부분의 기사소설과 『돈키호테』에서 유사한 사례를 찾을 수 있다.4 가령 실바는 꿈속에서 '헤라클레스의 궁전palacios de Hércules'이라는 동굴에 있는 『그리

---

4 M. Carmen Marín Pina, "El tópico de la falsa traducción en los libros de caballerías españoles", en *Actas del III Congreso de la A. H. L. M*, Salamanca: Univ. de Salamanca, 1994, vol. I, pp. 541~548. 삐나는 『뽈린도*Polindo*』(Toledo, 1526)와 『아르메니아의 리다마르떼*Lidamarte de Armenia*』(Valladolid, 1568)처럼 소수의 사례를 제외하면 대부분 기사소설이 가상의 번역 기법을 쓰고 있다고 말한다(543쪽).

스의 아미디스』 2부 필사본을 발견하고, 빠에스 데 리베라Ruy Páez de Ribera는 『플로리산도』를 '페트라르카 도서관biblioteca de Petrarca'에 소장된 책으로 소개하며, 후안 디아스Juna Diaz는 『그리스의 리수아르떼』가 로다스Rodas 섬의 산 후안기사단장이 소유했던 책이라고 밝힌다. 곤살로 페르난데스 데 오비에도 Gonzalo Fernández de Ovi- edo는 따르따리아Tartaria왕국 여행 중에 『끌라리발떼 Claribalte』를 발견했다고 꾸민다. 가상의 역사가는 다른 많은 기사소설에서도 발견된다. 엘리사빳과 비슷한 인물로는 『그리스의 벨리아니스』의 프리스톤 Fristón, 『트라키아의 씨론힐리오』의 노바르꼬Novarco, 『레뿔레모』의 아랍인 사르똔Xarton, 『이르까니아의 펠리스마르떼』의 아테네 사람 필로시오Philosio, 『왕자의 기사의 거울』 1부의 아르떼미도로Artemidoro와 리르간데오Lirgandeo가 있다. 가상의 원작자, 오래된 필사본의 발견과 번역이라는 장치는 역사성을 만들기 위해 기사소설 작가들이 활용한 클리셰cliché였다. 『돈키호테』 1부 9장에서도 작가이자 편집자이자 일인칭화자가 똘레도 거리에서 시데 아메떼 베넨헬리Cide Hamete Benengeli가 아랍어로 쓴 필사본을 발견해 어느 무어인에게 번역을 의뢰한다.

허구적 설정을 통해 작가는 1~3권에서 과거에 존재한 여러 필사본을 편집해 서사의 역사성을 만들고, 3권의 등장인물을 4~5권의 원작자로 만든다. 그런데 거기에 그치지 않는다. 특이하게도 1~3권의 편집자이자 아미디스 전체 서사의 일인칭 화자인 로드리게스 데 몬딸보는 5권에서 일인칭 화자이자 작가이며 동시에 등장인물이 되어 마법사 우르간다와 만난다. 논리적으로 작가는 증인이 될 수 없지만 놀랍게도 로드리게스 데 몬딸보는 텍스트 내부로 들어와 허구적 인물 우르간다에게 이사벨 여왕과 페르난도 왕을 높이 찬양한다.[5] 그처럼 서사의 진실성을 담보하는 세 번째 문학적 장치는 허구적 사건의

---

[5] 5권 99장, 542-543쪽

증인이 되는 작가 자신이다. 『아마디스 데 가울라』 5권 98~99장에서 심신이 지쳐 위대한 황제와 왕들의 서사를 마무리하지 못하고 글쓰기를 멈춰버린 작가는 일인칭 화자이자 등장인물로 변신한다.

> 하지만 어찌 된 일인지는 모르겠습니다. 나는 내 방에 있었는데, 꿈이었는지 아니면 다른 무슨 연유인지는 알 수 없으나 아무 느낌도 기억도 없이 다른 곳으로 가게 되었습니다. 그리고 오로지 지금부터 말씀드리는 것만 기억날 뿐입니다(5권 98장, 526쪽).

눈을 떠보니 그는 높은 파도가 몰아치는 바닷가 바위섬에서 죽음의 공포에 떨고 있었다. 그때 파도를 헤치고 화살처럼 날아온 작은 배에서 어느 아가씨가 내렸고, 그 아가씨의 인도에 따라 눈을 가린 채 하늘을 나는 마법적인 공간 이동을 경험한다. 그가 탄 배는 커다란 배 위에 내렸고, 거기서 만난 미지의 우르간다는 작가의 게으름과 무지를 책망하며 조속히 아마디스 가문의 연대기를 마무리하라고 명령했다. 그가 정신을 차리니 우르간다는 사라지고 다시 자신의 방으로 돌아와 있었다. 이 만남에는 다른 증인이 없다. 하지만 작가는 이후로도 다른 일에 정신이 팔려 글쓰기를 이어가지 않았다. 그러다가 어느 날 사냥을 나갔을 때 부엉이를 잡은 매가 깊은 구덩이에 빠졌고, 그것을 찾다가 강한 바람에 휩쓸려 그도 검은 구덩이에 빠졌다. 구덩이 끝에 동굴 입구가 있었다. 여기까지는 다른 사냥꾼과 마을 사람들이 증인이 된다. 그곳에서 우르간다는 거대한 뱀으로 등장해 공포를 불러일으켰다가 다시 나이 지긋한 여자로 변신한다. 우르간다를 다시 만난 초판본 작가는 '인솔라 피르메'로의 공간 이동을 경험하고, 자신이 과거에 편집하고 기록하고 있던 서사의 진실성을 눈으로 확인한다. 그리고 엘리샤밧이 아마디스 서사를 기록한 그리스어 필사본을 딸란께의 친모이자 우르간다의 조카인 훌리안다가 스페인어로 번역해 구술했고, 그것을 들은 작가는 "모든 주요 부분을 기억한다"(5권 99장, 549쪽). 이제 역사의 진실성을 직접 확인한 작가는 글쓰기 작업을 서둘러 마무리하기로 마음을 다잡는다.

> 나는 집으로 돌아왔다. 그리고 모든 사람을 물리친 채 종이와 잉크를 앞에 놓고 기억으로 가져온 이야기를 쓰기 시작했다. 이게 바로 여러분들이 이어 듣게 될 이야기이다(5권 99장, 550쪽).

『돈키호테』 2부 22장에 나오는 몬떼시노스Montesinos 동굴의 모험처럼 이 경험은 작가에게 생생한 현실이었지만 주변의 다른 인물에게는 꿈으로 보인다. 현실에 존재하는 작가가 허구 세계에 존재하는 우르간다를 만났고, 허구의 인물 엘리사밧이 기록한 그리스어 필사본의 스페인어 번역을 듣고 5권을 썼다. 가상의 역사가 엘리사밧은 일부 사건의 증인이자 인물의 내면과 미래를 아는 전지적 서술자이다. 이 전지적 서술자는 역사적 진실성을 확보하려고 마법사의 예언이라는 문학적 장치를 활용한다. 현재 시점의 예언이 미래에 이루어진다면 현재 시점의 다른 서술도 사실로 보이게 된다. 우르간다의 예언은 주인공의 유년 시절부터 나오고 모두 실현된다. 그것을 강조하기 위해 2권 60장에서 우르간다는 미래에 이루어질 사건을 예언하면서 그것을 기록해 두라고 한다. 해당 사건은 4권에서 실현되고, 그렇게 2권의 이야기는 진실이 된다. 서사의 역사성은 주인공의 아들과 손자로 대를 이어가며 이야기를 끌고 갈 수 있는 열린 결말을 만든다. 가문의 역사는 끝없이 이어질 수 있다.

6. 2. 서사 구조와 기법

4권 120장에서 로마황제와 리수아르떼 왕의 연합군, 아르깔라우스와 아라비고 왕의 연합군과 싸워 승리한 아마디스는 기사들에게 영지를 나누어준다. 기사들은 그곳을 점령하러 떠나고, 아마디스는 '인솔라 피르메'에 남는다. 그때 작가는 떠나간 기사들 이야기는 자세히 기술하지 않겠다고 한다.

영지를 차지하기 위해 치러야 한 그 모든 전투, 그리고 정복 과정에서 용맹한 기사들이 커다란 위험을 무릅쓰고 이룩한 위업에 대해 이 이야기는 독자들에게 상세히 늘어놓지 않겠다. 왜냐하면 이 이야기는 아마디스 이야기이므로 아마디스가 행한 위대한 업적이 아니라면 다른 기사들의 행적은 그저 간략히 요약하고 넘어가는 게 마땅하다. 그렇게 하지 않는다면 이야기는 길고 지루해져 독자들에게 짜증과 불쾌감을 줄 수 있다. 이야기를 두 부분으로 갈라놓고 양쪽 이야기를 다 한다면 이 이야기가 도대체 무슨 이야기인지 독자들은 이해하지 못할 수도 있다. 당연히 이 이야기는 우리의 용감하고 위대한 기사 아마디스가 주인공causa principal이고, 다른 기사 이야기는 거기에 참여했다는 예우의 의미로 기록되었다(4권 132장, 1,738~1,739쪽).

그처럼 아마디스 서사는 처음부터 끝까지 주인공을 중심으로 기술된다. 매우 많은 인물과 사건이 복잡하게 연결되어 있지만 결국 아마디스 서사의 기본 골격은 주인공 아마디스의 출생부터 시작되는 전기(傳記)이자, 태어나자마자 버려진 아기가 세상에서 가장 큰 명예를 얻은 영웅이 되는 세속적 성공담이다. 까초 블레꾸아의 연구서 『궁정의 신화적 영웅 아마디스 *Amadís: Heroísmo mítico cortesano*』의 목차는 아마디스의 삶을 다음과 같이 요약해 보여준다.

기이한 탄생→버려짐과 양육→예언과 계시→기사서임→이름과 정체성의 획득→지옥으로 하강→편력기사와 궁정사회의 갈등→위협받는 궁정과 기사도의 회복→사랑의 성취→사랑의 위기와 질투→연인의 죽음과 새로운 이름→기사도와 사랑의 재탄생→기사와 왕의 불화→편력기사 모험의 정점→연인의 구출→사랑의 보상과 왕위→편력기사의 쇠퇴→'죽음'

삶의 각 단계에 위기가 발생하고 위기는 모험을 통해 해소된다. 기사도의 표상인 아마디스의 성격은 처음부터 결정되어 있고 변하지 않는다. 중세 영웅담과 기사소설의 주인공은 대개 아래와 같은 요건을 갖춘다.[6]

1. 왕의 혈통
2. 탁월한 무예와 예절
3. 육체적 아름다움
4. 결투와 전쟁에서의 승리
5. 군주에 대한 충성
6. 이상적 사랑
7. 종교적 헌신
8. 명예와 명성의 추구
9. 주인공이자 영웅은 한 명

이는 아마디스의 성격에도 그대로 적용된다. 아마디스 서사는 기사와 왕의 관계를 한 축으로 하고, 기사와 연인의 관계를 다른 한 축으로 한다. 그래서 사랑과 모험은 불가분의 관계이다. 거의 모든 사랑 이야기가 사랑을 막는 장애물을 다루듯이, 기사 이야기도 영웅이 극복해야 할 장애물을 중심으로 이루어져 있다. 주인공은 결코 아버지로부터 영지를 물려받지 않는다. 그는

---

6 Lucila Lobato Osorio, "Acercamiento al género caballeresco breve del siglo XVI: Características persistentes del personaje protagonista", *Destiempos*, 23(2009), 379-402. 384.

미지의 땅에 가서 홀로 어려운 과업을 달성한 뒤 공주와 결혼하고 자기 힘으로 얻은 영지를 다스린다. 영웅의 삶은 운명적으로 정해져 있다. 아마디스와 오리아나의 사랑도 운명적이다. 두 사람의 사랑은 어린 시절의 첫 만남부터 이루어졌고, 그들에게는 오로지 사회적 인정이 필요하다. 주인공은 사회적 인정을 얻기 위해 모험을 떠나고 동시에 기사로서 명예를 얻기 위해 모험을 떠난다. 아마디스에게 결혼은 승자를 위한 보상이 아니라 사회적 인정이다. 기사의 명예와 사랑은 평행하게 움직이며, 명예의 정점에 사랑의 정점이 있다. 기사의 성공은 명예에 있고, 명예를 통해 세상을 지배한다. 아마디스의 성공을 자신의 불명예로 생각한 리수아르떼 왕은 4권에서 전쟁이 끝난 후 아마디스의 달라진 지위를 이렇게 표현한다.

> 이제 아마디스와 견줄만한 황제나 군주는 세상에 하나도 없게 되었소. 그래, 그렇게 되었지. 예절과 의리는 넘치고, 무술도 따라올 자가 없는데, 행운까지 살아 있는 모든 자보다 그에게 더 호의적일 수 없으니 말이오. 과거에는 가진 것 없는 떠돌이 기사였지만 지금은 이 세상의 크고 작은 모든 기사에게 명령을 내리는 사람이 되었지(4권 119장, 1,569쪽).

또한 아마디스와 오리아나의 결혼식에 엘리세나 왕비와 갈라오르를 초대하려고 가울라에 온 앙그리오떼도 아마디스를 세상의 모든 왕과 황제에게 명령을 내리는 사람으로 표현한다.

> 왕비님의 아들 아마디스는 오늘날 세상에서 가장 명예로운 분이 되었고, 그의 의지와 희망에 세상의 모든 고귀한 분들이 따르고 있습니다. 이제 곧 아마디스의 궁정에 세상의 황제와 왕들과 귀족들이 모여 있는 것을 보시게 될 겁니다. …… 로마황제도 그곳에 있는데, 왕비님의 아들이 그를 황제로 만들었으니, 황제의 것

은 아마디스의 것이나 다름없지요(4권 121장, 1,581쪽).

로마황제 빠띤을 죽인 후 아르끼실을 로마황제로 만들고 혈연을 맺는다. 그렇게 '미지의 우르간다'가 한 예언은 실현되었다.

그대가 바다에서 데려온 아기는 당대 기사들의 꽃이 될 거요. 그가 강한 자들을 떨게 만들고, 그로 인해 모든 일이 시작되며, 다른 사람들이 이루지 못한 일들이 모두 그의 명예로 끝나게 될 겁니다. 인간의 몸으로 시작도 하지 못하고, 끝내지도 못한, 엄두조차 내지 못한 일들이 그로 인해 이루어질 겁니다. 오만한 자들에게는 착한 성품을 갖게 하고, 그럴만한 자들에게는 냉정하고 거칠게 대할 것입니다. 그리고 세상 그 누구보다 충실히 사랑을 지키고 자신의 무훈에 어울리는 배필을 맞게 됩니다(1권 2장, 255~256쪽).

우르간다의 표현에 따르면 아마디스는 "홀로 무기와 말만으로con tu sola persona y armas y caballos"(4권 133장, 1,762쪽) 수많은 위험을 극복하고 최고의 명예를 얻고, 그를 따르던 기사들도 결혼과 함께 왕이나 영주가 되었다. 아마디스의 공식결혼은 사실상 편력기사에서 은퇴한다는 의미이고, 아들이 기사 서임을 받으면 모험은 다음 세대 몫이 된다. 아마디스 서사는 중세 영웅담처럼 개인의 전기지만 개인의 세속적 성공담에 그치지 않고 가문 이야기로 확장된다. 개인의 서사를 넘어 가문의 서사라는 점이 기사소설 시리즈의 중요한 특징이다.

개인의 서사라면 주인공의 정체성은 감추어져 있다가 나중에 밝혀지는 것이 자연스럽지만, 가문의 서사이기 때문에 아마디스의 혈통은 처음부터 드러난다. 아마디스는 변방의 작은 가울라왕국에서 벗어나 브리튼 왕이 되고, 그의 아들은 새로운 콘스탄티노플의 황제 가문의 혈통을 만들었다. 그리고 가문의 후손은 황제 가문의 혈통을 계승하고 영지를 확장한다. 가문의 서사는 갓 태어난 아이가 버려지거나(아마디스) 납치되는(갈라오르와 에스쁠란디안) 사건으로 시작된다. 부모와 떨어져 성장한 아들은 1권에서 아버지의 위기를 구원하고 혈통을 확립한다. 가문의 구성원들은 리수아르떼 왕의 궁정에 모이고 가문의 모험이 본격화된다. 가문을 이루려면 결혼이 필수적이므로 브리튼 왕의 궁정에 모인 아마디스 가문의 기사들과 공주들은 이미 잠재적 가족 관계를 형성하고 있고, 혈연은 이탈리아와 로마니아와 콘스탄티노플로 확장된다. 이 모든 혈연의 연결고리가 아마디스이다. 아마디스 가문의 뿌리가 아마디스와 오리아나의 사랑이고 몸통은 아마디스의 직계 자손이라면 주인공의 형제와 사촌 그리고 주인공을 따르는 충직한 기사들이 가지를 형성한다.

가문의 서사는 모험의 연속이고, 모험은 위기 발생→위기 해결→새로운 위기 발생으로 이어지는 반복 구조로 이루어져 있다.7 하나의 위기 상황이 모험을 통해 마무리되면 결말에서 새로운 위기가 파생되거나 새로운 인물이 등장해 새로운 위기를 만든다. 그리고 그것을 해결하기 위한 새로운 모험이 시작된다. 그와 같은 구조는 단선적으로 이어질 수도 있고 다선적으로 파생될 수도 있는데, 무한히 옆으로 분화될 수는 없으므로 다선적 분화는 한계를 갖는다. 단선적 전개는 주인공에게 해당하고, 다선적 파생은 주변 인물에서 일어난다. 만나고 헤어지는 과정에서 다선적 파생은 결론을 맺고 멈춘다.

위기→위기의 해결→새로운 위기의 발생이라는 서사 구조는 각 권에서

---

7 한편 느메이어는 모험의 구조를 주인공에게 닥친 불행 또는 욕망이라는 동력Impetus→불행 또는 욕망으로 인해 주인공 앞에 놓인 장애물Obstacle→장애물을 극복하고 불행을 치유하거나 욕망을 충족시키고Outcome→주인공의 특권과 소유를 확대하는Conclusion 네 단계sequence로 나누어 설명한다. 저자는 프롭Vladamir Propp의 『민담의 형태론』에서 이론적 준거를 찾아 각 단계의 인물, 기능, 모티프를 구조화한다(Kristin Neumayer, "Identifying Function, Agent, and Setting Motifs in Some Early Spanish libros de caballerías", *Tirant*, 15[2012], 135-154).

도 나타난다. 1권은 출생의 위기로 시작하고, 모험의 주요 공간은 브리튼 궁정이다. 거기서 아마디스 가문은 첫 번째 사회적 인정을 얻는다. 주인공은 브리세나 왕비의 기사가 되고, 동생 갈라오르도 리수아르떼 왕의 기사가 되며, 사촌 아그라헤스는 올린다와 사랑을 이룬다. 그렇게 1권의 브리튼 궁정은 기사도와 사랑이 조화를 이루는 유토피아적 공간이다. 그러나 아마디스와 브리올란하의 관계를 오해한 시종 아르디안으로 인해 오리아나의 분노가 폭발하고 주인공은 죽을 위험을 맞는다.

2권도 위기→위기의 해결→새로운 위기로 이어지는 구조이다. 운명적으로 정해진 영지 '인솔라 피르메'가 사랑을 확인하는 역할도 한다. 2권을 두 부분으로 나눈다면 앞부분에서는 결별한 아마디스와 오리아나가 다시 관계를 회복해 1권의 결말의 위기가 해결되고, 뒷부분에서는 브리튼과 아일랜드의 전쟁이라는 새로운 위기가 발생한다. 아마디스-벨떼네브로스는 전쟁을 승리로 이끌면서 예전의 명성을 되찾고, 아마디스 가문은 다시 브리튼 궁정으로 모인다. 하지만 곧이어 갈바네스의 영지를 두고 아마디스와 리수아르떼 왕이 충돌하면서 가문의 운명에 새로운 위기가 생긴다.

3권에서도 위기→위기의 해결→새로운 위기가 반복된다. 2권의 결말에서 발생한 아마디스 가문과 리수아르떼 왕의 전쟁이 첫 번째 위기이다. 아마디스는 이 전쟁에 참전하지 않지만 이기고 지는 전쟁 끝에 두 진영은 협정을 통해 소유와 점유를 분리하고 전쟁을 종결한다. 여기서 또 다른 위기가 대두된다. 아마디스가 일 년간 가울라왕국에 머물며 참전하지 않아 생긴 불명예가 새로운 위기이다. 그는 명예를 회복하기 위해 유럽 대륙을 주유하며 지중해 동쪽 콘스탄티노플까지 갔다. 그러는 사이 오리아나와 로마황제의 결혼 추진으로 긴장은 더욱 고조된다. 콘스탄티노플에서 돌아온 아마디스가 그녀를 구출하면서 3권의 위기는 마무리된다.

4권도 같은 서사 구조를 갖는다. 오리아나의 구출은 거대한 전쟁으로 이어지고, 이 위기는 아마디스 가문의 결정적 승리로 마무리된다. 아마디스 가문의 기사들은 결혼과 함께 적들로부터 빼앗은 땅을 소유하며 영주로서 새롭고 강력한 세력을 형성한다. 하지만 4권 끝부분에서 새로운 위기가 닥친다. '마법사 아가씨의 바위섬' 모험에서 아마디스가 '마법의 방'의 문에 꽂힌 칼을 뽑지 못하고, 리수아르떼 왕이 납치된 것이다. 이제 세대교체와 함께 새로운 영웅이 나타나야 한다.

4권의 두 전쟁이 가문의 서사에서 가장 중요한 사건이다. 이 두 전쟁 이후 사건들은 1~4권의 에필로그인 동시에 5권의 예고편이다. 리수아르떼 왕과 아마디스 가문은 2권 후반까지 평화를 유지한다. 두 개의 기사도적 유토피아가 런던과 '인솔라 피르메'에 있었다. 하지만 평화가 깨지면서 유토피아도 깨지고, 분열과 대결을 극복하고 새로운 유토피아 공간을 창조하는 역할은 에스쁠란디안이 맡게 된다. 그가 창조한 새로운 기사도의 유토피아는 아버지의 땅 브리튼이 아니라 콘스탄티노플이다. 1~4권의 주제, 사건, 모험을 정리하면 다음과 같다.

〈1권〉
- 1~3장[탄생]: 유년기, 갈라오르의 탄생과 납치
- 4~9장[연인과 첫 만남, 기사서임]: 갈빠노와의 결투, 〈가울라전투〉(아비에스 왕)
- 10~13장[혈통의 확인]: 갈라오르의 기사서임, '오만한 다르단'의 자살
- 14~28장[사랑]: 오리아나의 사랑, 갈라오르의 사랑, 아그라헤스의 사랑, 앙그리오떼의 사랑, 브리올란하의 사랑, 거절당한 사랑(발라이스)
- 29~39장[기사의 약속과 명예]: 기사의 약속→리수아르떼 왕의 약속→〈런던전투〉, 앙그리오떼와 그로베네사의 결혼, 브리스토야 공작과 3대3 결투
- 40~43장[사랑의 위기]: 형제의 만남, 빼앗긴 왕국의 회복, 오리아나-아마디

스-브리올란하

〈2권〉
- 44~52장[영지 획득과 사랑의 확인]: '인솔라 피르메' 획득, 절교 편지와 시련
- 53~58장[기사의 무훈]: 벨떼네브로스와 무명의 기사, 100대100 전투
- 59~64장[결별과 독립]: 까닐레오와의 결투, 갈바네스와 마다시마의 영주권

〈3권〉
- 65~69장[기사의 명예와 무훈]: 〈몬가사전투〉, 오리아나의 임신과 출산, 일곱 왕의 전투, 새로운 명예
- 70~75장[무훈의 정점]: 독일, 보에미아, 로마니아, 엔드리아고 결투, 그리스 황제
- 76~81장[거대한 전쟁의 서막]: 로마와 아마디스 진영의 갈등, 오리아나의 구출, 아마디스의 귀환

〈4권〉
- 82~104장[전쟁 준비]: 진영의 결집
- 105~114장[1차 전쟁]: 평원의 전면전, 로마황제의 죽음, 협상
- 115~117장[2차 전쟁]: 포위된 리수아르떼 왕의 구출, 포로가 된 아르깔라우스
- 118~120장[전후 처리]: 화해와 협상, 결혼과 영지 분배
- 121~133장[5권의 예고]: 새로운 세대의 등장

1~4권에 배치된 모험들은 서로 인과 관계를 맺고 있다. 그래서 과거에 무슨 일이 있어 현재 상황이 발생했는지, 과거에 현재를 어떻게 예고하고 암시했는지, 현재 상황은 미래에 어떻게 전개되는지 앞뒤를 오가며 살펴보지

않을 수 없다. 그만큼 인물의 구성과 개별적 사건들이 정교하게 짜여 있고 책 전체가 하나의 유기체처럼 연결되어 있다. 아마디스 서사는 두 서사 구조가 합쳐져 만들어진다. 전형적인 영웅의 수직적 신분상승 구조, 그리고 영웅과 반영웅의 이분법적 대립을 통한 수평적 확장 구조가 그것이다. 주인공이 위험한 모험을 반복하며 명예와 지위를 높여가는 수직적 상승 구조는 다음과 같이 도식화된다.

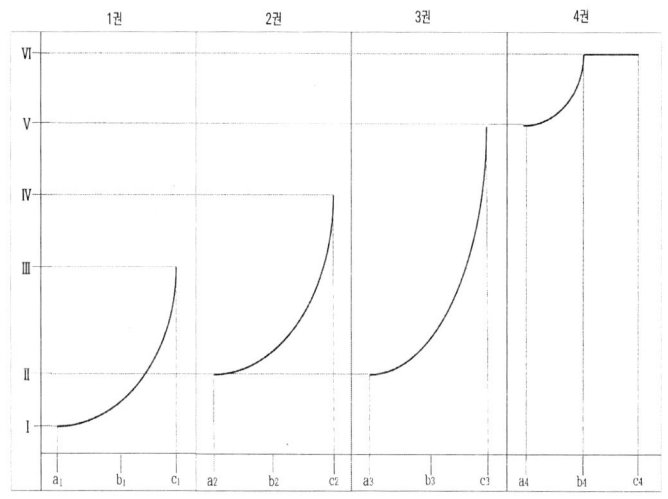

아마디스의 명예는 일직선으로 계속 상승하지는 않지만 4권의 결혼에서 정점을 맞는다. 가로축의 a, b, c는 '위기→해결→새로운 위기'에 해당한다. 결투와 전쟁이 위기를 만들고, 결투와 전쟁을 통해 위기가 해소된다. 주인공의 지위 상승은 직선적이지 않고 부침을 거듭하며, 점점 규모가 커지는 결투와 전쟁의 양상이 신분상승을 반영한다. 주인공의 이름이 숨겨졌다 드러나는 과정도 위기→해결→새로운 위기의 구조와 나란히 나타난다.

〈1권〉

위기 – 해결 – 위기	주인공의 이름
a1: 버려진 아기	갓난 아마디스 Amadís sin tiempo[8] 바다에서 온 도련님
b1: 〈가울라전투〉, 〈런던전투〉 아르깔라우스, 다르단과의 결투	아마디스 데 가울라
c1: 사랑과 오해, 원한과 복수	

〈2권〉

위기 – 해결 – 위기	주인공의 이름
a2: 버려진 연인	벨떼네브로스 Beltenebros
b2: 브리튼-아일랜드 전쟁 빠띤/까닐레오와의 결투	
c2: 리수아르떼 왕과의 결별	아마디스 데 가울라

〈3권〉

위기 – 해결 – 위기	주인공의 이름
a3: 추락한 명예, '일곱 왕의 전쟁'	'황금뱀 방패의 기사'
b3: 독일, 보에미아, 동로마 섬들, 그리스 원정	'난쟁이의 기사' '녹색 칼의 기사'
c3: 오리아나 구출	'그리스의 기사' 아마디스 데 가울라

〈4권〉

[8] 'Amadís sin tiempo'는 갓 태어난 아마디스라는 뜻이지만 동시에 이제 곧 죽을 아이여서 나이를 따질 필요가 없다는 의미도 있다.

위기 – 해결 – 위기	주인공의 이름
a4: 브리튼-로마 연합군과 전쟁 아르깔라우스-아라비고 왕 연합군과 전쟁	아마디스 데 가울라
b4: 화해와 보상	
c4: 납치된 리수아르떼 왕과 새로운 영웅의 출현	

그리고 세로축의 I~VI는 점점 높아져가는 아마디스의 명예와 지위를 보여준다.

I: 버려진 아기

II: 이름 없는 신임기사

III: 가장 뛰어난 기사로 입신

IV: 영지 획득과 아마디스 가문의 독립

V: 국제적 명성과 대규모 세력을 규합하는 영향력

VI: 황제와 왕에게 명령을 내리는 기사

주인공의 지위가 높아질수록 모험은 개인 간 결투에서 전쟁으로 바뀌고, 전쟁은 점점 더 규모를 키워간다. 주인공의 명예가 I에서 III으로 상승하는 1권에서는 주로 일대일 또는 일대 다수^{多數}의 결투가 20회에 걸쳐 반복적으로 그려진다.

1. 남편을 죽이려는 부정한 아내에게 속은 세 형제
2. 아일랜드의 아비에스 왕의 늙은 삼촌의 기사와 군졸들
3. 여자를 욕보이는 오만한 기사 갈빠노와 그의 두 동생

4. 오리아나를 애인으로 삼겠다는 이름 없는 기사
5. 〈가울라전투〉: 갈라인, 다가넬, 아비에스 왕
6. 우르간다의 애인을 감금한 성주와 기사들
7. '오만한 다르단'
8. '오만한 다르단'의 복수를 꾀하는 이름 없는 기사
9. 앙그리오뻬와 그의 두 형제
10. 마법사 아르깔라우스
11. 우르간다의 두 조카를 겁탈하려는 이름 없는 기사
12. 브리올란하의 고모의 성에 있는 기사와 군졸
13. 동생 갈라오르
14. 여자를 창으로 찌르는 이름 없는 기사
15. 그로베네사의 삼촌 가시난
16. '오만한 다르단'의 사촌 그루멘
17. 아르깔라우스와 네 명의 기사
18. 반란자 바르시난
19. 아마디스의 배다른 형제 플로레스딴
20. 아마디스와 아그라헤스 대 아비세오스 왕과 두 아들

1권에서는 신임기사로서의 무공과 덕목을 인정받기 위한 개인 간 결투가 대부분이고, 규모를 갖춘 전투로는 〈가울라전투〉와 〈런던전투〉가 있다. 〈가울라전투〉는 사실상 아마디스와 아비에스 왕의 일대일 결투이다. 이 결투에서 주인공은 아일랜드 왕을 죽이고 아버지를 구하였으나 거기서 형성된 복수의 고리는 4권 말에 가서야 해결된다. 〈런던전투〉는 아르깔라우스의 획책에 따라 산수에냐의 영주 바르시난이 일으킨 반란이다.9 아마디스가 그의 사지를 자르면서 반란은 진압되었으나 원한 관계는 4권 말까지 지속되고 5권으

로도 이어진다. 소브라디사 왕국의 계승권이 걸린 2대 3 결투만 제외하면 1권의 결투와 전투는 사실상 아마디스 혼자 수행하며, 그것을 통해 신임기사 아마디스는 최고의 무공을 갖춘 기사라는 개인 차원의 명예를 얻는다. 1권에서 개인의 명예가 확보되었으므로 2권에서는 개인의 결투 및 전투 장면이 5회로 대폭 줄고, 3권에서도 5회, 4권에서는 3회에 그친다.

〈2권〉

1. 빠띤

2. 꾸아드라간떼, 파몽고마단, 바사간떼

3. 린도라께(아르깔라우스의 여동생과 까르따다께의 아들)

4. 실다단왕과 100대100 전투

5. 까닐레오

〈3권〉

1. 일곱 왕의 전투

2. 로마 기사 가라단, 아르께실 등 12명의 로마 기사

3. 로마니아의 브라단시델Bradansidel

4. 엔드리아고

5. 로마군과 해전

〈4권〉

1. 리수아르떼-로마 연합군

9 〈런던전투〉 이후 50장에서 바르시난의 아들 간달로드가 복수를 위해 왔으나 리수아르떼 왕은 탑에서 떨어뜨려 죽이고, 또 다른 아들인 동명의 바르시난은 4권에서 아르깔라우스-아라비고 왕 진영에 가담해 복수를 꿈꾼다.

2. 아르깔라우스-아라비고 왕 연합군

3. 발란과 '붉은 탑의 섬'의 기사들

명예가 II→IV로 상승하는 2권에서 아마디스는 백 년 전에 마법의 힘으로 만들어진 천혜의 요새를 영지로 얻는다. '인솔라 피르메'의 영주는 세상에서 가장 아름다운 연인을 가장 충직하게 사랑하는 이 세상 최고의 기사를 의미하며, 이 명예는 운명적으로 주어졌다. 이제 아마디스의 사명은 운명의 실현이다. 2권의 첫 번째 결투 상대는 로마황제가 되는 하찮은 인물 빠딴이며, 그가 황제가 되면서 4권의 대규모 전쟁이 발발한다. 2권의 두 번째와 세 번째 결투는 네 번째 100대100 기사의 전투로 연결되는 중간 과정이다. 오랜 앙숙관계인 브리튼과 아일랜드의 전쟁은 1권에 나온 두 전투보다 좀 더 규모가 큰 국가 간 전쟁이다. 1부에서 아마디스가 죽인 아비에스 왕의 친척과 친구들 — 거인 파몽고마단, 거인 까르따다께, 거인 마단파불, 꾸아드라간떼 — 이 실다단 왕 진영에 참전하고, 마법사 아르깔라우스도 가세한다. 그처럼 아일랜드의 아비에스 왕, '오만한 다르단', 아르깔라우스 등 1권에 나온 결투는 뒤에 이어지는 또 다른 전쟁과 결투의 원인이다. 2권의 마지막 결투 상대는 까닐레오이다. 이 결투는 아마디스의 과거에서 인과 관계가 시작된다. 아마디스는 아비에스 왕을 죽였고, 그의 죽음에 복수하기 위해 참전한 몬가사의 '들끓는 호수 성'의 영주 파몽고마단도 죽였다.[10] 파몽고마단이 죽자 리수아르떼 왕은 그의 딸 마다시마를 볼모로 잡고 몬가사의 영주권을 요구한다. 파몽고마단의 부인은 이 요구를 거부하고, 대신 까닐레오에게 마다시마와 결혼해 몬가사 섬의 영주가 되라고 제안한다. 몬가사의 영주권을 두고 아마디스

[10] 그때 아마디스에게 죽임을 당한 아르깔라우스의 사촌은 까닐레오의 형제이므로 이중적 원한이 형성되어 있다. 나중에 까닐레오의 딸 디나르다는 아버지의 복수를 위해 아마디스, 플로레스딴, 뻬리온 왕을 아르깔라우스의 성으로 유인해 위험에 빠뜨린다.

와 까닐레오의 결투가 성사되었다. 그리고 결투의 결과는 아마디스의 미래와 직결된다. 까닐레오와 원치 않는 결혼을 해야 하는 마다시마에게 '영지 없는 갈바네스'가 청혼했고 그녀가 수락했다. 그렇게 이제는 아마디스 가문의 갈바네스가 몬가사의 영주권을 요구하고 나섰다. 결투에서 승리한 아마디스는 리수아르떼 왕에게 몬가사의 영주권을 원래 상속권자인 마다시마에게 넘겨달라고 청원했지만 거절당했다. 마다시마의 상속권 인정은 갈바네스의 영주권 이양과 같은 의미이고, 4권에서 오리아나의 상속권 인정과 직결되는 문제이다. 리수아르떼 왕과 결별한 아마디스는 '인솔라 피르메'에 독자 세력을 구축하고, 영지 없이 홀로 떠돌던 아마디스는 왕과 맞서는 영주가 된다.

주인공의 명예가 II→V로 상승하는 3권은 오리아나의 명령 때문에 〈몬가사전투〉에 참전하지 않은 아마디스의 명예 추락으로 시작된다. 그래서 그는 신분을 감추고 뻬리온 왕과 플로레스딴과 함께 '황금 뱀 방패의 기사'가 되어 '일곱 왕의 전쟁'에 참여한다. '일곱 왕의 전쟁'은 아라비고 왕이 이끄는 국제연합군 9,000명과 리수아르떼 왕과 아마디스 가문의 연합군 5,500명 간의 전쟁이다. 2권의 전쟁보다 규모가 더 커졌다. 이 전쟁 이후 아마디스는 다시 신분을 감추고 약 4년간 독일, 보에미아, 소아시아의 섬들, 그리스를 주유한다. 3권에 나오는 4년간 모험의 정점에 '악마의 섬'에서 벌어진 악마 엔드리아고와 결투가 있으며, 이 결투는 콘스탄티노플 황제의 말처럼 육체의 강건함이 아니라 믿음과 신앙의 승리를 보여준다. 이제 아마디스의 명성은 그리스와 콘스탄티노플까지 전해져 지중해 동쪽 세계까지 우호 세력을 형성한다.

4권에서 주인공의 명예는 V→VI으로 상승한다. 아일랜드에서 콘스탄티노플에 이르는 지원 세력의 규모, 두 차례에 걸친 전쟁에서의 승리, 공식결혼으로 명예는 정점에 이른다. 참전 규모는 아마디스 진영 13,000명, 브리튼-로마 진영 17,000명, 아르깔라우스-아라비고 왕 진영 14,000명이다. 3권에 나오는 '일곱 왕의 전쟁'보다 규모가 훨씬 커졌다. 이전에 아마디스의 명예는 주로 결투의 승리에서(1권), 진실한 사랑의 확인에서(2권), 하나님에 대한 믿음과 헌신(3권)에서 찾을 수 있었지만 4권에서 주인공의 명예는 기사 개인의 무훈, 사랑, 믿음에 있지 않다. 새로운 명예는 전쟁의 명분을 축적하고 전쟁을 지휘하고 마무리하는 왕의 덕목에 있다. 아마디스는 개인의 사랑이 아니라 기사의 명예를 전쟁의 명분으로 삼는다. 자신이 사랑하는 여자가 로마황제와 결혼하기 때문에 싸워야 한다고 주장하지 않는다. 상속권은 왕이 아니라 하나님에게 있음에도 불구하고 리수아르떼 왕은 합법적인 상속권자인 오리아나의 상속권을 빼앗고 원치 않는 결혼을 강요하니 그녀를 보호하는 일이 기사의 도리이며 명예라고 설득한다. 파괴와 복수로 전쟁을 종결하지 않은 점도 아마디스의 명예를 높인다. 중재와 협상을 통해 전쟁의 목적을 달성함으로써 아마디스는 기사를 넘어 완벽한 통치자가 된다.

명예를 얻어가는 과정은 이름의 진화를 통해서도 드러난다. 아마디스의 첫 이름은 '갓 태어난 아마디스'이며, 목숨이 위태롭다는 의미이다. 독자들은 그의 이름을 알 수 있지만 그는 아직 자신의 혈통을 찾지 못했으므로 그 이름을 쓸 수 없다. 그의 두 번째 이름은 '바다에서 온 도련님'이다. 이 이름에는 아직 기사라는 정체성이 없다. 본명은 기사서임 이후에 사용된다. 1권 10장에서 아마디스가 '가울라의 de Gaula'라는 가문의 이름을 얻은 이후 그의 별명은 방패 문양인 '사자의 기사 Caballero de los leones'라는 영웅의 이름이다. 이 이름을 얻은 후 그는 동생 갈라오르를 기사로 임명하고, 기사의 명예는 정점을 향해 상승하기 시작한다. 1권에서 '사자의 기사'라는 명성을 얻었다면 2권에서는 완벽한 연인의 모습을 얻는다. 그래서 '비련의 바위섬'의 벨떼네브로스라는 새로운 이름이 필요하다. 사랑의 고행으로 새로운 이름을 얻은 그는 기사로서도 더욱 높은 명예를 얻는다. 특히 2권에 있는 까닐레오와의 결투가 일대일 결투의 정점으로 기사로서 육체적 완벽함을 보여준다. 이 결투 이후 그는 '인솔라 피르메'에 독자 세력을 형성한다.

등장인물은 리수아르떼 왕의 궁정을 구심적으로 움직였으나 이제는 '인솔라 피르메'가 중심이다. 아마디스는 운명적으로 주어진 칼을 얻고 '녹색 칼의 기사'라는 이름 — 가끔 '난쟁이의 기사' — 으로 4년 동안 브리튼을 떠나 콘스탄티노플까지 명성을 넓힌다. '바다에서 온 도련님'이 자신의 혈통을 찾았다면 '가울라의 아마디스'는 영지를 확보했고, '녹색 칼의 기사'는 브리튼을 넘어 지중해 동쪽의 더 큰 세상으로 나아간다. 그때 엔드리아고와 싸운 결투는 기사의 덕목을 넘어 정신적 덕목을 입증한다. '녹색 칼의 기사'는 결투를 앞두고 하나님께 의지하지 않고 오리아나에게 의지했으나 죽음의 위기와 고통을 겪고 나서 하나님의 품에 귀의한다. 그는 '그리스의 기사'라는 마지막 별명을 갖고, 이 새로운 이름은 아마디스가 기독교세계 전체에서 가장 명예로운 기사로 탈바꿈했음을 의미한다.

아직 혈통을 찾지 못한 1권 초기에 '바다에서 온 도련님'으로 불린 그는 자기 이름을 찾은 뒤 3권까지도 여러 차례 신분을 숨긴다. 이름을 감추면 기사는 무명의 신임기사처럼 보인다. 1권의 〈런던전투〉에서 그는 리수아르떼 왕의 무기를 들고 싸운다. 군사들의 사기를 돋우기 위해 왕의 복귀를 알리기 위함으로 그는 아직 존재감을 드러내지 못한다. 2~3권에서 여러 별명을 사용한 까닭은 새로운 이름으로 새로운 무훈을 축적해 더 큰 명예를 얻기 위함이다. 새로운 이름은 명예로운 훈장이다. 여러 이름으로 행한 무훈이 많을수록 명예로운 기사가 된다. 주인공의 신분을 감추면 독자(청자)에게 극적 긴장감이 더해진다. 특히 3권 78장처럼 아마디스가 '녹색 칼의 기사'로 리수아르떼 왕의 궁정에 등장할 때 신분이 드러날 수 있는 위험한 상황을 만들어 긴장감을 높인다. 1권, 2권, 3권 모두 결말에서 아마디스는 자기 이름을 되찾고, 3권 80장부터는 본명을 감추지 않는다. 4권에서는 아마디스 자신이 전쟁의 주체이고 동력이기 때문이다.

신분상승의 서사 구조에서 개인적 결투는 국지전(〈가울라전투〉)으로, 그리고 내전(〈런던전투〉)→국가 간 전면전(아일랜드의 실다단 왕과의 100대100 전투)→연합군 전쟁('일곱 왕의 전쟁')→세계대전(브리튼과 로마 연합군, 아르깔라우스와 아라비고 왕 연합군)으로 확장되는 과정을 거친다. 주인공은 기사로의 입신(1권)→영지 획득과 영주로의 독립(2권)→국제적 명성(3권)→황제와 왕에게 명령을 내리는 기사(4권)로 명예와 지위가 점점 상승해 편력기사는 영주로 변신한다.

한편 꾸르또 에레로가 제시한 서사 구조는 이와 조금 다르다. 그는 비슷한 성격의 모험으로 만들어진 이야기 단계estrato와 몇 개의 단계가 모인 국면plano으로 서사를 구분해 다음과 같은 구조를 만들었다.11

국면 I(1권): 오리아나 앞에서 명예와 무훈를 추구하는 아마디스
    단계 1-1: 신임기사
    단계 2-2: 왕의 아들
    단계 3-3: 오리아나와 런던의 구원자
국면 II(2권): 오리아나 앞에서 충직한 연인으로 입증된 아마디스
    단계 1-4: 오리아나에게 비친 아마디스의 부정不貞
    단계 2-5: 충직한 연인 입증
    단계 3-6: 세상에서 가장 충직한 연인으로 공표
국면 III(3권): 아마디스와 리수아르떼 왕의 불화가 전면적으로 확산
    단계 1-7: 아마디스의 추방과 부분적 불화
    단계 2-8: 타지의 왕과 황제를 위한 아마디스의 봉사
    단계 3-9: 오리아나의 결혼을 둘러싼 전면적 불화
국면 IV(4권): 전면적 불화에서 화해로

11 Federico Francisco Curto Herrero, *Estructura de los libros españoles de caballerías en el siglo XVI*, Madrid: Fundación Juan March, 1976, 18.

단계 1-10: 아마디스와 리수아르떼 왕의 전쟁 준비

단계 2-11: 결말을 보지 않은 전쟁

단계 3-12: 나시아노와 에스쁠란디안의 중재로 화해

꾸르또 에레로는 『아마디스 데 가울라』를 크게 1~2권과 3~4권으로 나눈다. 1~2권의 주제는 용감한 기사의 무훈과 진실한 사랑이고, 각각의 단계를 하나의 흐름으로 연결하는 닫힌 서사 구조를 만들었다. 3~4권의 주제는 기사와 왕의 관계로 불화에서 화해로 이어지는 서사 구조를 구성했다. 무훈(1권), 사랑(2권), 명예(3권), 사회적 조화(4권)라는 기사도의 이상을 구현하는 작품이 그가 두 개의 독립된 흐름으로 구성한 서사 구조의 관점이다. 하지만 아마디스 서사는 본질적으로 신분 상승의 영웅담이자 가문의 서사이다.[12] 1권을 바라보는 시선은 차이가 없다. 2권에서 꾸르또 에레로는 사랑에 초점을 맞추지만, 편력기사에서 영주로 변화하는 주인공의 신분도 중요하다. 그에게 3권은 사회적 불화로 이해되었으나 그보다 명예 상승이 더 두드러지고, 4권도 화해가 아니라 권력과 세대의 교체이다. 세대교체는 4권의 마지막 장에서 우르간다가 알려준다. 이제 아마디스는 왕국을 통치하고, 편력기사의 모험은 아들 에스쁠란디안 몫이다.[13]

---

[12] 베버가 파악한 서사 구조의 출발점도 필자의 시각과 같다. 그렇지만 그녀가 만든 서사 구조는 인물들의 수렴convergente과 분산divergente 구조, 그리고 상승crescendo과 하강decrescendo 구조이며, 장소와 인물의 움직임이 소설의 구조diseño nevelesco를 형성한다(Frida Weber de Kurlat, "Estructura novelesca del Amadís de Gaula", *Revista de Literaturas Modernas*, 5[1967], pp. 29-54).

[13] 그의 운명은 이미 4권 130장에서 200년 전에 예언되었다고 나온다. 5권에서 그는 '마법사 아가씨의 바위섬'에서 마법의 칼을 뽑고, 납치당한 외할아버지 리수아르떼 왕을 구출한다. 콘스탄티노플의 레오노리나 공주와 사랑에 빠지고, 이교도와 싸워 콘스탄티노플을 수호한다. 그리고 5권 177장에서 공주와 결혼하고 콘스탄티노플의 황제가 된다.

출생부터 결말에 이르기까지 수직적으로 상승하는 전기적 구성 방식이 영웅담의 전형적 구조이다. 아마디스 서사도 예외가 아니다. 그런데 아마디스 서사에는 개인의 서사가 가문의 이야기로 진화되는 수평적 확산 구조도 있으며, 그것은 영웅 진영 대 반영웅 진영의 구도로 나타난다.14 영웅의 성공담에는 반영웅의 존재가 필수적이다. 반영웅이 없으면 영웅도 없고, 반영웅이 위험하고 불순하고 거대할수록 영웅담은 드라마틱해진다. 영웅과 반영웅의 성격은 고정적이다. 그런데 한번 아마디스 진영에 들어온 기사는 배신하지 않지만, 반영웅 진영의 인물들은 종종 아마디스 진영으로 이동한다. 진영을 바꾸는 명분은 기사의 명예이다. 앙그리오떼, 꾸아드라간떼, 가스낄란, 발란 등이 기사의 명예를 위해 진영을 이동한 인물이다. 영웅 진영은 1) 혈연으로 맺어진 친척, 2) 반영웅 진영에 있다가 명예를 명분으로 합류한 기사, 3) 아마디스에게 도움을 받고 충성의 의무가 생긴 기사로 구성되어 있다. 결투는 친구를 만들기도 하고 적을 만들기도 한다. 여기서 중요한 사실은 두 진영의 구심점이 다르다는 점이다. 혈연관계, 기사도의 명예와 의무, 현실적 이익이 아마디스 진영의 구심력이라면 반영웅 진영은 아마디스에게 당한 패배와 복수가 구심점이다. 각 권의 시작과 결말에 따라 진영이 달라질 수 있으므로 결말을 기준으로 영웅과 반영웅 진영을 나누면 다음과 같다.

---

14 이미 1권에서 친척과 친구들이 리수아르떼 왕의 궁정에 모일 때부터 아마디스는 가문과 진영의 수장이었다. 거기서 아그라헤스는 아마디스를 "우리의 수장el principal caudillo de nosotros"(1권 23장, 482쪽)으로 부른다.

	〈아마디스 진영〉	〈반영웅 진영〉
1권	아그라헤스, 갈바네스, 갈라오르, 플로레스딴, 브리올란하, 앙그리오떼	아일랜드의 아비에스 왕, '오만한 다르단', 아르깔라우스, 브리스토야 공작, 산수에냐의 바르시난, 소브라디사의 아비세오스 왕
2권	몬하스떼, 빨로미르, 드라고니스, 브루네오, 꾸아드라간떼, 올리바스, 발라이스 ……	빠띤, 파몽고마단, 꾸아드라간떼, 조카 란딘, 아르깔라우스, 실다단 왕, 까닐레오, 리수아르떼 왕과 나쁜 조언자,
3권	보에미아 따피노르 왕, 엘리사밧, 그리스 황제, 그라신다	아르깔라우스, 아라비고 왕, 가스낄란 왕, 거인 마다르께와 안단도나, 살루스딴끼디오 등 로마 기사들
4권 시작	그리스, 보에미아, 콘스탄티노플, 스페인, 아일랜드, 스코틀랜드, 소브라디사, 가울라, 뜨로께 후작 ……	리수아르떼 왕, 로마황제, 아일랜드 왕, 아르깔라우스, 브리스토야 공작, 산수에냐의 바르시난, 아라비고 왕, '오만한 다르단'의 친척들 ……
4권 결말	로마황제 아르끼실, 발란, 그라산도르	아르깔라우스

 아마디스 진영은 시간에 따라 새로운 인물들이 합류해 확장되지만, 반영웅 진영의 인물들은 마법사 아르깔라우스를 제외하면 기존 인물이 사라지고 새로운 인물로 교체되는 과정이 반복된다. 1권에서 반영웅 진영의 브리스토

야 공작은 아그라헤스에 의해, 아비세오스 왕과 바르시난은 아마디스에 의해 죽고, 그들의 아들들이 4권의 반영웅 진영에 등장하는 방식이다. 반영웅 진영의 출발점은 아일랜드의 아비에스 왕, '오만한 다르단', 아르깔라우스이며, 거기에 로마황제 빠띤을 더하면 반영웅 진영의 축이 완성된다. 특히 패배한 마법사의 복수가 반영웅 진영을 결집하게 만드는 원동력이다. 5권에서 죽게 되는 마법사 아르깔라우스는 '세상에서 가장 뛰어난 기사'라는 명예를 얻고자 했다. 그는 마법으로 아마디스를 한번 쓰러뜨린 적이 있지만 이후 환상적인 마법사나 강력한 기사가 아니라 맹목적 복수에 집착하는 모사꾼으로 등장한다.

1권의 아마디스 진영은 주인공의 아버지와 형제(갈라오르, 플로레스딴), 사촌(아그라헤스)과 그의 삼촌(갈바네스)이다. 혈연으로 구성되어 있다. 혈연이 아닌 기사는 아마디스가 사랑을 맺어준 앙그리오뻬이다. 앙그리오뻬는 기사도에 따라 충성의 의무를 다한다. 아마디스 진영은 혈연 기사 집단과 비혈연 기사 집단으로 구분된다. 혈연 기사들이 사실상 우월한 위치에 있고, 비혈연 기사들은 기사도의 충성 의무와 보상으로 맺어진 기사들이다.

2권에서 새롭게 등장한 반영웅은 빠띤과 리수아르떼 왕과 사악한 조언자이다. 아비에스 왕의 동생이자 아일랜드 여왕의 삼촌인 꾸아드라간떼, 아일랜드 여왕의 남편 실다단 왕은 아비에스 왕의 죽음에 대한 복수를 명분으로 반영웅 진영에 선다. 그러나 기사도의 의무에 따라 꾸아드라간떼는 곧 아미디스 진영에 합류하고, 리수아르떼 왕에 대한 충성 의무와 명예 사이에서 모호한 입장을 가진 실다단 왕은 같은 처지에 놓인 갈라오르와 함께 움직이며 반영웅 진영에서 이탈한다. 아일랜드 왕국의 독립과 조세 문제를 해결하려는 실다단 왕과 꾸아드라간떼의 적은 리수아르떼 왕이지 아마디스가 아니다. 특히 꾸아드라간떼는 자신의 복수가 오만이고 아마디스의 행위가 정당하다고 인정한다. 2권의 영웅 진영은 아마디스가 리수아르떼 왕과 결별한 직후 기사들에게 '인솔라 피르메'로 같이 가자고 제안하면서 형성된다. 여기서 아마디스는 매우 현실적 보상을 근거로 기사들을 설득하고, 아마디스 진영에는 새로운 인물들이 채워진다.

1. 그곳에는 물산도 풍부하고 사냥하기에도 좋고 예쁜 여자도 많다.
2. 아마디스 가문은 가울라와 스코틀랜드를 물려받게 되며, 소브라디사 왕국도 아마디스의 명령에 따르고 있다.
3. 기사들에게 나누어줄 영지와 값나가는 보석도 많다.
4. 앞으로 많은 영지를 얻게 된다(2권 62장, 901~902쪽).

　　기사소설은 환상적 이야기를 다루지만 4권 120장에서 배우자와 영지를 나눌 때처럼 가사들의 행동 방식은 현실 논리에 충실하다. 그들의 명분은 혈연과 기사도이고 결혼과 영지라는 보상을 받는다.[15] 2권에 새롭게 등장한 혈연 기사는 몬하스떼, 빨로미르, 드라고니스, 브루네오이다. 빨로미르와 드라고니스도 아마디스의 사촌이고, 브루네오는 아마디스의 동생 멜리시아의 연인이므로 새롭게 생긴 친척이다. 혈연이 아닌 기사들은 아마디스에게 도움을 받았거나(발라이스, 올리바스), 기사도에 따른 의무로 합류했다(꾸아드라간떼). 아마디스 진영에서는 왕위 상속자 외 모두가 보상받는다. 아마디스 진영을 구분하자면 아래 같은 세 유형이 된다. 보상 없는 혈연 기사가 아그라헤스라면 보상을 받은 혈연 기사는 갈라오르를 비롯한 형제와 사촌들이다. 비혈연 기사의 보상은 혈연 기사에 미치지 못한다.

---

15 앙그리오뻬는 이미 1권 31장에서 결혼과 영지라는 보상을 받았다. 스코틀랜드왕국의 상속자 아그라헤스, 스페인 왕의 아들로서 '여자에게 관심이 없는' 몬하스떼는 보상이 필요하지 않다.

혈연 기사	비혈연 기사	보상 없는
		혈연 기사
현실적 보상 (영지, 결혼)		

    3권의 '일곱 왕의 전쟁'은 아르깔라우스의 획책 때문이고, 반영웅 진영의 새로운 인물은 아라비고 왕이다. 마다르께와 안단도나는 웃음을 유발하기 위해 설정된 부차적 인물이다. 아라비고 왕은 1권의 바르시난처럼 아르깔라우스가 자극한 권력과 명예에 대한 욕망 때문에 아마디스와 대적한다. 따라서 아라비고 왕은 바르시난의 복제라고 할 수 있다. 3권에 새롭게 등장한 아마디스 진영은 아마디스에게 도움을 받은 사람(따피노르 왕, 그리스 황제)과 아마디스에게 연정을 품은 인물(그라신다)이다. 3권의 영웅과 반영웅 진영은 앞에서 나타난 관계가 새로운 인물을 통해 반복되고 있다.

    4권에는 아마디스 진영과 반영웅 진영이라는 이분법적 구조로 고정되지 않는 두 인물이 나타난다. 아일랜드 여왕은 과거의 원한(그녀는 아비에스 왕의 딸이다)보다 현재의 이익(리수아르떼 왕에게 바치는 조세와 충성 의무 해소)이 더 중요하다고 판단해 양 진영에 군대를 파견한다. 로마황제가 되는 아르끼실은 로마군의 일원이지만 기사의 의무로 본다면 아마디스 진영에 있어야 한다. 갈바네스는 아마디스 진영이지만 몬가사 섬의 영주가 되면서 리수아르떼 왕에게 신하의 의무를 지고 있다. 리수아르떼 왕의 신하이자 아마디스의 동생인 갈라오르도 마찬가지 상황이다.

    4권의 전쟁이 끝나고 원한과 복수가 평화롭게 해소되면서 반영웅 진영은 사라진다. 각 권에 등장하는 반영웅 진영을 보면 흥미로운 사실을 알 수 있다. 1권의 〈가울라전투〉는 2권의 실다단 왕과 벌인 100대100 전투로 이어졌다가 4권에서 브리튼-로마 연합군 전쟁으로 확장된다. 또한 1권에서 아르깔라우스와 벌인 결투는 〈런던전투〉로 이어지고 2권에서 100대100 전투에 잠깐 등장했다가 3권에서 '일곱 왕의 전쟁'으로 이어지고, 4권에서 〈런던전투〉와 '일곱 왕의 전쟁'에 참여한 반영웅들이 다시 아르깔라우스-아라비고 왕 연합군을 형성한다. 따라서 반영웅 진영의 기원은 1권에 있다.

영웅과 반영웅 진영은 선과 악의 대립 구도로 보인다. 영웅 진영은 기사도와 기독교 신앙으로 묶여 있다. 반영웅 진영에 속한 '오만한 까닐레오', 아르깔라우스, 아라비고 왕은 각각 오만, 야망, 복수를 나타낸다. 곤살레스는 『아마디스 데 가울라』에 등장하는 악인의 행동을 다섯 가지로 구분한다.16

1) 기독교 신앙에 반하는 행위와 태도
이교도거나 세속에 물들어 있는 거인들과 아르깔라우스가 이 유형에 속한다. 아라비고 왕은 서구 문명과 기독교에 대한 위협이다.

2) 사회 질서에 대한 반항과 불복종
왕(영주)은 이 세상에서 하나님의 의지를 실현하므로 반란은 오직 그들이 사회 질서를 파괴하고 하나님의 뜻에 어긋나는 행위를 할 때 허용된다. 리수아르떼 왕에 대한 아마디스의 반란은 그렇게 정당화된다.

3) 결투와 전쟁 규범의 위반
기사는 공정하게 결투하고 패자의 명예를 존중한다. 그런데 속임수로 상대방을 곤경에 빠뜨리거나 두 명 이상이 한 명을 공격하는 행위는 비천한 사람들이 하는 짓이다. 아르깔라우스처럼 마법을 부리거나 까닐레오처럼 아마디스의 칼을 훔치는 행위 그리고 상대방에게 부실한 무기를 주는 행위도 기사도의 규범에 어긋난다.

4) 예절에 어긋나는 행위

---

16 Eloy R. González, "Tipología literaria de los personajes en el *Amadís de Gaula*", *Nueva Revista de Filología Hispánica*, 39(1991), 825-864. 837-839.

사치는 기사소설에서 큰 죄악이 아니지만 기사가 명예를 존중하지 않고 예의를 지키지 않으면 죄악이 된다. 갈라오르는 여러 여성과 애정 행각을 벌이지만 그의 연애는 폭력적이지 않다. 여자의 의지를 존중한다면 자유로운 연애는 죄악이 아니다. 강자가 약자에게 강요하는 행위, 특히 남자가 여자의 의지에 반해 사랑과 결혼을 강제하는 행위는 징계 대상이다. 하지만 자유의지에 의한 성행위와 연애는 부정적이지 않다. 곤경에 처한 여자가 도움을 요청하면 기사는 그것을 무조건 받아들여야 한다. 여자가 속임수로 기사를 위험에 빠뜨리더라도 여자의 곤경을 해결하면 기사 자신에게 해가 되더라도 거절하지 않아야 한다.

5) 마법에 관련된 규범 위반

나쁜 목적을 위해 마법을 사용하거나 마법에 대한 믿음을 오용하면 처벌받는다. 1권에서 어느 기사가 마법의 샘물을 마시면 모든 독에 당하지 않는다고 갈라오르를 꼬드기고 그가 말에서 내리자 그의 말을 훔쳐 간다.

거인의 비정상적 육체는 그 자체로 자연의 질서를 벗어났기 때문에 악의 세계에 속한다. 선과 악의 구분은 관습적이다. 반영웅 진영은 복수를 위해 결집한다. 형제와 친척의 죽음에 대한 복수는 죽은 이를 기념하고 그의 명예를 높이는 행위이다. 복수에 나서지 않으면 죽은 자의 명예뿐만 아니라 가문 전체의 명예가 추락한다. 그래서 주인공과 직접적 원한 관계가 없더라도 누군가 악행을 저지르고 정당한 결투에서 죽더라도 죽은 이의 가족과 친구는 복수에 나서고, 복수는 꼬리에 꼬리를 물고 지속된다. 1권에서 아마디스는 아비에스 왕의 가문, '오만한 다르단'의 가문, 아르깔라우스 가문과 복수 관계가 형성되었다. 싸움은 개인을 넘어 가문과 가문, 더 나아가 왕국과 왕국의 싸움으로 확대된다. 아마디스가 기사의 명예를 위해 싸우듯이, 그에게 대적하는 인물들도 복수를 통한 명예 회복을 위해 싸운다. 영웅과 반영웅은 선악 구도라고 했지만, 복수가 명예라면 반영웅 진영은 모두 악인일까? 아비에스 왕은 나중에 회개하고 가톨릭 신앙에 귀의하고 죽는다. 반영웅 진영에도 선악 구분이 필요하다.

리다가 지적했듯이, 사실상 두 진영 모두 명예를 얻으려 한다.17 영원한 명예와 명성fama은 모든 기사의 꿈이다. 하나의 결투, 거기서 파생된 다른 결투와 전쟁, 대를 이은 복수도 명예 때문이고 화해의 명분도 명예 때문이다. 영웅 진영도 반영웅 진영도 모두 명예에 죽고 명예에 산다. 인간의 삶은 끝이 있지만 인간은 명예를 통해 불멸을 꿈꾼다. 영웅도 명예를 얻고, 그의 혈통이 대를 이어 명예를 지켜 불멸에 이르고자 한다. 아마디스에게 적대적인 리수아르떼 왕도 목숨이나 재산보다 명예를 중요하게 여긴다. 특히 1권 32장에서 리수아르떼 왕은 귀족들을 불러 세상에서 가장 부자인 자신이 어떻게 하면 명예를 얻을 수 있는지 조언을 구한다.18 4권에서 아라비고 왕도 전리품에 관심이 없다. 오직 복수와 명예만 추구할 뿐이다. 4권에서 아르끼실은 선조 로마인의 영원한 명성을 강조하며 비겁하게 퇴각하려는 로마 기사들을 제어한다. 기사가 아닌 엘리사밧도 3권에서 의술로 명예를 얻으려 하고, 여자들은 아름다움을 경쟁하며 세상에서 가장 아름다운 여자라는 명예를 추구한다. 기사는 용기와 무훈이, 여자는 아름다움이 명예를 만든다. 예외적으로 주인공은 3권에서 사랑과 명예가 충돌할 때 사랑을 위해 명예를 포기하기도 한다. 연인의 요구에 항상 복종한다는 사랑의 코드가 형제간 결투를 회피하는 명분이 된다. 진영을 구분하는 기준은 단순하다. 아마디스에게 우호적인가 아니면 적대적인가? 반영웅 진영에 속한 다수는 명예를 얻기 위해 기사도에 어긋

---

17 María Rosa Lida de Malquiel, *La idea de la fama en la Edad Media castellana*, Madrid: Fondo de Cultura Económica, 1952, pp. 261-265.
18 신하들은 높은 귀족이나 보물이 아니라 훌륭한 기사가 있어야 명예로운 왕이 된다고 조언하기로 의견을 모은다. 바르시난은 '그러면 이 땅은 곧 외지 기사들로 넘쳐나고 그들에게 왕이 주어야 할 것을 나눠주면 그대들은 가진 것이 줄어든다'며 반대한다. 하지만 왕은 좋은 기사들을 불러들여야 명예로운 왕이 된다고 선언한다.

나는 일을 저지른다. 그렇게 그들의 명성은 도덕이 아니라 허영에 기반한다.

영웅담이라는 수직적인 단선 구조가 서사 구조의 단일성^{unidad}을 만든다면 영웅 이야기가 수평적으로 확대되면서 다양성^{variedad}이 펼쳐진다. 수직적 신분 상승 구조가 '위기→해결→새로운 위기'의 반복으로 독자의 욕망을 대리 충족시킨다면 수평적으로 확장되는 구조는 독자들에게 호기심과 긴장감을 만들어낸다. 아마디스 서사는 단일성과 다양성의 조화처럼 수직적 단일 구조에 수평적 서사 구조가 얽혀서 정교하게 짜인 인과 관계에 따라 기술된다. 반영웅은 새롭게 등장하고, 반영웅 진영이 만든 위험을 극복하면서 영웅의 명예가 높아진다. 상승을 지향하는 단선적 수직 구조와 수평적 확산 구조가 서사 구조의 기본이라면, 또 다른 특징적인 서사 구조는 과거의 반복과 미래의 예고 장치에서 찾을 수 있다.

아마디스 서사가 라디오 드라마처럼 듣는 텍스트이고, 긴 시리즈로 구성되어 있어 반복과 예고의 서술 방식이 만들어진다. 4권 133장(1권 1~43장, 2권 44~64장, 3권 65~81장, 4권 82~133장)으로 구성된 『아마디스 데 가울라』의 방대한 사건들은 과거가 원인이 되어 현재가 나타나고, 현재는 미래의 원인이 된다. 과거 반복과 미래 예고의 서술 방식은 두 유형으로 구분된다.

거의 모든 장에서, 특히 새로운 인물이 등장하거나 새로운 사건이 시작될 때 〈A 유형〉의 과거 반복-현재 서술 방식이 나타난다. 대개 각 장의 도입부에서 서술자가 사건과 인물의 과거 배경을 먼저 독자들에게 알려주면서 기억을 상기시킨 후 현재 이야기를 진행하기 때문이다. 〈B 유형〉은 하나의 장에 과거 반복-현재 서술-미래 예고가 모두 담겨 있는 서술 방식이다. 과거 반복과 미래 예고가 동시에 나타나는 이 유형은 7장, 10장, 49장, 60장, 62장, 72장, 80장, 81장, 106장, 108장, 109장, 123장, 126장, 130장에서 사례를 찾을 수 있다. 다만 미래에 대한 언급이 우르간다의 예언이 아니라 작가가 직접 개입하는 경우 매우 간략하게 기술된다.

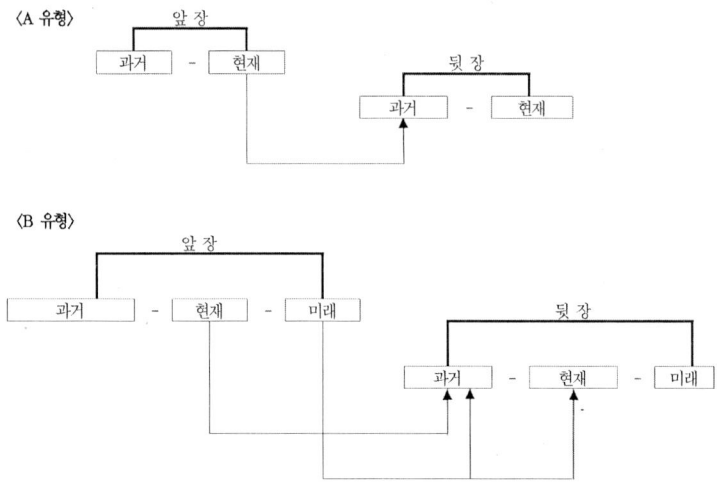

과거의 반복은 서술 방식의 가장 중요한 특징이다. 『아마디스 데 가울라』가 읽는 텍스트보다 듣는 텍스트를 지향하고, 복잡한 사건과 인물들이 긴 분량의 시리즈에 배치되어 있어 필연적으로 과거의 사건과 인물이 반복될 수밖에 없다. 과거 반복의 사례는 「1권을 시작하며」에서부터 나타난다.

> **이미 독자 여러분이 앞에서 들으셨다시피**como ya arriba oístes 엘리세나 공주의 마음을 속속들이 알고 있는 시녀는 이를[뻬리온 왕에게 연인이 없다는 말을] 듣고 매우 기뻐했다(233쪽).

과거를 반복하기 위한 문구는 '이미 앞에서 들은 바와 같이', '이미 여러분에게 이야기했듯이', '이 이야기 앞에서 기술한 바와 같이', '이 위대한 이야기의 1권에서 상세하게 이야기했듯이', '이 위대한 이야기의 2권에서 상세하게 이야기했듯이' 등으로 정형화되어 매우 빈번하게 나온다. 특히 7장에서 '바다에서 온 도련님'이 아버지 뻬리온 왕에게서 기사서임을 받으면서, 그리고 8장에서 그의 이름이 밝혀지면서 서술자는 본격적으로 주요 사건을 반복하기 시작한다. 과거를 반복하는 주요 사례는 아래와 같다. 13장에서는 11장에서 기술한 갈라오르의 기사서임 장면이 반복된다.

13장: 갈라오르의 기사서임(11장)

16장: 〈가울라전투〉(9장)

17장: 런던 궁정에 머물게 된 아마디스(15장), 갈라오르의 무훈(16장)

23장: 브리스토야 공작의 부정한 행위(12장, 16장)

31장: 아마디스와 그로베네사의 이중 약속(27장)

35장: 상복 입은 아가씨의 복수와 런던 궁정의 혼란(33장)

38장: 아르깔라우스의 반란(36장, 37장)

40장: 소브라디사의 왕위 회복(21장, 27장)

49장: 아마디스의 고행과 '순결한 연인을 위한 마법의 문' 통과(44장, 45장)

53장: 꼬리산다의 방문(51장), 세 조각으로 갈라진 아마디스의 칼(27장, 40장), 간달린의 한탄과 오리아나의 오해(44장)

69장: '일곱 왕의 전쟁'(68장)

71장: 에스쁠란디안의 납치와 유년(66장)

72장: 로마황제 빠띤의 과거(46장, 47장, 49장)

74장: 엔드리아고 결투(73장), '인솔라 피르메'의 역사('2권을 시작하며', 44장), 녹색 칼의 기원(57장), 아마디스의 삶(1권 요약)

76장: 빠띤과 아마디스의 원한(46장, 47장)

77장: 아마디스와 로마 기사들의 결투(70장)

78장: 플로레스딴과 로마 기사들의 결투(76장)

82장: 3권의 결말 요약(80장, 81장)

86장: 몬가사 영주권 분쟁(62장, 64장)

96장: 아르깔라우스의 복수와 아마디스에게 죽임을 당한 기사들(1~3권 요약)

97장: 브리올란하, 그라신다, 아마디스의 인연(42장, 72장)

99장: 해전과 오리아나 구출(81장, 82장)

104장: 패배한 로마 군대(81장, 82장)

106장: 아르끼실과 아마디스의 인연(70장)

108장: '일곱 왕의 전쟁'(68장)

113장: 에스쁠란디안의 성장(66장, 71장)

116장: 바르시난의 반란(37장, 38장)

117장: 아르깔라우스의 원한과 복수(18장, 19장, 22장, 38장, 68장, 69장, 108장)

118장: 리수아르떼 왕을 위한 아마디스의 봉사(1~3권 요약)

127장: 마단파불과 100대100 전투(58장)

특히 117~118장은 1~4권에 걸쳐 산발적으로 서술된 아르깔라우스의 개입과 리수아르떼 왕을 위한 아마디스의 봉사를 4권의 결말에서 별도로 요약해 독자들에게 알려준다. 아르깔라우스의 개입은 마법에 걸려 감금당한 아마디스, 사로잡힌 리수아르떼 왕, 바르시난의 죽음, '일곱 왕의 전쟁', 아르깔라우스의 조카 디나르다에게 속아 감옥에 갇힌 '황금 뱀 방패'의 기사들, 그루메단의 사촌으로 위장해 도망친 아르깔라우스, 4권의 2차 전쟁 순으로 117장에 나열된다. 118장은 아마디스와 리수아르떼 왕의 관계를 중심으로 과거 사건들을 정리한다. '오만한 다르단'의 죽음, 리수아르떼 왕의 기사가 된 갈라오르, 아르깔라우스에게 잡힌 리수아르떼 왕과 오리아나의 구출, 바르시난을 죽이고 왕비를 구출한 일, 실다단 왕과의 100대100 전투, 꾸아드라간떼-파몽고마단-바사간떼의 위협에서 왕을 구원한 일, 납치당한 레오노레따와 열 명의 기사를 구출한 일, 사르마단(두 명의 사르마단이 나오는데, 68장에서 갈라오르가 죽인 인물이 아니라 58장에서 아마디스가 죽인 인물)의 죽음, 마단파불의 죽음, 까닐레오의 죽음, 나쁜 조언자들 때문에 겪은 고초, '일곱 왕의 전쟁', 아라비고 왕의 연합군과 싸우는 4권의 2차 전쟁이 거론된다.

과거 회상과 더불어 아마디스 서사에 반복적으로 나타나는 장치는 미래의 예고이다. 미래의 예고는 등장인물의 꿈, 마법사 우르간다의 예언, 서술자의 직접 개입이라는 세 가지 장치를 통해 이루어진다. 서술자의 개입이 가장 빈번하게 나타나지만, 이는 일종의 맛보기처럼 간략하게 기술된다. 그래서 서사의 큰 줄기는 등장인물의 꿈과 우르간다의 예언을 통해 예고된다. 꿈을 통한 미래 예고의 첫 번째 사례는 1권 1장에서 엘리세나 공주와 합방을 앞둔 뻬리온 왕의 꿈이다.

> 왕이 거처한 방 쪽문으로 누군가 들어와 손을 그의 옆구리에 집어넣고는 심장을 꺼내 강으로 던진다. 왕이 "어찌 그리 잔인한 짓을 하는가?"고 물었더니 그는 이렇게 대답했다. "이건 별거 아니오. 저기 꺼내야 할 심장이 더 있지 않은가? 나는 그대의 다른 심장도 꺼내게 될 거요. 비록 내가 하고 싶어서 그러는 것은 아니지만"(1권 1장, 238쪽).

이 꿈의 해몽은 곧바로 1권 2장에 나온다. '왕은 아주 아름다운 여자와 몰래 사랑을 나누었고 아이가 태어났는데, 아이는 강에 던져졌다. 그리고 이제 새로운 아이가 다시 태어난다'는 뜻이다. 두 심장은 두 아들(아마디스와 갈라오르)을 의미하고, 첫 심장이 강에 버려졌다는 표현은 엘리세나가 잉태할 첫 아이가 강에 버려진다는 뜻이다. 그리고 두 번째 심장도 꺼내진다는 것은 갈라오르 역시 부모의 품을 떠나 양육된다는 예고이다. 나중에 뻬리온 왕이 아마디스를 아들로 받아들일 때 배에 실어놓은 왕자의 표식 — 반지, 칼, 편지 — 외에도 이 해몽이 아들임을 확인해 준다.

2권 45장과 48장에 나오는 아마디스의 두 꿈은 서로 연결되어 있다. 오리아나의 절교 편지를 받은 후 아마디스의 꿈(45장)이 고통을 상징한다면 '비련의 바위섬'에서 아마디스가 꾼 꿈(48장)은 고통의 끝과 희망을 보여준다.

무장한 아마디스가 말을 타고 많은 사람으로부터 환호를 받을 때 그들 사이에서 어느 남자가 나타나 이렇게 말했다. "기사님, 이 상자에 든 걸 먹어보시오!" 그가 권해 먹었더니 세상에서 가장 쓰디쓴 맛이었다. 아마디스는 참담해 정신을 놓았다. 남자는 말을 타고 사라졌고, 즐겁던 사람들도 깊은 슬픔에 빠졌다. 아마디스조차 그들을 불쌍히 여길 정도였다. 아마디스는 말을 타고 멀리 떠났고, 바다로 둘러싸인 바위섬의 어느 숲에 이르렀다. 아마디스가 무기와 말을 버리고 숲에서 안식을 구하려는데 나이 든 수도사가 다가와 손을 잡더니 자비로운 얼굴로 말을 건넨다. 아마디스는 한 마디도 알아들을 수 없었고, 그때 꿈에서 깨어났다(2권 45장, 681쪽).

그는 아무것도 보이지 않는 어두운 방에 갇혀 있었고, 출구는 보이지 않았다. 절망과 고통에 빠져 있을 때 사촌 마빌리아와 '덴마크 아가씨'가 다가왔다. 그러자 그들 앞으로 환한 햇빛이 비치며 어둠을 몰아내었고 이내 방은 밝아졌다. 두 여자는 아마디스의 손을 잡고 말했다. "기사님, 아름다운 궁전으로 나오세요." 아마디스가 기뻐하며 밖으로 나오니 커다란 불길에 감싸인 오리아나가 있었다. 그는 벼락같이 소리치며 불길 중 뛰어들어 그녀를 구했다. 그는 아무런 열기도 느끼지 못했다. 그리고 오리아나를 두 팔에 안고 빠져나와 전에 본 적이 없던 아름답고 푸른 초원에 내려놓았다(2권 48장, 708쪽).

45장의 꿈은 비참한 지경에 떨어질 운명과 바다에 둘러싸인 바위섬을 암시한다. 48장의 꿈은 마빌리아와 '덴마크 아가씨'의 도움으로 연인이 재결합한다는 예고이다. 이 두 꿈의 해몽은 51장에 나온다. 꿈을 통한 미래 예고는 한 차례 더 나온다. 77장에서 빠띤이 구혼하자 오리아나가 불안하게 아마디스를 기다리고 있을 때 마빌리아는 지난밤 꿈 이야기를 한다. 여자들이 방에 갇혀 있는데 밖에서 큰 소리가 나 공포에 휩싸였다. 그때 아마디스가 문을 부수고 나타났고, 마빌리아가 오리아나의 거처를 알려준다. 그는 오리아나와 여자들을 데리고 나가서 높은 탑으로 안전하게 옮겼다. 마빌리아의 꿈은 현실로 이루어진다. 꿈을 통한 미래 예고는 이 네 사례뿐이다.

우르간다의 예언도 인물의 미래를 예고하기 위함이다. 기사소설에서 예언은 독자들이 궁금해하는 수수께끼를 풀어주거나 지난 과거의 사건에 대한 기억을 상기시키고, 앞으로 벌어질 일에 대한 독자들의 궁금증을 유발한다. 독자들의 호기심과 놀라움을 자극하기 위한 문학적 유희라고 할 수 있다. 2장에서 첫 번째 꿈 해몽을 들은 뻬리온 왕은 궁 밖으로 나갔을 때 예쁘지 않지만 짙게 화장한 아가씨를 만난다. 이 아가씨가 '미지의 우르간다'였고, 여기서부터 우르간다의 예언이 시작된다. 그녀의 첫 번째 예언은 〈가울라전투〉에서의 승리이다.

뻬리온 왕이여! 당신이 잃어버린 것을 되찾을 때 아일랜드는 그의 꽃을 잃어버릴 것이오(1권 2장, 253쪽).

10장에서 실현되는 이 예언은 하나의 서사 단계를 종결짓는 기능을 한다. 아마디스는 혈통을 찾고, 아일랜드의 아비에스 왕은 죽는다. 이어 우르간다는 간달레스에게 '바다에서 온 도련님'의 미래를 예언한다. 두 번째 예언이다.

그대가 바다에서 발견한 아이는 장차 기사의 꽃이 되어 모든 힘센 자를 두렵게 만들어요. 모든 일이 이 아이로부터 시작되고, 다른 이들이 죽어간 곳에서 이 아이는 자신의 명예를 드높이게 됩니다. …… 게다가 이 아이는 충직하게 사랑을 지키는 최고의 기사가 되고, 뛰어난 무훈에 어울리는 자리에 올라서도 그 사랑을 이어갑니다. 그리고 그 자리는 두 명의 왕으로부터 이어받을 겁니다(1권 2장, 255~256쪽).

처음부터 아마디스의 운명은 전쟁을 통한 무훈과 진실한 사랑으로 정해졌고, 그는 최고의 명예를 얻는다고 예언되었다. 그가 얻게 될 자리는 뻬리온과 리수아르떼를 잇는 가울라와 브리튼의 왕이다. 아서왕의 마법사 메를린의 예언은 텍스트 밖의 실제 역사로 확장되기도 하지만, 아마디스의 마법사 우르간다의 예언은 텍스트 내부에 국한된다. 예언 대상은 아마디스, 갈라오르, 에스쁠란디안, 오리아나, 리수아르떼 왕이다. 3장에서 늙은 수도자로 나타난 우르간다는 갈라오르의 탄생을 예언하는데, 이 예언은 뻬리온 왕의 꿈과 연결되어 아마디스 형제의 미래를 다시 반복해서 알려준다.

작은 브리튼에 두 마리의 용이 나타난다. 그들의 영지는 가울라에 있지만 심장은 브리튼에 둔다. 이 두 마리 용이 다른 땅의 짐승들을 집어삼킨다. 그들은 어떤 이에게는 거칠고 사나우나 어떤 이에게는 마치 발톱도 심장도 없는 듯 부드럽고 겸손하다(1권 3장, 264쪽).

다음 예언은 아가씨로 나타난 우르간다가 아마디스에게 창을 건네주는 장면에 나온다.

기사여, 이 창을 받으소서. 앞으로 세 날이 지나기 전에 당신은 이 창으로 당신이 떠난 집을 구하게 됩니다(1권 5장, 282쪽).

이 예언을 들은 아마디스가 어떻게 집이 죽고 살 수 있느냐고 반문하지만 여기서 집은 그의 가문이다. 예언대로 그는 〈가울라전투〉에서 승리하며 위험에 빠진 아버지 뻬리온 왕을 구원한다. 그렇게 예언은 새로운 이야기를 시작하거나 마무리하는 기능도 한다.

예언은 이야기의 긴장감을 고조시키는 기능도 한다. 2권 57장에서 우르간다는 리수아르떼 왕과 갈라오르에게 100대100 전투 결과를 예고하는 편지를 각각 보낸다. 왕에게 보낸 편지에서는 이 전투에서

1) 벨떼네브로스는 이름과 명성을 잃어버린다. 한 번의 타격으로 인해 모든 사람의 기억에서 잊힌다.
2) 왕은 커다란 위험에 직면하게 되고, 벨떼네브로스의 칼에 왕의 피가 뿌려진다.
3) 벨떼네브로스가 세 번의 타격을 가해 그의 편이 승리하지만, 왕은 승리하지 못한다(2권 57장, 813쪽).

왕은 벨떼네브로스의 칼에 찔리고 승리하지 못한다는 예언 앞에서 벨떼네브로스가 누구 편인지 몰라 매우 불안해한다. 갈라오르가 받은 편지에는 그가 전투에서 쓰러지고, 그의 목은 그에게 세 번의 타격을 가한 사람이 가진다고 쓰여 있었다. 갈라오르가 아마디스에게 죽는다는 암시로 보인다. 그렇게 두 편지는 미래를 예고하면서 동시에 전투 장면의 긴장감을 끌어올리며 독자들을 잘못된 해석으로 이끌어 간다. 주인공의 죽음, 배신, 형제간 살육 앞에서 독자들은 놀라움과 당혹감을 느끼지 않을 수 없다. 그러나 이 예언은 이중적 의미를 지닌 언어적 유희로 그런 일은 일어나지 않는다.19 이중적 의

---

19 이름을 잃고 잊힌다는 것은 문자 그대로 해석하면 죽는다는 뜻이다. 하지만 여기서는 이중적 의미가 있다. 왕의 군대를 도와주려고 온 기사가 아마디스라는 사실이 드러나면서 그는 벨떼네브로스라는 이름을 버리고 본래 이름과 명예를 되찾는다. 또한 아마디스가 리수아르떼 왕에게

미가 확인되면서 예언은 일종의 수수께끼 풀이 같은 즐거움을 주게 된다.

그런 예언은 아서왕 시리즈에서는 찾아볼 수 없다. 아서왕 시리즈의 메를린은 진지하고 엄숙하다. 르네상스 시대의 로드리게스 데 몬딸보는 말장난을 통해 밝아진 시대적 분위기를 보여주고 있다. '잘못 해석된 예언'은 『띠란 떼 엘 블랑꼬』, 『기사 시파르』, 『카스티야의 올리베로스와 알가르베의 아르뚜스 이야기』, 『'악마' 로베르또의 놀라운 삶』 등 다른 기사소설에도 나온다. 그와 비슷한 기능을 하는 예언이 2권 60장에도 있다. 60장에서는 두 편지의 예고가 100대100 전투에서 어떻게 실현되었는지 과거와 현재 사건을 정리해 독자에게 반복해 설명한 후, 우르간다는 4권에서 일어날 오리아나의 미래, 아마디스의 전쟁과 운명에 대해 이렇게 새롭게 예언한다.

〈오리아나에 대한 예언〉

그때가 되면 네게 커다란 고통이 닥치고, 너로 인해 많은 사람이 큰 슬픔과 혼란에 휩싸인다. 힘이 센 사자가 휘하의 짐승들을 이끌고 나와 으르렁거리고, 네 주변의 많은 사람은 떨며 무서워한다. 너는 그의 발톱 아래 놓이게 된다. 명예를 손상당한 사자는 너의 머리에서 왕관을 벗겨내고, 왕관은 이제 너의 것이 아니다. 굶주린 사자가 너의 살을 취하고 너를 그의 동굴에 처넣고 그의 굶주림이 해소될 때까지 가두어둘 것이다. 자, 어떠냐. 이게 네게 닥쳐올 일이다(2권 60장, 855~856쪽).

상처를 입히지만, 그것은 고의가 아니라 전투에서 왕을 구하려다 생긴 일이었다. 전쟁의 승패를 결정짓는 아마디스의 세 번의 타격은 1) 실다단 왕에게 가해져 그를 갈라오르 앞에 쓰러뜨렸고, 2) '붉은 탑의 섬'의 거인 마단파불Madanfabul을 죽였으며, 3) '사자 같은 사르다만Sardamán el León'을 쓰러뜨린 일을 말한다. 그 이후 상처 입고 쓰러진 갈라오르에게 가서 그의 목과 머리를 껴안는다.

〈전쟁에 대한 예언〉

큰 뱀과 힘센 사자 사이에 전쟁이 있을 것이다. 여기에 힘센 짐승들이 많이 모여들고, 커다란 분노와 증오가 그들을 덮치고, 많은 짐승이 목숨을 잃는다. 로마의 큰 여우는 사자의 발톱에 상처를 입고 그의 가죽은 처참하게 찢긴다. 큰 뱀에게도 큰 불행이 닥쳐온다. 그때 검은 털을 가진 온순한 양이 나타나 겸손과 부드러운 말솜씨로 두 진영의 거친 분노를 가라앉히고 그들을 떼어놓는다. 그러나 이내 거친 산속에서 굶주린 늑대들이 내려와 큰 뱀을 공격하고 다른 짐승들을 죽이니, 큰 뱀은 동굴에 숨는다. 그때 어린 유니콘이 나타나 사자의 귀에 뭔가를 속삭이고, 사자는 긴 잠에서 깨어나 서둘러 휘하의 짐승들을 데리고 큰 뱀을 구하러 온다. 굶주린 늑대들이 물어뜯어 사방에 피를 뿌리고 있던 큰 뱀을 늑대들의 입에서 꺼내 목숨을 구하고, 늑대들을 갈기갈기 찢어 죽인다. 큰 뱀은 생명을 구하고, 내장에 고인 모든 독을 뿜어낸다. 그리고 숨어서 하늘의 자비를 구하며 울고 있는 연약한 사슴을 사자의 발톱 위에 놓기로 한다. 왕이여. 이 모든 일이 벌어질 것이니 내 말을 모두 기록해두시오(2권 60장, 857~858쪽).

〈아마디스에 대한 예언〉

아마디스여! 그대에게 아무 이익도 없는데 왜 나서는가. 그러지 말고 그대가 할 일을 먼저 생각해 보라. 그와 같은 일에 나서면 그대는 다른 사람을 위해 목숨을 잃게 될 터이고, 다른 사람의 피를 위해 그대의 피를 흘리게 된다. 순교는 그대 몫이 되고, 이익은 다른 사람이 취하며, 그로 인해 돌아오는 보답은 그대 뜻과 달리 분노와 핍박이다. 그대의 날카로운 칼은 그대의 살과 뼈를 향하게 되리니 그대는 처참한 지경에 이르러 피를 흘리게 된다. 한때는 세상의 반을 호령한 그대의 칼은 이제는 부러지거나 호수에 던져져 다시는 소유하지 못하리라. 이제 무엇을 할지 생각해 보라. 모든 게 내 말대로 이루어지리니(2권 60장, 859쪽).

화기애애한 분위기에서 리수아르떼 왕의 궁정에 모인 사람들 앞에서 오리아나가 장난스럽게 자신의 미래를 알려달라고 하자 우르간다는 오리아나와 아마디스의 죽음을 암시하는 예언을 하고, 그것을 들은 오리아나는 공포에 휩싸인다. 그것은 100대100 전투의 예언처럼 이중적 의미를 지닌 '잘못 해석된 예언'이다. 동물의 이미지를 활용해 미래의 사건을 예고하는 방식은 그 의미를 알고 싶은 독자들의 호기심을 자극한다. 이 예언은 뒤에 이어질 3권과 4권의 줄거리를 미리 독자들에게 알려준다. 권력을 상징하는 커다란 뱀은 리수아르떼 왕, 용감한 사자는 아마디스, 로마의 여우는 빠띤, 검은 양은 은둔수도자 나시아노, 늑대들은 아라비고 왕과 아르깔라우스이다. 어린 유니콘은 에스쁠란디안으로 순수함의 상징이고, 연약한 사슴은 오리아나이다. 아마디스와 오리아나는 리수아르떼 왕의 허락을 얻어 결혼한다는 결말도 독자에게 알려진다. 아마디스가 자신의 상징인 녹색 칼을 소유하지 못하게 된다는 예언은 바로 이어지는 61장에서 까닐레오의 조카가 칼을 훔쳐 달아나면서 실현된다. 3장부터 우르간다는 에스쁠란디안을 언급하기 시작한다. 에스쁠란디안의 운명은 123장과 126장에 나온다. 우르간다가 알려주는 126장의 예언은 5권의 인물과 주요 서사를 홍보하는 일종의 예고편이다. 우르간다가 아니라 서술자가 알려주는 123장의 예언에는 현재와 미래와 과거가 섞여 있다.

> 에스쁠란디안은 다시아 왕에게 다가갔다. 나이도 비슷하고 괜찮은 사람으로 보였기 때문이다. 두 사람은 그때 처음 만난 이후 평생 진한 우정을 나누며 살게 된다. 두 사람은 기사로 임명된 이후 오랜 시간 늘 붙어 다니며 모험을 수행하는데, 용맹한 기사라 목숨이 걸린 매우 위험한 모험을 함께하며 위대한 업적을 이룩하게 된다. 다시아 왕은 에스쁠란디안의 비밀 사랑을 속속들이 알고 있어 그가 사랑의 고통으로 죽을 지경이 되었을 때 적절히 조언해 여러 번 죽음에서 구해주

었다. 내가 여러분에게 이야기하고 있는 다시아 왕은 친구의 연인과 이야기하려고 기회를 엿보았고, 친구의 아픔을 그녀에게 잘 전해준다. 이 왕자와 왕은 갈라오르의 아들 딸란께와 실다단 왕의 아들 '신중한 마넬리'에게도 사랑을 이룰 방법을 물어본다. 이 이야기 2권에서 자세히 이야기했듯이, 딸란께와 마넬리는 갈라오르와 실다단이 잡혀 있을 때 우르간다의 두 조카에게서 태어났다. 앙그리오뻬의 아들 암보르와 함께 이 신임기사들은 콘스탄티노플을 거쳐 이교도의 땅으로 넘어간다. 그곳에는 힘센 거인과 갖가지 기이한 나라들이 있어 엄청난 모험을 하게 되고, 거기서 기사들은 온 세상에 널리 울려 퍼질 고귀한 기사도의 무훈과 명예를 얻게 된다. 이제 이 이야기에서 뻗어 나온 에스쁠란디안 이야기라는 가지를 앞으로 우리가 자세하게 이야기하게 된다. 세상에서 가장 위대한 모험, 이 세상 꽃보다 더 아름다운 사랑, 이 세상 모든 아름다운 여자들이 빛을 잃어버리는 빛나는 별 같은 에스쁠란디안의 연인 레오노리나가 등장한다. 우리가 앞에서 이야기했듯이, 에스쁠란디안의 아버지 아마디스가 사나운 엔드리아고를 죽이고 그리스로 갔을 때 아이였던 콘스탄티노플 황제의 딸이 레오노리나이다. 그 이야기는 그때를 위해 남겨두고 이제 지금 이야기로 돌아가자(4권 123장, 1,608~1,609쪽).

123장에 다시 등장한 우르간다는 126장에서 '인솔라 피르메'의 모든 왕과 귀족을 소집해 오리아나, 아마디스, 갈라오르와 실다단 왕, 에스쁠란디안에게 메시지를 전한다. 그런 방식으로 작가는 독자들에게 과거-현재-미래를 요약한다. 우르간다가 오리아나와 아마디스에게 전하는 말은 자신의 예언이 실현되었음을 확인하는 과거 반복이며, 1~4권까지 이어진 아마디스의 삶과 결투도 길게 반복된다. 갈라오르와 실다단 왕 그리고 에스쁠란디안에게 전하는 말은 미래 예언이다. 갈라오르와 실다단 왕에게 별도의 메시지를 전한 까닭은 5권에서 활약할 딸란께와 마넬리의 혈통 때문이다. 우르간다는 딸란께와 마넬리의 손을 잡고 갈라오르와 실다단 왕에게 나서며 혼외 아들들의 미래를 말한다.

내 사랑하는 기사들이여! 그대들이 내게 은혜를 입고 목숨을 건졌다면 나는 지금 그대들로부터 받은 이 보상으로 족하다오. 내게는 자손이 없으나 나로 인해 그대들이 다른 여인에게서 그렇게 아름다운 아이들을 얻게 되었으니 내게는 더없는 영광이오. 여기 그 아이들이 있소. 이 아이들이 나이가 되어 기사로 임명되면 정녕코 하나님께 헌신하며 하나님이 가르친 진리와 미덕을 행하게 될 터이니, 이 아이들로 인해 성스러운 교회의 뜻에 반해 이들을 태어나게 한 나도 용서받지요. 더 나아가 두 아이는 이 세상에서 명예와 신망이 아주 높아져 이승에서도 안식을 누릴 테니, 나 역시도 그렇게 되지요. 이 아이들의 위적은 내가 아무리 이야기해도 다 할 수 없을 것이오. 나이가 머지않아 그들의 때가 이르게 될 터이니 그 이야기는 그때를 위해 남겨 두겠소(4권 126장, 1,631쪽).

그리고 우르간다는 에스쁠란디안에게 딸란께와 마넬리를 소개하며, 앞으로 서로 사랑하며 많은 위험을 함께하라고 당부한다. 이 두 아이가 에스쁠란디안을 죽음에서 구해준다는 예언도 한다. 에스쁠란디안은 기사서임을 받고, 우르간다가 넘겨준 배는 이들을 첫 모험으로 인도한다. '위대한 뱀'은 큰 바다를 건너는 이동 수단이며, 에스쁠란디안은 '위대한 뱀의 기사'라는 첫 별명을 얻는다.

너는 이제 앞으로 오랜 시간 동안 휴식을 누릴 틈이 없으리라. 네게 닥쳐올 위험한 모험도 힘들 뿐만 아니라 너의 왼쪽 가슴에 뜨거운 불처럼 새겨진 일곱 글자의 의미가 밝혀지기 전까지 너의 마음은 고통과 번민에서 벗어나지 못한다. 너의 불타는 열정과 고통은 너의 심장을 태우고도 꺼지지 않는다. 때가 와야만 너는 그 고통에서 풀려난다. 거대한 바다까마귀 떼가 거친 파도를 넘어 동쪽과 그 너머에서 날아오고, 좁은 둥지에서 아직도 자신을 지킬 줄 모르는 새끼 독수리는 커다란 위협이 닥쳐와 곤궁해진다. 그때가 되면 사냥하는 새 중에서 가장 아름답고 고귀한 사냥매가 그의 혈족과 다른 종족들을 이끌고 새끼 독수리를 구하러 날아갈 것이다. 그리고 바다까마귀 떼를 완전히 부숴버리고 온 전장에는 그것들의 깃털로 덮인다. 많은 바다까마귀는 사냥매의 날카로운 발톱에 목숨을 잃거나 바다에 떨어져 죽는다. 그날이 되어야 한다. 그날이 되면 새끼 독수리는 심장을 구원자의 날카로운 발톱 위에 올려놓고, 아주 오래 참고 눌려온 사냥매의 굶주림은 멈추고 사라진다. 새끼 독수리가 가진 모든 숲과 높은 산은 사냥매의 것이 되고, 이제 사냥매는 신성한 정원 속 보금자리로 돌아간다. 그런 후에 내가 위대한 지식으로 설계해 둔 시간과 역할이 다했으므로 이 '위대한 뱀'은 바다 깊은 곳에 가라앉고, 앞으로 네게는 넓은 바다보다 커다란 대지가 펼쳐지게 되리라(4권 126장, 1,632-1,633쪽).

앞에서 그랬듯이 동물 이미지를 통해 예언한다. 에스쁠란디안은 육체적으로나 정신적으로 아버지를 능가한다. 그의 연인은 태어날 때부터 정해져 있고, 그녀 이름이 그의 왼쪽 가슴에 일곱 개의 붉은 글자로 새겨져 있다.[20] 그와 결혼하게 될 공주는 시험을 통해 그 의미를 풀어내야 한다. 이제 전쟁의 무대는 지중해 동쪽으로 이동한다. 정리하자면 『아마디스 데 가울라』에서 마법사는 다음과 같은 역할을 한다.

1) 미래의 예언
2) 주인공에게 신비로운 무기 제공

20 그의 연인 레오노리나Leonorina는 9개의 알파벳이다. 여기서 'o'와 'n'이 반복되므로 일곱 개의 글자로 쓰인 이름이 된다. 5권 177장에 이름의 비밀이 나온다.

3) 바다 또는 하늘을 건너는 공간 이동 수단 제공

4) 주인공을 위험에 빠뜨리거나 위험에 빠진 주인공의 구원

5) 새로운 세대의 신참 기사 교육

『그리스의 벨리아니스』에서는 마법사가 가상의 역사가 역할도 하지만 『아마디스 데 가울라』에서 우르간다는 위의 다섯 가지 역할을 하는데, 그중 예언이 핵심적이다. 꿈과 예언은 과거, 현재, 미래의 사건을 반복적으로 보여주며 독자의 기억과 호기심을 유지하게 만들지만, 이 모든 게 "하나님이 정하시고 허락하신 바에 따라 이루어진 일las cosas ordenadas y prometidas de Dios"(1권 2장, 252쪽)이다. 4권 126장(1,628쪽)에서도 우르간다는 하나님의 은총으로 단지 하나님이 허락한 미래를 알 뿐이며, 미래의 사건을 치유하지는 못한다고 밝힌다. 그것은 교회의 비판을 피하기 위한 일종의 가면이라고 할 수 있다. 작가는 예언이라는 서사 장치가 교회와 부딪히지 않도록 조심하면서 세속적 신비를 유지하려고 어려운 줄타기를 하고 있다.

꿈과 예언은 그 자체로 신비롭다. 자연의 법칙에 어긋나더라도 일상에서 만날 수 없을 정도로 놀랍고 기이한 사건이 있다면 독자들은 그것의 신비로움에 매료된다. 르 고프Jacques Le Goff는 중세의 12~13세기의 초자연적 세계의 신비로운 사건il meraviglioso을 세 가지로 구분했다.[21] 첫 번째는 '미라빌리스mirabilis'로 기독교 시대 이전에 근원을 둔 신비로운 사물과 행위로, 그것의 근원과 존재 방식은 굳이 설명이 필요하지 않다. 두 번째는 '마지쿠스magicus'

---

[21] "Il meraviglioso nell'Occidente medievale", en *Il Meraviglioso e il quotidiano nell'Occidente Medievale*, Michele Sampaolo 번역, Roma-Bari: Laterza, 1983, pp. 3-23; 『아마디스 데 가울라』 구 판본, 128쪽. 이 연구는 'mirabilis'와 'magicus'를 교회의 교리와 사제의 체제에 대한 문화적 저항una forma di resistenza culturale rispetto al cristianesimo ufficiale e alla cultura ecclesiastica이라고 본다.

로 사악한 힘이 만들어낸 초월적 현상을 말한다. 아르깔라우스의 마법과 달리 우르간다의 마법은 사탄의 세계와 연결되어 있지 않기 때문에 이 범주에 속하지 않는다. 세 번째는 '미라쿨로수스miraculosus'로 하나님의 신성한 힘이 만든 초자연적 사건이다. 『아마디스 데 가울라』의 작품 해설에서 까초 블레꾸아는 이 세 가지 신비 외에 인간의 지식이 만들어낸 경이로운 장치를 아마디스 서사에서 발견되는 신비로 추가한다. 그 사례가 기계적인 장치로 작동되는 아르깔라우스의 성이다. 아마디스 이야기의 시대적 배경이 예수의 부활로부터 그리 떨어져 있지 않은 때이므로 특별히 근원을 밝히지 않은 가상의 숲과 섬, 거인과 난쟁이, 마법사와 괴물, 상상의 동물들, 신비로운 권능을 가진 칼과 반지 등은 첫 번째 범주에 속한다. 아마디스 서사에서 '마지쿠스'와 '미라쿨로스'는 영웅과 반영웅의 대립으로 나타나며, 우르간다의 예언이나 꿈의 해몽은 신성한 의지의 표현이므로 후자에 속한다. 작가가 말했듯이, 모든 일은 하나님이 예비하고 이루시기 때문이다.

　꿈과 예언보다 더 빈번하게 미래를 예고하는 장치는 서술자의 직접적 개입이다. 첫 번째 사례는 「1권을 시작하며」에서 엘리세나 공주와 합방하기 전에 뻬리온 왕은 자기 칼을 두고 사랑과 결혼을 맹세하는데 작가는 그것이 어떻게 실현되는지 '앞으로 듣게 될 것lo que adelante oiréis'(233쪽)이라고 말한다. 작가가 개입해 미래를 예고하는 표제어도 유사하게 반복된다. 서술자가 개입해 미래를 예고하는 사례는 10장이 16장에서 실현될 사건을 예고하면서 본격적으로 나타난다.

　　10장의 예고: 아그라헤스와 올린다의 사랑과 육체적 결합(16장에서 실현)
　　21장의 예고: 오리아나의 오해와 아마디스의 시련(44장에서 실현)
　　30장의 예고: 리수아르떼 왕의 식탁에 앉은 아마디스, 아그라헤스, 갈바네스의 분열(62장 이하에서 실현)

31장의 예고: 모든 사람들 위에 군림하는 리수아르떼 왕의 오만에 대한 경고(34장, 38장, 62장에서 실현)

38장의 예고: 아들 바르시난의 복수(50장, 96장에서 실현)

40장의 예고: 갈라오르와 브리올란하의 결혼(121장에서 실현)

49장의 예고: 아마디스에게 보내는 오리아나의 화해 편지(52장에서 실현)

59장의 예고: 딸란께와 마넬리의 출생(123장에서 실현)

70장의 예고: '녹색 칼의 기사'에게 패하는 아르끼실(106장에서 실현)

71장의 예고: 오리아나의 결혼과 대규모 전쟁(81장 이하에서 실현)

74장의 예고: 그리스 황제의 부탁과 아마디스의 약속(105장, 5권에서 실현), 우르간다의 예언의 예고(126장에서 실현)

78장의 예고: 고집 세고 오만한 리수아르떼 왕의 불행(119장에서 실현)

80장의 예고: 오리아나의 간청과 왕의 오만(119장에서 실현)

89장의 예고: 간달레스가 스코틀랜드에 전달한 메시지(105장에서 실현)

105장의 예고: 그라산도르와 마빌리아의 사랑(120장에서 실현)

106장의 예고: 로마황제가 될 아르끼실(117장에서 실현)

121장의 예고: 콘스탄티노플의 황제가 되는 에스쁠란디안(5권 127장에서 실현)

과거 반복과 미래 예고라는 기법은 『아마디스 데 가울라』가 듣는 문학으로 소비되었다는 사실을 확인해 준다. 한 사람이 읽고 여러 사람이 듣는 행위는 매일 일정한 장소에서 이루어지는 공연처럼 진행되었다. 우리의 1960~1970년대 TV 일일드라마 또는 라디오 드라마와 유사하다. 대중은 정해진 시간에 정해진 장소에서 매일 조금씩 이야기를 듣고 텍스트를 소비한다. 누가 듣는 사람이었을까? 쉬발리에는 기사 이야기를 처음 즐긴 사람이 왕과 귀족이었다고 한다.[22] 그들은 기사소설이 현실에서 벌어지는 사건을 소재로 삼아 기사로서의 이상적인 행동 규범을 구현하고 있는 점에 매료되었을 것이다.

그런데 왕과 귀족은 읽었을까 아니면 들었을까? 당연히 듣는 게 훨씬 편하고 재미있으며 전통적인 방식이다. 하지만 르네상스 시대의 기사소설은 왕과 귀족만을 위한 읽을거리 또는 들을 거리가 아니었고, 글을 알고 있는 사람의 전유물도 아니었다. 어떤 사람은 혼자 책을 읽으며 기사 이야기에 빠졌겠지만, 글을 읽지 못한 대부분 사람은 누군가 읽어주는 이야기를 듣고 즐겼다. 그런데 4권 133장이라는 방대한 길이의 이야기를 듣는 사람들은 이미 들은 지난 이야기를 기억하지 못한다. 처음부터 듣지 않고 중간부터 시작하는 사람도 있다. 그래서 작가는 앞뒤를 오가며 과거 이야기를 반복할 수밖에 없다.

22 Maxime Chevalier, "El público de los libros de caballerías", en *Lectura y lectores en la España del siglo XVI y XVII*, Madrid: Turner, 1976, pp. 65-103. 15세기 후반, 엔리께 4세 이후 카스티아의 권력과 왕위계승을 둘러싼 내전, 이사벨과 페르난도의 비밀결혼, 왕위계승 전쟁, 그라나다전쟁, 프랑스와 전쟁, 이탈리아 원정과 로마 약탈, 아프리카 원정, 신대륙 정복, 지중해에서 뛰르키예와 벌인 전쟁, 신구교간 전쟁 등『아마디스 데 가울라』가 유행한 시대에 산 기사들의 현실은 소설보다 더 역동적이었다.

7

사랑, 결혼, 정치, 권력

7. 1. 아마디스와 오리아나: 결혼은 정치적 질서의 상징적 재현

4권에서 아마디스 진영이 리수아르떼 왕과 로마황제 연합군 및 아르깔라우스 연합군과 싸워 승리하고 '인솔라 피르메'로 복귀했을 때 뻬리온 왕은 아들을 따로 불러 형제들의 결혼 문제를 처리하라고 한다. 아마디스는 다음 날 기사들을 모아 결혼과 영지 분배를 시작한다.

"친애하는 기사들이여! 힘들었던 고난은 지나갔고 고생한 덕분에 명예와 영광을 얻었으니, 이제 그대들의 절실한 가슴도 평안과 안식을 누려야 정녕 마땅하리다. …… 자! 이제 그대들의 사랑과 욕망이 이끄는 대로 조금도 서슴지 말고 그대들의 뜻을 밝혀보시오. 여기 있는 귀부인 중에 사랑하는 사람이 있는지, 아내로 맞고 싶은 여자가 있는지 말이오. …… 그대들이 적들로부터 많은 상처를 입고 승리를 쟁취했으니, 고통은 그놈들이 가져가게 하고, 그대들은 적들의 커다란 영지를 품에 안고 즐기고 안식하게 될 것이오."(4권 120장, 1,576쪽).

이미 운명적으로 '인솔라 피르메'를 영지로 가진 아마디스는 큰아들이라 가울라왕국을 상속받을 예정이고, 브리튼의 상속녀와의 공식 결혼식을 앞두고 있다. 그는 아르끼실을 로마황제로 만들고 결혼을 주선할 만큼 최고 권력자가 되었으니 이미 모든 걸 이루었다. 로마황제의 영지는 곧 그의 영지와 다름없었다.[1] 이제 그동안 기사들의 충성과 봉사에 대한 보상으로 영지를 나뉘주고 결혼하도록 맺어준다. 먼저 그는 여자들과 로마황제의 의사를 확인했고, 이어 기사들은 결혼할 여자를 선택했다. 새로운 부부가 아래와 같이 맺어진다.

- 갈라오르와 브리올란하 여왕
- 아그라헤스와 올린다
- 브루네오와 멜리시아
- 그라산도르와 마빌리아
- 꾸아드라간떼와 그라신다
- 플로레스딴과 사르다미라 여왕
- 드라고니스와 에스뜨렐예따

아마디스의 동생 갈라오르와 멜리시아, 이복형제 플로레스딴, 사촌 아그라헤스, 아그라헤스의 여동생 마빌리아, 사촌 드라고니스는 주인공과 혈연이다. 아일랜드 여왕의 삼촌 꾸아드라간떼, 브리올란하 여왕, 노르웨이 공주 올린다, 로마니아 섬의 영주 그라신다, 세르데냐의 사르다미라 여왕, '깊은 섬' 왕국의 에스뜨렐예따 공주는 아직 친척이 아니다. 주인공과 혈연을 나눈 공주는 친척이 아닌 미래의 왕과 결혼하고, 친척이 아닌 여왕은 혈연 기사와 결혼한다. 그렇게 결혼을 매개로 권력이 만들어진다. 그라신다가 그라산도르의 사촌이므로 아일랜드의 꾸아드라간떼도 보에미아 왕가를 매개로 가족이 되었다. 결혼은 가족의 형성이듯이, 현실 세계의 합스부르크 왕가처럼 아마디스 진영은 커다란 하나의 가문을 형성한다. 이미 상속받을 왕국이 있는 스코틀랜드의 아그라헤스와 보에미아의 그라산도르는 추가로 영지를 받지 않

1 4권 121장, 1,587쪽.

았고, 전쟁에 참여하지 않은 갈라오르는 결혼과 함께 소브라디사 왕국의 왕이 되었다. 반면 아마디스의 여동생과 결혼하는 브루네오는 커다란 아라비고 왕국을 받았고, 그가 상속받을 후작령은 동생 브란필에게 양보했다. 왕의 혈통을 가진 꾸아드라간떼는 그에 걸맞게 산수에냐를 받고, 드라고니스는 '깊은 섬' 왕국의 왕이 되었으며, 아마디스의 부탁에 따라 로마황제는 깔라브리아를 플로레스딴의 영지로 주었다. 아마디스 진영은 이제 모두 큰 영지를 소유한 왕과 영주가 되었다. 결혼과 영지 분배에서는 정치 논리 즉 전략적 동맹관계가 중요하게 고려된다. 가울라, 브리튼, 아일랜드, 로마, 스페인, 보에미아, 로마니아, 그리스는 이제 하나의 동맹이다. 지금은 그 중심에 아마디스가 있지만 5권부터는 에스쁠란디안이 가문의 수장이 된다. 5권에서 아마디스의 아들은 콘스탄티노플의 황제에 오르고, 대대로 아마디스의 후손이 황제가 되면서 기독교세계의 가장 강력한 혈연 동맹이 완성된다.

영지 분배와 결혼은 허구와 현실의 연결고리 역할을 한다. 가진 것 없는 출생, 비밀결혼, 왕국 내 전쟁, 왕국 간 전쟁, 연합왕국 간 전쟁으로 이어지는 아마디스의 불확실한 삶과 성공이 허구의 세계에 펼쳐진다면 그와 평행하게 현실 세계에서도 비밀결혼, 왕위계승전쟁, 〈그라나다전쟁〉, 〈이탈리아전쟁〉으로 이어진 이사벨 여왕과 페르난도 왕이 있다. 당대 독자들에게 아마디스와 두 가톨릭 왕의 삶은 쉽게 겹친다. 아마디스 진영이 거둔 성공은 이사벨과 페르난도를 따르던 스페인 기사들의 꿈이기도 했다. 허구 세계의 욕망과 현실 세계의 욕망은 다르지 않다. 『아마디스 데 가울라』의 기사가 위험을 감수하며 명예와 영지를 얻으려고 했다면 1492년의 신대륙 발견 이후 바다를 건너 미지의 아메리카대륙으로 간 스페인 정복자들은 '황금, 영광, 신앙Oro, Gloria, Evangelio'을 명분으로 내세웠다. 왕실과 정복자들이 거둘 부와 명예의 정당성을 교회가 인증하는 형태라고 할 수 있다. 이탈리아, 독일, 네덜란드 등 유럽의 전장에서 목숨을 걸고 싸운 스페인 군인들도 허구 세계의 기사처럼 부와 명예를 추구했다. 허구 세계의 기사가 사랑과 결혼으로 욕망을 감추었다면 현실 세계의 군인과 정복자에게는 그런 가면이 필요 없을 뿐이었다.

영지 없는 편력기사에게 영지는 삶의 목적이자 명예였다. 그리고 자신의 이름을 물려줄 합법적 아들을 낳아 영원한 명성을 얻으려면 결혼이 필수적이다. 목숨을 걸고 싸운 보상으로 누리는 '평안과 안식'은 결국 영지 획득과 가문의 형성이며, 결혼은 영지와 혈통을 합법적으로 소유하게 해준다. 따라서 결혼은 자립과 생존 수단이고, 혈통을 만들고 가문의 명예를 높이며, 영지와 가문의 명예를 지키기 위한 전략적 사업이다. 그래서『아마디스 데 가울라』는 공주와 사랑에 빠진 남자의 '사랑 이야기 love story'라기보다는 두 팔의 힘으로 신분 상승을 이룬 남자의 '결혼 이야기 wedding story'이다. 모든 기사에게 결혼은 필수고 사랑은 선택 사항이다. 사랑은 결혼의 필수조건이 아니다. 아마디스, 아그라헤스, 브루네오처럼 사랑이 결혼으로 이어지기도 하지만 대부분 기사는 사랑 없이 결혼한다. 허구 세계의 결혼도 너무나 현실적이다. 특히 로마황제 아르끼실과 보에미아 왕자 그라산도르와 아마디스 가문이 맺은 결혼은 동맹의 증표이다.

중세의 기사 이야기에서 사랑에 빠진 남자는 사랑을 이루지도 못하고 사랑에서 벗어날 수도 없어 죽음을 욕망했다. 랜슬롯의 사랑, 트리스탄의 사랑, 스페인 센티멘탈 소설『사랑의 감옥』의 주인공 레리아노의 사랑은 이루어질 수 없는 '불가능한 사랑'이었다. 이루어질 수 없고 벗어날 수도 없어 레리아노는 죽음을 택한다. 후안 데 플로레스 Juan de Flores의『그리셀과 미라벨야 Grisel y Mirabella』(1496년)에서도 스페인 기사와 스코틀랜드 공주는 서로 사랑했다는 이유로 재판에 넘겨지고, 공주가 죽음을 선고받자 두 연인은 자살을 택한다.『아마디스 데 가울라』2권에서 주인공의 사랑도 죽음에 이르는 열정 감정이었다. 하지만 3권과 4권에서 주인공의 사랑은 '불가능한 사랑'이 아니라 '불가능이 없는 사랑'이다. 아마디스는 사랑이라는 병에 걸려 고통받는 중세 기사가 아니라 모든 장애물을 극복하고 사랑하는 여자와 결혼하는 르네상스 기사이다. 이 사랑에는 르네상스 시대에 팽창하는 스페인제국의 낙관적 이상이 반영되어 있다.

명예로운 기사의 사랑과 결혼은 반드시 여자의 자유의지에 따른다. 1권에서 막 기사서임을 받은 주인공은 여자들에게 '아비에스 왕을 돕지 않는 기사와는 동침하지 않겠다는 맹세'를 강요하는 아비에스 왕의 삼촌(5장), '자신 외에는 다른 남자를 사랑하지 않겠다는 맹세'를 강요하는 갈빠노(6장)를 처벌한다. 4권에 나오는 거대한 전쟁에서도 오리아나의 자유의지가 아마디스 진영의 명분이었다. 하지만 허구와 달리 현실에서 여자의 자유의지는 법률에 규정된 결혼의 필수 요건이었지만 명목상의 요건일 뿐이었다. 실질적으로 여자의 결혼 상대는 가문의 남자가 결정했다.

> 엥크마르는 법률에 정통한 사람답게 고전기 로마의 전통에 따라 결혼을 민법적 형식으로 정의했다. 합법적 결혼 관계는 '자유롭고 대등한 신분의 사람 간에 이루어지는 것으로, 자유로운 여자가 아버지 결정에 따라 법에 따라 재산을 증여받고 공개 혼례를 통해 명예롭게 남자에게 넘겨지는 것'이며, 성적 결합commixtio sexuum이 그러한 연합을 완성한다.2

하지만 『아마디스 데 가울라』에서 여자는 가문의 남자가 정해주는 결혼이나 납치한 자가 강요하는 결혼이 아니라 본인 의지에 따라 결혼한다. 기사는 여자의 사랑 감정이 아니라 결혼 의지를 얻어야 결혼에 이를 수 있고, 그러려면 목숨을 걸고 위험한 모험을 수행해 자신의 가치를 여자에게 증명해야 한다. 기사는 여자의 자유의지를 보호하고 존중하고, 여자는 원치 않는 남자

---

2 뒤비, 『중세의 결혼. 기사, 여성, 성직자』, 49쪽.

와 결혼하지 않고 결혼 상대를 스스로 결정하는 세계를 보여줌으로써 기사소설을 읽고 듣는 미혼여성과 기혼여성은 현실에서 이루고 싶은 또는 이루지 못한 꿈을 욕망한다. 귀족이든 평민이든 그와 같은 욕망은 신분을 가리지 않는다. 그런데 기사소설에서 결혼은 현실 조건에 따라 이루어지므로 여자의 자유의지도 현실 조건에 따라 달라진다. 그래서 처음에는 결혼하기 싫었으나 남자의 현실 조건이 달라지면 여자가 결혼을 받아들이는 사례가 생긴다. 앙그리오떼와 그로베네사의 결혼이 그렇다. 현실 조건에 맞춰 욕망을 조율하므로 힘이 센 기사와 '성城이 딸린 여자'는 서로의 명예, 권력, 재산을 가늠하며 결혼 상대를 정한다. 불가능한 사랑이 죽음으로 치닫지 않는 까닭도 자유의지가 현실 조건과 타협하기 때문이다. 사랑했지만 아마디스와 결혼하지 못한 브리올란하도 전혀 죽음을 생각하지 않는다. 차선을 택하면 그뿐이다. 그렇게 기사소설의 결혼에는 개인과 집단의 욕망, 권력, 지위, 재산, 명예 등 현실 사회의 욕망 체계가 내재화되어 있다. 중세의 아서왕 로망스와 달리 르네상스 시대의 기사소설은 독자가 꿈꾸는 세속적 욕망을 드러낸다. 그래서 결혼은 정치적 질서의 상징적 재현이자 모방이다.3

남자에게는 힘과 명예와 혈통이, 여자에게는 아름다움과 재산과 혈통이 정치적 질서를 만들고, 정치적 질서는 결혼을 통해 드러난다. 혈통에 따른 서열은 강조되지 않지만, 새로운 왕과 황제는 당연히 왕의 혈통에서 나온다. 정치적 질서의 명시적 조건은 남자의 명예와 여자의 아름다움이다. 권력, 재산, 혈통은 이 명시적 조건에 맞춰진다. 아름다운 여자는 아름다움의 위계에 부합하는 재산과 혈통을 갖추고 있어야 한다. 그래서 시녀는 공주보다 아름다울 수 없고, 나쁜 여자는 선한 여자보다 아름다울 수 없다. 다만 여자는 정치적 질서에 따른 결혼 조건이 이미 결정되어 있지만 남자는 그렇지 않다. 그래

---

3 Stephen G. Nichols, "Rewriting Marriage in the Middle Ages", *Romanic Review*, 79(1988), 1, 42쪽.

서 젊은 기사는 위험한 전쟁에 나가 자신의 두 팔로 명예를 얻어야 한다. 기사소설은 여자의 성공담이 아니라 남자의 성공담이고, 여자의 결혼 이야기가 아니라 남자의 결혼 이야기이다. 명예롭지만 재산이 없는 기사에게는 '성이 딸린 여자'가 필요하고, 재산이 많은 여자는 그것을 지키고 보호할 힘 있는 남자가 필요하다. 그런 조건의 결합은 갈바네스와 마다시마의 결혼만이 아니다. 결혼에 이르려면 남자와 여자의 의지가 필수적이지만 의지는 결혼을 통해 얻게 될 두 사람의 이익에 달려 있고, 이익은 명예와 아름다움의 위계에 반영되어 있다. 그리고 이익을 유지하려면 기사 한 사람이 아니라 기사 집단의 연계와 동맹이 필요하다. 어떤 기사가 '성이 딸린 여자'를 납치해 강제로 결혼하거나 그녀를 쫓아내고 영지를 빼앗았다면 다른 기사도 그를 죽이고 마찬가지 방식으로 '성이 딸린 여자'와 강제로 결혼하거나 그녀의 영지를 빼앗을 수 있다. 그렇게 되면 폭력의 악순환이 일어나고 세상은 무질서한 파멸로 치닫는다. 하지만 동맹은 파멸을 막아준다. 기사소설은 중세의 아서왕 로망스처럼 왕국의 파멸을 보여주는 이야기가 아니라 주인공이 위기와 혼란에 빠진 왕국을 구하고 새로운 질서를 만드는 이야기이다. 폭력과 전쟁의 악순환을 멈추려면 기사도라는 가치 체계와 강력한 권력이 필요하고, 권력은 개인의 힘이 아니라 집단을 통해 발휘된다. 그래서 새로운 정치적 질서는 아마디스 혼자가 아니라 아마디스 가문이 만든다.

아마디스와 오리아나는 운명적으로 정해진 연인이지만 사랑만으로 결혼하지는 못한다. 다른 기사들처럼 두 사람도 정치적 질서 속에서 자신이 가장 우월하고 기사도의 덕목이라는 이데올로기적 또는 도덕적 정통성을 갖고 있음을 입증해야 한다. 주인공의 우월성과 정통성을 보여주는 핵심 장치는 그의 영지 '인솔라 피르메'이다. '인솔라 피르메'를 만들고 마법에 걸어놓은 아뽈리돈의 혈통은 두 개의 가지로 갈라지는데, 하나는 '인솔라 피르메'를 이어받은 아마디스이고 다른 하나는 그리스 황제 가문이다. 아마디스가 '인솔라 피르메'의 주인이 됨으로써 그리스 황제 가문과 하나로 맺어지는데, 이 혈통은 피로 이어지는 게 아니라 최고의 기사라는 덕목으로 맺어지고 계승된다. 그러므로 아마디스의 진정한 혈통은 가울라가 아니라 '인솔라 피르메'를 통해 콘스탄티노플에 뿌리를 두게 되고, 따라서 그의 가문은 지중해 동쪽을 지향한다. 아뽈리돈은 그리스 황제가 되어 '인솔라 피르메'를 떠나기 전, 백 년 후에 '인솔라 피르메'의 주인이 될 사람은 자신보다 더 훌륭한 기사이고 그의 부인은 아뽈리돈의 부인보다 더 아름다워야 하며 두 사람의 사랑은 순결해야 한다는 조건을 걸었다. 그것이 기사도와 기사소설 세계가 추구하는 이데올로기이다. 그것을 시험하기 위해 '마법의 방'(사람이 들어오지 못하게 '스스로 지키는 방')과 '순결한 연인을 위한 마법의 문'을 만들어 두었다. 기사와 여자의 명예는 '마법의 방'과 '순결한 연인을 위한 마법의 문'을 통과하는 시험을 통해 인증된다. 남자의 세계에서는 결투와 전쟁이, 여자의 세계에서는 아름다움이 명예를 결정한다. '순결한 연인을 위한 마법의 문'은 통과/미통과로 구분되고, '마법의 방' 시험에서는 아래와 같은 구조를 갖는 일곱 개의 서열이 만들어진다. '마법의 방' 1에 도달한 남녀〈석조 기념물에 도달한 남녀〈'마법의 방' 2에 도달한 남녀〈주석 기념물에 도달한 남녀〈'마법의 방' 3에 도달한 남녀〈'대리석 기념물'에 도달한 남녀〈마법의방 4에 도달한 남녀가 명예와 아름다움의 서열이다. 오직 아마디스와 오리아나만 '마법의 방' 4에 들어갈 수 있었다.

'마법의 방'에 들어간 기사의 서열은 아마디스〉갈라오르=아그라헤스=플로레스딴=꾸아드라간떼〉아비에스 왕〉아르깔라우스의 순서이다. '순결한 연인을 위한 마법의 문'을 통과한 남자는 아마디스, 아그라헤스, 멜리시아의 연인 브루네오 그리고 텍스트에 언급되지 않는 마다빌^{Madavil}뿐이다. '인솔라 피르메'의 시험을 통해 남자와 여자의 서열이 정해지고, 정점에 아마디스와 오리아나가 있다.

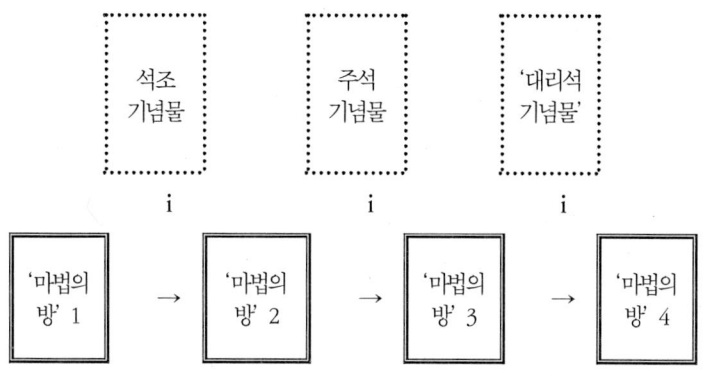

 아마디스와 결혼하고 싶었던 여자는 소브라디사 왕국의 브리올란하 여왕 그리고 보에미아 왕의 조카이자 로마니아의 영주 그라신다였다. 정치적 질서에 따라 두 여자를 오리아나와 비교해 보자. 브리튼의 상속녀 오리아나는 두 여자보다 더 큰 영지를 갖고 있다. 소브라디사 왕국과 로마니아 섬은 브리튼보다 작다. 미모에서도 브리올란하와 그라신다는 오리아나에 미치지 못한다. 오리아나보다 더 큰 영지를 소유한 여자도, 오리아나보다 더 아름다운 여자도 없다. '인솔라 피르메'의 시험은 그와 같은 정치적 질서를 보여준다. 아마디스와 까닐레오의 결투 이후 '마법의 방' 시험에 도전한 브리올란하는 63장에서 '대리석 기념물'에 도달했으나 '마법의 방' 4에 들어가지는 못한다. 4권의 거대한 전쟁이 끝난 후 125장에서 오리아나, 올린다, 멜리시아는 다시 '순결한 연인을 위한 마법의 문'과 '마법의 방'의 시험에 도전한다. 그라신다는 '마법의 방' 3을 통과해 간신히 '대리석 기념물'에 도달했으나 곧 밖으로 내쳐졌다. 그라신다가 힘을 써 간신히 '대리석 기념물'에 손을 대었다면 올린다는 아주 쉽게 '대리석 기념물'에 도달했다. 하지만 올린다도 거기서 밖으로 매몰차게 내쳐졌다. 멜리시아는 '대리석 기념물'에 도달하여 한 발을 더 나아갔으나 그것이 끝이었다. 오직 오리아나만 '마법의 방' 4에 들어갈 수 있다. 아름다움의 서열은 다른 장면에서도 확인된다. 84장에서 부유한 그라신다는 화려하게 치장했지만 오리아나를 만나자 오리아나가 훨씬 더 아름답다고 인정한다. 97장에서도 그라신다는 브리올란하의 아름다움에 놀라며, 오리아나 다음으로는 브리올란하가 세상에서 가장 아름다운 여자라고 생각한다. 아마디스가 그라신다를 만났을 때도 작가는 그라신다의 미모를 두고 이렇게 기술한다.

> [궁정에 도착해] '녹색 칼의 기사'는 매우 아름답고 싱그러운 부인을 만났다. 그의 동생 멜리시아가 지나간 뒤에 나온다면 어느 여자도 견줄 수 없을 만큼 아름다웠다. 귀부인 눈에 '녹색 칼의 기사'도 매우 아름답게 보였는데, 그녀에게는 세상에서 가장 늠름하고 아름다운, 그녀가 살아오면서 만난 기사 중 가장 아름다운 기사로 보였다(3권 72장, 1,121쪽).

이제 그라신다 이야기를 해보자. 식사를 마친 그라신다는 방으로 돌아와 침대에 누워 아름다운 '녹색 칼의 기사'와 그가 행한 위대한 무훈을 생각했다. 자신은 얼마나 아름다운지, 재산은 얼마나 많은지, 보에미아의 따피노르 왕의 조카라는 혈통, 훌륭한 기사와 결혼해 일 년밖에 살지 않았고 아이도 없다는 사실을 떠올렸다. 그리고 그라신다는 비록 '녹색 칼의 기사'가 가진 게 아무것도 없는 편력기사였지만 그를 남편으로 삼을 결심을 했다(3권 72장, 1,123쪽).

그렇게 정치적 질서가 작동하면서 그라신다는 가진 게 없는 편력기사와 결혼할 마음을 굳히지만 간달린은 '녹색 칼의 기사'가 세상에서 가장 위대한 기사라고 말하며 그녀의 결혼 의지를 꺾는다. 나중에 그라신다는 자신이 세상에서 가장 예쁜 여자가 아님을 확인하며 나이 든 꾸아드라간떼와 결혼한다. 그러므로 여자의 서열은 오리아나〉브리올란하〉멜리시아〉올린다〉그라신다 순서이다. 오리아나가 '마법의 방' 4에 도달해 '세상에서 가장 아름다운 여자'라는 인증을 얻고, 동시에 '인솔라 피르메'의 모든 마법이 풀어져 '마법의 방' 시험은 사라졌다. 그로써 오리아나의 명예는 영원해졌다. '세상에서 가장 아름다운 여자'라는 명예는 재산, 덕목, 권력의 표식이고, 이 모든 조건은 오리아나라는 인물로 일체화되어 있다. 그러므로 세상에서 가장 아름다운 여자의 배우자는 세상에서 가장 명예로운 남자여야 한다. '순결한 연인을 위한 마법의 문' 외에도 57장에서 아뽈리돈의 조카 마깐돈이 가져온 불타는 녹색 칼과 녹색 머리띠의 시험도 아마디스와 오리아나가 가장 순결한 사랑을 하는 연인이라는 사실을 입증한다.

12살의 아마디스와 10살의 오리아나는 처음 만났을 때부터 서로 사랑했다. 두 사람의 사랑은 질투와 고행(위기)→사랑의 확인→육체적 결합→로마 황제의 청혼(위기)→결혼으로 이어지며 다음과 같이 진행된다.

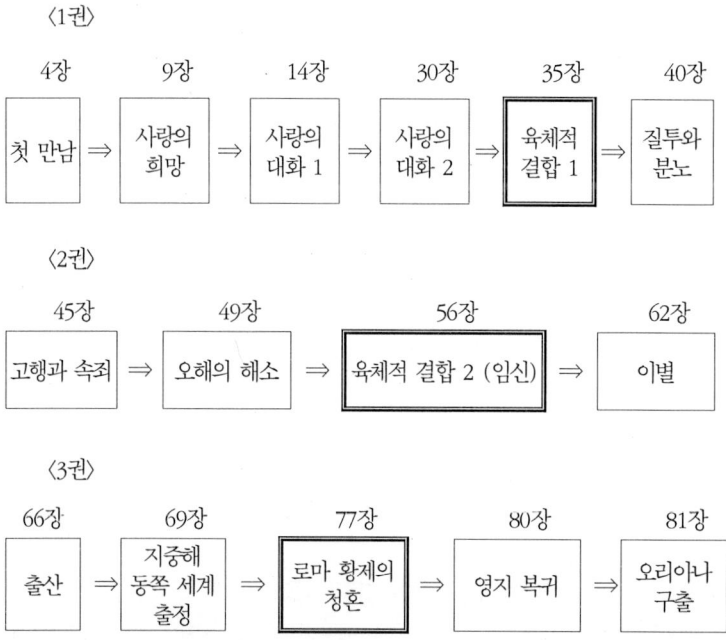

〈4권〉

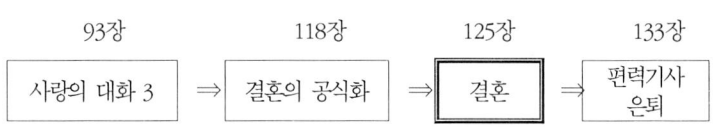

첫 번째 위기는 오리아나의 오해와 질투에서 시작되고, 연인의 부당한 결정에 순응해 자신을 죽게 놔두는 아마디스의 고행으로 종결된다. 첫 번째 위기 이후 육체적 결합이 이루어진다. 그로써 두 사람은 당대의 기준으로 결혼에 필요한 조건을 충족한다. 두 번째 위기는 로마황제의 청혼이었고, 이 위기는 전쟁을 거쳐 공식 결혼으로 이어진다. 두 번째 위기를 거치면서, 구체적으로는 81장에서 배를 타고 로마로 가던 오리아나를 아마디스가 구출한 이후부터 오리아나는 새로운 성격의 인물로 변모한다. 완벽하게 아름다운 공주이자 사랑 때문에 질투하던 아가씨에서 왕비의 자질과 품격을 갖춘 부인이 된다. 리수아르떼 왕과 전쟁을 준비하는 아마디스가 전쟁의 명분을 확보할 수 있도록 개인적 감정을 개입시키지 않는다. 아마디스가 불안해하자 그녀는 에스쁠란디안의 소식을 알리면서 사랑은 변치 않는다고 안심시킨다. 임신과 출산을 거친 그녀는 남편을 위해 정치적으로 내조한다. 87장에서는 아그라헤스에게 리수아르떼 왕과 화해하라고 간청하고, 88장에서는 콘스탄티노플의 황제에게 도움을 요청하러 가는 그라신다에게 호의를 보인다. 그녀는 온화한 성품으로 아마디스 진영 기사들의 마음을 모으는 그물이었다. 94장에서도 어머니에게 편지를 보내 아마디스와 리수아르떼 왕이 화해하도록 도움을 요청한다. 이제 오리아나는 매우 이성적이고muy cuerda(95장, 1,424쪽), 사리에 밝으며muy entendida(1,425쪽), 다른 여자에게서 찾아볼 수 없는 왕비의 자질como aquella reinaba más que en otra mujer(1,426쪽)을 가진 부인이다. 전쟁 후 뻬리온 왕과 기사들이 오리아나를 위로할 때 그녀는 뻬리온 왕에게 리수아르떼 왕과 화해하길 바란다고 말한다. 120장에서 결혼이 공식화된 후 아마디스가 전처럼 자신에게 예의를 갖추자 오리아나는 이제부터 자신이 아마디스를 높이겠다고 한다.

아마디스와 오리아나의 결혼에서 중요한 점은 결혼 요건을 완성한 첫 번째 위기와 공식 결혼 사이에 비밀결혼matrimonio secreto 또는 '맹세에 따른a iuras 결혼'이라는 단계를 거친다는 사실이다. 이 비밀결혼은 숭고한 의식의 형태가 아니라 육체적 결합으로 나타나고, 간달린, 두린, 마빌리아, '덴마크 아가씨'가 증인 역할을 한다. 두 사람은 왜 비밀결혼 단계를 거쳐야 했을까? 사랑하지만 결혼할 수 없던 까닭은 무엇일까? 스코틀랜드 왕의 궁정에서 둘이 처음 만났을 때 열두 살의 아마디스는 혈통도 재산도 지위도 없었지만 오리아나는 브리튼의 상속권을 가진 공주였다. 두 사람의 사회적 지위는 극단적으로 달랐다. 여자의 자유의지는 결혼의 장애물이 아니었다. 아마디스가 '비련의 바위섬'에서 목숨이 위태로운 고행을 감수함으로써 사랑은 확인되었고, 2권 56장에서 오리아나가 임신하면서 결혼 조건은 완성되었다. 아마디스가 오리아나와 결혼하려면 리수아르떼 왕의 허락만 남았다. 왕의 허락이 곧 사회적 인정이며, 여기에는 '자유롭고 대등한 신분' 외에도 혈통과 권력과 명예가 결부된 복잡한 정치적 질서가 작용한다. 결국 사회적 인정이 결혼의 장애물이었다.

그래서 아마디스는 오리아나의 도움으로 뻬리온 왕에게 기사서임을 받으면서 사회적 인정을 얻기 위한 모험을 시작한다. 이어 아마디스가 뻬리온 왕의 아들이자 상속권자라는 신분이 밝혀지면서 결혼에 필요한 혈통 문제는 해결되었다. 이제 가울라의 왕자가 브리튼의 상속녀와 결혼하려면 그에 합당한 명예와 권력과 지위를 갖추어야 한다. 가울라는 작은 왕국이었고, 가울라와 브리튼의 관계는 우호적이지 않았다. 아마디스가 가울라의 왕위를 상속받는 데 그친다면 오리아나와 결혼할 수 없다. 오리아나와 결혼하려면 아마디스는 가울라를 떠나야만 했다. 아버지 집을 떠나는 것이 결혼을 위한 첫걸음이다. 아마디스는 그가 치른 결투 — 아일랜드의 아비에스 왕, 오만한 다르단 — 를 소개장 삼아 런던에 입성한다. 하지만 그는 런던 궁정에서 리수아르떼 왕의 기사가 되지 않는다. 왕의 기사가 되면 충성 의무에 묶이게 되고, 왕에게 종속되면 왕위 상속권을 가진 오리아나와 결혼할 수 없다. 브리튼의 상속녀와 결혼하려면 브리튼 왕보다 더 높은 명예를 가져야 하고, 왕보다 더 큰 권력을 쟁취하려면 왕과 결별해야 하며, 왕과 전쟁을 시작하려면 정당한 명분이 필요하다. 바르시난의 반란을 진압한 〈런던전투〉, 아일랜드의 실다단 왕과 싸운 100대100 전투는 리수아르떼 왕을 위한 봉사이면서 동시에 결별을 위한 명분과 정당성을 축적하는 과정이다. 그리고 콘스탄티노플에 이르는 오랜 출정을 감수하는 이유도 더 많은 영주들을 규합해 리수아르떼 왕과 전쟁할 군대를 모으기 위함이다.

왕과 싸워야 한다면 전쟁의 정당성은 어떻게 확보할 수 있을까? 전쟁의 정당성은 왕이 기사도의 덕목을 훼손하는 정의롭지 못한 기사일 때, 명예롭지 못한 왕이 될 때, 하나님이 왕에게 부여한 책임을 왕이 저버렸을 때 확보된다. 정의롭지 못한 왕이 왕국을 혼란에 빠뜨리고, 정의로운 기사가 나타나 다시 정의와 새로운 질서를 세우는 상황이 만들어져야 한다. 그래서 리수아르떼 왕은 부정적인 모습으로 나타난다. 젊은 리수아르떼 왕은 형이 브리튼의 왕이 되자 편력기사가 되어 유럽을 떠돌았고, 덴마크에서 브리세나 공주를 만나 결혼해 덴마크의 왕이 되었다. 그러다가 형이 죽은 뒤 브리튼의 왕위를 승계했다. 그렇게 하나님의 은혜로 왕이 된 리수아르떼 왕은 왕국을 안정적으로 유지할 책임이 있지만 자신의 명예를 위해 왕국을 위험에 빠뜨린다. 왕의 명예는 29장에 나오는 황금왕관과 망토의 약속에서 첫 번째 시험대에 오른다. 어느 백발 기사가 궁정에 나타나 보석이 박힌 황금왕관과 화려한 망토를 왕에게 빌려주면서 만약 돌려주지 않으면 다른 요구를 들어달라고 했다. 왕은 그렇게 하겠다고 약속했다. 기사들은 왕의 약속이 왕국을 위험에 빠뜨린다고 걱정했고, 그들이 우려한 대로 왕관과 망토는 31장에서 사라졌다. 그러자 작가는 31장의 도입부에서 왕의 오만을 비판한다. 그리고 왕은 모든 사람을 런던으로 불러들여 충성서약을 받고 그들 위에 군림하려고 했으나, 그것이 오히려 반란의 계기가 되었다. 왕의 오만은 하나님이 부여한 역할에 대한 배신이다. 32장에서 왕은 궁정으로 불러들인 귀족들에게 명예로운 왕의 조건이 무엇인지 묻는다. 귀족들이 합의된 답을 내놓지 못하자 왕은 휘하에 훌륭한 기사가 있어야 명예로운 왕이 된다고 선언하고, 왕을 비롯한 모든 기사는 여성을 보호하겠다고 서약한다. 하지만 왕은 훌륭한 기사를 모으고, 하나님이 주신 왕국을 잘 유지하며, 여자를 보호하겠다는 서약을 스스로 어긴다. 34장에서 왕에게 왕관과 망토를 준 백발의 기사가 나타났고, 왕관과 망토를 잃어버렸으니 오리아나 공주를 달라고 했다. 왕은 약속을 지키겠다며 왕국의 상속자인 공주를 넘겨주었다. 이 백발의 기사가 바로 마법사 아르깔라우스였다. 아르깔라우스는 오리아나를 데리고 떠났고, 왕은 쫓아갔지만 결국 마법사의 기사들에게 사로잡히고 말았다. 여자를 보호하지 않고, 왕국을 위험에 빠뜨렸다. 그리고 런던에서는 아르깔라우스와 바르시난의 반란이 일어난다. 그때 작가는 자신의 명예를 지키고자 왕국을 위태롭게 만든 왕의 잘못을 이렇게 지적한다.

> 리수아르떼 왕은 한때 자신의 권위로 이 세상을 지배할 생각을 품었지만 오늘에 이르러 왕국을 상속받을 딸을 잃어버렸고, 자신은 사악하고 잔인한 마법사에게 사로잡혀 아무런 대책도 없이 사슬에 묶이는 불명예를 안게 되었다. [세상의 황제여, 왕이여, 귀족들이여!] 조심하고 또 경계하라. 하나님의 뜻을 알라. 그대들에게 더없이 고귀한 지위를 내려주셨으니, 그대들의 의지와 마음은 더욱 겸손하고 낮게 임하길 원하신다. 리수아르떼 왕은 하나님의 커다란 은혜를 입어 많은 소유와 권력을 지니게 되었는데 그것을 잊어버리고 말았다. 그것은 엄청난 오만

이자 지나친 탐욕일지니, 왕은 하나님이 주신 은혜를 잘 지키고 보존해야 마땅하다. 하나님의 뜻을 거스르면 주께서는 은혜를 거두어가고 이런 불명예를 남긴다. 이 리수아르떼 왕이 얼마나 정직하고 정의로우며 유쾌한 사람이었던가. 하나님이 그런 왕에게 등을 돌려 이토록 잔혹한 지경에 처하게 만드셨으니, 하나님의 비밀스럽고 지엄한 판결을 가슴에 새겨두어야 한다(1권 34장, 565쪽).

아마디스가 구해주지 않았다면 왕은 목숨과 왕국을 잃을 뻔했다. 게다가 아마디스는 몬가사 섬의 영주권이 걸린 결투에서 승리했고, 왕은 몬가사 섬의 영주권을 얻었다. 하지만 오히려 왕은 명예가 높아져 가는 아마디스를 시기했다. 왕은 가신의 잘못된 조언을 듣고 훌륭한 기사들을 궁정에서 쫓아냈다. 그러자 작가는 다시 왕에게 이렇게 훈계한다.

[세상의 왕과 제후들이여!] 자신을 돌아보고 또 돌아보라. 하나님께서 얼마나 큰 권능을 그대들에게 맡겼는지 잘 헤아려보고, 하나님께 다시 돌려드려야 한다. 그렇지 않으면 그대들이 이 세상에서 누리는 크나큰 영광과 거대한 권력만큼 그대들이 저지른 잘못은 저 너머 세상에서 끝없는 고통과 괴로움으로 변해 그대들의 영혼에 닥쳐오리라. 단지 미래에만 영원한 고통의 나락에 빠지는 게 아니라 지금 그대들이 사는 동안에도 그대들이 그토록 떠받들고 무슨 수를 써서라도 지켜내려는 명성과 명예가 땅에 떨어질 수 있다. 리수아르떼 왕이 직접 보여주고 있지 않은가. 나쁜 짓을 꾸미는 사람을 믿고 의지하면 왕실의 불명예와 비참함을 눈으로 직접 확인하게 되리니 평생 돌이킬 방법이 없다. 혹여 행운이 도와 잠시나마 조금 더 승리를 얻을 수는 있겠으나 그것은 더 높은 곳에서 떨어뜨려 그들의 영혼을 더 큰 고통과 고뇌에 빠뜨리기 위함이다(2권 62장, 889~890쪽).

아마디스가 리수아르떼 왕과 브리튼 왕국을 구한 〈런던전투〉, 100대

100 전투, 몬가사 섬 영유권 분쟁은 왕의 무기력과 불명예를 보여준다. 특히 몬가사 섬 영유권 분쟁이 결정적이다. 아마디스가 까닐레오를 죽였고, 그로써 마다시마가 상속받아야 할 영유권은 리수아르떼 왕에게 넘어갔다. 아마디스에게는 보상을 요구할 명분이 있고, 명예로운 왕이라면 관대함을 베풀어야 한다. 아마디스가 상속권을 잃어버린 여자의 권리를 주장하며 섬의 통치권을 원래 상속권자인 마다시마에게 돌려주라고 부탁하자 왕은 이미 섬을 레오노레따 공주에게 주었다고 거짓말하며 아마디스에게 궁정을 떠나라고 한다.

내가 자네의 가치를 몰라준다고 생각한다면 세상은 넓으니 넓은 세상을 돌아다니며 어디 한번 자네를 인정해 줄 사람을 찾아 가게!(2권 62장, 895쪽).

그러자 작가가 다시 개입해 왕에게 훈계한다.

아, 이 무슨 말인가! 어제까지 그토록 아마디스를 총애하고 존중한 리수아르떼 왕이 바로 이 사람인가. 아마디스와 함께 있으면, 그의 형제와 친척이 함께 있으면 세상을 다 가진 듯하다며 다른 무엇도 필요하지 않다던 왕이 아니던가. 아마디스가 소중한 칼을 잃어버리고 까닐레오와 결투하러 나설 때 경각에 달린 그의 목숨이 안타까워 눈물을 흘리던 왕이 아니던가. …… 그때는 아마디스가 왕을 위해 헌신한 모든 수고를 기억하고 있었고, 그로 인해 왕 자신의 목숨과 왕국의 안위를 유지한 사실을 잘 알고 있었지만 그때 가졌던 커다란 사랑도, 명석한 판단과 품위도, 세상 이치를 꿰뚫어 보던 밝음도 사악한 운명을 타고난 자의 경박한 말 때문에 지금은 모두 사라지고 말았다. 이 왕의 자질과 식견으로는 사악한 자의 악행을 알아차리지 못했고 가로막지도 못했다. 적들의 무기나 차가운 독약만이 국왕과 제후의 운명을 위험에 빠뜨리고 파멸시키는 게 아니다. 둘만 있을 때 귀에 속삭이는 말이 더 크고 확실한 위험이다. 좋은 말이든 나쁜 말이든 귀에 새겨져 마음을 요동치게 만들고 왕의 의지를 사로잡아 엉뚱한 데로 몰고 간다(2권 62장, 895-896쪽).

아마디스와 결별함으로써 훌륭한 기사 집단을 잃어버린 왕은 이전에 자신이 밝힌 명예로운 왕의 조건을 스스로 위반하고 말았다. 왕의 잘못으로 촉발된 몬가사 섬의 영주권 분쟁으로 브리튼의 혼란과 무질서는 본격화된다. 그래서 마다시마의 상속권과 몬가사 섬 전투가 4권에 나올 전쟁의 전조이다. 그리고 강제결혼으로 상속권을 잃어버린 오리아나가 대규모 국제전의 원인이자 명분이다. 브리튼의 상속권 문제는 신하들의 반대에도 불구하고 왕이 오리아나와 로마황제의 결혼을 추진했기 때문에 발생한다. 따라서 전쟁의 책임은 왕에게 있다. 3권 77장에서 왕은 두 가지 이유를 들어 오리아나를 로마황제와 결혼시키려고 한다. 첫째는 큰딸이 로마황제와 결혼하면 어려울 때마다 도움을 받을 수 있고, 둘째는 브리튼을 어린 둘째 딸 레오노레따에게 물려줄 수 있다. 왕은 브리튼을 계속 지배하면서 로마에 대한 영향력도 얻으려고 한다. 그렇게 자신의 권력을 확대하려고 딸에게 원치 않는 결혼을 강요하고 하나님이 정한 상속권도 바꾼다. 게다가 이를 위해 왕은 주위의 조언을 무시한다. 78장에서 갈라오르는 왕의 잘못을 이렇게 지적한다. 왕은 외부 도움이 필요할 만큼 약하지 않고, 오히려 로마황제가 위태로운 상황에 놓이면 그를 도와주려다가 기사들과 재산을 잃어버리게 된다. 원치 않는 정략결혼에서 아들이 태어나면 오리아나는 명예와 권력을 잃고 나중에는 비참한 처지가 된다. 그렇게 되면 왕이 기대하는 로마의 도움도 받지 못한다. 게다가 만약 로마황제의 도움을 받는 일이 생기게 되면 로마가 브리튼을 지배하는 것처럼 보이기 때문에 오히려 왕에게 불명예가 된다. 그렇게 왕을 설득한다. 갈라오르는 자신의 조언을 기록한 문서를 왕에게 주면서 누군가 다른 조언을 한다면 그와 결투하겠다고 말했다. 왕은 겉으로 표현하지는 않았으나 속으로는 매우 불쾌했다. 왕의 삼촌 아르가몬떼 백작도 결혼에 반대한다. 왕의 뜻을 따르면 하나님의 정의와 왕국의 신민을 배신하는 불충이 된다. 오리아나가 황제비가 되고 레오노레따가 브리튼을 이어받는다는 왕의 구상은 실현되기 어렵다. 오히려 오리아나와 결혼한 로마황제가 브리튼의 상속권을 주장하면 브리튼 왕국은 혼란에 빠지게 된다고 왕을 설득한다. 그러나 왕은 이미 로마 사람들에게 구두로 약속했기 때문에 약속을 바꿀 수 없다고 말한다. 약속이라는 개인적 명예에 대한 왕의 맹목적 집착이 다시 반복된다. 백작은 명예를 훼손하지 않고도 약속을 번복할 방법이 있다고 말해도 왕은 삼촌의 조언을 무시한다. 결국 왕의 결정은 전쟁으로 이어지고, 신의 뜻에 따라 왕은 패배한다. 하나님이 정한 상속권을 자신의 개인적 명예와 이해에 따라 바꾸는 결정은 왕의 오만이다. 왕의 오만은 전쟁의 빌미가 되었고, 그래서 작가는 반복적으로 왕의 오만을 지적하고 경계한다. 오만한 왕 때문에 상속권을 빼앗기고 원치 않는 결혼을 강요당한 여자를 돕는다는 기사도의 명분은 아마디스 진영에게 전쟁의 정당성을 제공한다.

아마디스는 하나님의 뜻을 거스른 불의한 왕과 싸워 승리했다. 그로써 아마디스는 '세상에서 가장 아름다운 여자'와 결혼할 수 있는 명예를 갖추었음을 사회적으로 인정받는다. 전쟁이 끝난 후 오리아나의 고해사제 나시아노가 오리아나의 비밀결혼을 리수아르떼 왕에게 알렸고, 패배한 왕은 딸의 결혼을 허락해야만 했다. 왕의 허락이라는 사회적 인정을 얻지 못해 아마디스는 비밀결혼을 거쳐야 했다. 당사자의 동의, 육체적 결합, 아버지(가문의 남자 또는 교회)의 허락이라는 사회적 인정이 기사소설이 표방하는 결혼 조건이다. 현실도 그와 다르지 않았다. 허구세계는 현실을 모방하고 현실에서 이루지 못하는 꿈을 실현한다.

현실세계에서 비밀결혼은 실효성이 있었을까? 루이스의 설명은 이렇다.[4] 현실에서 결혼의 성립 요건은 모호했다. 법적인 결혼과 실질적 결혼의 구분도, 세속법과 교회법의 적용 시점과 효력도 명확하지 않았다. 1140년에 교회는 〈그라티아누스 교회법〉을 공표해 결혼을 성사聖事, sacramento로 규정했는데, 그때부터 결혼은 교회의 영역이 되었다. 1140년 이전에는 결혼이 가능한 두 기독교인의 자유의지에 따른 동의가 있다면 사제의 집전과 증인이 없더라도 결혼으로 인정되었다. 비밀결혼은 여기서 태동했다. 비밀결혼은 세례를 받은 미혼 남녀가 자유의지에 따라 동의한다는 증언만이 유일한 증거인 결혼per verba de praesenti, 사제가 아닌 증인 앞에서 성립된 결혼, 증인 없이 성립된 결혼, 결혼을 위한 사전 절차 없이 이루어진 결혼, 공개되지 않은 결혼, 신부의 가족에게 신부를 요구하지 않는 결혼을 말한다. 〈그라티아누스교회법〉은 결혼의 단계를 약혼Desponsatio 또는 matrimonium initiatum 및 성혼matrimonium ratum으로 구분해 결혼의 성립 요건을 구체화했다. 약혼은 혼인 절차의 첫 번째 행위로, 남녀 또는 양가 부모의 합의로 이루어졌다. 하지만 결혼의 성립 요건은 여전히 모호했다. 1215년의 〈4차라테란공의회〉 이후에도 여전히 사제가 집전하지 않은 결혼의 효력은 인정되었다. 파문 위협도 있었지만 사실상 교회의 결혼 축복이 3년 유예되거나 경제적 징계 같은 몇 가지 '벌'을 교회가 부과했을 뿐이다. 당사자의 동의, 교회가 집전한 성사라는 조건 외에도 육체적 결합이 결혼의 필수조건인지를 두고도 볼로냐와 파리의 신학자들 간에 이견이 있었다. 볼로냐의 신학자들은 육체적 결합을 필수 요소로 보았고, 파리의 신학자들은 동정녀 마리아를 언급하며 육체적 결합은 결혼의 필수 요소가 아니라고 했다. 일반적으로 〈트렌트종교회의〉(1545 ~ 1563년) 이전에는 당사자의 동의와 증인이 있으면 결혼이 성립하고, 성적 결합이 결혼을 완성한다고 여겼다. 그러니까 비밀결혼은 '불법'이지만 '유효했다.' 비밀약혼도 마찬

---

4 Justina Ruiz de Conde, *El Amor y el matrimonio secreto en los libros de caballerías*, Madrid: M. Aguilar Editor, 1948. 이 책은 『기사 싸파르』, 『띠란떼 엘 블랑꼬』, 『아마디스 데 가울라』, 『영국의 빨메린』을 대상으로 결혼, 약혼, 동거의 양상을 분석한다.

가지였다. 교회는 비밀결혼의 효력을 부정하지 않았고, 효력을 강제로 정지시키려고 애쓰지도 않았다. 그렇지만 〈트렌트종교회의〉 이후 1564년부터는 당사자의 동의와 육체적 결합으로 성립된 비밀결혼은 금지되었고, 효력도 사라졌다. 이제 현실 세계에서 결혼은 교회가 주관하는 성사로 변했고, 사제가 공개적으로 증인들과 함께 의식을 집전in facie Ecclesiae해야 결혼으로 인정되었다.

스페인에서 교회법의 효력은 강력했고, 비밀결혼 문제는 매우 민감한 사안이었다. 가족은 결혼을 통해 구성되고, 비밀결혼의 효력과 합법성은 가족 간 불화 그리고 상속에 대한 사제의 개입권을 다루고 있었기 때문이다. 사제는 세속법과 교회법 규정을 현실 영역에서 풀어주는 역할을 했다. 지역에 따라 달랐던 중세 스페인의 법 체제에서는 '공개적으로 사제가 집전한 결혼' 외에도 '맹세에 따른 결혼'과 결혼식 없는 사실혼barraganía도 있었다. 비밀결혼과 사실혼(또는 동거)은 불법이었다. 알폰소 10세의 『7부 법전』(네 번째 법전, 2장 5절)에는 당사자의 자유의지에 따른 동의가 결혼의 필수조건이며, 비밀결혼은 당사자의 동의 여부를 입증할 수 없다는 이유로 금지되었다.

> 결혼은 무릇 이렇게 치러져야 한다. 남자와 여자 사이에서 자유의지에 따른 동의가 결혼을 만든다. 동의는 결혼 당사자거나 친척 또는 가문에서 보낸 메신저에 의해서도 성립하고, 가문의 명령에 따라 그와 같은 일을 수행하는 타인에 의해서도 성립한다. 결혼 사실은 타인에게 입증되도록 감추지 말고 공개되어야 한다.

하지만 현실에서는 사실상 모두 인정되었다. 당사자 간의 합의, 공개된 의식, 육체적 결합, 동거라는 조건이 모두 필요하지도 않았다. 법령에 따라 당사자의 동의가 공개적으로 확인되어야 하지만 현실은 법령대로 움직이지 않았다. 법령을 지키지 않으면 유산상속에서 제외되는 등 처벌이 따랐어도 결혼 자체가 무효가 되지는 않았다. 남편과 아내가 친족관계일 경우에도 결혼은 인정될 수 있었다. 다만 자손은 합법적 자손으로 권리가 부여되지는 못했다. 당사자의 동의가 암묵적일 수도 있었다. 동거, 선물 교환, 상호 방문과 육체적 결합이 암묵적 동의에 해당한다. 7세 미만에 약혼했을 경우 남자와 여자는 각각 14세와 12세가 되었을 때 명시적으로 또는 암묵적으로 결혼 동의 여부를 확인해야 했다. 스페인이 통일왕국을 형성한 후 1502년 또로Toro에서 개최된 의회las Cortes에서 〈또로법령Leyes de Toro〉이 제정되어 이사벨 여왕 사후 1505년에 공표되었다. 그로써 지역마다 달랐던 법체제가 단일하게 합쳐졌다. 여기서도 '맹세에 따른 결혼'은 엄격하게 금지되었고, 처벌 방식도 추방 아니면 사형, 자손에 대한 상속 불가 등 구체적으로 명시되었다. 하지만 겉보기와 달리 실제로는 그리 엄격하지 않았다. 오직 부모만 처벌을 요구할 수 있었기 때문이다. 「또로법령」(1505년)과 〈트렌트종교회의〉(1564년) 사이에 스페인의 기사소설이 유행했을 때 불법 비밀결혼은 성행하고 있었다.

몰래 거행된 이사벨과 페르난도의 결혼(1469년)도 세고비아 주교가 주재했다. 카스티야왕국의 후안 1세의 증손(6촌 관계)인 두 사람의 결혼에 필요한 교황의 허가서는 위조되었고[5], 당시 카스티야 국왕이던 엔리께 4세의 허

---

[5] 이 문서에는 당시 교황이던 파울로 2세가 아니라 이미 5년 전에 선종한 전임 교황 피오 2세 Pius II의 서명이 찍혀 있었다. 8촌primos en tercer grado까지 결혼을 허가한 이 문서는 베네리스Antonio Jacobo de Véneris가 뇌물을 받고 위조한 문건이었다. 카스티야왕실과 〈로마교황청〉 간의 중재역이던 이 이탈리아 주교는 〈1차왕위계승전쟁〉에서 이사벨 측 중재인이기도 했다. 비밀결혼 이후 신랑과 신부는 파문되었고, 결혼 후 2년 동안 결혼 성립 여부를 두고 논란이 일었다. 그러자 엔리께 4세는 1470년 11월 25일에 후아나Juana la Beltraneja 공주를 상속자로 공표하며 이사벨의 상속권을 박탈했다. 이 논란은 1471년에 새로운 교황 식스투스 4세가 추기경 보르지아Rodrigo Borgia(후일의 교황 알렉산더 6세)의 중재로 새로운 결혼 허가서인 '시만까스 면죄부a Bula de Simancas'를 내주면서 종결되었다. 결혼을 인정받은 이사벨과 페르난도의 왕위 상속도 정당화되었다. 하지만 이사벨의 왕위계승을 막으려는 후아나 공주파 귀족들은 1475~1479년에 〈2차왕위계승전쟁〉을 일으켰고, 이사벨과 페르난도가 승리해 통일왕국을 세웠다.

락도 없었다. 따라서 결혼은 이루어졌지만 결혼 절차가 완결되지는 않은 비밀결혼이었다. 특히 이사벨 여왕이 엔리께 4세로부터 왕위를 상속받는 조건이 엔리께 4세가 이사벨의 남편을 결정할 권한을 갖는 것이었다. 엔리께 4세는 포르투갈의 알폰수 5세 또는 프랑스 왕의 동생이자 상속권자인 기옌느 Guyenne 공작을 염두에 두었다. 하지만 이사벨 여왕은 카스티야왕국을 떠나고 싶지 않았고, 자신의 권력과 운명을 외국인 손에 맡겨두고 싶지 않았다. 특히 기옌느 공작이 프랑스 왕이 되는 상황이 되면 매우 복잡한 권력관계가 작동해 어쩌면 프랑스가 통치권을 주장하거나 전쟁이 일어날 수도 있었다. 엔리께 4세의 제안은 이사벨의 의지에 반하는 결혼이었고, 이사벨은 자기 의지로 페르난도와 결혼했다. 그래서 『아마디스 데 가울라』는 결혼 상대자를 고를 수 있는 여자의 자유의지를 가장 고귀한 가치로 설정한다. 1464년의 〈1차왕위계승전쟁〉 이후 1468년 9월 19일에 엔리께 4세는 〈또로스 데 기산도 협약 Tratado de los Toros de Guisando〉을 통해 이사벨이 원치 않는 결혼을 강요하지 않겠다고 확인해주었다. 하지만 이사벨이 페르난도와 결혼할 때 왕의 허락이 없었음을 구실로 1470년에 이사벨의 상속권을 박탈한 엔리께 4세는 딸 후아나 '라 벨뜨라네하' 공주를 새로운 상속권자로 임명했다. 그 결과 카스티야왕국은 〈2차왕위계승전쟁〉을 피할 수 없게 된다. 현실의 이사벨 여왕과 허구 세계의 오리아나, 페르난도 왕과 아마디스, 포르투갈 왕(또는 프랑스 공작)과 빠띤, 엔리께 4세와 리수아르떼 왕은 매우 비슷한 상황에 놓여 있다. 현실의 프랑스 공작처럼 허구 세계의 빠띤은 후계자가 없는 늙은 로마황제의 동생이었고, 로마황제가 된 그는 브리튼을 전쟁의 소용돌이로 몰고 간다. 그처럼 기사소설에 나오는 사랑과 전쟁과 비밀결혼은 당대 독자들에게 카스티야와 아라곤왕실의 정치적 역학 관계를 자연스럽게 떠올리게 만든다. 가진 것 없는

이사벨과 후아나 공주의 왕위계승전쟁은 4권에서 아마디스와 리수아르떼 왕이 싸운 전쟁의 현실적 배경이다.

출생, 비밀결혼, 왕국 내 전쟁, 왕국 간 전쟁, 연합왕국 간 전쟁으로 이어지는 아마디스의 삶, 그리고 불확실한 미래, 비밀결혼, 〈왕위계승전쟁〉, 〈이탈리아 전쟁〉으로 이어진 페르난도의 삶도 대중 눈에는 비슷하게 보였을 듯하다.

아마디스와 오리아나의 경우 당사자의 동의와 성적 결합은 이미 1권 35장에서 이루어졌으므로 결혼이 성립되었고, 출산은 비밀결혼의 정당성을 보여준다. 하지만 교회의 시각을 대변하는 은둔 사제 나시아노는 비밀결혼의 정당성을 부정하며 죄악으로 치부한다. 오리아나는 아마디스가 아르깔라우스의 손에서 자신을 구해줄 때 결혼을 약속했고 약속이 곧 이루어지라고 말하자 나시아노는 기뻐하며 죄를 사해 주었다. 그처럼 기사소설에서 아주 흔하게 발견되는 비밀결혼은 완성인 동시에 미완성 상태이며, 긴장과 재미를 불러일으키고 자유와 일탈을 향한 욕망과 환상을 자극한다. 『띠란떼 엘 블랑꼬』의 주인공 띠란떼와 콘스탄티노플의 상속녀 까르메시나^{Carmesina}는 증인도 사제도 없이 두 연인이 서로 결혼 의지를 고백하는 전형적인 비밀결혼을 치른다. 까르메시나가 이렇게 먼저 고백한다.

"…… 내게 오른손을 주세요. 그리고 내 오른손과 합해 보세요." 두 손을 하나로 맞잡고 공주가 말했다. "이 결혼이 진실한 결혼임을 입증하기 위해 나는 지금 이 자리에서 분명히 말합니다. 나, 까르메시나는 정결한 아내로서 나의 몸을 띠란떼 엘 블랑꼬 당신에게 드리며 당신을 충실한 남편으로 맞습니다." 띠란떼도 그때 마땅히 해야 할 말을 했다. 그러자 공주가 다시 말했다. "이제 믿음의 징표로 키스해요. 베드로와 바울 성인이 이 의식에서 오로지 진실만을 증언하도록 명령하셨듯이, 이제 나는 하나가 되신 아버지, 아들 그리고 성령의 성삼위$^{Santa\ Trinidad}$를 두고 당신께 권능을 드리노니, 나를 남편의 동반자 될 아내로 만드소서. 베드로와 바울 성인을 두고 내가 맹세하노니, 당신이 살아갈 동안 또 내가 살아있는 동안 나는 세상의 누구도 대신할 수 없는 당신을 모른다고 하지 않을 것이며, 당신에게 어떤 흠결도 없이 정절을 지키고 진실하겠습니다. …… 내가 당신을 얼마나 사랑하는지 이제 잘 아실 겁니다. 오늘부터 당신이 내게 주신 사랑에 보답해 나도 선물을 드리고 싶어요. 부디 희망을 품고 평온하길! 나의 정결함을 당신의 목숨처럼 귀하게 여겨 주시길!"6

미혼 남녀가 자유의지에 따라 동의한다는 증언만이 유일한 결혼 증거인 비밀결혼이다. 이 비밀결혼 장면에서 띠란떼에게는 별도의 대사가 주어지지 않는다. 다만 까르메시나가 자신을 목숨보다 더 사랑한다는 사실을 확인한 띠란떼는 콘스탄티노플의 황제가 될 길이 열렸다며 매우 기뻐한다.7 이후 띠란떼가 콘스탄티노플로 귀환했을 때 두 사람이 동침해 결혼 요건을 완성하고, 이어 이교도의 위협으로부터 콘스탄티노플을 구원한 뒤 황제는 두 사람의 공식 결혼을 승인하고 띠란떼를 차기 황제로 선언한다. 하지만 이어지는 모험에서 띠란떼는 갑자기 병에 걸려 죽고 황제 자리에 오르지 못한다.8 『아마디스 데 가울라』에서도 뻬리온 왕과 엘리세나 왕비, 아마디스의 사촌이자 스코틀랜드의 상속자 아그라헤스와 올린다도 공식결혼 이전에 육체적 결합이 먼저 있었다. 뻬리온 왕과 엘리세나 공주의 비밀결혼에는 결혼을 약속하는 맹세와 증표가 있었고, 아그라헤스와 올린다의 육체적 결합에는 오로지 당사자의 동의만 있었다. 하지만 『아마디스 데 가울라』에는 성스럽고 숭고한 비밀결혼 의식이 나오지 않는다.

---

6 Joanot Martorell, *Tirante el Blanco*, ed. Martín de Riquer, Barcelona: Planeta, 1990, 271장 702-703쪽.
7 272장, 704쪽.
8 띠란떼가 죽자 슬픔에 빠진 까르메시나도 죽었고, 콘스탄티노플의 황제도 딸을 잃은 슬픔으로 죽는다. 황제의 부인은 띠란떼의 시종이던 젊은 이뽈리또Hipólito와 연인 관계였는데, 까르메시나가 죽으면서 황제 부인을 상속자로 지정했고 띠란떼는 이뽈리또를 상속자로 지정하면서 이뽈리또가 황제가 되고 황제 부인은 지위를 유지한다. 매우 특이한 결말이다.

4권에서 아마디스 진영에서는 아홉 쌍이 결혼에 이른다. 이 결혼의 유형은 다음과 같이 분류된다. 〈유형 A〉는 순정한 궁정식 사랑을 보여주는 주인공 부부의 복사판이다. 여기에는 별도의 독립된 서사가 없고, 결혼의 정치적 의미도 드러나지 않는다. 〈유형 B〉는 4권의 전쟁이 마무리된 후 결정된 정략결혼이다. 〈유형 C〉는 불륜이 결혼으로 전환된 사례이며, 〈유형 D〉는 처음에는 여자가 결혼을 원하지 않았다가 나중에 마음이 바뀌게 되는 사례이다.

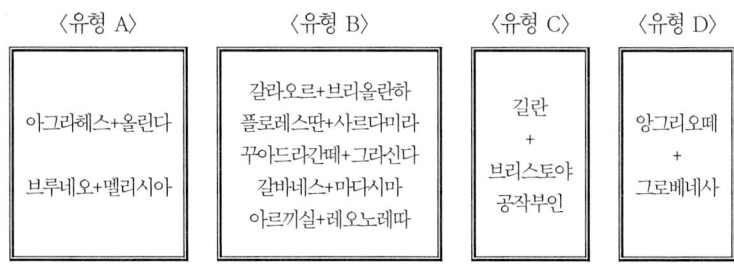

이 아홉 쌍 중 아마디스-오리아나 부부와 뚜렷하게 대비되는 사례가 갈라오르-브리올란하 부부이다. 그들에게는 사랑의 시작이 없고 결혼 과정도 없다.

7. 2. 갈라오르와 브리올란하, 플로레스딴과 사르다미라: 정략결혼

여자는 영지를 갖고 있지만 그것을 지켜줄 보호자가 필요하다. 남자는 힘과 세력이 있지만 영지와 작위가 없다. 정략결혼은 그런 상황에 놓인 귀족 여자와 기사 간에 추진된다. 아마디스를 사랑한 브리올란하는 어쩔 수 없이 갈라오르와 결혼한다. 큰 왕국의 보호가 절실한 작은 왕국의 여왕이기 때문이며, 게다가 이미 왕국을 한번 빼앗긴 경험도 있다. 사랑하는 사람이 아니더라도 아마디스 진영의 기사를 남편으로 삼아야만 왕국을 평화롭게 유지할 수 있다. 아마디스의 동생 갈라오르는 아마디스처럼 아름답고 훌륭한 기사지만 그에게는 영지와 작위가 없다. 갈라오르와 브리올란하는 서로 결혼의 조건이 맞는다. 갈라오르는 아름다운 여왕 브리올란하와 결혼해 소브라디사 왕국의 왕이 되지만 두 사람 사이에는 사랑의 시작과 과정이 없다. 다만 결혼 후에 두 사람은 평생 정절을 지키며 화목하게 산다.

사랑과 결혼 측면에서 형과 동생은 완전히 다르다. 갈라오르는 여자들과 일곱 번의 정사情事를 치르고 혼외로 아들까지 두지만 형의 권유로 형을 사랑한 브리올란하와 결혼한다. 순정한 사랑을 거쳐 결혼에 이르는 아마디스와 달리 갈라오르는 자유분방한 연애를 즐기고 육체관계를 맺는 데 주저하지 않는다. 육체관계를 맺는 동기는 남녀의 욕망이거나 이익이고, 욕망과 이익에 따른 육체관계는 결혼과 무관하다. 어떤 여자는 기사의 봉사에 대한 보상으로 육체적 쾌락을 먼저 제안한다. 이른바 '전사戰士의 휴식'이다. 아마디스와 오리아나의 육체적 결합도 기사의 고난 극복 이후 이루어지나 보상으로 주어진 '전사의 휴식'이 아니다. 아마디스의 경우 사랑을 통해 기사의 덕목이 고양되고, 무훈을 통해 사랑의 진정성이 입증된다. 갈라오르의 정사는 대개 여자의 적극적 유혹이 시발점이며, 세속적이어서 매력적이다. 일곱 명의 여자가 갈라오르의 연애 상대로 등장하며, 거기에는 아가씨도 있고 귀부인도 있다.

1. 세롤리스 왕의 딸 알데바

갈라오르는 기사로 임명받은 후 첫 번째 결투에서 자신을 키워준 거인을 위한 복수를 마친다. 이 결투에서 그의 아름다움과 용맹함을 지켜본 알데바의 시녀가 그를 브리스토야 공작의 궁정으로 인도한다.

그가 궁정 안쪽으로 들어와 아름답게 장식된 방에 들어가니 한 아름다운 아가씨가 머리를 빗고 있었다. 아름다운 아가씨는 그를 보자 화관을 머리에 쓰고 돌아보며 말한다.

"어서 오세요, 기사님. 당신은 제가 아는 최고의 기사님이에요."

그가 대답했다.

"너무나 멋진 아가씨, 나도 당신처럼 아름다운 여자는 본 적이 없소."

그때 그를 데려온 시녀가 아가씨에게 이렇게 말한다.

"이 기사님은 가울라왕국 뻬리온 왕의 아들이세요. 두 분 모두 왕의 아들과 딸이시고, 이렇게 아름답잖아요. 그러니 아가씨가 이 기사님과 사랑을 나누셔도 누가 뭐라 하겠어요."

시녀는 나갔다. 그리고 그는 그날 밤 아가씨와 마음껏 기쁨을 누렸다. 여기에 대해 여러분께 더 말씀드리지 못하는 까닭은 이런 일을 드러내는 게 제 양심과 도덕에 어긋나기 때문입니다. 무릇 이런 일들은 별것 아닌 듯 가볍게 건드리고 지나가야 합니다(1권 12장, 354쪽).

남자 앞에서 머리를 빗으며 유혹하고, 화관을 쓰며 육체적 아름다움을 과시하는 여자가 등장하는 장면은 매혹적이고 이례적이다. 갈라오르의 결투 소식을 들은 알데바는 시녀를 보내 그 기사가 누군지 알아보라고 했고, 멋진 기사라면 데려오라고 했을 것이다. 알데바와 그의 육체관계는 젊고 뜨겁고 자유분방한 사랑의 열정을 보여준다. 사랑의 열정 외 다른 이유는 없다. 그렇게 그는 기사서임을 받은 직후부터 사랑의 모험도 시작한다.

2. 끌라라 백작의 딸

브리스토야 공작의 궁정에서 빠져나온 갈라오르는 상처를 치료하기 위해 어느 성채로 갔다. 그런데 성채의 주인이 오히려 공격하자 그를 죽이고 성채를 점령한다. 그곳에는 끌라라 백작의 딸이 갇혀 있었다. 죽은 성채 주인이 청혼했으나 그녀가 거절하자 그녀를 납치했었다. 갈라오르는 '놀랍도록 아름다운' 그녀를 풀어주고, 두 사람은 사랑의 대화를 시작한다.

"제가 당신을 감옥에서 풀어드리지요. 그런데 오히려 제가 당신의 감옥에 갇히게 되었으니, 이제 당신이 저를 풀어주셔야 합니다."
"애써 저를 구해주셨는데, 무엇이든 원하시는 대로 하지요. 다르게 보답한다면 도리가 아니겠지요."
그러면서 두 사람은 사랑의 대화를 이어갔고, 갈라오르의 말솜씨 못지않게 백작 딸의 재치도 놀랄만했다. 아름다운 두 사람은 이내 대화를 실행에 옮겼다. 하지만 차마 이 자리에서는 더 말할 수 없다(1권 15장, 397쪽).

끌라라 백작의 딸은 아가씨가 아니라 귀부인이며, 갈라오르는 정사 후에 그녀를 그녀의 어머니가 있는 수도원에 데려다준다. 이 경우가 '전사의 휴식'이다.

3. 죽은 기사의 딸 브란두에따

가울라 출신의 기사 안떼본의 아름다운 딸 브란두에따에게 빨링게스가 청혼했으나 그녀는 아버지보다 명예롭지 못하다며 청혼을 거절했다. 그러자 분노한 빨링게스는 무장도 하지 않은 안떼본을 잔인하게 죽이고 그녀를 납치해 자신의 성채에 감금했다. 복수를 의뢰받은 갈라오르는 빨링게르를 죽였고, 풀려난 브란두에따는 그를 유혹한다.

갈라오르가 투구를 벗고 방패를 내려놓으며 아기처럼 어리고 아름다운 모습을 드러냈다. 그러자 그곳에 모인 아가씨들은 눈이 휘둥그레졌다. 그들 중에서도 특히 그가 구해준 아가씨는 남자를 처음 본 듯 다른 아가씨들보다 더 반색했고,

그에게 다가가 껴안으며 말했다.

"저기요. 세상 누구보다 당신을 더 사랑해야 할 이유가 생겼어요. 알려주셔도 될까요. 당신은 누구인지."

"나는 그대의 아버지처럼 가울라 출신이오."

"이름은요?"

"갈라오르."

"어머나, 내 아버지의 복수를 해주신 분이군요. 아버지는 당신 이야기를 많이 했어요. 당신 형 아마디스도 당신처럼 훌륭하다는 이야기도요. 그러니까 당신은 가울라 왕의 아들이군요. 제 아버지는 가울라 왕의 신하였어요."

그때 주위에 있던 아가씨들이 음식을 가지러 시녀들과 함께 성채 안으로 가는 바람에 두 사람만 따로 남게 되었다. 이 아가씨 이름이 브란두에따였다. 여러분이 들으셨다시피, 갈라오르와 브란두에따는 둘만 남게 되었습니다. 아가씨는 너무나 아름다웠고, 그는 그렇게 차려진 음식을 너무나 갈망했습니다. 음식은 오지 않았고 식탁은 차려지지 않았지만 두 사람은 궁정의 침대를 부수고 말았습니다. 두 사람은 욕망을 채웠고, 조금 전까지는 아니었지만 이제 아가씨는 부인이 되었습니다. 서로 눈빛을 교환한 이 짧은 시간에 꽃처럼 피어난 아름다운 청춘은 강한 욕망에 사로잡히고 말았습니다(1권 25장, 498쪽).

갈라오르는 브란두에따를 어머니에게 데려다주었고, 그날 밤 거기서 갈라오르는 다시 그녀와 동이 틀 때까지 기쁨을 누렸다. 두 번째 '전사의 휴식'이면서, 이전 사례처럼 사랑의 열정이 육체적 결합의 원동력이다.

4. 간따시의 마다시마

아마디스와 갈라오르는 상복을 입고 찾아온 아가씨가 의뢰한 복수를 위해 모험을 떠났다가 아름다운 귀부인 마다시마에게 사로잡혔다. 마다시마는 상복을 입은 아가씨를 리수아르떼 왕의 궁정으로 보내 두 기사를 유인했다. 그리고 리수아르떼 왕과 주종관계를 끝내고 자신을 섬기지 않으면 죽이겠다고 했다. 그것을 거절하자 마다시마는 두 기사를 죽이겠다고 했다. 그때 그들을 불쌍히 여긴 늙은 기사가 나타나 둘 중 누군가 마다시마와 결혼하면 살 수 있다고 했다. 아마디스는 이 제안을 단호히 거절하며 갈라오르에게 받아들이라고 부탁했다. 갈라오르는 기쁘게 받아들였다. 마다시마도 잘생긴 갈라오르를 보고 반했다. 두 기사는 리수아르떼 왕과 주종관계를 끝내겠다고 약속했고, 바로 풀려났다. 다음 날 밤 갈라오르는 마다시마와 정사를 치른다. 이 장면은 매우 간략하게 기술된다.

> 여러분이 들으셨다시피, 일은 그렇게 되었습니다. 갈라오르는 그날 밤 마다시마와 몸을 섞었습니다. 아주 아름답고 아주 부유하나 평판과 핏줄은 그저 그런 여자와. 그녀는 다른 누구로부터도 느끼지 못한 충만한 만족을 느꼈습니다. 두 기사는 다음 날 무장을 갖추고 간따시를 떠났습니다(1권 33장, 557쪽).

네 번째 정사 이후, 갈라오르가 거절당한 정사가 한 차례 발생한다. 1권 41장에서 서로 사촌인 두 아가씨가 갈라오르를 플로레스딴이 있는 섬으로 안내하고 있었다. 두 아가씨 중 한 명에게 갈라오르가 동침을 제안하지만 거절당하고, 다른 아가씨에게도 제안하지만 역시 거절당한다. 거절 이유는 분명하지 않지만 아가씨들을 위한 갈라오르의 봉사가 없기 때문이거나 여자의 의지에 반해 사랑을 강제하지 않는 기사의 모습을 보여주기 위한 장면일 수 있다. 28장에서는 발라이스의 구애도 거절당한다. 기사가 거칠게 자신의 욕망을 드러냈기 때문으로 보인다. 아마디스 진영의 기사들은 여자에게 거절당해도 폭력을 행사하지 않는다.

5. '세 그루 느릅나무가 있는 샘Fuente de los Tres Olmos'에서 만난 아가씨

어느 기사가 아름다운 아가씨를 사랑했으나 그녀는 다른 성채의 젊고 아름다운 기사와 서로 사랑하는 사이였다. 사랑을 거절당한 기사는 아가씨를 납치했고, 자기 영지의 어리고 아름다운 두 아가씨와 함께 샘 옆에 세워 두고 지나가던 기사와 결투를 벌이고 있었다. 그녀가 사랑한 젊은 기사는 능력이 부족해 사랑하는 아가씨를 구하지 못하고 있었다. 그래서 지나가던 갈라오르와 플로레스딴에게 도움을 요청했다. 플로레스딴이 세 아가씨를 지키던 세 기사를 죽이고 여자들을 풀어주었다. 젊은 기사와 그가 사랑하던 아가씨는 서로 사랑을 고백했고, 플로레스딴은 여자의 뜻을 존중해 사랑하는 기사와 함께 떠나도록 했다. 갈라오르와 플로레스딴은 어리고 예쁜 두 아가씨와 함께 길을 떠났다. 한 아가씨의 말고삐를 잡은 플로레스딴은 다른 아가씨에게 속마음을 감추지 않고 이렇게 말했다.

"아가씨도 저 기사 분을 즐겁게 해드려야 하지 않겠소? 내 말대로 해봐요."
아가씨가 말했다.
"아니, 뭐라고요? 한낱 여자보다 못한 저런 자한테 뭘 해주라는 건가요? 당신이 위험할 때 저 인간은 손도 까딱하지 않았잖아요?"
"이봐요, 아가씨! 내가 가슴에 손을 얹고 맹세컨대, 저 기사 분은 내가 모시는 아마디스님 다음으로 세상에서 훌륭한 기사님이야. 내가 그런 분을 아가씨에게 넘겨주는데 알지도 못하고."
아가씨는 갈라오르를 돌아보았고, 갈라오르가 소문보다 훨씬 어리고 아름다워 깜짝 놀랐다. 그녀는 갈라오르에게 사랑을 주었고, 다른 아가씨도 플로레스딴에게 그렇게 했다(1권 43장, 652쪽).

갈라오르와 플로레스딴은 두 아가씨와 동침하고 다음 날 떠났다. 갈라오

르와 플로레스딴이 사랑을 즐기는 이 장면도 '전사의 휴식'이다.

6. 우르간다의 조카 훌리안다

100대100 전투에서 갈라오르와 실다단 왕이 치명적인 상처를 입게 되자 우르간다는 두 기사를 자신의 '찾을 수 없는 섬'으로 데려가 치료한다. 우르간다는 매우 아름다운 두 조카 훌리안다와 솔리사에게 각각 갈라오르와 실다단 왕의 간호를 맡겼다. 갈라오르와 실다단 왕은 섬에서 나올 때까지 그녀들과 즐긴다. 그리고 갈라오르와 훌리안다 사이에서 딸란께가 태어났다. 갈라오르의 혼외자 출생에는 젊고 뜨거운 사랑의 열정도 없고, '전사의 휴식'도 아니다. 단지 5권을 위한 설정이다.

7. 까닐레오의 딸 아름다운 디나르다

아버지의 복수를 위해 아마디스와 뻬리온 왕 일행을 속임수로 위험에 빠뜨렸던 디나르다는 복수가 실패한 후 시녀와 함께 도망가다가 갈라오르를 만났다. 갈라오르는 갓 기사가 된 리수아르떼 왕의 혼외자 노란델을 데리고 기사 교육을 하고 있었다. 갈라오르는 그녀의 아름다움에 반했고, 디나르다는 자신이 한 짓을 갈라오르가 알면 자신을 죽일 것 같아 그의 환심을 사려고 사랑하는 척하며 갈라오르를 유혹했다.

저녁 식사 후, 갈라오르는 노란델과 시녀를 남겨 두고 디나르다와 함께 이야기를 나누며 꽃이 피어난 숲으로 들어가 그녀를 껴안았다. 그녀는, 비록 그를 사랑하지 않았지만 더할 수 없는 사랑의 몸짓으로 두 팔로 목을 감싸 안았다. 디나르다는, 어떤 여자들이 그러하듯, 기쁨보다는 두려움과 살아야겠다는 열망이 더 컸다. 전에는 친구들이 그녀의 사랑을 갈구했어도 정조를 지키며 모두 물리쳤던 그녀가 이제는 운명이 돌아서는 바람에 원수에게 정조를 던지고 말았다. 그렇게 그녀는 아가씨에서 부인이 되었다(2권 69장, 1,068쪽).

노란델도 시녀에게 잠자리를 요구했다. 다나르다는 목숨을 구하려면 기사들의 마음을 얻어야 한다며 시녀에게도 노란델과 잠자리를 가지라고 했다. 두 기사와 두 여자는 다시 잠자리를 갖는다.

갈라오르의 정사에는 욕망이 투영되어 있다. 그를 유혹한 여자에게는 아버지가 없다. 작가가 강조하는 여자의 독립성과 자율성의 이면에는 욕망이 존재한다. 욕망은 이익과 연결되기도 한다. 갈라오르의 사랑은 중세의 궁정식 사랑도 아니고, 센티멘탈 소설처럼 여자를 숭배하지도 않는다. 여자의 자유의지를 존중하지만 자유분방하게 연애하며 모험을 통해 영지와 지위를 얻으려고 한다. 하지만 그의 주군 리수아르떼 왕은 전쟁에서 패배했고, 갈라오르는 자기 힘으로 영지를 얻지 못했다. 이제 그에게 은혜를 베풀어줄 사람은 그의 형 아마디스뿐이다. 그것도 그에게 목숨을 걸고 충성해 얻은 상급이 아니라 혈연 때문이다. 그래서 그는 아무런 말도 없이 소브라디사의 여왕 브리올란하와 정략결혼을 한다. 갈라오르가 가울라왕국에서 몸을 움직일 정도가 되었을 때 자신의 결혼 소식이 들려왔으나 그는 아무 반응도 보이지 않는다. 그는 '인솔라 피르메'로 와 브리올란하를 만났고, 결혼을 받아들이며 아마디스와 브리올란하에게 감사 인사를 한다.

아마디스는 여왕 브리올란하의 손을 잡고 갈라오르에게 갔다.
"갈라오르, 여기 아름다운 여왕님을 맡기네. 잘 알지? 전에 만난 적이 있을 거야."
갈라오르는 아무 스스럼없이 여왕 손을 받았다. 마치 여자들과 만나도 얼굴빛 하나 변하지 않고 말도 더듬거리지도 않는 사람처럼 그는 이렇게 말했다.
"형님, 이렇게 큰 은혜를 베풀어주시니 감사할 따름입니다. 나를 남편으로 받아

준 여왕님께도 감사드립니다."

여왕은 아무 말도 하지 않고 그저 얼굴만 붉히고 있어 더욱 아름답게 보였다. 갈라오르는 그녀를 본 적이 있었다. 플레레스딴을 소브라디사로 데려갔을 때, 그리고 얼마 후 아마디스를 찾아 리수아르떼 왕의 궁정으로 갔을 때 그녀를 보았다. 하지만 그 후로는 만나지 못했다. 그때는 아주 어린 아이였고, 지금은 나이도 아름다움도 완벽해졌다. 그녀는 정말 아름다웠다. 더할 수 없이 아름다웠다. 앞에서 이미 이야기했듯이 그는 많은 여인을 만났고 여인들과 많은 사연을 가졌으나 누구에게도 진정한 사랑을 준 적이 없었다. 오로지 아름다운 여왕만이 그의 사랑을 가졌다. 그녀도 마찬가지로 그를 사랑하게 되었다. 그가 무술과 다른 모든 덕목에서 세상에서 가장 뛰어난 기사라는 사실을 알게 되었고, 그동안 아마디스를 향한 커다란 사랑은 갈라오르에게 옮겨갔다. 그녀는 그때부터 그를 남편으로 받아들였다(4권 121장, 1,587~1,588쪽).

작가는 그렇게 말하며 어색한 상황을 수습한다. 두 사람은 평생 사랑의 정결을 지켰고, 그들 사이에서 태어난 아들들은 나중에 훌륭한 기사가 되어 많은 영지를 얻었다. 4권에서 이루어진 많은 결혼처럼 이 결혼도 정략결혼이다.

아마디스의 배다른 형제 플로레스딴도 결혼을 통해 영지와 지위를 얻는다. 그는 18세에 기사서임을 받고 콘스탄티노플과 로마 등에서 전쟁에 참여했다. 그야말로 가진 게 하나도 없는 편력기사였던 그는 아마디스, 갈라오르, 아그라헤스와 우연히 숲에서 만나 결투를 벌인 창의 달인으로 처음 등장한다. 아직 혈통도 인정받지 못했고 영지도 없었다. 한때 그는 그라비산다 섬의 주인이자 브리튼의 강력한 백작 가문의 딸인 아름다운 꼬리산다와 반년 동안 섬에서 살고 있었다. 그때 갈라오르가 복수를 위해 그라비산다 섬에 찾아왔고, 두 기사는 결투하다가 서로 이름과 신분을 밝힌다. 이제 플로레스딴은 뻬리온 왕의 아들이라는 혈통, 더 정확하게 말하자면 아마디스의 형제라는 혈통을 얻었다. 그리고 갈라오르와 함께 모험을 떠난다. 혈통을 얻은 플로레스딴은 꼬리산다가 아니라 더 높은 신분과 더 큰 영지를 가진 여자를 기대하지 않았을까? 이별의 눈물을 흘리는 꼬리산다는 다시 돌아오겠다는 플로레스딴의 약속을 믿고 기다리지만, 그는 섬을 떠나자마자 갈라오르와 함께 새 애인과 즐기고 다시 돌아오지 않는다. 그래서 2권 53장에서 꼬리산다는 리수아르떼 왕의 궁정으로 플로레스딴을 찾아왔고 두 사람은 잠시 즐겁게 지냈으나 그는 전쟁이 끝나면 돌아가 오랜 시간을 같이 보내겠다고 약속하며 그녀를 돌려보낸다. 그녀는 돌아갔고, 그는 그녀에게 돌아가지 않는다. 플로레스딴은 아마디스 진영에서 주도적 역할을 하며 여러 전쟁에 참여했고, 4권 120장에서 세르데냐의 사르다미라 여왕과 결혼하면서 여왕의 영지 외에 추가로 깔라브리아를 영지로 얻었다. 사르다미라 여왕은 꼬리산다보다 큰 영지를 갖고 있고, 플로레스딴도 여왕의 영지 못지않게 큰 영지를 확보했다. 이제 두 사람은 지위와 재산이 서로 어울린다. 사르다미라 여왕도 브리올란하처럼 영지를 보호해 줄 기사가 필요했고, 선택지는 이미 3권 76장에서부터 자신에게 관심을 보이며 호위 무사를 자청한 아마디스의 배다른 형제밖에 없었다. 플로레스딴은 아마디스 시리즈 5권에서 세르데냐의 왕Rey de Cerdeña으로 등장한다.

갈바네스와 마디시마의 결혼, 꾸아드라간떼와 그라신다의 결혼, 새로운 로마황제 아르끼실과 '오리아나의 동생 레오노레따의 결혼도 정략결혼이다. 마빌리아와 그라산도르의 결혼도 마찬가지이다.

7. 3. 길란과 브리스토야 공작부인: 불륜 또는 사랑

아마디스 진영에서 불륜이 행복한 결혼으로 이어진 기사는 '걱정 많은 길란'이 유일하다. 길란은 남편이 있는 브리스토야 공작부인 브란달리사Brandalisa와 서로 사랑해 불륜에 빠졌고, 공작부인과 길란의 불륜을 의심한 브리스토야 공작은 증거를 잡아 두 사람을 죽이려고 했다. 이 때문에 길란은 공작부인을 과도하게 걱정했고, 그 생각에 빠져 다른 기사와 잘 어울리지 못하거나 웃음거리가 되었다. 브리스토야 공작에게는 아들이 있으나 이 아들이 공작부인이 낳은 아들은 아니어야 한다. 브리스토야 공작과 아미디스 진영의 악연은 브리스토야 공작의 궁전에서 이루어진 갈라오르의 첫 번째 정사에서 비롯되었다. 갈라오르와 알데바의 정사 이후 공작이 들이닥쳤고 갈라오르는 상처를 입은 채 탈출했다. 공작은 갈라오르를 길란으로 오해했다. 런던 궁정에서 올리바스, 아그라헤스, 갈바네스 대 공작과 두 조카의 결투가 성사되었고, 아그라헤스가 공작과 두 조카를 죽이면서 공작부인은 죽음의 위험에서 벗어났다. 공작이 죽었지만 길란과 공작부인은 결혼에 이르지 못한다. 그들의 사랑은 텍스트에 더 언급되지 않다가 4권 124장에서 아마디스의 제안에 따라 결혼이 성사된다.

1권 39장에서 두 사람은 왜 결혼하지 못했고 124장에서 결혼할까?-브리스토야 공작이 죽은 후 공작 작위를 상속받은 아들의 존재 즉 작위와 영지 문제 때문이다. 아들 브리스토야 공작은 아버지가 죽은 후 영지를 리수아르떼 왕에게 빼앗겼다. 그래서 아버지의 원수를 갚고 빼앗긴 영지를 되찾기 위해 4권에서 아라비고 왕 진영에 합류했으나, 117장의 루바이나 전투에서 플로레스탄에게 사로잡혔다. 전쟁에서 승리한 아마디스는 길란과 브리스토야 공작부인의 결혼을 주선하면서 리수아르떼 왕에게 브리스토야 공작의 영지를 길란에게 넘겨주라고 부탁한다. 아들 브리스토야 공작은 적으로 싸우다가 사로잡혔으므로 목숨이 위태롭다. 권력을 잃어버린 왕은 아마디스의 부탁을 받아들였다. 더구나 길란은 리수아르떼 왕에게도 충성한 기사였다. 그렇게 공작의 영지와 작위는 합법적으로 길란에게 넘어갔고, 길란과 공작부인의 결혼은 영지와 작위의 승계를 공식적으로 확인하는 절차였다. 길란은 영지를 회복한 브리스토야 공작이 되었고, 공작부인은 아무것도 잃지 않았다. 만약

이 결혼이 39장에서 추진되었다면 두 사람은 결혼을 통해 작위와 영지를 가질 수 없었다. 작위는 혈통에 따라 아들에게 넘어갔고, 영지는 권력에 따라 리수아르떼 왕에게 귀속되었다. 길란은 왕에게 영지를 요구할 명분이 없고, 공작부인은 결혼과 함께 작위를 잃을 것이다. 결혼과 함께 공작부인이 작위를 잃게 되면 부부는 가난해질 수밖에 없다. 결혼을 통해 얻을 수 있는 현실적 이익은 없고 손해는 매우 컸으므로 서로 사랑하는 두 사람에게 결혼은 합리적 선택이 아니다. 그래서 그들은 영지와 작위를 획득할 기회가 올 때까지 결혼할 수 없다. 아마 브리스토야 공작부인은 아버지 공작과 나이 차가 많이 나는 젊은 여자였으며, 따라서 아들 공작의 어머니가 아닐 것이다. 갈란이 가진 유일한 영지는 그가 50장에서 정복한 바르시난의 아들 간달로드의 성이 유일하다. 그러니까 길란은 작은 영지를 가진 기사였고, 57장에 나오는 '녹색 칼'의 시험에서도 칼을 칼집에서 반밖에 뽑아내지 못했으므로 길란의 사랑은 아그라헤스만큼 순정하지 않다. 길란에게 이 결혼은 인생 역전을 가져다준 행운과 같다.

두 사람의 결혼은 새로운 질문을 낳는다. 어떻게 불륜이 결혼으로 미화될 수 있을까? 달리 표현하자면, 남편이 있는 부인도 다른 남자를 사랑해 행복에 이를 수 있을까? 남편이 있는 부인의 불륜을 새로운 결혼으로 맺어주는 결말은 당대 스페인문학에서 찾을 수 없을 듯하다. 불륜을 옹호하고 찬양하는 문학은 허용되지 않는다. 중세와 르네상스의 이상화된 사랑에서도 불륜은 결혼으로 이어질 수 없다. 랜슬롯과 기네비어의 불륜, 트리스탄과 이졸데의 불륜은 종교적으로나 사회적으로 죄악이었고, 르네상스 기사소설에서도 유부녀의 불륜은 마찬가지로 죄악이다. 그런데 브리스토야 공작부인의 불륜과 간통만 용인된다. 불륜은 사랑으로 해석되고 결혼으로 이어졌다. 이 상황을 어떻게 이해할 수 있을까? 브리스토야 공작은 부도덕하고 정의롭지 못한 남편인가? 브리스토야 공작부인은 '남편을 잘못 만난 예쁜 여자'a bella malmaridada'인가? 그렇지 않다. 텍스트는 브리스토야 공작을 사악한 기사로 묘사하지 않는다. 길란과 브리스토야 공작부인의 불륜을 정당화하는 유일한 논거는 공작부인의 첫 번째 결혼이 여자의 자유의지에 따른 결혼이 아니었다는 전제 하에, 결혼은 여자의 자유의지에 따라야 한다는 기사도의 규율이 사회 윤리보다 우위에 있어야 한다는 것뿐이다. 즉 첫 번째 결혼이 브란달리사의 의지에 따르지 않은 강압적 결혼이었고, 그녀는 공작부인이 되어 길란을 사랑하게 되었다는 전제가 있어야 하지만, 공작부인의 첫 번째 결혼 상황이 기술되지 않아서 그런 정당화는 추정에 지나지 않는다. 대개 귀족의 정략결혼은 당사자의 동의 여부와 무관하게 이루어졌다. 정략결혼이 여자의 의지에 반해 추진되었다면 불륜은 오히려 여자의 의지를 반영하는 진정한 사랑이 되고, 여자의 자유의지와 사랑은 남편 사후에 새로운 결혼으로 승화될 수 있다. 그래서 불륜이 새로운 결혼으로 이어지면서 과거의 결혼보다 더 진정한 의미의 결혼으로 변하는 아이러니가 생긴다. 아마 길란과 공작부인의 결혼은 미혼여성뿐만 아니라 기혼여성 독자와 청자에게 매혹적인 판타지를 만들었을 것이다. 길란은 아마디스 시리즈 5권 66장에 나오는 콘스탄티노플 전쟁에서 죽는다. 작가가 5권에서 존재감이 없는 그를 소환해 굳이 콘스탄티노플 전쟁에서 죽게 만든 이유는 아마 그가 죄인이었기 때문일 것이다. 이 전쟁에서 죄인은 하나님 앞에 속죄하고 영혼을 구원하고자 한다.

7. 4. 앙그리오떼와 그로베네사: 여자의 변심

결혼이 여자의 자유의지에 따라 성립한다는 원칙은 『아마디스 데 가울라』의 기사들에게 정의正義이다. 그래서 아마디스 진영의 기사들은 여자를 납치하고 폭력을 행사하는 기사들을 징벌한다. 43장에서 오만한 다르단의 사촌 알루마스Alumas는 사랑을 거절당한 후 여자를 납치했고, 자신이 세상에서 가장 훌륭한 기사임을 연인에게 보여주려고 매일 결투를 벌이다가 결국 플로레스딴에게 죽임을 당했다. 그런데 그로베네사를 납치한 앙그리오떼는 오히려 그녀와 결혼했다. 그는 왜 결혼할 수 있었을까? 그를 거부한 그로베네사는 왜 마음을 바꾸었을까?

　앙그리오떼는 그로베네사가 그의 사랑을 거절하자 그녀를 힘으로 굴복시켜 자신의 소유로 만들었다. 그녀는 결코 그를 사랑하지 않겠다며 위험한 결혼 조건을 제시했다. 일 년 동안 계곡을 지나가는 모든 기사에게 리수아르떼 왕의 궁정에 가서 자신이 세상에서 가장 아름다운 여자라고 고백하게 만들면 그의 사랑을 받아주겠다는 실현 불가능한 조건을 제시해 앙그리오떼가 결투 중에 죽거나 많은 적을 만들어 나중에라도 복수당하기를 원했다. 그는 아마디스에게 패배했다. 하지만 그의 사연을 들은 아마디스는 그로베네사가 그의 사랑을 받아들이게 만들겠다고 '약속했다.' 곧이어 비슷한 사례가 나온다. 아마디스는 그로베네사의 삼촌 가시난과 결투하게 되었다. 앙그리오떼처럼 가시난은 자신의 사랑을 받아주지 않은 여자를 납치해 감금하고 있었다. 가시난이 이름 모르는 기사(아마디스)에게 패배해 죽게 될 지경에 처하자 그로베네사는 가시난을 살려주면 리수아르떼 왕의 궁정에 가서 뭐든지 하겠다고 그에게 '약속했다.' 아마디스는 가시난을 살려주면서 납치한 여자를 풀어주라고 했으나 납치당한 여자는 갑자기 마음을 바꾸어 가시난의 사랑을 받아들이겠다고 했다. 여자가 마음을 바꾼 이유는 분명하지 않지만 가시난의 사랑을 확인했기 때문일 수 있다. 앙그리오떼-그로베네사, 가시난-감금당한 연인은 유사한 사례이다. 4권 130장에도 비슷한 사례가 나온다. '해변 탑Torre de la Ribera'의 기사는 사랑을 거절한 노르웨이 귀부인의 딸을 납치했다. 그는 간달린에게 항복하면서 여자를 풀어주겠다고 약속했다가 도망쳤고, 얼마 후 다시 붙잡혔다. 기사는 이제 여자가 자신의 사랑을 받아주기로 했다고 말했고, 아마디스는 기사를 용서했다. 어쩌면 가시난이 납치한 여자도 그가 보여준 사랑의 진정성을 확인하고 마음을 바꾸었다고 볼 수 있다. 그로베네사의 약속을 얻고 리수아르떼 왕의 궁정에서 신분을 드러낸 아마디스는 그로베네사에게 앙그리오떼와 결혼하라고 요구한다.

아마디스가 일어나 말했다.
"왕이시여, 저와 이 귀부인 사이에 일어난 일과 우리 약속은 사실입니다. 이제 저는 아마디스가 앙그리오떼에게 한 약속을 철회합니다. 그러니 이제 부인은 제게 한 약속을 지켜야 합니다."
귀부인은 웃으면서 말했다.
"좋아요. 원하는 걸 이야기해 보세요."
아마디스가 대답했다.
"내가 원하는 건 다름 아니라 당신이 앙그리오떼와 결혼하고, 그가 당신을 사랑하듯이 그를 사랑하라는 겁니다."
"뭐라고요, 대체 그게 무슨 말이에요?"
"못 알아들으셨습니까? 아름답고 높은 지위를 가진 부인과 잘 어울리는 남자와 결혼하세요."
"기사님, 어떻게 그럴 수 있어요? 당신이 한 약속은 어떻게 되는 건가요?"
"나는 지키지 못할 약속을 하는 사람이 아니오. 내가 아마디스로 하여금 그가 앙그리오떼에게 한 약속을 철회하도록 만들겠다고 약속했고, 아마디스가 그렇게 했으니 나는 약속을 지킨 것이오. 내가 바로 아마디스니까요. 나는 당신과 앙그리오떼에게 한 약속을 지켰으니, 이제 당신도 약속을 지키라고 이 자리에서 요구하는 것이오."
그녀는 왕을 돌아보며 말했다.
"이 사람이 정말 아마디스인가요?"
왕이 대답했다.

"그렇소. 분명하고 틀림없소."

"아, 이것을 어쩌나! 내가 이렇게 속고 말았네. 이젠 무슨 수를 써도 소용없겠구나. 이 또한 하나님의 뜻이니, 어찌 하나님이 정하신 바를 거스를 수 있겠는가. 내가 그토록 앙그리오떼를 떨쳐내려고 애쓴 까닭은 그를 죽도록 싫어해서도 아니고, 그의 명예가 이 몸의 주인이 되는데 부족하지 않다는 사실을 내가 몰라서도 아니고, 그저 나는 아무에게도 구속당하지 않고 정절을 지키는 삶을 살고자 했는데, 이젠 그와 단단히 합쳐지고 말았구나"(1권 31장, 536~537쪽).

그런데 그로베네사가 단지 약속을 지키기 위해 억지로 결혼한다면, 이 결혼은 여자의 의지를 존중하지 않는 강제 결혼이 된다. 그래서 작가는 그로베네사가 사실 앙그리오떼를 싫어한 게 아니라고 고백하게 만든다. 리수아르떼 왕은 그로베네사가 부자라면 앙그리오떼는 뛰어난 기사라고 설득하고, 왕비도 앙그리오떼는 큰 영지를 가진 고귀한 여자와 결혼할 자격이 충분하다고 칭찬한다. 결국 그로베네사는 결혼을 수락하고, 왕은 주교가 집전하는 성대한 결혼식을 치러준다. 기사의 덕목, 사랑의 진정성, 아마디스와 그로베네사의 약속 외에도 그로베네사의 눈에 비친 현재의 앙그리오떼는 과거와 달리 위대한 기사들의 존경을 받는 훌륭한 기사였다. 진정한 사랑은 여자의 마음을 변화시키고, 기사가 저지른 불명예도 용서받는다. 기사의 달라진 지위도 여자의 마음을 바꿀 수 있다. 그렇게 기사소설의 사랑은 이탈리아를 거쳐 15세기 스페인으로 유입된 이상적 사랑에 근거하지만, 결혼을 통한 영지 획득이 기사의 목적으로 대두되면서 사랑보다 현실적 이해관계가 우선하게 되었다.

아마디스 진영의 기사는 대개 결혼에 관심이 있지만 예외적으로 스페인의 왕자 몬하스떼는 여자에게 관심을 두지 않는다. 모든 기사와 여자들이 그를 좋아했으나 그는 오로지 무기와 전쟁에만 몰두했다. 사랑에 목숨을 거는 인물은 아이러니하게도 아마디스의 적으로 등장하는 '오만한 다르단'이다.

앙그리오뻬의 연인이 불가능한 조건을 내걸었다면 다르단의 연인은 금전적 대가를 요구한다. 즉 남자는 여자를 사랑했으나 여자는 자신의 이익을 위해 남자를 이용하려고 했다. 리수아르떼 왕 앞에서 벌어진 결투에서 다르단은 아마디스에게 패했고, 결투 후 연인이 절교를 선언하자 그녀의 목을 베고 난 후 사랑하는 여자를 죽였다는 슬픔 때문에 자살한다. 『아마디스 데 가울라』에서 사랑의 상실로 인해 목숨을 버린 기사는 그가 유일하다.

8

공간과 지리, 마법과 마법사

8. 1. 공간과 지리: 세계관의 변화

『아마디스 데 가울라』의 시간적 배경은 1권 1장 도입부에서 나타나 있듯이 예수 승천 후 그리 오래 지나지 않은 때이다. 그것은 시적 표현일 뿐이며 역사적인 특정 시점을 의미하지 않는다. 탈역사적인 무시간성無時間性이 『아마디스 데 가울라』의 시간 개념이다. 시간이 흘러도 주인공의 성격은 달라지지 않고, 육체와 정신도 늙지 않는다. 그는 처음부터 운명적으로 완성되어 있다. 아래 세대로 이어지며 단지 주인공이라는 인물이 교체될 뿐이다. 그리고 과거의 사건이 현재를 만들고 현재의 사건은 미래의 원인이 되는 인과 구조가 반복적으로 쌓여간다.[1]

『아마디스 데 가울라』의 공간은 현실 공간과 허구 공간이 섞여 있는 "시적 공간espacios poéticos"[2]이다. 브리튼, 스코틀랜드, 아일랜드, 로마, 스페인, 덴마크, 그리스, 독일, 런던, 콘스탄티노플은 실제로 존재하는 공간이다. 노르갈레스Norgales(현실의 North Wales), 빈딜리소라Vindilisora(현실의 Windsor),

---

[1] Juan Manuel Cacho Blecua, "El entrelazamiento en el *Amadís* y en las *Sergas de Esplandián*", en *Studia in Honorem Prof. Martín de Riquer*, Barcelona: Quadern Crema, 1988, vol. I, 235-271.
[2] 『아마디스 데 가울라』에 등장하는 지명을 다룬 대표적 연구는 수아레스 빨라사Aquilino Suárez Pallasá의 연작 논문 세 편이다. "Onomástica geográfica antigua en el *Amadís de Gaula* de Garci Rodríguez Montalvo", *Stylos*, 16(2007), 97-220; 17(2008), 125-228; 18(2009), 75 -192. '시적 공간'은 이 논문에서 사용된 표현이다.

브리스토야Bristoya(현실의 Bristol), 그라비산다Gravisanda(현실의 Gravesend), 모스트롤Mostrol(현실의 Montreuil sur Mer)3, 산수에냐Sansueña(현실의 Saxonia)도 현실에서 차용된 공간이다. 반면 '인솔라 피르메', '비련의 바위섬', '끓어오르는 호수 성', '스스로 지키는 산', '붉은 탑의 섬', '슬픔의 섬', '깊은 섬', '찾을 수 없는 섬', '몬가사 섬', '악마의 섬' 등은 허구적 공간이다. 공간은 완전한 상상 세계도 아니고, 사실적이지도 않다. 사실과 허구가 섞인 '시적 공간'이다. 실제로 존재하는 공간과 상상의 공간 모두 인위적으로 창조된 공간이다.

15세기 말의 개작자 로드리게스 데 몬딸보는 문학(중세 기사로망스의 브리튼)과 현실(가톨릭세계를 위협하는 이교도 진영의 콘스탄티노플)을 두 축으로 해 서사를 구성했으며, 편력기사가 움직이는 공간은 당대 독자의 기대 지평을 반영했다. 운명적으로 아버지 집을 떠나 새로운 집을 찾아야 하는 편력기사는 '길 떠난 여행자homo viator'라고 할 수 있다. 아마디스는 태어나자마자 배에 태워져 떠나야 했고, 자신의 혈통을 찾은 뒤에도 아버지의 왕국 가울라를 떠나야 했다. '인솔라 피르메'를 영지로 얻은 후에도 다시 가문의 영지를 찾아 떠나야 했으며, 사랑을 확인한 후에도 오리아나 공주를 런던에 두고 홀로 떠나야 했다. 편력기사는 혈통을 만들고 가문이 정착할 새로운 영지를 얻을 때까지 끊임없이 떠난다. 아마디스의 아들 에스쁠란디안도 마찬가지이다. 아마디스는 '작은 브리튼'에서 출생해 스코틀랜드를 거쳐 아버지의 왕국 가울라로 갔고, 다시 가울라를 나와 런던과 '인솔라 피르메'에 머물렀다 다시 가울라로 갔다. 그리고 거기서 독일, 보에미아, 로마니아 섬들을 거쳐 콘스탄

---

3 모스트롤이 동뜨뢰이 쉬흐메에서 기원한다는 설명은 뻴라요의 『소설의 기원』 I권 5장 337쪽에 나온다. 모스트롤Mostrol은 가울라왕국의 항구이고, 몽뜨뢰이 쉬흐메는 프랑스에 있다. 그것은 가울라가 지금의 프랑스에 속한다는 해석을 전제로 한다. 그런데 뻴라요는 가울라를 영국의 웨일스로 생각하고 있으므로 그의 논지는 일관적이지 않다.

티노플로 갔다가 다시 브리튼과 그의 영지 '인솔라 피르메'로 귀환한다. 혈통을 만들기 위한 그의 최종 목적지는 콘스탄티노플이다. 그의 아들이 주인공이 되는 아마디스 시리즈 5권 결말에서 아마디스 가문은 콘스탄티노플에 뿌리를 내리고 에스쁠란디안은 콘스탄티노플의 황제가 된다.

초판본 작가가 만든 아마디스의 여행은 그렇게 종료되고, 아마디스와 그의 기사들은 '인솔라 피르메'로 돌아와 대지 아래로 가라앉는다. 그는 집(가울라)을 떠나 새로운 집('인솔라 피르메')을 만들고, 그때부터는 집을 떠났다가 집으로 돌아오는 여행을 반복한다. 아마디스는 앞으로 여행하지 않기 위해 지금 여행을 떠나야 하는 여행자라고 할 수 있다.

아마디스의 여행은 작은 브리튼을 떠나 가울라, 런던, '인솔라 피르메', 콘스탄티노플을 다녀와 '인솔라 피르메'에 정착한다. 우리는 런던과 콘스탄티노플이 어디 있는지 잘 안다. 그런데 가울라는 지금의 어디일까?[4] 이 질문에 대해 가울라는 허구적 공간이라고 답해야 한다. 16세기 스페인 독자들도 가울라를 단순히 어딘가 멀리 있는 왕국 정도로 받아들였을 수도 있다. 그러나 이 질문을 다룬 연구들은 가울라가 프랑스 또는 프랑스의 브르타뉴라는 주장과 영국의 웨일스라는 주장으로 갈라져 있다. 특히 스페인 밖에서는 전자를 지지한다. 16세기 프랑스어 번역본을 만든 에르브래 데제사르가 '가울라'를 '골'로 번역했고, 프랑스 번역본이 독일과 영국으로 퍼져갔기 때문에 가울라는 당연히 프랑스의 어딘가로 받아들여졌다. 그래서 아마디스 1권의 제목이 '프랑스의 아마디스Amadis of France, Amadigi di Francia'로 번역되었다. 1권 2장에서 뻬리온 왕이 '작은 브리튼'에서 가울라왕국으로 돌아와 꿈을 꾸었을

---

[4] 가울라가 지금의 어디인지를 다룬 여러 연구자 주장은 다음 논문에 정리되어 있다. Edwin B. Place, "Amadis of Gaul, Wales, or What??, *Hispanic Review*, 23(1955), 99-107. 이 논문의 저자는 아서왕 로망스에 등장하는 지명 골Gaule을 근거로 『아마디스 데 가울라』의 14세기 초 원작자는 가울라를 프랑스의 브르타뉴 지방의 작은 왕국으로 생각했다고 주장한다.

때 해몽에 나선 사제가 프랑스 사람들 — 피카르디 사람 운간Ungán el Picardo과 샹파뉴 사람 알베르토Alberto de Campaña — 이고, 1권 8장에서 가울라와 아일랜드 간의 전쟁에 노르망디 공작 갈라인Galain이 참전하며, 아마디스의 모델이 되는 랜슬롯이 아르모리카 부근 태생이라는 점도 가울라가 프랑스라는 주장을 뒷받침한다.

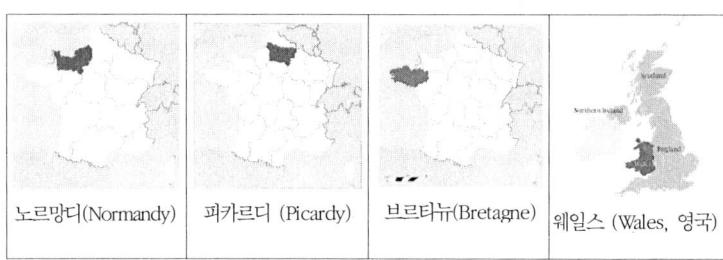

| 노르망디(Normandy) | 피카르디 (Picardy) | 브르타뉴(Bretagne) | 웨일스 (Wales, 영국) |

하지만 아마디스의 서사 공간은 프랑스가 아니라 브리튼을 중심으로 펼쳐지고 거의 모든 사건은 영국에서 일어난다. 텍스트에는 프랑스나 파리 근방이 등장하지 않고 프랑스는 언급조차 되지 않는다. 그래서 『스페인문학사 History of Spanish Literature』(뉴욕, 1849년)를 쓴 틱노르George Ticknor는 "가울라는 웨일스의 어느 곳으로 추정된다Gaula has sometimes been conjectured to be a part of Wales"(1권, 225쪽)고 생각했고, 스페인문학사의 기초를 만든 뻴라요도 가울라는 웨일스라고 했다.5 이후 지금의 스페인문학 연구자들은 가울라가 영국의 웨일스(또는 중세 표기로는 Walle나 Gaulles, 스페인어로 갈레스Gales, 중세 프랑스어 표기로는 Gaulle)라는 주장에 대해 별 이견을 보이지 않는다. 어쩌면 지리적 엄밀성이 그리 중요하지 않다는 사실을 잘 알고 있기 때문인지도 모른다.

5 Orígenes de la novela, 1권 5장, 337쪽. "가울라의 왕 뻬리온, 가울라는 웨일스Perión, rey de Gaula, esto es del país de Gales."

https://oggisioggino.wordpress.com/2016/06/09/amadis-de-gaula-caracteristicas-y-resumen/

아서왕 로망스가 스페인에 유포된 14세기에 아마디스가 페르스발처럼 웨일스 출신이라는 설정은 전혀 낯설지 않았다. 스페인 16세기 기사소설이 뿌리를 두고 있는 아서왕 로망스가 영국을 배경으로 하고, 텍스트에 묘사되는 가울라왕국도 아일랜드, 스코틀랜드, 잉글랜드와 관계를 맺고 있으므로 영국 내에 있어야 자연스럽다. 가울라가 프랑스의 브르타뉴라면 브르타뉴와 아일랜드가 전쟁을 치르고 '브리튼'과 오랜 적대적 관계를 맺고 있다는 기사소설의 설정은 자연스럽지 않다. 반면 가울라가 잉글랜드 서쪽의 웨일스라면 모든 상황이 자연스럽다. 웨일스와 잉글랜드의 접경에 있는 브리스톨(『아마디스 데 가울라』에서는 가울라 근방의 브리스토야 공작령)의 위치도 가울라가 웨일스라는 주장을 뒷받침한다. 특히 1권 10장에서 아마디스는 가울라에서

8장 공간과 지리, 마법과 마법사 433

브리스톨을 거쳐 런던으로 갈 때 육로로 움직인다. 가울라가 프랑스였다면 항구로 가서 배를 타고 런던으로 가야 한다. 영국 내에서 배를 타고 이동하는 장면은 여러 번 나오지만, 이 여행들이 영국 내에서 동쪽, 서쪽, 남쪽 해안으로 배를 타고 이동한다고 본다면 가울라가 웨일스라는 주장과 충돌하지 않는다.

- 1권 8장: 아마디스와 아그라헤스는 스코틀랜드에서 배를 타고 가울라로 간다.
- 2권 64장: 아마디스는 '인솔라 피르메'에서 배를 타고 가울라로 간다.
- 3권 68장: 아마디스는 배를 타고 가울라에서 런던 부근으로 간다.
- 3권 69장: 갈라오르는 배를 타고 런던에서 가울라로 간다.
- 4권 121장: 엘리세나 왕비와 갈라오르는 가울라에서 '인솔라 피르메'로 배를 타고 간다.

아마디스가 태어난 '작은 브리튼'은 어디일까? 가울라를 허구적 공간으로 본다면 '작은 브리튼'도 허구적 공간이라고 대답해야 한다. 하지만 '작은 브리튼'의 위치도 다시 프랑스와 영국이 선택지로 등장한다. '작은 브리튼'은 대개 프랑스 서쪽의 브르타뉴 또는 아르모리카를 지칭한다. 가울라가 프랑스에 있다고 가정한다면 '작은 브리튼'은 당연히 브르타뉴가 되어야 한다. 그런데 『아마디스 데 가울라』에서 '작은 브리튼'은 아마디스의 부모인 뻬리온 왕과 엘리세나 공주가 비밀결혼을 치른 곳이고, 엘리세나 공주의 언니인 '화관의 귀부인'은 스코틀랜드 왕과 결혼했으며, '작은 브리튼'은 가린떼르 왕 사후에 스코틀랜드로 병합되었다. 특히 뻬리온 왕은 '작은 브리튼'에서 가울라로 돌아갈 때 배를 타지 않았다. "오직 시종 한 명만 대동하고 말 위에 올라 곧장 자신의 왕국으로 가는 길로 떠났다encima de su cavallo no con otra compaña sino de su escudero se puso en camino derecho de su reino"(1권 1장, 242쪽). '작은 브리튼'에서 육로로 가울라왕국에 갈 수 있다면 두 곳은 영국과 프랑스처럼 바다를 사이에 두고 분리될 수 없다. 그래서 '작은 브리튼'도 프랑스가 아니라 영국에 있어야 자연스럽다. 더구나 갓 태어난 아마디스는 '작은 브리튼'의 어느 마을에서 배에 태워져 강을 따라 반 레구아legua6 흘러가다가 바다에 이르렀고 거기서 스코틀랜드로 가던 간달레스의 배와 만났다. 배가 어디서 출발했는지는 텍스트에 나오지 않는다. 프랑스에서 출발했다면 가울라와 '작은 브리튼'은 프랑스에 있어야 하고, 브리튼에서 출발했다면 두 곳 모두 브리튼에 위치해야 한다. 따라서 가울라가 영국 서쪽 해안의 웨일스라면 '작은 브리튼'은 영국의 동쪽 해안 스코틀랜드 접경 근처에 있어야 합리적이다. 그리고 만약 '작은 브리튼'이 프랑스의 브르타뉴라면 가울라는 브르타뉴보다 영국에 더 가까운 프랑스 북쪽 해안 지역이어야 한다.

가울라와 '작은 브리튼' 모두 브리튼의 한 지역임을 전제로 주인공이 움직인 궤적을 따라가 보자.

〈1권〉

'작은 브리튼'의 궁정에서 떨어진 어느 마을→스코틀랜드의 안탈리아Antalia와 랑기네스 왕의 궁정→가울라왕국→브리튼의 브리스또야→런던의 빈딜리소라 궁전→아르깔라우스의 발데린Valderín 성 부근→런던→말아벤뚜라Malaventura-숲→런던→소브라디사7

〈2권〉

6 [갓난아이를 태운 배는 강물을 따라] "빠르게 바다로 내려갔는데 바다는 거기서 반 레구아도 떨어져 있지 않았다presto la passó a la mar, que más de media legua de allí no estava"(1권 1장 247쪽). 1레구아는 사람이 한 시간 동안 걷는 거리로 약 4~7km다. 정확한 거리는 나라와 시대마다 다른데, 스페인에서는 중세에 4,190m였다 16세기 중반경에는 5,572.7m였다.
7 『아마디스 데 가울라』에서 소브라디사 왕국은 브리튼의 한 지역으로 한 면은 바다, 다른 면은 세렐로이스Serelois에 접해 있다.

소브라디사→'인솔라 피르메'→'비련의 바위섬'→런던 근처의 미라플로레스 성→런던→런던 근처의 라베가 항구→런던→'인솔라 피르메'

소브라디사, 런던, '인솔라 피르메'는 브리튼에 있다. '인솔라 피르메'는 육지에서 활을 쏘아 닿을만한 거리에 섬의 입구인 성이 있었고, 성까지는 길이 있어 마치 바다에 둘러싸인 섬이면서 육지와 좁은 길로 연결된 곳이었다(2권 44장, 666~667쪽).

수아레스 빨라사는 '인솔라 피르메'가 실제로 브리튼 남쪽에 있는 와이트 섬$^{Isla\ de\ Wight}$을 모델로 하고 있다고 주장한다.[8] '인솔라 피르메'는 런던에서 육로로 이동할 만한 거리에 있어야 한다.

⟨3권⟩

'인솔라 피르메'→가울라[9]→브리튼→마법의 공간→가울라→독일, 보에미아, 로마니아의 섬들[10]→'악마의 섬'→콘스탄티노플→보에미아→브리튼의 타가데스^{Tagades} 항→'인솔라 피르메'

⟨4권⟩

'인솔라 피르메'→브리튼의 루바이나→'인솔라 피르메'→'붉은 탑 섬$^{Insola\ de\ la\ Torre\ Bermeja}$'→'인솔라 피르메'

---

8 Aquilino Suárez Pallasá, "Onomástica geográfica antigua ……", *Stylos*, 16(2007), 106.
9 아마디스가 가울라로 갈 때 아마디스 진영은 '몬가사 섬'의 영주권이 걸린 전쟁을 하고 있었다. 빨라사는 '몬가사 섬'을 웨일스 북쪽 앵글시^{Anglesey} 섬으로 추정한다(앞의 책, 180쪽).
10 그리스 주변 동로마 또는 비잔틴에 속한 섬들

아마디스가 움직인 경로와 공간을 지도 위에 표시하면 아래와 같다. 왼쪽 지도에서 A는 '인솔라 피르메', B는 가울라, C는 '작은 브리튼'이며, '몬가사 섬'은 가울라왕국 북쪽의 섬이다. 오른쪽 지도는 3권의 공간 변화를 보여준다.

〈1권, 2권, 4권〉　　　　　〈3권〉

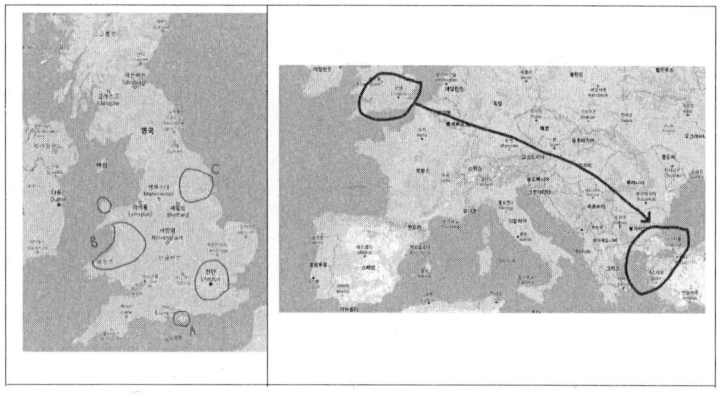

아직 영지가 없는 1권에서 주인공은 여기저기를 떠돌지만 영지를 갖게 된 2권 이후부터는 집('인솔라 피르메')을 떠났다가 다시 돌아오는 여정을 반복한다. 1권, 2권, 4권은 런던과 '인솔라 피르메'가 무대이고, 3권의 무대는 콘스탄티노플과 지중해 동쪽 세계이다. 주인공의 모험에서 중요한 이정표가 되는 공간도 런던, 콘스탄티노플, '인솔라 피르메', '악마의 섬'이다. 런던과 콘스탄티노플은 현실에서 가져왔고, '인솔라 피르메'와 '악마의 섬'은 환상의 공간이다. 런던은 '인솔라 피르메'와 연결되어 그가 입신立身하는 현재 공간을 형성하고, '악마의 섬'과 연결된 콘스탄티노플은 아마디스가 가문의 후손들을 위해 개척한 미래 공간이다. 가울라와 '작은 브리튼'은 단지 과거 공간에 그치며 주인공에게는 별 의미가 없다.

〈과거 공간〉	〈현재 공간〉	〈미래 공간〉
작은 브리튼-가울라	런던-'인솔라 피르메'	콘스탄티노플-'악마의 섬'

『아마디스 데 가울라』가 아서왕 로망스의 영향을 받았으므로 브리튼에서 대부분의 사건이 일어나지만 아마디스 시리즈 3권과 5권 이후 후속편의 서사 공간은 콘스탄티노플을 중심으로 하는 지중해 동쪽 세계로 이동한다. 여기에는 중요한 의미가 있다. 콘스탄티노플은 가톨릭세계의 정신적 구심점이었으나 1453년 오스만제국에 의해 함락되었다. 이교도에 의한 콘스탄티노플 함락은 서구의 가톨릭세계에 커다란 충격이었고, 그것을 수복하기 위한 열망이 일어났다. 경제적 측면에서도 서구세계에 매우 큰 타격을 입혔다. 인도로 가는 전통적인 동서양 교역로가 막혀 새로운 교역로가 필요했고, 이 필요는 신대륙 발견과 대항해시대로 이어져 근대세계가 열리는 하나의 전기가 되었다. 1492년에 그라나다를 재정복한 이후 스페인의 이사벨 여왕은 콘스탄티노플 재정복을 위한 십자군 결성을 추진하려고 했고, 그렇게 하려면 콘스탄티노플을 향한 사회적 관심을 불러일으킬 수단이 필요했다. 이사벨 여왕의 십자군은 실현되지 못했지만, 여왕의 종교적 열정은 가신이던 초판본 작가에게 영향을 주었다. 그는 아마디스 서사의 무대를 브리튼에서 콘스탄티노플로 이동시켜 사회적 관심을 불러일으키고자 했을 것이다. 그처럼 서사 공간의 전환은 중세에서 근대로 넘어가는 시대적 변화를 반영했다. 시리즈 5권에서 벌어진 서구 가톨릭 세력과 동쪽의 이교도 세력이 벌이는 대규모 전쟁은 현실 세계에 존재하는 스페인 왕실의 열망이었다. 콘스탄티노플 함락, 새로운 십자군으로 인해 촉발된 관심은 다른 작가들에게도 영향을 끼쳤고, 아마디스 후속작과 스페인의 다른 기사소설의 서사 공간도 지중해 동쪽과 그 너머 세계로 이동했다. 르네상스 시대의 스페인의 기사소설의 작가들은 새로

운 환상의 공간을 찾아야 했다. 지중해 동쪽 세계는 정치적, 군사적, 종교적으로 대중의 관심이 집중된 곳으로, 그곳에 가본 사람은 거의 없었다. 판타지는 미지의 공간에서 만들어진다. 콘스탄티노플과 그 너머 세계는 두렵지만 궁금하고 적대적이면서 매력적인 공간이었다. 브리튼이 결투와 마법과 사랑으로 직조된 중세의 공간이라면 콘스탄티노플과 그 너머 세계는 르네상스 시대의 정치적 욕망이 반영된 공간이었다.

『아마디스 데 가울라』에 등장하는 환상의 공간은 '인솔라 피르메'와 '악마의 섬' 등이다. 중세의 아서왕 이야기에서 원탁의 기사들이 모이는 카멜롯 궁정은 어부 왕의 궁정처럼 어두운 분위기가 공간을 지배한다. 게다가 메를린의 권고에 따라 기사들이 성배를 찾으러 떠나면서 노쇠한 아서왕의 카멜롯 궁정은 사실상 폐허가 된다. 반면 아마디스의 영지 '인솔라 피르메'는 웃음이 넘치는 공간이다. 2권 44장에서 아마디스와 형제들은 '인솔라 피르메'에 도착해 하나의 놀이처럼 '순결한 연인을 위한 마법의 문'과 '스스로 지키는 방'의 시험을 즐긴다. 그리고 아마디스가 섬의 주인으로 결정되자 모두가 먹고 즐기는 축제가 벌어진다. 많은 기사와 귀부인이 재미 삼아 '인솔라 피르메'를 방문해 시험을 즐긴다. 시험은 4권 125장에 나오는 아마디스와 오리아나의 결혼 축제에서도 여흥으로 다시 등장한다. 또한 아마디스의 영지는 세속적 욕망이 지배하는 공간이다. 리수아르떼 왕의 궁정을 떠날 때 주인공은 기사들을 규합해 이렇게 말한다.

"기사님들은 들으시오. 리수아르떼 왕과 왕비가 여기 머물라고 애원해도 나는 떠나기로 했습니다. 나는 '인솔라 피르메'로 가려고 합니다. 나와 한 몸이 되어 동고동락할 기사님들은 나와 함께 갑시다. 거기서 명예를 얻고 기쁨을 누립시다. 그곳은 아주 재미난 곳이오. 모든 산물은 풍족하고 사냥 거리는 넘쳐납니다. 예쁜 아가씨도 많이 있습니다. 무릇 어느 곳이든 예쁜 여자가 있어야 우리의 명예와 자부심이 높아지는 것 아니겠소. 게다가 값비싼 보석도 많아요. 부족한 게 없는 곳입니다. 우리가 거기에 터를 잡고 있으면 친분이 있든 없든 남녀노소 많은 사람이 도와달라고 찾아오게 될 겁니다"(2권 62장, 901-902쪽).

63장에서도 아마디스의 영지는 물산이 풍부하고 성채는 견고해 온 세상과도 전쟁할 만한 섬으로 나온다. 기사들은 마치 놀이공원처럼 꾸며진 섬의 장치들을 보며 웃음을 터뜨린다. 뱀과 두 마리 사자의 방, 사슴과 개들의 방, 낮과 밤에 세 번씩 돌면서 마치 땅이 꺼지는 느낌을 주는 방, 황소의 방(매일 한 번씩 사나운 황소가 뛰어나와 뿔로 철문을 부수고 난동을 피우다가 잠시 뒤 순해져 늙은 원숭이를 태우고 사라지는 방), 대리석 조각상의 방(조각상에서 발사된 화살이 닿으면 불이 붙는 방)이 있는 섬은 놀이공원처럼 보인다. 이 방들은 아뿔리돈이 그리마네사가 즐겁게 지내도록 만들어 둔 장치들이다. 게다가 이곳 사람들은 경제적으로 매우 부유하다. 아마디스 진영이 오리아나를 구출해 영지로 돌아왔을 때 작가는 섬의 풍족함을 이렇게 묘사한다.

기사도 기사가 아닌 낮은 신분 사람도 모두 각자의 위치에 따라 섬 여기저기에 자리를 잡았고, 그들이 편안하고 풍족하게 지내도록 모든 게 충분히 제공되었다. 아마디스는 언제나 가난한 기사 차림으로 다녔지만 섬에서는 엄청난 액수의 토지세가 나왔으며 아마디스의 어머니와 많은 귀부인이 값비싼 보석을 넘치게 보내주었다. 섬에 사는 백성은 모두 매우 검소한 부자였고 영주를 위해 많은 돈을 희사해 빵과 포도주와 고기를 비롯해 모든 물품을 베풀었다(4권 84장, 1,320쪽).

부, 명예, 권력, 재산, 여자, 재미가 모두 갖춰진 '인솔라 피르메'는 기사를 위한 세속의 낙원이다. 리수아르떼 왕의 런던 궁정은 기사들이 빠져나가 쪼그라들었고, '인솔라 피르메'는 기사들이 점점 더 모여들어 융성했다.

아마디스의 영지를 제외한 다른 환상의 공간에서는 대개 결투, 전쟁, 마법이 펼쳐진다. 뭔가 신비로운 사연을 간직한 미지의 섬, 깊은 숲, 험준한 계곡, 다리, 강 또는 해안의 성채, 산 위의 성, 샘이 있는 갈림길은 새로운 모험이 시작되는 곳이거나 결투를 위해 마련된 장소이다. 거기서 주인공은 도움을 요청하는 여자와 만나서 불의를 행하는 기사를 처벌한다. 많은 환상의 공간 중에서도 '악마의 섬', '마법사 아가씨의 바위섬', 아르깔라우스의 성과 우르간다의 '찾을 수 없는 섬'은 특별한 의미가 있다. '악마의 섬'은 주인공의 종교적 덕목을 입증하는 공간이다. 엔드리아고는 인간의 능력을 초월한 악마이고, 악마와의 결투는 육체를 넘어 신앙적으로 완벽한 기사가 되어 콘스탄티노플에 도달하기 위한 최종 관문이라고 할 수 있다. 그러므로 이 공간은 나중에 아마디스 가문이 콘스탄티노플에 뿌리를 내리게 해주는 결정적인 단초端初를 제공한다. 그만큼 중요한 공간이기 때문에 이 공간에 진입하는 과정부터 최고의 긴장감을 만든다.

이미 독자 여러분이 들으셨다시피, 배를 탄 '녹색 칼의 기사' 일행은 순풍을 받으며 콘스탄티노플을 향해 가고 있습니다. 그런데 갑자기 순식간에 바다가 요동치는 겁니다. 바다에서는 늘 그런 일이 일어나는 법이니까요. 그런데 파도가 얼마나 심한지 아마디스 일행이 탄 조그만 배로는 감당할 수 없었습니다. 방향타도 소용없고, 경험 많은 선원들도 파도에 휩쓸려가는 배를 어떻게 해보지 못합니다. 계속 위험한 고비를 겪으며 간신히 버티고 있는데, 비는 바닷물 쏟아붓듯이 내리쳤고 바람도 모든 걸 쓸어버리겠다는 듯이 불어닥칩니다. 칠흑 같은 하늘에는 빛도 한 점 없었어요. 사람들은 절망합니다. 현인 엘리사밧마저도 아무리 애를 써도 살아날 가망이 없다며 낙심했습니다. 오직 하늘에 계신 우리 주님께서 베푸시는 자비가 있어야 합니다. 그런데 배 안으로는 밤낮으로 바닷물이 들이닥칩니다. 안절부절못한 사람들은 쉬지도 먹지도 눈을 붙이지도 못하며 공포와 두려움에 몸을 떨었고, 운명에 모든 걸 맡기며 자포자기했습니다. 폭풍우는 한순간도 멈추지 않고 몰아쳤고 그렇게 여드레가 지나갔습니다. 물결에 휩쓸린 사람들은 어디에 있는지, 어디로 가는지도 모르고 있어요. 그러다가 어느 밤 동이 터오기 전 갑자기 불어닥친 강한 바람에 배가 날아가 육지에 처박힙니다. 땅에 처박힌 배는 무슨 수를 써도 꼼짝하지 않았습니다. 사람들은 죽음의 문턱에서 살아났다며 적잖이 안심했습니다. 하지만 아침이 되자 뱃사람들은 그곳이 어딘지 알아차렸어요. 그곳은 들짐승 한 마리도 살지 않는다는 '악마의 섬'이었습니다. 사람들은 차라리 바다를 떠돌 때가 더 좋았다며 두 배는 더 두려워했고, 절망도 두 배가 되었습니다. 사람들이 무슨 말을 하겠어요. 그저 소리 높여 울기만 할 뿐입니다. 그리고 '녹색 칼의 기사'에게 다가와 손으로 얼굴을 쥐어뜯었지요. 목숨을 건졌다며 기뻐하던 사람들이 순식간에 절망하자 기사도 이유를 몰라 무척 놀라고 당황했어요. 그래서 갑자기 왜 대성통곡을 하는지 사람들에게 물어보지 않았겠습니까? 그러자 사람들이 이렇게 말하는 겁니다.

"아이고, 기사 나리! 너무 괴로워서 말할 힘도 없으니 저기 있는 엘리사밧 선생한테 물어보시오. 이 섬이 왜 '악마의 섬'인지 그 양반도 잘 알고 있을 거요"(3권 73장, 1,129~1,130쪽).

그러자 엘리사밧이 '녹색 칼의 기사'에게 섬의 유래를 자세하게 알려준다. 아버지와 딸의 근친상간으로 태어난 괴물 엔드리아고의 모습은 이러했다.

몸과 얼굴은 온통 털로 덮여 있었다. 그리고 조개껍질이 온몸에 켜켜이 박히고 위에 또 박혀 있어 어떤 무기로도 뚫을 수 없었다. 다리와 발은 두껍고 우악스러웠다. 어깨 위로는 다리까지 내려오는 커다란 날개가 있었는데, 거기에 깃털은 없었다. 머리에는 새까맣게 빛나는 뿔 하나가 솟아 있었고, 거기에는 털이 가득 박혀 있었다. 뿔은 아주 단단해 인간이 쓰는 어떤 무기로도 흠집조차 낼 수 없었으니, 마치 온몸을 방패가 보호하고 있는 듯했다. 그 아래로 사자처럼 강인한 두 팔에는 몸에 박힌 조개보다 더 작은 조개껍질이 가득 박혀 있었다. 손에는 사나운 매의 발톱 같은 손가락이 다섯 개가 있었고, 손톱은 크고 날카로워 거기에 잡히면 세상 무엇도 부서지지 않을 수 없었다. 이빨은 양쪽에 각각 두 개가 나 있었는데, 크고 단단해 입으로 팔을 뜯어낼 정도였다. 불타는 횃불처럼 생긴 붉고 크고 동그란 두 눈은 밤에도 아주 멀리까지 볼 수 있었다. 그를 본 사람들은 모두 도망쳤지만, 그는 매우 날렵하게 뛸 수 있어서 두 발로는 아무도 그에게서 벗어날 수 없었다. 그는 거의 먹지도 마시지도 않았는데, 가끔 그럴 생각이 들 때도 있었지만 결코 먹고 마시기 위해 애쓰지 않았다. 그는 오로지 사람을 죽이고 또 살아 있는 짐승을 죽일 때만 즐거워했다. 특히 자신과 싸울만하다고 여길 만한 사자와 곰을 만나면 더욱 용을 쓰며 코로 기괴한 연기를 뿜어댔는데 마치 안에서 뭔가 불타고 있는 듯했다. 목소리는 쇠 긁는 소리 같아 듣기만 해도 소름이 끼쳤다. 살아 있는 모든 생명에게 그는 죽음 그 자체였다. 그에게는 악취가 풍겼고, 그걸 맡으면 독에 중독되었다. 특히 움직일 때마다 조개들이 서로 쓸리는 소리에, 그리고 이빨과 날개를 갈아대는 소리에 모두가 벌벌 떨었다(3권 73장, 1,132~1,133쪽).

그렇게 작가는 긴장과 불안을 높여간다. 태어난 지 일 년 후 악마 엔드리아고는 어른처럼 커져 부모를 비롯해 살아 있는 모든 생명체를 죽였고, 그곳은 그렇게 아무도 살지 않는 섬이 되었다. 그렇듯 '악마의 섬'은 하나님의 땅이었지만 악마에게 빼앗겨 지옥으로 변한 곳이다. 섬은 원래 콘스탄티노플의 황제 소유였지만 악마가 지배하는 지옥이 되었고, 죄악으로 타락한 지옥을 다시 하나님의 공간으로 재정복해야 하는 십자군의 사명이 아마디스를 이 섬으로 인도했다고 해석할 수 있다. 여기서 주목할 점은 하나님의 은총을 잃어버린 콘스탄티노플의 황제이다. 노쇠한 어부 왕처럼 무기력한 지중해 동쪽의 콘스탄티노플의 황제는 자신의 영토에 태어난 악마를 처벌하지 못했다.

"어떻게 여자 몸에서 그런 망측한 괴물이 태어날 수 있지요?"
"그게 말이지요. 콘스탄티노플의 황제가 가진 어떤 책에 따르면 이렇습니다. 원래 이 섬은 콘스탄티노플의 황제 소유였는데, 황제 힘으로는 이 악마를 죽일 수 없게 되자 섬의 통치권도 잃어버렸습니다. 와중에 반다기다가 임신했음을 알리자 반다기도는 자기편 신들이 그에게 예언한 게 사실이 되었다며 크게 기뻐했습니다. 그는 괴물이 나올 거라고 이미 알고 있던 거지요. …… 악마 힘으로 여자 몸에 괴물이 잉태되었습니다"(3권 73장, 1,134쪽).

콘스탄티노플의 황제는 자신의 권위와 권력으로 그것을 막지 못했고 대책도 없었다(3권 73장, 1,140쪽).

작가는 당대 스페인 독자들에게 이렇게 설파하고 있는 듯하다. 콘스탄티노플 황제는 하나님이 맡겨준 영토를 악마에게 빼앗겼다. '악마의 섬'이 반다기도를 거쳐 악마 엔드리아고의 수중에 떨어졌듯이, 현실에서도 하나님의 나라였던 콘스탄티노플은 이교도가 지배하는 땅이자 죄악으로 가득한 곳이 되었다. 이제 하나님의 은총을 입은 새로운 영웅이 나타나 콘스탄티노플을 회복하고, 거기에 다시 하나님의 나라를 세워야 한다. 『아마디스 데 가울라』에서 아마디스 가문이 이 새로운 영웅이라면 현실에서는 스페인의 가톨릭 왕 이사벨과 페르난도가 하나님의 사명을 수행할 영웅이다. 그래서 시리즈 5권에서 우르간다는 현실의 작가 로드리게스 데 몬딸보를 허구 세계로 끌어들여 "기회가 된다면 이사벨 여왕을 뵙고 이교도들과 이미 시작한 이 성스러운 전쟁esta sancta guerra을 절대 멈추지 말고 지치지도 않도록 조언하며 사람들이 모르는 몇 가지 사실도 알려 드리고 싶다"[11]고 말한다.

명예를 잃은 브리튼의 리수아르떼 왕은 아마디스에게 패배해 왕위를 넘겨주었고, 아마디스는 로마황제를 압도하는 서구세계의 실질적 권력자가 되었다. 콘스탄티노플의 황제는 신의 은총을 잃었고, 이제 신의 은총은 아마디스의 머리 위로 옮겨졌다. 그는 이교도에게 위협받는 콘스탄티노플을 지키고 새로운 황제 가문을 만든다. 콘스탄티노플은 쇠락한 과거의 영광이고, 미래는 아마디스 가문에 달려 있게 된다.

아마디스가 하나님보다 오리아나를 더 사랑한다고 믿고 있던 악마들은 엔드리아고에게 아마디스의 약점을 알려주며 힘을 북돋워 주었다. 악마 엔드리아고는 죄악의 상징이므로 결투는 하나님의 기사와 악마의 싸움이었다. 결투의 본질이 영적 영역에 있으므로 하나님의 기사는 칼이 아니라 믿음과 신앙으로 싸워야 한다. 하나님의 은총에 의지하지 않으면 인간 기사는 승리할 수 없다. 그래서 아마디스는 결투에 나서기 전에 엘리사밧에게 미사를 올려 달라고 부탁하며 영적인 인간이자 하나님의 기사로 변모한다.

'녹색 칼의 기사'가 말했다.
"끔찍한 일입니다. 우리 주님께서는 당신을 경외하지 않는 자들 때문에 얼마나 괴로우셨을까요. 스스로 회개하지 않으니 저지른 죄악만큼 벌을 받아 마땅합니다. 엘리사밧님! 내일 아침 제가 섬에 들어가기 전에 미사를 올려주세요. 주님께서 저를 인도하신다면 제가 섬을 주님 품으로 돌려놓겠습니다."

바다는 그날 밤도 거친 소리를 내며 울고 있었고, 사람들은 가까이 있는 성에서 엔드리아고가 언제 뛰쳐나올지 몰라 두려움에 떨었다. 성은 악마가 기거하는 성

---

[11] 5권 99장, 546쪽.

이었다. 새벽이 밝아오자 엘리사밧은 미사를 드렸고, 옆에서 아마디스는 아주 낮은 마음으로 미사에 동참하며 기도를 올렸다. 하나님을 위해 봉사하려고 할 때 닥치게 될 위험으로부터 보호해주시길, 주께서 원하신다면 죽음이 이곳에서 찾아오길, 그리고 주께서 그 영혼에 자비를 베푸시길 기도했다. 기도를 마친 아마디스는 무기를 갖추었고, 타고 갈 말을 배에서 데려왔다(3권 73장. 1,137쪽).

'악마의 섬' 결투 이전, 다른 결투에서 아마디스는 하나님이 아니라 오리아나에게 기도하며 도움을 청했다. 기사에게 사랑하는 여인은 성모 마리아 같았다. 가령 우상 앞에서 목을 베는 의식을 행하려고 어린 여자아이들을 납치해 가는 '끓어오르는 호수 성'의 악마 estos diablos 같은 거인 파몽고마단 부자父子를 만났을 때 이 악마적인 인물들과 결투를 앞두고 아마디스는 오리아나에게 이렇게 기도한다.

에닐은 울음을 터뜨리며 아마디스에게 무기를 내주었고, 벨떼네브로스는 비탈길로 내려와서 거인 앞에 섰다. 그리고 결투에 나서기 전에 미라플로레스 성을 향해 이렇게 기도했다.
"오, 사랑하는 오리아나님! 저의 힘만으로는 이런 위험한 모험에 나설 수 없습니다. 언제 어디에 있든 오로지 당신의 힘이 필요합니다. 사랑하는 나의 님이시어! 이제 나를 도와주소서. 당신의 도움이 절실히 필요합니다"(2권 55장, 787쪽).

하지만 아마디스는 달라졌고 그의 기도에서 오리아나는 사라졌다. 간달린이 같이 싸우겠다며 무장하고 나서자 아마디스는 결투의 증인이 되라고 명하면서 이렇게 말한다.

"멀찌감치 떨어져 눈 크게 뜨고 잘 지켜봐라. 하나님이 나를 통해 이 흉악한 악마와 어떻게 싸우시는지 말이다. 잘 보면서 하나님께 기도해라. 내게 자비를 베푸시어 이 땅에서 이놈을 없애고, 이 땅을 다시 주님 품으로 되돌리도록 날 인도해달라고 말이다. 또 내가 여기서 죽게 된다면 내 영혼에 은총을 내려달라고 하나님께 기도드리고 있어라"(3권 73장, 1,142쪽).

아마디스와 엔드리아고는 결투에 돌입하고 잔혹한 결투 과정이 길게 이어진다. 여기서 작가는 결투의 주인공이 하나님이고, 아마디스는 단지 하나님의 도구로 보이도록 묘사한다.

이 사악한 악마가 큰 권세로 사람들에게 이루 형언할 수 없는 흉악한 짓을 저질렀고, 하나님은 분노하셨습니다. 사람들은 비록 죄인이기는 하지만 성스러운 가톨릭 신앙을 믿는 신자였기 때문입니다. 그래서 하나님은 이 기사에게 용기와 특별한 은총을 내리셨습니다. 하나님의 은총이 없었더라면 기사는 수많은 사람을 죽이고, 더구나 부모까지 살해한 이 악마를 물리칠 수 없었을 겁니다. 이제 기사는 큰 위험에 맞설 수 있는 담대함과 자연의 이치를 초월하는 힘을 갖게 되었습니다. 기사는 칼로 남은 눈을 찌르려고 했습니다[결투 초기에 이미 눈 하나는 기사의 창에 찔렸다. ─ 역주]. 그런데 하나님의 인도하심으로 칼은 악마의 넓은 콧구멍으로 들어갔고, 기사는 더욱 힘을 주어 뇌를 찔렀습니다(3권 73장, 1,142쪽).

아마디스도 살과 뼈와 내장이 으스러졌지만 결국 엔드리아고가 쓰러졌다. 그는 칼을 들어 힘껏 엔드리아고의 입에 꽂았고, 엔드리아고의 입에서 악마가 튀어나와 커다란 비명을 지르며 공기 중으로 사라졌다.
그렇게 엔드리아고는 죽었다. 그도 엔드리아고의 독에 중독되고 큰 상처를 입어 죽음 직전까지 갔다. 잠깐 정신을 차렸을 때 그는 오리아나가 아니라

『아마디스 데 가울라』 (마드리드, 1838)

하나님께 감사기도를 드린다.

"전지전능하신 주님! 크신 자비를 베푸시려고 성모 마리아님의 육신을 입고 이 세상에 오신 주님! 가로막힌 천국의 문을 열어주시려고 그토록 심한 고초를 당하시고 사악한 무리에게 죽임을 당하셨습니다. 주님! 죄인으로서 당신께 청하오니 저의 영혼에 자비를 베푸시어 육신은 이 땅에 머물게 하시옵소서!"(3권 73장, 1,146~1,147쪽).

하나님의 뜻에 따라 현인 엘리사밧의 치료를 받고 죽음의 문턱에서 살아난 그는 악마와 싸워 승리한 신화적 영웅이 되었다. 그렇게 "하나님은 이 세상 누구에게도 허락한 적이 없는 명예와 행운을 그에게 주었다"(1,149쪽). 엘리사밧이 콘스탄티노플의 황제에게 보낸 편지를 읽은 황제의 조카이자 그라신다의 형제인 가스띨레스 후작은 황제에게 '녹색 칼의 기사'가 이룬 업적을 이렇게 칭송한다.

"황제 폐하! 그런 일은 정녕 위대한 기적입니다. 악마와 싸우는 건 성인聖人들이 영적 무기를 갖고 하는 일인데, 죽을 수밖에 없는 한낱 인간이 악마와 싸워 승리했다고 합니다. 그런 일은 유사 이래 들어본 적이 없으니, 이 결투에는 정녕 영적인 신성함이 깃들어 있습니다. 그런 업적을 이룬 사람이 황제 폐하를 섬기고자 우리 땅에 왔으니, 최고의 예를 갖추어 영접해야 마땅합니다"(3권 74장, 1,154쪽).

여기서 작가는 아마디스의 결투에 영적인 의미가 있음을 다시 한 번 강조한다. 황제는 가스띨레스 후작과 조각가를 '악마의 섬'으로 보내 엔드리아고의 시신을 확인하고, 거기에 아마디스의 결투를 영원히 기억하도록 기념비를 세우라고 명했고, '악마의 섬'을 '성모 마리아의 섬Insola de Sancta María'으로 이름을 고쳤다. 간달린은 『성경』에 손을 얹고 오직 진실만 말하기로 맹세하고 아마디스와 엔드리아고의 결투를 구술했고, 그의 진술은 기념비와 함께 기록된 문건으로 남겨졌다. 이제 아마디스는 콘스탄티노플에 입성할 준비를 마쳤다.

악마와 싸워 거둔 승리가 하나님의 은총이라면 그의 아들이 콘스탄티노플의 황제로 등극하고 황제 가문의 혈통을 잇는 미래도 하나님이 정하신 일이다. 그의 가문이 브리튼에서 콘스탄티노플로 옮겨가 황제 가문이 되는 하나님의 은총은 환상의 공간 '악마의 섬'에서 비롯되었다.

8. 2. 마법과 마법사

또 다른 환상의 공간은 마법과 연관된 아르깔라우스의 발데린Valderin 성과 몬떼알딘Monte Aldín 성, 우르간다의 '찾을 수 없는 섬', '마법사 아가씨의 바위섬'이다. 『아마디스 데 가울라』에서 마법을 쓰는 사람은 그리스 황제 아뽈리돈, 아르깔라우스, 우르간다, '마법사 아가씨의 바위섬'의 주인이던 이름 모를 마법사 아가씨이다. 이 네 명 중 아뽈리돈과 마법사 아가씨는 과거의 인물이다. 아뽈리돈은 100년 전에 '인솔라 피르메'를 설계한 마법사로, 그의 마법은 아마디스와 오리아나를 세상에서 가장 명예로운 기사와 가장 아름다운 여자로 인정하는 역할을 한다. 200년 전에 '마법사 아가씨의 바위섬'에 살던 마법사 아가씨는 배신당한 사랑의 아픔을 마법의 궁정에 간직된 예언으로 승화해 사랑의 완전성을 구현한 연인의 등장을 예고한다. 그녀의 예언은 5권의 주인공 에스쁠란디안을 위해 준비된 것이었다. 마법사 아가씨가 만든 '마법의 방'은 '인솔라 피르메'의 시험처럼 다음 세대에 적용될 미래의 사건을 예고한다. 그처럼 아뽈리돈과 마법사 아가씨는 과거의 인물로, 운명적으로 정해진 미래의 사랑을 예고하는 역할을 한다.

반면 현재 시점에 등장하는 마법사 아르깔라우스는 주인공에게 적대적이고, '미지의 우르간다'는 주인공을 보호하고 도와준다. 아서왕 시리즈에 메를린과 모르가나가 있듯이, 아마디스 서사에도 남녀 마법사가 있다. 하지만 메를린과 모르가나와 달리 아르깔라우스와 우르간다는 직접 접촉하지도 않고 싸우지 않는다. 아르깔라우스와 달리 우르간다는 기사가 아니다. 아르깔라우스의 발데린 성에서 주인공은 마법에 걸려 함정에 빠진다. 아마디스는 1권 18장에서 앙그리오떼와 결투를 마친 직후 난쟁이 아르디안의 부탁으로 발데린 성에 와서 그곳에 갇혀 있는 사람들을 구해주었다. 그때 마법사 아르깔라우스가 처음 텍스트에 등장한다.

다음 날 아침 창문으로 어느 기사가 나타나는 게 보였고, 그는 이렇게 말했다.

"내 간수와 부하들을 네 놈이 죽였느냐?"

아마디스도 이렇게 대답했다.

"네 이놈! 부인과 아가씨를 희롱하고 기사들을 비열하게 죽인 놈이 바로 네 놈이더냐? 너처럼 기사의 도리를 모르는 놈이 세상에 또 어디 있겠느냐? 짐승만도 못한 놈!"

"하룻강아지 범 무서운 줄 모른다더니, 내가 누군지 바로 알려주마. 손가락만 까딱해도 나자빠질 놈!"

아마디스가 창가를 벗어나자 곧 무장을 단단히 갖춘 아르깔라우스가 커다란 말을 타고 마당으로 나왔다. 그는 거인은 아니어도 몸집이 우람했고, 아마디스가 보기에도 건장한 장사처럼 보였다. 아르깔라우스가 말했다.

"이제 내가 누군지 알아보겠느냐?"

"알아보겠다, 이놈아. 기사의 도리도 모르고 비천한 짓만 저지르는 주제에 겉보기는 그럴듯하구나."

"네 이놈, 잘 걸렸다! 날 만난 걸 후회하게 해주마"(1권 18장, 434~435쪽).

이 장면에서 아르깔라우스는 마법을 모르는 평범한 기사처럼 등장한다. 대개 마법사가 등장하는 장면은 진지하고 장엄하며 어딘가 어둡고 신비로운 분위기를 풍기고 있어야 하지만, 이 장면은 약간 우습기까지 하다. 그래서 아르깔라우스는 중세의 아서왕 로망스에 나오는 전형적 마법사 메를린이 아니라 단지 약간의 마법을 쓸 줄 아는 기사 정도로 볼 수 있다. 게다가 아르깔라우스의 무술 실력은 아마디스에 미치지 못한다. 그래서 아마디스와의 결투에서는 밀리기 시작했고, 두 사람은 어느 방 앞에 이르렀는데 기이하게 아르깔라우스는 방으로 들어와 싸우자고 고집한다.

"들어와라. 여기서 싸우자."
"나와라. 넓은 데로 나가자."
"싫다."
"뭐야, 이 좁은 데서 버텨보겠다고?"(1권 18장, 436쪽).

결투 장면치고는 분위기가 심각하지도 진지하지도 않다. 아마디스가 방패를 앞세우고 방으로 들어갔으나 갑자기 죽은 듯이 바닥에 쓰러지고 말았다. 방은 아르깔라우스가 미리 준비해 둔 '마법의 방'이었고, 이 '마법의 방'이 『아마디스 데 가울라』에서 아르깔라우스가 보여준 유일한 마법이다. 아마디스는 우르간다가 보낸 아가씨들이 마법을 풀어줄 때까지 거기 갇혀 있었다. 아르깔라우스는 아마디스의 갑옷과 칼로 무장한 채 리수아르떼 왕의 궁정으로 떠났고, 아마디스와 결투해서 이겼다고 속여서 자신이 세상에서 가장 뛰어난 기사라는 명예를 누리고자 했다. 그래서 그의 본질은 마법사가 아니라 맹목적으로 명성을 얻으려는 기사에 가깝다. 텍스트에는 마법사로서 그의 능력을 유추할 수 있는 다른 흔적이 없으며, 그는 단지 아마디스에게 복수하기 위해 납치와 전쟁을 획책하는 반영웅으로 고착된다. 그가 어떻게 마법사가 되었는지 또는 어떻게 마법을 알게 되었는지도 텍스트에 언급되지 않는다. 다만 그가 몬떼알딘 성에 도서관을 갖고 있었으므로 아마 거기 있는 책을 통해 마법을 배웠으리라고 유추할 수 있다. 기사소설에서 도서관은 뭔가 특별한 비밀이 감추어진 신비로운 공간이다.

아르깔라우스가 라우아르떼 왕을 끌고 온 기사에게 말했다.
"너는 기사 열 명과 함께 리수아르떼 왕을 끌고 다가넬 성에 가서 감옥에 넣거라. 나는 기사 넷을 데리고 오리아나를 몬떼알딘 성으로 데려가 내 책과 물건들을 보여주려고 한다"(2권 34장, 564쪽).

그는 오리아나를 도서관에 데려가 마법 책과 도구들을 보여주며 바르시난과 결혼하라고 겁박하려고 했으나, 몬떼알딘 성으로 가는 도중 아미디스를 만나 처참하게 패배한다. 그의 도서관은 더 이상 언급되지 않는다. 그렇게 몬떼알딘 성의 도서관은 단지 아르깔라우스에게 마법사 이미지만 희미하게 덧입혀준다. 주인공에게 적대적인 마법사의 존재는 아마디스 시리즈 5권 후반부에서 페르시아의 멜리아 공주 Infanta Melia로 대체된다. 거기서 멜리아 공주는 동굴에 은둔하는 '야생의 여자 mujer salvaje'로 등장한다.

『아마디스 데 가울라』의 진정한 마법사는 아마디스 가문을 보호하는 '미지의 우르간다'이다. 나이도, 얼굴도, 마법사가 된 사연도 모른다. 마법사 메를린은 어린 아서왕을 바다에서 살려낸 인연으로 그와 맺어지지만, 우르간다가 왜 아마디스 가문을 보호하는지 아마디스 시리즈에서 명확하게 드러나지 않는다. 여자로 등장하는 우르간다의 마법은 주로 변신, 예언, 치유 영역에서 발휘된다. 소리 없이 나타났다가 사라지고, 아르깔라우스의 마법을 해체하기도 한다. 우르간다의 거처인 '찾을 수 없는 섬'은 치유와 휴식의 공간이다. 2권 58장에 나오는 아일랜드와 브리튼의 100대100 전투가 마무리될 때 우르간다는 열두 명의 아가씨를 보내 죽음을 앞둔 실다단 왕과 갈라오르를 배에 태워 '찾을 수 없는 섬'으로 데려온다. 이 장면은 〈캄란전투〉에서 상처 입고 죽게 된 아서왕을 아홉 자매와 함께 아발론 섬으로 데려간 모르간 르페이(혹은 요정 모르가나 a fada Morgain)를 떠올리게 한다. 아마디스 이야기가 몬머스의 조프리, 크레티앵 드 트루아, 보롱 등이 만들어가는 중세 아서왕 로망스의 영향을 받았듯이, 마법사 우르간다의 캐릭터도 메를린과 모르간 르페이의 영향을 받았다.12 우르간다의 변신과 예언 능력이 메를린을 모방하고 있다면 치유 능력은 르페이를 닮았다. 중세문학에서 마법사는 메를린처럼 신비롭고 특별한 혈통을 지닌 태생적 마법사, 메를린에게 배운 모르간 르 페이처럼 신비로운 누군가로부터 배운 마법사, 책을 통해 배운 마법사로 구분할 수 있다.13 우르간다의 마법사 캐릭터에 메를린과 모르간 르 페이가 섞여 있음은 분명하다. 하지만 우르간다는 태생이 드러나지 않고 스승도 언급되지 않아 그녀의 마법이 어디서 기원하는지는 분명하지 않다. 그래서 모든 기원이 조금씩 섞여 있다고 보아도 무방하다. 우르간다는 아주 오랜 세월 동안 죽지 않고 살아있으나, 기사소설에서 물리적 시간성은 종종 무시되기 마련이다. 한편 우르간다가 1권 19장에서 아마디스가 걸린 마법을 마법의 책으로 풀어주고, 또 2권 60장에서는 마법의 책을 읽어 주위 사람들을 잠들게 하는 장면이 나온다.14 여기서 유추하자면, 우르간다의 마법은 태생적 신비가 아니라 마법의 책을 통해 배운 지식이라고 볼 수 있다. 게다가 아마디스 시리즈 5권에서 우르간다는 요정 모르가나를 마법의 한 근원으로 소개하고 있다. 우르간다는 허구의 세계로 들어온 현실 세계의 작가 로드리게스 데 몬딸보를 데리고 '인솔라 피르메'로 공간 이동해, 앞서 이미 기술한 아마디스 시리즈 1~4권의 기록이 모두 사실임을 확인시켜 준다. 그리고 아마디스 진영의 기사들과 귀부인들을 '인솔라 피르메'에 가라앉혀 보존한 마법을 설명할 때 그것을 요정 모르가나에게 배웠고 그런 마법을 걸어둔 까닭도 그녀에게서 영감을 받았다

---

12 María Luzdivina Cuesta Torre, "Magos y magia, de las adaptaciones artúricas castellanas a los libros de caballerías", en *Señales, Portentos y Demonios. La magia en la literatura y la cultura españolas del Renacimiento*, eds. Alberto Montaner Frutos y Eva Lara Alberola, Salamanca, Sociedad de Estudios Medievales y Renacentistas, 2014, 325-366.
13 Daniel Gutiérrez Trápaga, "Magas, magia y libros en los primeros nueve libros del ciclo amadisiano", *Tirant*, 20(2017), 37-58.
14 귀부인들이 있는 자리에서 우르간다가 자신의 비밀을 언급할지도 몰라 두려웠던 오리아나가 나중에 은밀히 말해 달라고 부탁하자 우르간다는 작은 책을 꺼내 읽으며 주위 사람들을 잠들게 한다. 133장에서도 우르간다는 마법의 배에서 음악을 통해 아마디스 진영의 기사들을 잠들게 했다가 '인솔라 피르메'에서 깨어나게 만든다.

고 알려준다.

"내가 알고 있는 위대한 지식을 동원해 기사들과 왕비들에게 강력한 마법을 걸어 '인솔라 피르메'에 묻어두었네. 그리고 그대가 보았듯이, 이제 다시 땅 위로 올려 아주 완벽하게 아름답던 그 나이 때 모습 그대로 기사들과 왕비들을 의자에 모셔놓았지. 섬의 대지를 넓게 열어 아주 깊은 심연에 그들을 모셔두었지만 나는 내 뜻대로 그들을 이곳저곳으로 옮길 수 있지. 내가 그렇게 해둔 까닭은 요정 모르가나 덕분이야. 나보다 한참 뒤에 이 세상에 등장한 요정 모르가나가 동생 아서왕을 어떻게 마법에 걸어두었는지, 또 때가 오면 다시 브리튼을 통치하러 올 수 있도록 어떻게 조치해 두었는지 내게 모두 알려주었거든. 그때가 되면 우리 기사들도 다시 이 땅에 돌아올 거야. 지난 시절의 위대한 가톨릭 왕과 왕자들은 사라졌으나 후계자들과 함께 아서왕과 우리 기사들이 군대를 이뤄 위대한 콘스탄티노플 제국을 수복할 거야. 그때가 되면 성스러운 가톨릭 신앙에 대적하는 이교도 튀르키에 사람이 정복한 다른 땅도 모두 다시 찾게 된다네"(5권 99장, 546~547쪽).

모르가나는 죽기 직전의 아서왕을 아발론으로 데려갔고, 그를 나중에 다시 브리튼으로 돌아와 통치할 '한때 왕이었고 미래에 다시 돌아올 왕'으로 신화화했다. 우르간다는 그녀를 만나 이 마법을 배웠다. 그리고 아마디스 진영을 '인솔라 피르메'에 가라앉혀 5권 이후 벌어질 미래의 십자군전쟁을 위해 젊은 모습 그대로 보존했다. 우르간다가 예비한 허구 세계의 십자군은 현실 세계에서는 『돈키호테』의 작가 세르반테스가 참전한 〈레판토해전〉(1571년)으로 실현되었는데, 이사벨 여왕의 증손자 돈 후안 데 아우스뜨리아 Don Juan de Austria가 이 해전의 총사령관이었다. 그렇게 5권에 등장하는 우르간다는 콘스탄티노플 재정복을 위해 하나님이 예비하신 십자군의 전령 역할을 한다.

비록 1~4권에서는 새로운 십자군을 위한 아마디스 진영의 부활이 구체적으로 언급되지 않지만, 예지 능력이 있는 우르간다가 콘스탄티노플 재정복이라는 아마디스 가문의 미래를 알고 1~4권에서 아마디스 가문을 보호했다고 해석한다면, 우르간다는 1~4권의 개작자이자 5권 작가인 로드리게스 데 몬딸보의 '페르소나'가 된다. 허구 세계에서 아마디스 가문은 아서왕처럼 언젠가 부활해 이 세상에 다시 나타나고, 현실 세계에서는 이사벨 여왕의 증손자 펠리뻬 2세 시대에 스페인을 중심으로 하는 가톨릭 연합군이 그리스 앞바다에서 오스만제국과 전쟁을 치른다.

책을 사용해 그리고 요정을 통해 마법을 배운 '미지의 우르간다'는 아마디스 시리즈 1권 2장에 처음 등장하며, 여러 나이의 여자로 변신하기 때문에 진짜 모습은 알 수 없다. 우르간다의 첫 모습은 과도하게 화장했지만 아름답지 않은 아가씨였는데, 그런 인물은 마법 또는 악마적인 흑마술을 배우는 바람에 아름다움을 잃어버린 여자 마법사 캐릭터를 연상시킨다. 하지만 처음 등장한 아가씨는 무장한 기사에게 쫓기다 마법을 써 간신히 살아난다. 우르간다는 절대적 권능을 가진 신비로운 인물이 아니다. 두 번째 모습은 1권 5장에 나오는 백마 탄 아가씨였다. 그녀는 기사로 임명된 후 첫 번째 결투를 마친 주인공에게 아버지를 구원한다는 예언과 함께 창을 건네준다. 하지만 창은 신비로운 권능을 지닌 무기가 아니다. 우르간다는 그것을 주는 까닭을 이렇게 설명한다.

"날 위해 대신 몇 가지 일을 해달라고 이 창을 주는 거에요. 그중 첫 번째는 기사님이 어떤 친구를 명예롭게 해주어야 하는 일인데, 그렇게 하려면 지난 십 년간 어떤 기사도 겪지 못한 큰 위험을 감수해야 해요"(1권 5장 283쪽).

여기서 언급된 위험은 11장에서 아마디스가 우르간다의 애인을 구해주는 모험이다. 우르간다는 여기서 또 다른 아가씨 모습으로 세 번째 등장하는데, 그때 그녀의 연인은 마법에 걸려 그를 사랑하는 다른 여자와 함께 발도이드 성에 갇혀 있었다. 우르간다는 자신의 마법이 통하지 않으니 아마디스에게 연인을 구해달라고 부탁했고, 그는 발도이드 성의 기사들을 물리치고 우르간다의 연인을 구해주었다. 그러나 이 결투는 '지난 십 년간 어떤 기사도 겪지 못한 큰 위험'이라고 부를 만큼 장엄하지도 신비롭지도 않다. 더구나 우르간다의 애인도 전혀 신비로운 인물이 아니었다. 우르간다의 연인은 마법사의 연인 캐릭터와 어울리지 않는다. 우르간다는 애인과 함께 떠났고, 애인은 다시 등장하지 않는다. 그처럼 이야기 초반의 우르간다는 아직 마법사로서 권위를 갖지 못한 채 사랑에 연연하고 질투하는 모습을 보이면서 정체성을 확립하지 못하고 있다. 그러다가 1권 19장에서 우르간다가 보낸 아가씨들이 아르깔라우스의 마법에 걸린 아마디스를 풀어주는 의식을 행하면서 비로소 마법사로서의 정체성을 확립한다.

그때 궁정의 문으로 두 아가씨가 불 켜진 많은 촛불을 들고 왔다. 두 아가씨는 촛불을 아마디스가 누워있는 방의 네 구석에 놓았다. 방에 있던 다른 여자들은 말을 꺼낼 수도 또 움직일 수도 없었다. 한 아가씨가 겨드랑이에 끼고 온 작은 상자에서 책을 꺼내 읽기 시작했다. 그러자 방에서 한 목소리가 간간이 응답했다. 그렇게 책을 더 읽어나가자 수많은 목소리가 같이 응답했는데, 백 명이 넘어 보였다. 마치 바닥에서 솟아난 듯한 목소리는 바람에 실려 책을 감싸고돌다가 책을 읽는 아가씨 발 앞에 멈추었는데, 그녀는 그것을 잡아 불타는 촛불이 놓인 네 구석을 향해 네 방향으로 나눠 보내 촛불에 태웠다. 그리고 아마디스가 누워 있는 곳으로 와 그의 오른손을 잡고 말했다.

"기사님, 이제 일어나세요. 너무 오래 누워있느라 힘드셨겠어요."

그러자 그가 일어나며 말했다.

"아, 이게 뭔 일인가. 거의 죽었다 살아난 것 같군."
"그럼요. 기사님 같은 분은 이렇게 죽으면 안 되지요. 하나님께서는 죽어 마땅한 자들이 당신 손에 더 많이 죽기를 바라시니까요."
그리고 두 아가씨는 더는 아무 말도 하지 않고 들어온 문으로 사라졌다(1권 19장, 438쪽).

그처럼 우르간다가 보낸 두 아가씨는 책에 기록된 의식을 행해 아마디스를 마법에서 풀어낸다. 그리고 2권 57장에서 100대100 전투의 결과를 예언하는 편지를 리수아르떼 왕과 갈라오르에게 보냈고, 58장에서 갈라오르와 실다단 왕을 '찾을 수 없는 섬'으로 데려와 치료한다. 60장에서는 커다란 마법의 배를 타고 직접 등장하면서 마법사다운 풍모를 갖추게 된다. 마법의 배 '위대한 뱀' 호를 타면 아주 먼 거리도 하루 만에 이동할 수 있다. 이후 우르간다는 편지를 보내 미래를 예언하고 조언하다가 4권 123장에서 다시 마법의 배를 타고 등장해 지난 예언을 확인하고 새로운 예언을 남긴다.

마법사 우르간다의 성격은 이런 과정을 통해 정립된다. 그리고 5권에서는 미래에 가톨릭 세력이 단합해 콘스탄티노플을 재정복하는 사건의 예언자로 서사의 사실성과 역사성을 보증하는 역할을 한다. 허구의 인물이 현실 세계의 역사성을 보증한다는 설정 자체가 판타지이다.

기사소설에 등장하는 마법의 세계는 교회와 충돌한다. 강력한 가톨릭 사회에서 꿈의 해석, 미래 예언, 초현실적인 공간 이동, 마법에 걸리지 않게 해주는 마법의 반지, 마법의 책 등은 정당화될 수 없다. 『아마디스 데 가울라』는 마법을 정당화하려고 애쓰지 않는다. 문학은 현실 세계를 비틀고 왜곡하고 과장하면서 거기에 인간의 욕망과 꿈을 담고 사람들의 감정을 움직인다. 인간의 욕망에서 끌어올린 판타지가 기사소설의 매력인데, 그것을 교회의 기준에 어긋나지 않게 합리화하기란 사실상 불가능하다. 다만 『아마디스 데 가울라』는 미래에 대한 예언만은 정당화하려고 한다. 예언의 정당성은 하나님의 섭리이고, 하나님의 섭리에 따라 앞으로 벌어지게 될 사건은 특별한 권능을 허락받은 자들이 알 수 있다는 것이다. 1권 2장에서 뻬리온 왕의 꿈을 풀어준 사제는 미래가 '하나님이 명하시고 약속하신 것'이라고 한다. 그리고 꿈이란 하나님이 명하시고 약속하신 바를 보여주는 하나의 방식이고, 은총을 입은 특별한 사람이 그것을 해석한다. 그러므로 꿈 해석은 이교도적 미신이 아니다. 다만 해석은 완전하지도 결정적이지도 않기 때문에 인간은 겸허하게 하나님께 기도할 뿐이라고 말하며 교회의 논리와 타협한다.

"하나님이 명하시고 약속하신 일은 인간이 훼손할 수 없고, 그것이 무슨 결말로 이어질지는 누구도 알지 못합니다. 사람들은 하나님이 정하신 바를 두고 슬퍼하고 기뻐하지만 그렇게 하면 안 됩니다. 왜냐하면 사람들에게 좋은 일 또는 나쁜 일로 보이지만 결국 그렇게 되지 않는 경우가 비일비재하니까요. 존귀한 왕이시어! 왕께서 간절히 알고 싶었던 이 모든 일을 기억에서 지우시고 기억 속에는 오로지 하나님께 기도해야 한다는 것만 담아 두세요. 뿐만 아니라 다른 모든 일에도 하나님을 위한 봉사만이 인간이 할 수 있는 가장 좋은 일입니다"(1권 2장, 252쪽).

미래를 알 수 있는 사람이 있다면 누구나 그에게 미래를 알려달라고 한다. 그래서 교회는 미래를 알고 싶은 욕망을 통제하며 인간의 오만으로 치부한다. 60장에서 오리아나도 자신에게 벌어질 미래를 알려고 하지만 우르간다는 미래를 알려고 애쓰지 말라고 훈계한다.

"어여쁜 공주님! 내게 요청하신 걸 알게 되면, 그리고 그게 공주님께 불행한 일이라면 그것을 어떻게 피할 거예요? 아무도 피할 수 없어요. 하늘 높이 계시는 하나님이 명하시고 허락하신 일을 거스를 수 있는 권세는 누구에게도 없어요. 좋은 일이든 나쁜 일이든 우리 주 하나님이 나서지 않는다면 달라지지 않아요. 하지만 뭔가 이야기해달라고 그토록 청하시니 그렇게 해드리지요. 잘 들어보시고 한번 생각해 보세요. 미래를 공주님께 이롭게 만들려면 뭘 해야 하는지 말이에요."(2권 60장, 855쪽).

그러면서 비유를 통해 오리아나에게 곧 닥치게 될 커다란 위험을 알려준다. 미래는 하나님의 섭리에 따라 정해지므로 인간의 힘으로는 어쩔 수 없다. 그러니 그것을 미리 알아서 무엇 하겠는가? 오로지 하나님께 기도하며 하나님의 은총을 구해야만 한다. 그것이 우르간다가 말하는 교회의 논리이다. 126장에서도 우르간다는 하나님의 은총으로 미래를 알 뿐이지 그것을 고치거나 바꾸지 못한다고 말한다. 그리고 133장에서 리수아르떼 왕이 납치된 후 우르간다가 나타나 왕의 납치는 이미 하나님의 섭리에 따라 예정된 일이므로 인간이 막을 수도 없고, 할 수 있는 일도 없다고 말한다. 리수아르떼의 납치는 에스쁠란디안에게 맡겨진 모험이니 그에게 맡기라고 한다. 하나님의 섭리에 근거한 예언의 정당성은 5권에서 실현될 십자군원정의 정당성으로 이어진다. 마법은 문학시장에서 매력적인 상품을 만들 수 있는 재료지만 교회와 대적할 수는 없다. 그래서 『아마디스 데 가울라』는 마법적 장치와 물건은 유지하되 교회가 가르치는 원리를 수용했다. 하지만 아마디스 시리즈 7권 이후 펠리시아노 데 실바가 새로운 작가로 등장하면서 교회의 입장을 고려하기보다는 재미와 매력이 강조되었고, 그것은 교회가 기사소설을 향한 전면적 비판에 나서게 되는 하나의 계기가 되었다.

9

아마디스 시리즈 5권 『에스쁠란디안의 위업』

9. 1. 아버지보다 못한 아들

아마디스 5권 『에스쁠란디안의 위업』은 초판본 작가가 아마디스의 아들 에스쁠란디안을 주인공으로 삼아 새로 썼다. 같은 작가가 쓴 두 연작 기사소설 1~4권과 5권에 대한 평가는 16세기부터 지금까지 일관적이다. 전작이 후작보다 더 뛰어난 작품이다. 『돈키호테』 1부 6장에 나오는 돈키호테의 도서관 검열 및 분서[註] 장면에서 첫 번째 검열 대상이 바로 두 연작 기사소설이었다. 책을 넘겨받은 마을 신부는 이렇게 판결한다.

"뭔가 신비로워 보이는군요. 듣자 하니, 이게 스페인에서 인쇄된 첫 기사소설이고, 다른 모든 기사소설이 여기서 유래되었다고 합니다. 기사소설이라는 사악한 이단의 교리를 창시한 놈이니 가차 없이 화형에 처하기로 하지요."
그러자 이발사가 나섰다.
"잠깐만요, 신부님. 제가 들은 바로는, 이 책이 기사소설 중 최고라고 합니다. 유일하게 잘 만들어진 기사소설이니 살려주어야 합니다."
"그것도 맞는 말이지. 일단은 살려두고 봅시다."
"다음은 아마디스의 적통 아들 『에스쁠란디안의 위업』입니다."
"아비의 덕이 아들을 구원하지는 못하는 법이지. 여보게, 주방 양반! 창문 열고 마당으로 던져버리게. 이제부터 불태울 책이 많을 테니 불쏘시개로 쓰게나."
가정부는 기분 좋게 던져버렸다. 선한 에스쁠란디안은 마당으로 날아갔고 온 힘을 다해 닥쳐올 화마를 참고 기다려야만 했다(61쪽).

첫 번째 심판에서 일단 목숨을 구한 『아마디스 데 가울라』는 나중에 빨메린 연작의 4권 『영국의 빨메린』 그리고 『띠란떼 엘 블랑꼬』가 신부의 심판에서 살아날 때 함께 구제되었다. 반면 5권의 주인공은 '선한 인물el bueno de Esplandián'이지만 5권은 아마디스 연작 9권 『그리스의 아마디스』와 함께 마당으로 던져졌다. 신부의 판단은 명료하다. 1~4권은 기사소설 중 유일하게 잘 만들어진 책이니까 살려주고, 아비의 덕이 아들을 구원하지 못하므로 5권은 화형에 처한다. 그것은 당대 독자의 일반적 평판과 다르지 않았다. 후안 데 발데스도 『스페인어에 관한 대화』(1535년경)에서 이렇게 판단한다.

> 사람들은 『아마디스 데 가울라』의 작가가 최고라고 말합니다. 그의 문체가 제일 훌륭하다는 거지요. 내가 보기에도 그렇습니다. 다만 너무 지나치게 분칠해 놓거나 부주의하게 넘어간 부분이 많아요. 여기서는 감정이 하늘로 올라가다가 저기서는 바닥을 칩니다. 그래도 『아마디스 데 가울라』는 훌륭한 책이고, 『빨메린』과 『쁘리말레온』도 꽤 좋은 책으로 보입니다. 그래서 나는 이 책들이 『에스쁠란디안』, 『플로리산도』, 『리수아르떼』, 『십자가의 기사』보다 월등히 낫다고 언제 어디서나 단언할 수 있습니다. 하물며 거짓말투성이에다가 문체도 엉망인 『아름다운 멜로시나』, 『레이날도스 데 몬딸반』, 『라 뜨라삐손다』, 『카스티야의 올리베로스』와는 비교조차 할 수 없지요.15

기사소설의 전성기에 산 발데스는 젊은 시절 10년간 기사소설에 빠져

---

15 Juan de Valdés, Diálogo de la lengua, ed. de Juan M. Lope Blanch, Madrid: Cátedra, 1984, 168쪽. 『빨메린 데 올리비아』와 『쁘리말레온』은 빨메린 연작 1권과 2권이다.

모든 기사소설을 섭렵했다고 말할 만큼 열렬한 독자였다.16 그는 아마디스 연작의 1~4권, 빨메린 연작의 첫 번째와 두 번째 기사소설을 좋은 작품으로 평가했고, 당대의 다른 많은 독자처럼 아들은 아버지보다 못하다고 했다. 『아마디스 데 가울라』를 제외하면 그가 선호하는 기사소설은 세르반테스와 다르다. 또한 1596년에 출판된 스페인의 르네상스 시대의 대표적 시학서인 『고전 시학』의 평가도 비슷하다. 저자 로뻬스 삔시아노는 서사시와 영웅담을 다루는 열한 번째 서신에서 1~4권을 높게 평가하고 5권은 언급조차 하지 않았다. 그에게 아들은 이른바 '육체 없는 영혼'이었다.

> 이제 밀레토스 이야기나 기사소설 이야기를 해봅시다. 기사소설에는 고귀한 인물이 등장하지만 다른 요소들은 전혀 고귀하지 않아요. 하지만 『아마디스 데 가울라』와 『그리스의 아마디스』 같은 극소수 책을 두고 하는 말은 아닙니다. 이 책들은 아주 좋아요. 사실성도 없고, 교훈이 될 것도 없고, 문체도 진중하지 않은 다른 책들이 문제지요. 그래서 내 친구는 기사소설을 '육체 없는 영혼'"이라고 부르고 ― 왜냐하면 시학의 영혼인 서사만 있고 문체랄 게 없으니까요 ― 그 작가와 독자를 두고는 '영혼 없는 육체'라고 합니다.17

발데스, 로뻬스 삔시아노, 세르반테스는 아버지를 최고의 기사소설로 평가했고, 아들이 아버지보다 훌륭하다고 말한 사람은 없었다. 16세기 문학 시장에서도 아버지는 아들보다 더 많이 팔렸다. 1~4권은 1586년까지 19

---

16 앞의 책, 168쪽.
17 *Alonso López Pinciano, Philosophía Antigua Poética*, ed. de Alfredo Carballo Picazo, Madrid: CSIC, 1973, III, 177-178. 다섯 번째 서신(II, 12쪽)에서 저자는 기사소설을 두고 진실과 교훈은 없고 오로지 거짓만 가득한 이야기fábula라고 비판했다. 하지만 그는 아마디스 연작 9권을 선호했다.

회, 5권은 1588년까지 11회 인쇄되었다.18

기사소설에 관심을 두기 시작한 20세기 비평에서도 아버지와 아들에 대한 평가는 달라지지 않았다. 뻴라요는 『소설의 기원』에서 『아마디스 데 가울라』를 '세계적으로 위대한 소설의 하나'이자 "최초의 근대소설primera novela moderna"19이라고 상찬賞讚했다. 하지만 5권 이후의 아마디스 연작은 '쓸데없이 지루하며, 이름과 인물과 사건이 점점 황당해지고, 재미도 없고, 서사는 제대로 구성되지 않아 엉망sin arte'이라고 비판했다. 다만 5권은 1~4권 이후에 나온 "아마디스 연작 중에서는 제일 나은 또는 가장 덜 나쁜a mejor o la menos mala de estas secuelas"20 텍스트로 평가했다.

『에스쁠란디안의 위업』은 아마디스 4권의 후속이므로 좋은 원작의 흔적이 없지 않다. …… 하지만 좋았던 텍스트에 쓴 시적 표현을 계속 가져다 쓰면서 자기 표절을 했고, 늙은 작가의 빈곤한 상상력이 드러나 있다. 에스쁠란디안의 가장 큰 결점은 아마디스 뒤에 나왔다는 사실이다. 매 순간 앞서 나온 소설을 기억하게 한다. …… 요약하자면, 『에스쁠란디안의 위업』은 단지 평범한 기사소설이라고 할 수 있다. 최악이나 기괴한 정도까지는 아니지만 다른 연작들만 놓고 보면 확실히 잘 만들어졌고 많이 읽었다.21

'자기표절'과 '늙은 작가의 빈곤한 상상력'에도 불구하고 5권은 다른

---

18 아이센버그-마린 삐냐 의 서지목록. 16세기 문학시장에서 『에스쁠란디안의 위업』의 흥행은 『아마디스 데 가울라』에 미치지 못했으나 다른 텍스트보다 떨어지지 않았다. 뻰시아노가 높게 평가한 『그리스의 아마디스』는 7번 인쇄되었고, 세르반테스가 살려준 『영국의 빨메린』의 스페인어 판본은 한 번(똘레도, 1547/1548)만 출판되었다. 세 사람 모두에게 선택받지 못한 『빨메린 데 올리비아』는 14번 인쇄되었다.
19 Marcelino Menéndez Pelayo, I권 350쪽.
20 앞의 책, I권 403쪽.
21 앞의 책, I권 404~405쪽.

연작보다 잘 만들어졌다는 그의 평가는 모호한 면이 있다. 왜 아들은 아버지보다 못하다는 평가를 받았을까? 로뻬스 뻰시아노는 아마디스 1~4권과 9권이 사실성, 교훈, 진중한 문체를 갖추고 있다고 말하지만, 두 기사소설은 사실적이지 않고 교훈을 목적으로 하지도 않는다. 오히려 『에스쁠란디안의 위업』이 사실적으로 보이기 위한 장치를 갖추었고, 종교적 교훈을 명확히 드러냈다. 그의 설명은 설득력이 부족하다. 세르반떼스는 아들이 아버지보다 못하다는 근거를 명시하지 않는다. 뻴라요는 5권이 '서사의 구성plan은 너무 무질서하고, 서로 연결되어 있지도 않으며, 맺고 끝냄이 없다'고 비판하지만, 우리 시대의 까초 블레꾸아는 5권의 서사 구조가 매우 정교하다고 반박한다.22 그렇지만 그도 5권은 전체적으로 1~4권에 미치지 못한다고 평가한다.

> 『에스쁠란디안의 위업』은 앞선 4권을 넘어서는 미학적 정점이 아니다. 미학적으로는 거기에 미치지 못한다. 하지만 이데올로기와 서사 구조의 관점에서는 정점에 있다. 작가는 이 정점에 도달하기 위해 앞에서 그것을 예고하고 치밀하게 준비해 왔다.23

그처럼 독자들은 5권의 평가에 이견이 없다. 그런데 독자들의 평가와 달리 작가는 에스쁠란디안을 아마디스보다 더 위대한 인물로 그리려고 했고, 5권을 위해 1~4권의 인물과 사건들을 쌓아왔다. 작가가 구상한 연작

---

22 앞의 책, I권 404쪽; Juan Manuel Cacho Blecua, "El entrelazamiento en el Amadís y en las Sergas de Esplandián", en *Studia in honorem Prof. M. de Riquer*, Barcelona: Quaderns Cremà, II, 1986, 235-271.
23 Juan Manuel Cacho Blecua, "*Los cuatro libros de Amadís de Gaula* y *Las Sergas de Esplandián*: los textos de Garci Rodríguez de Montalvo", *Edad de Oro*, 21(2002), 85-116. 100.

기사소설의 완성은 5권이었고, 작가의 의도도 5권에서 명확하게 찾을 수 있다. 두 기사소설의 지향점도 달랐다. 1~4권이 주인공 개인의 서사에 초점을 맞추고 있다면 5권은 이사벨 여왕 시대의 정치적 이상과 국가적 과제를 명시적인 주제로 삼았다. 그처럼 5권을 만든 작가의 의도와 5권을 향한 독자의 기대는 서로 일치하지 않았다. 까초 블레꾸아가 말한 미학과 이데올로기의 차이, 작가의 의도와 독자의 기대 간의 불일치는 사실상 인과 관계에 있다. '차이'와 '불일치'가 원인이 되어 결과적으로 5권은 '아버지보다 못한 아들'이 되었다.

9. 2. 작가의 의도와 독자의 기대 간의 불일치

두 기사소설은 1492년의 〈그라나다정복〉 이후 그리고 〈1차 이탈리아 전쟁〉을 종결하기 위해 프랑스와 휴전 협정을 맺은 1497년 이전에 완결되었다. 앞에서 언급했듯이 〈그라나다정복〉 이후 이사벨 여왕의 정치적 과제는 오스만제국과 맞설 새로운 십자군을 결성하는 일이었고, 『에스쁠란디안의 위업』은 여왕을 위한 정치적 프로파간다였다. 그래서 5권 「서문」은 '기독교세계의 위대한 왕들과 또 다른 높은 귀족들'에게 보내는 편지 형식으로 기독교도끼리 싸우지 말고 이교도와 싸우자고 촉구한다. 여기서 작가는 십자군의 전형적 명분인 '영원한 명예'와 '신의 은혜에 대한 보답'을 내세우고 십자군에 나서지 않으면 경제적 피해가 닥친다고 말한다. 그와 같은 명분은 텍스트 내에서 계속 반복된다.

위대한 왕들과 영주들이시어! 곧 사라질 세상의 명예만이 아니라 영원히 사라지지 않을 명예로 기억되고 싶다면, 주님께서 베풀어주신 큰 은혜에 보답하고자 한다면 성스러운 믿음의 동반자들에게 안식을 베푸시고 그대들의 분노와 투지는 믿음의 적을 향해 돌려야 합니다. 이 책에서 여러 번 말하고 있듯이, 기독교세계의 위대한 황제가 적들에게 내어준 그곳으로 나아가야 합니다. …… 위대한 왕들과 영주들이시어! 때가 되었습니다. 우리는 이 시대의 요구를 피할 수 없습니다. 그대들이 나약한 모습을 보인다면 분노한 적들이 들이닥쳐 그대들의 소유를 빼앗을 것이고, 그때가 되면 아무리 피하려고 해도 피할 도리가 없습니다(「서문」, 114~115쪽).

십자군은 중세 이래 스페인 사회에서 매우 친숙한 개념이었다. 이베리아반도에서 십자군은 1064년에 교황 알렉산데르 2세가 허가한 면죄부Eos qui in Ispaniam에서 공식적으로 시작되었고, 그때부터 이베리아반도 내에서 이교도와 싸우는 전쟁은 교황으로부터 인가받은 십자군이 되었다. 마찬가지로 1492년의 〈그라나다정복〉 전쟁도 교황으로부터 인가받은 십자군이었다. 이베리아반도 내 십자군은 14세기 중엽 이후 한 세기 동안 정체되어 있다가 교황 갈리스토 3세가 1455년에 이사벨 여왕의 이복오빠 엔리께 4세에게 〈그라나다정복〉에 필요한 비용을 조달할 면죄부 발행권을 부여하면서 다시 추진되었다. 1479년과 1482년에 인노첸시오 8세가 그와 같은 권리를 이사벨 여왕에게 연장했고, 식스투스 4세는 1485년에 오스만제국 영토 내에서 십자군전쟁을 한다는 조건으로 면죄부 발행권을 재연장했다.24 교회와 국가, 믿음과 돈의 결합이 십자군전쟁을 위한 면죄부였다. 교황, 면죄부, 십자군, 이사벨 여왕은 〈그라나다정복〉과 콘스탄티노플 재정복이라는 두

---

24 José Goñi Gaztambide, *Historia de la Bula de la Cruzada en España*, Vitoria: Editorial del Seminario, 1958; Derek W. Lomax, *The Reconquest of Spain*, London: Longman, 1978); José Antonio Benito, "Historia de la bula de la cruzada en Indias", *Revista de Estudios Histórico-Jurídicos*, 18(1996), 71-102. 국토 재정복이 십자군운동으로 인가받으면서 스페인의 중세 왕국들은 예루살렘 십자군에 참여하지 않고 국토 재정복에만 집중할 명분이 생겼다.

가지 목표를 갖고 있었다. 오스만제국의 위협은 1453년의 콘스탄티노플 정복으로 현실이 되었고, 1480년에는 베네치아함대의 지중해 진출을 막기 위해 이탈리아 남부의 오트란토^{Otranto}을 점령해 서구세계에 불안감을 증폭시켰다. 교황은 스페인에 의존했고, 이사벨 여왕에게는 콘스탄티노플이 아니라 〈그라나다정복〉이 우선 과제였다.

1453년의 콘스탄티노플 함락은 기독교세계에 십자군에의 열정을 다시 불러일으켰고, 카스티야의 엔리께 4세는 새로운 십자군 조직을 요구하는 교황에 대해 1455년에 국토재정복의 재개로 응했다. …… 왕은 십자군을 무엇보다도 교황 후원 하에 신민들로부터 돈을 거두어들이기 위한 좋은 방편으로 생각했고, 진정한 십자군의 열정은 궁정이 아니라 일반 카스티야인에게서 발견되었다. 카스티야인 중 상당수가 1464년에 튀르키예에 대항할 십자군에 합류하기 위해 조국을 떠나려고 했으나 제지당했다.25

1482년부터 10년간 진행된 〈그라나다정복〉 전쟁에는 유럽 각지에서 온 지원병과 용병이 십자군으로 참전했으므로 서구세계에서 〈그라나다정복〉은 십자군의 승리로 받아들여졌다. 이 승리는 이후 콘스탄티노플 재정복을 위한 새로운 십자군 추진으로 이어졌다. 하지만 1494년 8월에 프랑스의 샤를 8세가 예루살렘 수복을 위한 십자군을 명분으로 아라곤왕국이 지배하는 나폴리 왕위를 차지하기 위해 이탈리아로 내려왔다. 그렇게 〈1차 이탈리아전쟁〉이 시작되었고, 스페인은 교황청과 함께 기독교 국가 간의 전쟁에 끌려가야 했다.26 게다가 오스만제국이 1495년 이후 지중해의 상업

25 존 H. 엘리엇, 『스페인제국사 1469~1716』, 서울: 까치, 2000, 47쪽.
26 〈1차 이탈리아전쟁〉은 1498년 8월에 종료되었지만 프랑스의 새로운 왕 루이 12세가 오스만제국을 상대할 십자군 거병을 명분으로 다시 2차 전쟁을 일으켜 1499~1504년까지 이사벨 여

권을 두고 공세를 재강화하자 교황 알렉산데르 6세는 1496년 12월에 면죄부Si convenit를 발행하며 그라나다를 정복한 이사벨 여왕과 페르난도 왕에게 '가톨릭 왕Reyes Católicos'이라는 칭호를 부여했다. 그로써 여왕에게 새로운 십자군은 종교적 책무가 되었다.

작가는 여왕이 열망하는 십자군전쟁을 5권에서 구현했다. 노쇠한 황제가 다스리는 콘스탄티노플을 페르시아 연합군이 침략하자 주인공은 기독교 세력을 모아 이교도 연합군을 격퇴하고 레오노리나 공주와 결혼해 콘스탄티노플의 황제에 오른다. 처음부터 주인공은 이교도와 싸우는 십자군이었고, 그의 운명은 오로지 십자군전쟁의 승리에 있었다.[27] 사랑과 결혼은 주인공의 존재 이유가 아니다. 다만 작가는 결혼이 승자의 전리품으로 격하되지 않도록 십자군과 연결된 운명적인 결합으로 만들었을 뿐이다. 모험의 공간도 브리튼에서 콘스탄티노플과 지중해 동쪽 세계로 이동한다. 아마디스는 주로 브리튼에서 기독교도와 싸우고 브리튼의 공주 오리아나와 결혼해 브리튼의 통치자가 된다. 그는 오리아나와 결혼하기 위해 싸운다. 따라서 작가에게 진정한 영웅은 아마디스가 아니라 하나님의 사명을 수행하기 위해 십자군전쟁을 치르는 에스쁠란디안이다. 작가는 십자군에게는 영원한 명예와 영광이 약속되어 있다고 찬양하고, 십자군에 참여하지 않는 왕에게는 오만, 탐욕, 세속적 욕망에 빠져 하나님의 은혜를 배반했다며 하나님의 징벌이 기다리고 있다고 경고한다.

[리수아르떼 왕에게 닥친] 운명과 고난은 그때까지 하나님이 왕에게 베풀어주신 은혜에 보답하지 않았기 때문이다. 하나님의 분노 앞에서는 어떤 제국과 영지도

왕의 스페인과 싸웠다. 이후에도 두 나라의 〈이탈리아전쟁〉은 프랑수아 1세와 카를로스 1세가 싸운 1525년의 〈빠비아Pavia전투〉로 이어진다.

27 27장, 247쪽. "그가 무기를 들고 나선 목적은 믿음의 적 튀르키예를 파괴하는 데 있었다."

한순간에 무너지고 만다(27장, 246쪽).

이 세상의 왕들은 오만해 하나님이 주신 권능을 자신의 명예만을 위해 쓰고 있다. 세상의 명예는 바람처럼 사라지는 부질없는 것이니 하나님 나라에서 누릴 명예를 위해 살아야 한다. 그렇지 않으면 영원한 징벌이 기다리고 있다(30장, 259쪽).

「서문」의 논리처럼 작가는 십자군에는 종교적 당위 외에 경제적 이유도 있다고 주장한다. 5권 102장에서 주인공이 튀르키예의 도시 갈라시아 Galacia를 점령한 후 작가는 도시를 빼앗긴 사람의 고통을 말하다가 갑자기 기독교세계를 다스리는 왕과 귀족들에게 십자군 참전을 독려하는 '작가의 외침'을 삽입한다. 여기에도 경제적 논리가 나온다. 십자군에 참여하지 않으려는 기독교세계의 왕과 귀족들은 오만과 탐욕 때문에 이교도에게 영지를 빼앗기게 될 것이고, 그러면 그것을 회복하는데 많은 재물과 인력이 소요된다. 하지만 '더러운 나병같이 사악한 이단을 바다 너머로 추방한 가톨릭 왕들'이 계시니 '가톨릭 왕들'의 과업에 힘을 합쳐야만 하나님이 주신 지위와 재산을 지킬 수 있다.28 '작가의 외침'은 여왕 예찬이지만 한편으로 당대의 현실 세계의 군주들은 십자군에 관심을 보이지 않았다는 사실을 보여준다.

99장에서 허구와 현실이 혼합된 특이한 공간을 창조한 이유도 십자군이라는 여왕의 정치적 열망을 실행하기 위함이다. 현실 세계의 일인칭 화자이자 작가인 '나'는 자신의 기사소설 속 허구의 마법사 '미지의 우르간다'를 허구 세계 내부에서 만나 허구 세계의 사실성을 확인하기 위해 '인솔라

28 102장, 565-567쪽.

피르메'로 간다. 거기에는 1~4권과 5권의 주요 인물들이 마법에 걸려 조각상으로 보존되어 있다. 우르간다가 작가에게 현실 세계에도 위대한 왕이 있는지 묻자 작가는 '거의 모든 스페인$^{casi\ todas\ las\ Españas}$'을 다스리는 페르난도 왕과 이사벨 여왕을 칭송한다. 그리고 여왕 예찬은 곧바로 여왕이 추진하는 십자군전쟁으로 이어진다. 그러자 우르간다는 하나님이 도우시니 '하나님께 순종하지 않는 이교도와 싸움을 시작한 이 성스러운 전쟁을 결코 멈추거나 힘들어하지 말라'고 조언하며 과거 시대의 위대한 왕들이 돌아와 도와주게 된다고 말한다. 이 '성스러운 전쟁'은 이미 완수한 〈그라나다정복〉이 아니라 콘스탄티노플 수복을 위한 십자군이다. 아서왕과 더불어 콘스탄티노플을 수호한 5권의 십자군이 모두 나와 현실 세계의 십자군에 동참한다는 예언은 십자군을 향한 작가의 집착을 보여준다. 그것은 주인공이 기독교세계의 영주들에게 보낸 편지에서도 반복된다. 184장으로 구성된 방대한 분량의 5권은 145장부터 본격적으로 콘스탄티노플 전쟁을 기술하지만, 주인공은 129장에서 이모부인 로마황제에게 편지를 보내 십자군을 모으기 시작한다.

"위대한 로마황제께 예수 그리스도의 종, '빛나는 별의 기사' 에스쁠란디안이 인사드립니다. 황제께서 가진 부와 영토 그리고 그보다 더 높은 고귀함은 하나님께서 베푸신 신성한 은혜임을 기억해주시길 바랍니다. 주께서 허락하셨으므로 황제께서는 성스러운 가톨릭 신앙을 공고하게 세우고 또 전파하도록 하나님이 이 세상에 세우신 가장 큰 대리인의 하나가 되셨습니다. 그러니 다른 누구보다도 하나님의 은혜에 보답할 의무가 황제에게 있습니다. 일신의 안락과 즐거움을 버리고, 아무리 힘들더라도 황제 자신과 제국을 바쳐 하나님의 법을 수호해야 합니다. 그리하지 않는다면 황제께 복종하는 수많은 사람과 엄청난 재산 그리고 어차피 죽게 될 인간에게 잠시 머물러 있지만 금방 사라질 세속의 모든 쾌락이 쓰디

쓴 고통과 고난으로 변하게 됩니다. 그때가 되면 세상을 움직일 용기도, 웅혼한 가슴도, 커다란 재산과 많은 신하도 아무 소용이 없습니다"(129장, 663쪽).

이 세상의 부와 권력은 하나님의 은혜로 받은 것이니, 하나님을 위해 그것을 쓰면 영원한 명예가 따라오고, 그렇지 않으면 하나님의 징벌이 기다린다는 단순 논리의 반복이다. 이 메시지는 기독교세계의 왕과 귀족에게 전달되고, 허구 세계에서는 모두가 십자군에 참여한다.

작가의 정치적 의도는 서사 구조에서도 드러난다. 모든 사건과 각각의 인물은 고리와 고리로 계속 연결되어 십자군전쟁이라는 하나의 목표를 향해 나아간다. 3권 73장에서 벌어진 아마디스와 엔드리아고의 결투→콘스탄티노플 입성→새로운 기사를 보내주겠다는 아마디스의 약속→아마디스를 위한 콘스탄티노플 황제의 지원군으로 십자군의 기원이 올라가지만, 십자군으로 이어지는 직접적 연결고리는 4권의 결말에 나오는 리수아르떼 왕 납치 사건이다. 리수아르떼 왕을 구출하는 과정에서 에스쁠란디안은 마법에 걸리지 않게 해주는 마법의 검을 얻고 납치된 왕이 갇혀 있던 '난공불락 산성'을 정복했다. 이후 주인공과 리수아르떼 왕의 런던 귀환(24장)은 4권과의 단절이고, 여기서부터 본격적으로 십자군의 여정이 시작된다. 주인공은 런던 외곽에서 아버지와 결투한 후(28장) '인솔라 피르메'를 떠나(43장) 곧장 '난공불락 산성'을 지키기 위한 전투에 합류한다. 페르시아의 영향권에 있는 '난공불락 산성'은 페르시아와 콘스탄티노플에 정복당하지 않은 중립 지역이었으나 에스쁠란디안이 '난공불락 산성'을 정복하고 콘스탄티노플 황제의 영토임을 선언하자 페르시아의 아르마또 Armato 왕이 군대를 이끌고와 바다와 육지에서 산성을 포위했다. '난공불락 산성' 전투(57장)에서 서쪽 세계에서 온 에스쁠란디안 그리고 콘스탄티노플 황제의 대리인이 된 프란달로 Frandalo 연합이 승리했고, 아르마또 왕은 포로로 잡혔다. 그 결과 콘스탄티노플을 둘러싼 기독교도와 이교도의 대규모 전쟁은 피할 수 없게 되었다. 그러므로 서사의 핵심 줄기는 이렇다. 리수아르떼 왕의 납치는 주인공을 지중해 동쪽 세계로 이끌었고, 주인공의 첫 번째 위업인 '난공불락 산성' 정복은 십자군의 도화선이 되었다. 기독교 진영과 이교도 진영은 세력을 규합한다. 그리고 주인공이 십자군이 되어 콘스탄티노플로 진격하는 큰 줄기에 세 그룹의 인물들이 작은 줄기가 되어 합류한다. 〈A 그룹〉은 5권에 새로 등장하는 인물이고, 〈B 그룹〉은 주로 4권에 등장한 에스쁠란디안의 가신 그룹이며, 〈C 그룹〉은 아마디스의 가신 그룹이다. 〈C 그룹〉에는 지난 잘못을 회개하기 위해 십자군전쟁에 참여해 명예로운 죽음을 맞으려는 주인공의 두 할아버지(리수아르떼 왕과 뻬리온 왕)도 포함되어 있다.

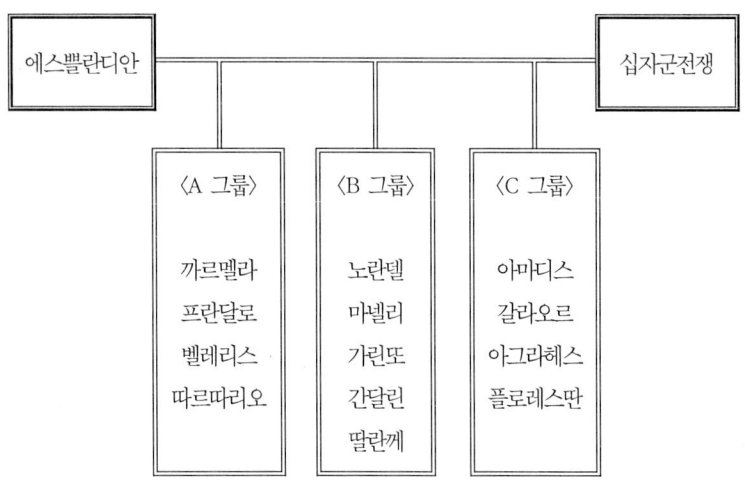

모든 기독교 세력은 콘스탄티노플을 지키기 위한 십자군을 결성해 이교도 세력과 세계대전을 치르고, 4권의 결말처럼 전쟁에서 승리한 기사들은 결혼에 이른다. 그리고 1~5권의 주요 인물들은 '인솔라 피르메'에 다시

모이고, 우르간다는 미래에 일어날 새로운 십자군에 참전하도록 마법을 걸어 그들을 영원히 지하에 보존한다.

작가는 5권의 주인공을 이 세상의 구원자로 만들었다. 작가가 의도한 정치적 프로파간다는 허구 세계에서 거둔 주인공의 위업을 현실 세계에서 이사벨 여왕의 종교적 열망과 겹쳐 보이도록 만드는 작업이었고, 허구와 현실을 매개하는 모티프가 십자군에의 열망이었다.

16세기에 스페인은 지중해와 북아프리카에서 오스만제국과 21회 전쟁을 치렀고, 그중 가장 중요한 전쟁이 세르반테스가 참전한 1571년의 〈레판토해전〉이었다. 이 해전에는 베네치아와 사보이공국도 참여했지만 16세기의 십자군은 온전히 스페인 몫이었다. 따라서 작가가 기독교세계의 왕과 귀족을 향해 십자군 참전을 호소하는 듯 보이지만 아마 실상은 스페인의 일반 국민을 대상으로 했을 수 있다. 십자군이라는 고귀한 가치에 동조하지 않는 프랑스를 적으로 돌리고 내부적 단결을 호소하는 전략으로, 그것은 중세 십자군의 구호였던 '신앙을 위해 죽으리라!pro fidei mori' '조국을 위해 죽으리라!pro patria mori'의 연장이었다. 그것을 위해 세속 권력과 교회가 결합했다. 하나님에 대한 종교적 의무, 국가와 일체화된 여왕에 대한 충성심은 하나로 합쳐졌다. 그와 같은 결합이 정치적 프로파간다의 근간이며, 5권의 작가는 십자군전쟁에 직접 참전하거나 면죄부 구매라는 간접적 참여가 스페인제국 신민의 의무라는 점을 일깨우려고 했다.

하지만 5권은 기사소설을 읽는 독자의 기대를 담아내지 못했다. 독자들은 5권의 에스쁠란디안보다 1~4권의 아마디스를 선호했고, 그 결과 5권 이후 흥행에 성공한 아마디스 연작 7권, 9권, 10권, 11권을 쓴 펠리시아노 데 실바는 아마디스를 다시 소환했다. 5권 184장에서 작가는 5권의 후속편으로 깔라피아 여왕과 결혼한 딸란께가 깔리포니아 섬 너머에 있는 이교도를 정복하는 이야기를 예고했으나 실바는 그와 같은 길을 따라가지 않았다. 아마디스는 후속편에서 건재했고, 그의 손자에서 손자로 이어지는 아마디스 연작의 주인공들은 정결한 에스쁠란디안이 아니라 개인의 욕망을 구현한 아마디스를 따라갔다. 독자들은 영웅 아마디스를 만나고 싶었으나 작가는 5권에서 여왕의 정치적·종교적 열망을 위해 아마디스를 죄인으로 만들었다. 거기에 작가의 의도와 독자의 기대 간의 불일치가 있다.

중세의 아서왕 로망스에서 최고의 기사는 랜슬롯이지만 성배는 그의 아들 갈라드Galaad가 찾는다. 성배를 찾는 과업에서 최고의 기사가 배제된 이유는 랜슬롯이 귀네비어와 부정한 사랑에 빠진 죄인이었기 때문이다. 반면 갈라드는 태어난 이후 어떤 세속적 욕망에도 빠지지 않은 순결한 기사였다. 아버지는 자신의 사랑과 명예를 위해 싸웠고, 아들은 오로지 하나님께 충성하기 위해 싸웠다. 사람들은 갈라드보다 랜슬롯을 좋아했다. 아버지와 아들의 성격은 아마디스와 에스쁠란디안에게도 그대로 적용된다. 1~4권은 태어나자마자 나락에 떨어진 주인공이 자기 힘으로 명예와 권력을 얻고 브리튼 공주와 결혼하는 영웅의 성공담이다. 아마디스는 4권의 결말부터 실질적으로 브리튼을 통치하며 5권 65장에서 브리튼의 왕위에 오른다. 독자들은 영웅의 성공담에 열광했다. 하지만 5권은 아마디스의 성공담을 헛된 명예를 위해 같은 기독교도끼리 싸운 이야기로 전락시켰다. 특히 28장과 29장에 나오는 아버지와 아들의 결투에서 아마디스는 세속적인 명예조차 잃어버린 죄인이 되었다. 아마디스는 더 이상 영웅이 아니었다. 1~4권의 리수아르떼 왕처럼 아들의 명예를 질투한 아버지였다. 아버지와 아들의 결투는 리수아르떼 왕의 귀환으로 촉발되었다. 구체적으로 두 가지가 아버지를 자극했다. 하나는 리수아르떼 왕을 구출했다는 명예가 아들에게 돌아갔다. 다른 하나는 25장에서 아들이 왕관 문양을 새긴 흰 갑옷에 백마를 타고 왕과 함께 화려하게 런던에 입성하기 전 네 명의 기사와 벌인 결투였다. 아들은 믿음의 적이 아니면 싸우고 싶지 않지만 어쩔 수 없이 결투가 시작되고, 그들 모두를 굴복시켰다. 그들은 갈라오르가 포함된 아마디스 진영의 기사들이었고, 갈라오르가 아마디스 다음으로 무공이 강한 기사였으므로 아마디스 진영에서 아들과 싸울 수 있는 기사는 아마디스 밖에 남지 않았다. 아버지는 신분을 숨기고 아들과 결투를 벌였고, 길고 처절한 싸움 끝에 죽음 직전에 가서야 아버지는 아들에게 항복했다. 그는 왜 아들과 싸우려고 했을까?

오리아나와 기사들은 왜 그렇게 잔인한 방식으로 아들을 시험했는지 물어보았다. 아마디스는 그들에게 이렇게 말했다. 그들 두 사람의 힘은 똑같았다. 그토록 오래 싸웠지만 죽을 만큼 위험을 감수하지 않았다면 누가 더 나은지 알 수 없을 정도였다. 그는 과거 시대에 위대한 업적을 남겼지만 지금은 아들이 위업을 쌓고 있어 그의 명성은 퇴락해 잊히고 있었다. 그래서 그는 자신과 아들을 극한의 상황에 밀어 넣고 자신이 승리자가 되어 옛 명성을 되찾고 싶었다. 그는 지난 모든 순간에 자신을 도와주고 미소 지은 행운이 이번에도 그리하리라 믿었다. 아들을 이겨 세상에서 가장 잘 싸우는 기사라는 최고의 명예를 얻고 싶었다. 명예는 아버지와 아들 사이에서도, 주군과 기사 사이에서도 나눌 수 없으니 온전히 자신이 갖고자 했다. 하지만 행운은 두 사람에게 완전히 달라진 모습을 보였다. 다만 최고의 명예가 아버지에서 아들로 이어졌다는 사실만이 조금이나마 그에게 위로되었다(29장, 254쪽).

그는 1~4권뿐만 아니라 5권에서도 세상에서 가장 뛰어난 기사라는 헛된 명예만을 쫓았다. 자신의 명예를 위해 아들과도 결투했다. 작가는 이 결투의 결과를 이렇게 정리한다.

아마디스에게 닥쳐온 진정한 죽음은 다름 아니라 이 땅에서 그가 이룬 모든 위대한 업적이 잊힌 것이다. 아버지의 위업은 아들의 명성을 꽃피우는 거름이 되었고, 아들의 영광은 하늘 위 구름에 닿는 듯했다(29장 253~254쪽).

이 결투 이후 아버지는 132장에서 아들의 훈계를 듣는 죄인이 된다. 아들은 아버지에게 보내는 편지에서 십자군에 동참해야 할 이유를 이렇게 적시한다.

지금까지 운명은 왕에게 베풀어주기만 했으나 이제는 빚을 갚아야 할 때가 왔습니다. 첫 번째는 우리 주 하나님께 갚아야 할 빚입니다. 하나님은 왕이자 기사에게 허락된 모든 것을 이 세상 모든 왕자 중 비교할 자가 없을 만큼 베푸시어 지극히 높은 명예와 지위를 누리게 하셨습니다. 두 번째는 고귀한 콘스탄티노플의 황제에게 진 빚입니다. 황제가 왕에게 꼭 필요할 때 지원군을 보낸 덕분에 지금 세상에서 사람이 오를 수 있는 가장 고귀한 자리에 오르셨으니 그 빚이 왕의 어깨에 있습니다. 이제 세 번째를 이야기하겠습니다. 왕께서는 이 세상의 부질없는 명성을 얻느라 커다란 위험을 무릅쓰고 시간을 허비하며 하나님이 주신 큰 힘을 잘못 썼습니다. 이제 하나님께 용서를 구해야 마땅합니다. 왕께서 지금 우리에게 닥친 이 일을 해야 할 진정한 이유는 그로써 모든 잘못이 사함을 받고 빚이 청산되기 때문입니다(132장 667쪽).

두 번째는 세속의 빚이고, 첫 번째와 세 번째는 하나님에 대한 빚이다. 아마디스는 랜슬롯처럼 세속적 욕망에 사로잡혀 헛된 명예를 쫓아다닌 죄인이다. 하나님이 베풀어주신 은혜를 기억하지도 않았고, 그것을 갚으려고 애쓰지도 않았으므로 아들은 아버지에게 십자군전쟁에 참여해 지난 삶을 반성하고 죄를 씻으라고 훈계한다. 하나님 앞에 죄인이 된 아마디스, 세속적으로도 명예롭지 못한 아마디스의 모습은 1~4권의 독자에게는 상상조차 할 수 없는 일이다. 작가는 아버지보다 우월한 아들을 보여주었지만 아마디스의 성공담을 좋아한 독자는 자신과 아마디스를 일체화하며 환상을 꿈꾸었고, 자신의 꿈이 지속되기를 바랐다. 그래서 아버지가 여전히 영웅이기를 원했고, 아버지의 추락을 원하지 않았다.29 상업적 관점에서 본다면 죄인으로 추락한 아마디스는 독자의 기대를 거스르는 작가의 패착이었다. 그 결과 5권은 독자의 호의를 잃어버렸다.

작가의 의도와 독자의 기대 간의 불일치는 주인공의 성격에서도 불거진다. 기사소설 연작에서 아버지에서 아들로 계속 대를 이어가는 주인공의 차별화 여부는 작가와 독자 모두에게 가장 핵심적인 사항이다. 작가는 주인공을 차별화해 새로운 인물형을 만들지, 아니면 전편의 주인공을 복제할지 정하게 된다. 전편의 인기 때문에 후속작이 만들어지므로 독자들은 전편을 기억하고 좋아한다. 그런데 후속작이 전편과 같으면 지루해지고, 다르면 독자들이 외면할 수 있다. 무엇을 같게 하고 무엇을 다르게 할지, 같음과 다름의 조화로운 배분이 후속편 작가의 과제이다. 그런데 5권은 십자군을 위해 아마디스의 영웅성을 전면 부정했다. 작가는 같음과 다름의 조화가 아니라 다름을 선택했다. 그와 같은 결정은 이미 5권 도입부인 2장에서 에스쁠란디안이 아마디스와 리수아르떼 왕의 잘못을 지적하며 자신의 정체성을 확립할 때 드러난다. 1~4권과 차별화한 5권의 분기점이 결정적으로 여기에 있다.

시종 사르힐이 에스쁠란디안에게 말했다.

---

29 그래서 아마디스 연작 7권 『그리스의 리수아르떼』의 작가는 아마디스를 다시 마법에서 깨어나게 했고, 기독교 세력과 이교도 세력의 2차 콘스탄티노플 전쟁의 승부를 결정짓는 3대3 결투의 주인공으로 만들어 전쟁의 무대로 화려하게 복귀시킨다. 반면 에스쁠란디안은 7권에 등장하지 않는다.

"주인님은 이제 아버지보다 더 뛰어난 분이 되셨습니다. 아버지가 이루지 못한 이 모험[마법의 칼을 획득하는 모험 — 역주]을 끝내셨으니까요."

…… 에스쁠란디안이 시종에게 말했다.

"커다란 위험 앞에서 불굴의 가슴을 가졌던 내 아버지가 우리 주 하나님을 위해 목숨을 바쳐 위대한 업적을 이루셨다면 그보다 더 훌륭한 일이 어디 있겠느냐. …… 그러나 그분은 금방 사라질 세상사에만 큰 욕심을 내었고, 영원한 것을 찾은 적이 없다. 항상 자신의 권리와 이익을 추구했고, 하나님의 법에 반하는 자에게 분노하고 벌하지 않았다. 우리를 구원하신 분께 대적하는 자들에게 죽음을 내리고 그들을 없애버리는 데 힘쓰지 않았으니, 거기에 무슨 핑계가 있겠느냐. 하나님은 이 세상의 대리인을 통해 사악한 자를 징벌하시는 법인데 …… 이 세상에서 하나님을 대신하는 왕과 높은 귀족들이 성스러운 신앙을 배척하는 적들을 앞에 두고도 오로지 자기들끼리 서로 죽이고 그로써 커다란 명예를 얻었다고 치부했으니, 거기에 무슨 변명이 있을 수 있겠는가. …… 내게 아버지와 같거나 더 나은 자질이 있다면 육신의 명예를 구하지 않고 …… 오로지 내 영혼을 구하는 길에 매진할 것이다."

그러자 사르힐이 말했다.

"주인님은 세상을 지배하는 왕들이 다 가고 있는 길을 가지 않겠다는 것인가요?"

에스쁠란디안이 말했다.

"과거에 잘못된 길을 간 사람들보다 지금 그러한 길을 가려는 사람에게 더 큰 실패와 죄악을 남기는 법이다. 보라. 세상의 명예를 따른 사람에게 어떤 상급이 내렸는지. 막강한 내 할아버지 리수아르떼 왕은 어떠했는가. 하나님께서 큰 영광과 명예를 허락하신 덕분에 온 세상이 그를 찬양했지만, 왕은 하나님의 사람들이 서로를 죽이는 전쟁을 하는 데 그것을 썼다. 그것이 어찌 하나님께 반하는 짓이 아니란 말인가. 한때 영광과 쾌락과 고귀함을 누렸어도 그것을 잘못 사용하면

합당한 벌을 받는 법이니, 한순간에 명예와 영광을 잃고 마침내 자신마저도 잃게 된다. ……"
그렇게 에스쁠란디안은 가톨릭 신앙의 적을 없애는 무훈을 쌓게 된다. 때가 되면 그의 위업은 세상에 견줄 자가 없으리라(2장, 127~129쪽).

처음부터 5권은 1~4권과 결별했고, 주인공의 사랑과 결혼도 사회 규범을 넘지 않는다. 아버지는 사랑의 일탈을 했으나 아들은 일탈 없는 사랑을 한다. 5권이 보여주는 사랑과 결혼은 1~4권과 확연히 다르다. 전편에서 기사의 사랑은 비밀결혼과 자유분방한 연애로 나타났고, 그것이 주는 재미, 긴장감, 놀라움, 해방감이 독자를 매료시켰다. 주인공의 비밀결혼에는 궁정식 사랑, 열정적 감정, 종교화된 사랑, 은밀한 연애, 질투와 오해, 여자의 의지에 반하는 결혼, 죽음도 감수하는 사랑의 고행, 구혼자에 대한 가혹한 처벌, 남자의 정절을 시험하는 아름다운 여자, 결혼의 사회적 조건 등 많은 모티프가 개입되어 있다. 게다가 불륜, 폭력과 납치, 복수와 보상 등 다른 기사들의 사랑 이야기도 포함되어 있다. 갈라오르가 정사에 이르는 과정은 아름다움에 이끌린 젊은 남녀의 쾌락 추구, 죽음을 피하기 위한 여자의 유혹, 도움을 받은 여자가 베푸는 '전사의 휴식', 살아남기 위한 정사, 거절당한 유혹으로 묘사된다. 아마디스의 비밀결혼과 갈라오르의 정사는 모두 일탈이고, 일탈이 재미를 만든다. 왕자와 공주가 서로 사랑하고 양가 부모가 허락해 결혼에 이르는 결혼 서사는 매력적이지 않다. 사랑과 결혼 서사의 본질은 장애물과 일탈이다.

반면 5권에 나오는 에스쁠란디안과 레오노리나 공주의 사랑과 결혼에는 장애물이 없고, 일탈도 나오지 않는다. 태어날 때부터 에스쁠란디안의 가슴에는 흰 글씨와 붉은 글씨로 자신의 이름과 레오노리나 공주의 이름이 새겨져 있었다. 두 사람은 운명적으로 정해진 배필이었고, 2장에서 작가는 두 사람이 "만나기도 전에 서로에 대해 듣기만 하고도 사랑에 빠진다"[30]고 예언했다. 예언대로 두 사람은 만나기도 전에 서로 사랑에 빠졌다. 신분 차이도, 부모의 반대도, 전편에 흔하게 나온 연인 납치와 구출 장면도 없다. 두 사람 간에는 연애라고 할 만한 사건도 없다. 5권의 사랑은 에스쁠란디안-까르멜라Carmela-레오노리나의 관계에서만 나타나고, '난공불락 산성'의 영주가 될 노란델과 메노레사 여왕의 사랑과 결혼(118장)은 간략한 에필로그에 지나지 않는다. 사랑이든 불륜이든 연애는 존재하지 않는다. 연애 감정에 관한 작가의 의도는 에스쁠란디안이 '위대한 뱀' 호를 타고 콘스탄티노플 항에 입성하는 49장에서 명확하게 드러난다. 주인공과 공주는 아직 만나지 못했고, 다만 귀로 들어 서로 사랑에 빠진 상황이다. 까르멜라가 공주에게 사랑의 감정을 일으켰고, 공주는 아름다운 옷을 선물로 주었다. 항구에 주인공이 탄 배가 들어오자 아직 첫 만남도 갖지 못한 채 사랑에 빠진 공주는 감정을 주체하지 못하고 이렇게 혼잣말로 고백한다.

아! 그분을 태워 온 배는 다른 이에게는 두려움을 주지만 내게는 넘치는 기쁨을 주는구나. 온 세상을 다스릴 분이 너를 타고 오셨으니, 너도 축복받은 듯 기뻐하고 있구나. 이제 내가 그분 앞에 모습을 보이도록 네가 나를 이끌어 가다오. 이 얼마나 행복하지 아니한가. 고통에 멍든 내 가슴은 지극히 아름다운 그분의 눈빛만으로 치유되고, 그분의 뜨거운 불꽃은 내게서 조금은 식으리니, 그로써 모든 고뇌와 슬픔이 사라졌으면!(49장, 343쪽).

그리고 한참 동안 정신을 잃었다가 깨어난 공주는 까르멜라를 향한 질투를 토로하며 사랑의 열정을 표출한다.

[30] 2장, 125쪽.

아! 난 이제 포로가 되었구나. 내 마음과 달리 까르멜라에게 아름다운 옷을 입혔으니 이를 어쩌지! 네 주인님이 보고 그걸 껴안을 텐데, 그러면 너는 그분 품에 안기겠지. 네가 세상에서 가장 사랑하는 분 곁에 있으면 어찌 너의 얼굴이 그분 얼굴에 닿지 않을 수 있겠어. 어쩌면 너의 입술도 그분께 가지 않을까? 다른 기사들도 네 옆에 있으면 큰 희열을 느낄 만큼 너 역시 못난 얼굴이 아닌데, 그리되면 난 어쩌지? …… 다행히 그런 일이 일어나더라도 너와 그분의 사랑이 깨끗해 내 사랑은 깨지지 않겠지만 그래도 그분이 내가 준 옷을 보고 그걸 껴안는 모습을 내 눈으로 보지 않아서 그나마 다행이야(49장, 344쪽).

두 연인이 사랑의 고통으로 아파하고 사랑과 질투의 감정을 표현하는 부분은 전편에 자주 나오므로 이 부분은 뻴라요가 말한 '자기표절'에 해당될 수도 있다. 그런데 바로 이어 작가는 갑자기 앞으로는 독자들에게 그런 장면을 보여주지 않겠다고 선언한다.

에스쁠란디안의 원천인 아버지 아마디스의 위대한 역사에는 깊은 한숨과 눈물이 섞인 사연들이 차고 넘친다. 그런데 지금 이 진실한 연인을 두고도 우리가 같은 사연을 반복한다면 독자들에게는 즐거움이 아니라 지루함과 괴로움을 주게 된다. 앞에 그와 같은 부분은 넘칠 만큼 너무 많이 있으니, 이제는 잊히게 두려고 한다. 앞으로는 이 위대한 기사의 무훈만 이야기해 드리겠다(49장, 342~343쪽).

작가는 독자들이 1~4권에 나오는 사랑 장면을 5권에서도 반복하면 지루하게 받아들인다고 했지만, 실은 사랑으로 인해 눈물을 흘리고 죽음을 선택하는 기사 모습이 십자군 기사에게 어울리지 않는다고 생각했기 때문일 것이다. 그 결과 5권에는 사랑의 장면도, 사랑의 감정을 묘사하는 장면도 더 이상 나오지 않는다. 사랑의 고통을 언급하더라도 단지 간략하게 고통을 느꼈다고만 기술할 뿐 상세하게 묘사하지 않는다. 작가는 기사의 무훈에만 집중한다. 주인공의 목표가 십자군전쟁에 있기 때문이다. 위에서 언급된 49장에서도 에스쁠란디안은 콘스탄티노플에 상륙해서도 공주를 만나지 않고 곧장 전투가 기다리는 '난공불락 산성'으로 돌아간다. 그렇게 연인의 첫 만남은 무산되고, 96장에 가서야 첫 만남이 성사된다. 에스쁠란디안은 '마법사 아가씨의 바위섬'에서 가져온 보물 궤로 위장해 공주의 방으로 몰래 들어가지만 메노레사 여왕이 참관하는 첫 만남에서 두 연인은 예의범절의 경계를 넘지 않는다. 연인의 짧은 대화는 메노레사 여왕의 중개를 통해 이루어지고, 결혼의 징표로 공주의 손에 입맞춤하며 만남이 끝난다. 그리고 두 연인은 전쟁이 끝날 때까지 따로 만나지 않는다. 그처럼 두 사람의 사랑과 연애는 마치 정략결혼처럼 너무나 평범하다. 사랑이 지루하다는 작가의 판단과 달리 독자들은 전편처럼 사랑의 모든 과정에서 분출되는 번덕스럽고 과장된 감정 그리고 사랑의 일탈을 보고 싶었을 것이다. 하지만 5권에는 사랑의 일탈이 없다. 여기에도 작가의 의도와 독자의 기대 간의 불일치가 있다.

    5권의 사랑에서 선례를 찾을 수 없는 인물은 '난공불락 산성' 밖에 사는 은둔자의 딸 까르멜라이다. 그녀는 에스쁠란디안을 사랑했지만 신분 차이 때문에 사랑을 포기하고 평생 그를 주인으로 섬긴다. 에스쁠란디안은 그녀의 사랑을 받아들여 늘 곁에 두며 중요한 일을 맡긴다. 그리고 두 사람의 약속은 리수아르떼 왕이 증인으로 나선다. 그녀는 레오노리나 공주에게 주인의 사랑을 전하러 가서도 자신의 사랑을 숨김없이 말하고, 콘스탄티노플의 황제 앞에서도 자신의 주인은 에스쁠란디안이라며 당당하게 말한다. 그녀는 주인이 콘스탄티노플과 아랍 진영에 보내는 전령이자 대사(使) 역할을 한다. 에스쁠란디안과 까르멜라는 주종관계지만 서로 사랑하며 다만 육체적 관계는 암시되지 않는다. 독자 시각에서는 주인공이 누구를 사랑하는지 모호해진다. 늘 함께 지내는 까르멜라인지 아니면 한번 만나고 결혼하는 레오노리나인지 아니면 두 여자 모두 사랑하는지. 아버지의 사랑은 단순하고 분명했으나 아들의 사랑은 그렇지 않다. 까르멜라를 사랑해 레오노리나를 향한 사랑의 진정성이 의심받으면 주인공은 영웅의 덕목과 동시에 독자의 호의도 잃게 된다. 하지만 작가는 더 이상 말하지 않는다.

작가의 의도와 독자의 기대 간의 불일치는 반영웅의 성격에서도 나타난다. 1~4권에서 아마디스가 영웅이라면 마법사 아르깔라우스와 그에게 동조하는 영주와 거인들은 반영웅이었다. 결투와 전쟁에 참여한 인물들은 아마디스 대 반아마디스 진영으로 구분되고, 이분법적 선악 구도는 초판본 작가의 연작만이 아니라 기사소설 장르의 기본 구도가 된다. 그와 같은 구도에서 특히 반영웅 그룹은 독자에게 환상과 호기심을 자극한다. 그들의 매력은 개별화되고 다양한 악의 특성을 얼마나 괴이하고 추하게 보여주는가에 달려 있다. 죄악의 상징 엔드리아고, 인신공양을 바치는 파몽고마단, 기괴하고 추한 여자 안단도나, 로마황제처럼 오만한 자, 불륜을 저지른 자, 여자를 납치한 자, 배신자 등 다양한 유형의 반영웅 진영이 1~4권에 등장해 주인공을 위기로 몰아넣고 독자들에게 긴장과 재미를 준다. 하지만 5권에는 엔드리아고와 비교할 수 있는 악마나 괴물이 없다. 기괴함과 추함을 묘사하는 부분도 없다. 43장에 등장하는 거인을 보고 에스쁠란디안은 악마가 만든 형상fechura del diablo처럼 너무 크고 추하며, 마치 세상을 파괴하려 어두운 지옥에서 나온 듯했다고 말하지만 작가가 묘사하는 거인의 모습은 너무 간략하다.

바위굴에서 사람들이 결코 본 적이 없는 기괴하고 사나운 거인이 나왔다. 흰 턱

수염에 머리털도 흰색이었다(43장 320쪽).

이것이 전부이다. 거인도 엔드리아고처럼 눈에서 붉은 불꽃이 나오지만, 결투는 일방적으로 금방 끝이 난다. 거기에는 길고 처참한 아마디스-엔드리아고 결투처럼 긴장감이 없다. 결투 장소에 도달하는 여정도 다르다. 전편에서는 긴 비바람과 폭풍우가 결투의 분위기를 미리 암시했다면 5권에서는 그런 장치가 없다. 주인공은 편안하게 거인이 있는 지하감옥에 도착하고 쉽게 제압한다. 이교도의 수장 아르마또 왕과 그의 아들 알포라스^{Alforax} 왕자는 악의 화신이 되어야 하지만 그들은 추하거나 사악하지 않다. 오히려 알포라스 왕자와 왕자의 부인이 되는 엘리아사^{Heliaxa} 공주는 명예를 지키고 백성을 보살피는 관대한 인물로 묘사된다. 이교도 진영의 왕은 믿음의 적이지만 악마적으로 묘사되지 않는다. 5권에 등장하는 이교도 진영의 두 마법사도 단지 환상적 장면을 만들 뿐 주인공의 목숨을 위협하지 않는다. 첫 번째 마법사는 아르깔라우스의 여동생 아르까보나^{Arcabona}였다. 그녀는 '난공불락 산성'을 빼앗긴 후 바다로 몸을 던졌고, 부하들이 구해냈으나 5권에는 다시 등장하지 않는다.31 두 번째 마법사는 한때 페르시아의 공주였던 120세의 노파 멜리아^{Melía}이다. 주인공은 그녀를 지키고 있던 거대한 유인원^{ximio}을 주먹으로 죽이고 그녀를 사로잡았으나, 그녀는 나중에 하늘을 나는 두 마리 용을 불러 타고 아르마또 왕과 함께 탈출했고 우르간다를 납치했다. 멜리아는 단지 우르간다의 대척점에 있을 뿐이다. 5권에서 주인공과 대적하는 반영웅 진영의 진정한 수장은 보이지 않는다. 반영웅 진영의 왕과 왕자 그리고 리끼아의 솔단$^{soldán\ de\ Liquia}$은 콘스탄티노플 전투에서 패했지만 모두 살아남았고, 영웅적 또는 악마적 면모는 보여주지 않는다. 그러므

---

31 마법사 멜리아는 아마디스 연작 7권에서 두 주인공 리수아르떼와 뻬리온에게 대적하는 반영웅으로 등장해 이교도를 다시 규합하고 콘스탄티노플을 침략한다.

로 5권에는 반영웅 집단은 있지만 반영웅 개인은 없다. 그 결과 〈콘스탄티노플전쟁〉의 승리에도 불구하고 독자들은 카타르시스를 느끼기 어렵다. 영웅이 돋보이려면 영웅보다 뛰어난 반영웅이 필요하고, 영웅은 그를 극복했을 때 진정한 영웅이 된다. 아마디스에게는 아르깔라우스와 리수아르떼 왕이 반영웅적 특성을 보였지만 에스쁠란디안에게는 마법사도 적대적인 절대강자도 없다. 그래서 독자들은 아들보다는 아버지에게 더 끌리게 된다.

1~4권에서 아마디스는 많은 유형의 결투와 전쟁을 통해 기독교세계에서 가장 뛰어난 기사가 되었고, 에스쁠란디안은 '난공불락 산성'을 차지한 후 페르시아로 들어가 알파린Alfarin과 갈라시아를 정복하고 콘스탄티노플 공성전에서 승리한다. 두 주인공은 한 번도 패배하지 않고 언제나 승리한다. 5권에서는 전쟁 공간이 지중해 동쪽으로 이동하면서 해전이 늘어났고, 작은 악마의 형상으로 하늘을 날아다니며 기독교도 군대를 공격하는 그리포의 등장처럼 환상적인 요소가 추가되었으며, 반면 다양한 결투와 전쟁의 유형은 축소되고 단순화되었다. 그리포의 등장을 제외하면, 결투와 전쟁 장면 묘사는 줄어들고 지루해졌다. 그래서 모험의 양상은 대개 전편의 반복이다. 작가는 전편과 달리 상세한 전투 장면을 기술하지 않았다. 5권의 정점인 십자군전쟁에서도 모든 기사의 위업을 기술하지 않는다.

> 이 이야기는 전쟁에 참여한 사람들이 어떻게 커다란 위업을 이루었고, 그들의 용기가 어떠했는지 상세하게 기술하지 않는다. 이 전쟁에는 엄청나게 많은 사람이 참여했고, 모두가 놀라운 무훈을 보여주었다. 하지만 그것을 직접 보고 기록한 엘리사밧은 이 전쟁에서 무엇을 책에 담을지 결정하지 못했고, 그래서 깔라피아 여왕과 노란델이 맞붙은 결투를 비롯한 몇몇 특이한 전투만 기록에 남기기로 했다(160장, 739~740쪽).

5권은 이사벨 여왕 시대의 정치적 이상과 국가적 과제를 명시적인 주제로 삼은 결과 반영웅으로 특화된 개인도 사라졌고, 반영웅은 믿음의 적으로 집단화되고 단순화되었다. 1~4권을 매력적으로 만든 덕목들이 5권에서 훼손되었고, 기사소설 독자들의 기대 지평에서 벗어났다. 작가의 의도와 독자의 기대 간의 불일치는 종교적·정치적 이데올로기의 과잉이 원인이었다. 그래서 후안 데 발데스, 로뻬스 뻰시아노, 세르반테스 같은 당대의 독자들은 작가가 만든 십자군 이야기를 재미있게 읽지 않았다. 그들은 5권이 기사소설의 문법에 충실하지 않아 미학적으로 전편에 미치지 못한다고 판단했을 것이다. 작가와 독자 간의 불일치는 5권만이 아니라 아마디스 연작 6권과 8권에서도 발견된다. 전편의 후광을 입은 5권은 상업적으로 성공했지만 5권의 후광을 입지 못한 6권, 그리고 7권을 따라가지 않은 8권은 문학시장에서 흥행에 실패했다.

　그렇지만 5권의 작가는 문학시장에서 경제적 이익을 얻기 위해 대중 독자의 기대를 충족시키려는 상품 공급자가 아니었다. 어쩌면 그의 독자는 이사벨 여왕 한 사람이었고, 한 명의 독자를 만족시키기 위해 5권을 만들었는지도 모른다. 그렇다면 그에게 대중 독자의 반응은 그리 중요하게 고려할 필요가 없었을 것이다. '아버지보다 못한 아들'은 단지 후대의 평가일 뿐이다. 아버지와 다른 길을 간 까닭에 아버지보다 못한 아들이 되었지만, 5권은 의미 있는 시대적 변화를 반영하고 있다. 1~4권이 중세의 아서왕 로망스를 르네상스 시대를 살아가는 개인의 성공담으로 변화시켰다면, 5권은 서사의 무대를 브리튼에서 지중해 동쪽 세계로 옮겨왔고 오스만제국과 그 너머 세계로 대중의 관심을 이동시켰다. 5권에서 구현된 십자군원정은 오스만제국에 의해 막혀버린 지중해 동쪽 세계를 넘어 인도로 가려는 대중적 욕망으로 이어졌고, 이 욕망은 이베리아반도의 젊은이들을 부추겨 기사소설의 주인공처럼 모험을 찾아 떠나게 했다. 그들은 이탈리아와 그 너머 지중해 동쪽으로, 그리고 더 큰 바다를 건너 아메리카로 넘어갔다. 그렇게 대항해시대가 열리면서 근대세계가 시작되었다. 스페인의 16세기 기사소설은 근대의 전령이었다.

맺음말
돈키호테와 새로운 독자들

15세기 말에 인쇄술의 발달로 문학시장이 만들어지면서 대중이 새로운 시장의 소비자로 등장했다. 책은 대중에게 즐거움을 주는 원천이 되었고, 대중은 책을 듣고 읽으며 현실과 다른 세계를 상상하고 세속적 욕망을 투영했다. 문학시장은 대중의 취향이 지배했고, 『아마디스 데 가울라』는 16세기 유럽 문학시장의 베스트셀러였다. 스페인에서 시작된 기사소설의 유행은 주변의 유럽 나라들과 대서양 건너 신대륙까지 휩쓸고, 교회를 제외한 모든 계층의 지지를 받았다.

주인공인 기사는 선을 행하고 악을 징벌함으로써 명예를 얻고 정의를 구현한다. 늘 새로운 모험을 갈망하고 사랑과 명예를 소중하게 여긴다. 아마디스는 혈통이 아니라 오로지 자기 힘으로 왕이 되고, 그를 따르는 사람들도 왕이나 큰 영지를 다스리는 영주가 되었다. 명예, 권력, 부, 아름다운 공주와 결혼 등 인간의 세속적 욕망이 여기서 실현되었다.

16세기의 기사소설은 스페인제국의 팽창에 편승해 거대한 유행을 만들어냈으므로 기사소설은 스페인제국의 동반자라고 할 수 있다. 1492년의 〈그라나다정복〉으로 이베리아반도는 가톨릭으로 통일되었고, 개종하지 않은 무어인과 유대인은 추방되었다. 아랍인과, 이웃한 다른 왕국과, 왕국 내에서 긴 싸움을 치르면서 명예의식과 상무정신이 확립되었고, 교회와 왕실의 이해관계는 하나로 일치되었다. 이사벨 여왕은 기독교세계를 통합해 지중해 너머 콘스탄티노플을 재정복하는 르네상스 십자군을 꿈꾸었다. 같은 해 콜럼버스는 아메리카를 발견했고, 스페인 정복자들은 금과 은, 노예와 신분 상승의 기회를 찾아 미지의 세계로 떠났다. 기사소설에 등장하는 이국적 장소들도 당대 스페인 사람들을 신세계로 모험을 찾아 떠나라고 자극했다. 신대륙의 모든 산물과 거기서 산출되는 모든 이익은 스페인의 카스티야왕실과 정복자가 독점했다. 〈이탈리아전쟁〉에서 프랑스를 압도하고 북아프리카 원정에서 승리하면서 군인과 정복자들은 가난한 스페인 젊은이의 탈출구가 되었다. 카스티야의 젊은이들은 땅과 재산과 명예를 얻고자 집을 떠나갔다.

기사소설이 유행하던 카를로스 1세 시대의 스페인은 밝고 역동적이었다. 하지만 1556년에 카를로스 1세가 아들 펠리뻬 2세에게 양위할 무렵에는 사회 분위기가 달라졌다. 〈트렌트종교회의〉 이후 반종교개혁의 물결이 스페인 사회를 압도했고, 경제는 왕실의 재정 파산이 여러 차례 이어질 만큼 나빠졌다. 교회와 왕실은 서적출판과 유통을 통제했고, 금서목록을 배포했다. 작가와 인쇄업자가 문학시장에 상품을 내놓으려면 단계마다 왕실과 교회의 허가가 필요했고, 인기 있던 16세기 전반기의 기사소설은 금서가 되었다. 문학시장은 쪼그라들었다. 1571년의 〈레판토해전〉의 승리와 1580년에 있은 포르투갈 병합이 스페인제국의 마지막 정점이었다면 1588년에 무적함대가 영 해군에게 패배하고 1596년에 영국을 주축으로 하는 연합함대가 까디스Cádiz를 약탈하면서 스페인 사람들도 스페인제국이 급격하게 기울었음을 깨닫게 되었다. 1598년에 펠리뻬 2세가 죽고 아들 펠리뻬 3세(1598~1621년)가 즉위하자 암울한 쇠락의 기운이 스페인 사회를 유령처럼 휩싸고 있었다. 비록 제국의 영토는 최대로 커졌으나 전쟁에서는 패배하고 경제는 몰락했다. 왕은 정사를 레르마Lerma 공작과 우세다Uceda 공작에게 맡기고 연극과 사냥을 즐겼다. 이제부터 스페인은 1898년에 마지막 남은 식민지 쿠바와 필리핀을 미국에 내줄 때까지 계속 영토를 잃어버리기 시작한다.

카를로스 1세부터 펠리뻬 3세까지의 시대를 산 세르반테스(1547~1616년)의 『돈키호테』는 그런 사회적 분위기에서 탄생했다. 스페인문학에서 가장 유명한 이 작품의 저자는 스페인제국의 영광과 쇠락을 온몸으로 체험한 시대적 증인의 삶을 살았다. 하우저의 표현을 빌리자면, 기사도적 낭만주의에서 현실주의로 넘어가는 과도기 인간의 전형적 운명을 살았다.[1] 그는 하급귀족에 속하는 가난한 집안에서 태어났고, 폭행 건에 연루되어 10년간 추방형을 받고 카스티야왕국에서 추방당해 이탈리아로 넘어가 평범한 병사로 입대했다. 〈이탈리아전쟁〉에서 갖은 고초를 겪었고, 〈레판토해전〉에 화승총 사수로 출정해 큰 전공을 세웠으나 적의 화승총에 맞아 왼쪽 팔이 불구가 되었다. 총사령관 돈 후안 데 아우스뜨리아Don Juan de Austria와 세사Sessa 공작의 추천장을 갖고 이탈리아에서 돌아오다가 알제리 해적에게 납치되어 5년간 포로 생활을 했고, 교회의 도움으로 보상금을 내고 1580년에 집으로 돌아왔다. 하지만 그의 집안은 더욱 가난해졌고 재정 파탄을 겪는 왕실은 강력한 추천장을 가진 그에게조차 직장을 주지 못했다. 그는 세금 징수원이라는 하찮은 직장을 구했지만 타인의 죄를 뒤집어쓰고 감옥에 갇히기도 했다. 그는 죽을 때까지 가난에서 벗어나지 못한 채 스페인제국이 패배하고 붕괴하는 상황을 지켜보아야 했다. 국가의 운명은 개인의 삶 속에서도 재현되었다.

『돈키호테』는 작가가 감옥에 있을 때 쓰기 시작했다고 1부(마드리드, 1605) 「서문」에 나와 있지만 여기서 감옥이란 실제 감옥이 아니라 하나의 비유라고 볼 수 있다. 16세기 후반부터 17세기 초 스페인 사회를 살았던 그에게는 사회적으로 어떤 역할도 주어지지 않고 할 수 있는 일도 없는 상황이 감옥이었다. 존재 이유가 없는데 존재해야만 한다면, 하고 싶은 것이 있어도

---

[1] 아르놀트 하우저, 『문학과 예술의 사회사 2. 르네상스, 매너리즘, 바로크』, 194~195쪽.

시도조차 할 수 없다면 그런 삶은 지루하고 권태롭다. 그는 『돈키호테』를 출판해 경제적 궁핍에서 벗어나고 명예를 얻고 싶었을 것이다. 그렇게 된다면 『돈키호테』 1부를 헌정 받은 베하르^{Béjar} 공작이나 『돈키호테』 2부를 헌정 받은 레모스^{Lemos} 백작이 경제적으로 지원해주거나 그들의 보호 아래 어떤 직책을 맡을 수 있으리라고 기대했을 수도 있다. 실제로 세르반테스는 나폴리 부왕으로 부임하는 레모스 백작을 만나기 위해 바르셀로나로 갔지만 만나지도 못하고 집으로 돌아왔다. 그가 쓴 책은 많이 팔렸고 작가로 명성을 얻었으나 가난에서 벗어나지 못했고, 공작과 백작은 늙은 작가의 후원자가 되지 않았다. 세르반테스처럼 그가 창조한 인물도 지루하고 권태로운 삶을 살아왔고 그에게 주어진 사회적 역할은 없었다. 일주일 단위로 같은 일상이 반복되고 있었을 뿐이다. 오십 줄에 들어선 라만차의 시골 양반은 도서관을 꾸밀 정도로 값비싼 기사소설을 사들이는 바람에 가난하게 생활했다.

여러분이 확실히 알아두어야 할 사실은 이것이다. 이 시골양반은 한가로울 때면 — 거의 일 년 대부분을 그렇게 지내지만 — 기사소설을 탐닉하느라 사냥이며 재산을 관리하는 일조차도 거의 완전히 잊어버렸다. 부질없는 호기심에 정신이 팔려 밭에서 나오는 대부분의 소출을 내다 팔아 기사소설을 샀고, 덕분에 구할 수 있는 모든 소설을 집에 쌓아 놓을 수 있었다(『돈키호테』 1부, 1장).

그는 아무 일도 하지 않고 기사소설에 푹 빠져 밤이고 낮이고 가리지 않고 읽고 또 읽다가 '뇌가 말라버리고 말았다.'

그는 독서에 몰입해 매일 밤을 하얗게 지새웠고 낮에도 혼돈 속에서 빠져나오지 못했다. 그렇게 잠도 자지 않고 책만 읽어대다가 결국 이성을 잃고 말았다. 기사소설에서 읽은 마법, 출사표, 전쟁, 결투, 상처, 구애, 사랑, 폭풍 등 모든 비현실적 거짓말이 만들어낸 환상에 사로잡혀 세상에서 그것보다 더 사실적인 이야기가 없다고 믿게 되었다. 그는 책에 나오는 온갖 비현실적 사건과 장면을 현실이라고 생각했다. …… 그렇게 이성을 잃어버린 그는 세상의 어떤 미치광이도 떠올리지 못한 기이한 망상에 사로잡히고 말았다. 망상이란 자신의 명예를 드높이고 세상이 자신에게 부여한 소임을 다하기 위해 말을 타고 세상을 주유하는 편력기사가 되어야 하고, 그렇게 무기를 드는 게 자신이 해야 할 일이라고 믿어버렸다. 그는 책에서 읽은 대로 모든 불의를 타파하고 위험한 모험에 몸을 내던지는 편력기사의 과업을 행해 종국에는 그들처럼 영원한 명성과 지위를 얻고자 했다. 이 가련한 양반은 벌써 모험이 끝나 아무리 못해도 뜨라뻬손다의 황제쯤은 된 것 같은 기분으로 들떠 있었다. 그는 그처럼 신나는 상상이 주는 희열에 힘입어 망상을 서둘러 실행에 옮겼다(『돈키호테』 1부, 1장).2

그는 증조할아버지 때 쓰던 갑옷과 무기를 수선해 무장을 갖추고 모험을 찾아 집을 떠났다. 그는 왜 모험을 떠났을까? 기사소설의 열렬한 독자인 시골 양반은 그동안 읽은 기사소설의 주인공 아마디스처럼 되고 싶었다. 그는 왜 아마디스 데 가울라처럼 되고 싶었을까? 텍스트에는 그 이유를 알 수 있는 구절이 없다. 라만차의 시골 양반은 기사소설을 읽고 꿈을 꾸었고, 그 꿈은 아마디스를 따라 하는 것이었다. 그의 꿈은 다른 독자들이 꾼 꿈이기도 했다.

아마디스처럼 되고 싶다는 꿈은 두 가지로 분화한다. 하나는 지루하고 무의미한 현실을 벗어나 살아갈 의미를 찾을 수 있는 새로운 삶을 향한 희망이다. 다른 하나는 아마디스처럼 영원한 명예와 지위를 얻고 싶은 꿈이고, 아마디스처럼 모험을 떠나면 자신도 왕이나 황제가 될 수 있다는 믿음이다. 이 믿음이 기사소설을 읽고 이성을 놓아버린 시골 양반의 광기이며, 광기는 현

---

2 여기서 뜨라뻬손다Trapisonda의 황제는 아마디스의 손자인 그리스의 리수아르떼이다. 그는 콘스탄티노플의 황제이자 로다스의 왕이기도 했다.

실과 기사소설의 세계를 혼동으로 나타난다. 아마디스가 돈키호테의 내면에 잠재된 욕망을 자극해 그런 광기로 이끌었다. 지라르$^{René\ Girard}$는 그와 같은 시골 양반의 욕망과 광기를 "욕망의 삼각형"3으로 표현한다.

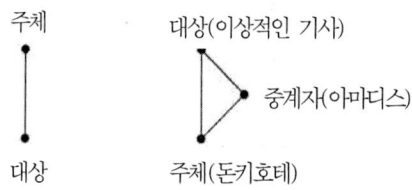

지라르는 주체-중개자-대상을 돈키호테-아마디스-이상적인 기사로 설정하지만, 그보다는 시골 양반-아마디스-새로운 삶을 각성한 사람 또는 영원한 명예와 지위를 가진 사람으로 놓는 게 더 타당하다. 돈키호테는 시골 양반이라는 욕망의 주체가 변형된 모습이고, 아마디스로 매개되는 욕망의 대상은 결국 '새로운 삶', '새로운 개인' 또는 명예와 지위를 의미하기 때문이다. 이제 라만차의 시골 양반은 돈키호테로 변신해 아마디스가 되려고 한다. 하지만 그것은 실현 불가능한 욕망이다. 그때는 칼과 창의 시대가 아니라 대포와 총의 시대였고, 기사도의 세계는 현실에 존재하지 않았다. 하지만 그는 기사의 세계를 현실로 '믿기로 한다.' 아마디스의 연인 오리아나는 브리튼의 상속녀지만 시골 양반에게는 연인이 없다. 그래서 그는 둘시네아 공주를 창조해 자신이 사랑하는 연인이라고 '믿기로 한다.' 얼굴 가리개가 사라진 낡은 투구도 골판지로 덧대어 수선하고, 그것을 세상에서 가장 강한 투구라고 '믿기로 한다.' 그렇게 믿음을 통해 불가능한 현실은 가능한 현실로 변한다. 믿음은 현실을 변형시킨다. 돈키호테는 자신의 환상과 주변 사람들의 현실 인식 사이에서 발생하는 괴리를 마법사 프레스똔^{Frestón} 탓으로 돌린다.4 아마디

---

3 르네 지라르, 『낭만적 거짓과 소설적 진실』, 김치수 & 송의경 역, 한길사, 2001, 22~25쪽.

스 이야기는 편력기사가 명예와 지위를 얻는 영웅담이다. 그런데 아마디스처럼 되고 싶은 시골 양반이 기사가 되어 세상과 충돌하는 이야기는 중세 기사의 영웅담이 아니다. 신의 세계에서 인간의 세계로 넘어가는 전환기를 선구적으로 보여주는 근대소설이다. 기사소설의 열렬한 독자인 세르반테스는 기사의 세계와 현실 세계를 두 축으로 웃기는 이야기를 만들었지만, 우리는 이 소설을 근대의 불확실성과 근대적 개인의 실존으로 해석한다. 여기서 허구의 기사도 세계와 현실 세계는 명확히 구분되지 않는다. 하지만 기사소설의 마법은 근대적 인간의 고뇌와 불안을 해결해주지 못한다. 돈키호테는 원래 본인 모습이던 시골 양반으로 돌아오지 않고 자신을 죽게 놔둔다.

『아마디스 데 가울라』로 대표되는 16세기 스페인의 기사소설은 17세기 중엽 이후 새로운 텍스트가 세상에 나오지 않았다. 지금 사라졌으나 금지와 통제를 넘어선 기사소설의 생명력은 지금도 여전히 강력하다. 왜냐하면 우리는 지금도 생육하고 번성하기 위해 고군분투하는 특별한 영웅을 꿈꾸고 욕망하기 때문이다. 지금 우리가 사는 세상에도 수많은 아마디스가 있고, 수많은 돈키호테가 살고 있다. 앞으로도 그럴 것이다.

---

4 프레스똔은 페르난데스Jerónimo Fernández가 쓴 기사소설 『그리스의 벨리아니스Belianís de Grecia』에 등장하는 마법사이자 가상의 원작자이다.

부록. 아마디스 가문의 가계도

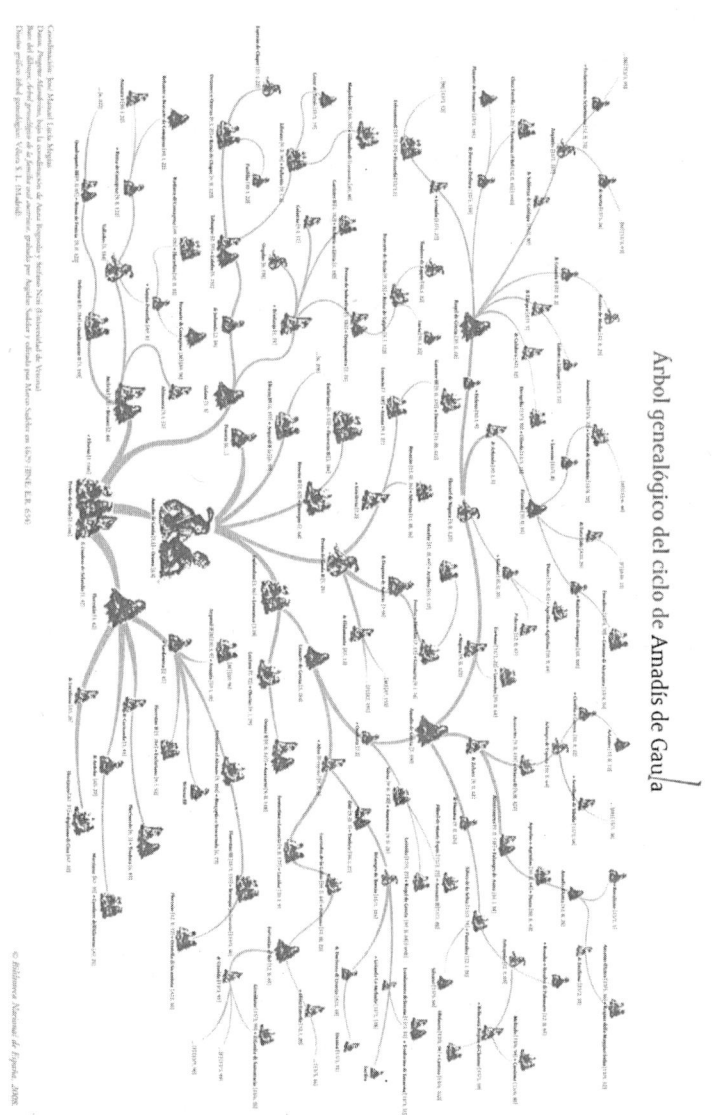